Sichelschmidt

Allein mit meinem Zauberwort

Annette von Droste-Hülshoff.
Gemälde von Johannes Sprick.

Gustav Sichelschmidt

Allein mit meinem Zauberwort

Annette von Droste-Hülshoff

Eine Biographie

Droste

Abbildungsnachweis:
Bildarchiv Preußischer Kulturbesitz, Berlin 2, 190
Westfälisches Amt für Denkmalpflege, Münster 12,
16, 21, 29, 34, 58, 71, 73, 99, 106, 116, 121, 200, 205
Archiv für Kunst und Geschichte 79,
Toni Schneiders, Lindau 261
Ullstein Bilderdienst 333
Zeitgenössische Quellen 104, 144

CIP-Titelaufnahme der Deutschen Bibliothek
Sichelschmidt, Gustav:
Allein mit meinem Zauberwort: Anette von Droste-Hülshoff;
eine Biographie / Gustav Sichelschmidt. – Düsseldorf: Droste,
1990
ISBN 3-7700-0883-9

Schutzumschlagentwurf: Helmut Schwanen
Foto: Bildarchiv Preußischer Kulturbesitz
Gesamtherstellung: Clausen & Bosse, Leck
ISBN 3-7700-0883-9

Inhalt

I

Herkunft

Die Geburt des Kindes vollzog sich unter höchst dramatischen Umständen. Es kam nämlich einen Monat zu früh auf die Welt und versetzte Familie und Gesinde in Hülshoff in einige Aufregung. Überstürzt wurde die alte Familienwiege aus einem entlegenen Turmzimmer der alten Wasserburg, die an diesem unwirtlichen Wintertag des Jahres 1797 hinter den knarrenden Eismassen des Wassergrabens der Welt wie entrückt erschien, herbeigeschafft. Was dann schließlich unter viel Geschrei so voreilig auf diese fragwürdige Welt drängte, war nicht etwa ein Junge, wie ihn sich die Mutter so sehr ersehnt hatte, sondern ein zartes, durchsichtiges Mädchen, das wie lebensunfähig diesen arg turbulenten Eintritt in die Welt gewagt hatte.

Wirklich: Es war überhaupt ein Wunder, daß das schwächliche Kind am Leben blieb. Offenbar führte das Schicksal etwas Besonderes mit ihm im Schilde. Nur dem Zufall, daß sich so bald eine Amme fand, hatte es das Neugeborene zu verdanken, daß es nicht sogleich, ohne markante Spuren in dieser Welt zu hinterlassen, diesem irdischen Schauplatz wieder entrückt wurde. Es war eben, wie man später festellte, mit einer »wilden Seele« ausgestattet, die es überleben ließ. Mit Sicherheit wäre die Welt ohne es um eine zwar tragische, aber ungemein ausstrahlende menschliche Existenz ärmer geblieben.

Man ließ keine Zeit verstreichen, um angesichts der Schwäche des Mädchens die Taufe vorzunehmen. Ein ansehnlicher Kreis von Verwandten und Freunden des Hauses hatte sich mitten im Winter auf dem entlegenen Schloß Hülshoff, sieben Kilometer von Münster entfernt, eingefunden, um an der Zeremonie, die der eigene Hauskaplan in der Schloßkapelle vornahm, teilzunehmen. Sogar einige Angehörige der Mutter aus dem Paderborner Land waren zugereist und mischten sich unter die Gutsnachbarn, die sich immer dann einzufinden pflegten, wenn es einen neuen Erdenbürger zu begrüßen und zu begutachten gab. Allesamt waren sie Mitglieder der Münsterländischen Aristokratie, die den neuen Sproß einer angesehenen Familie in ihre Gemeinschaft aufnahm. Das blauäugige Mädchen erhielt den Namen Anna Elisabeth, aber niemand wird später von diesem Vornamen Gebrauch machen. Als Annette von Droste-Hülshoff wird das Kind schließlich in die Annalen unserer Literaturgeschichte eingehen. Sie wird Westfalen sogar repräsentativ in unserer Literatur vertreten.

Natürlich war die Enttäuschung der Mutter verständlich. Sie hatte sich nichts mehr gewünscht, als dem Schloßherrn den ersehnten Erben zu schenken. Daß sie statt dessen einen Adler ins Nest der Hülshoffs gelegt hatte, konnte sie damals noch nicht ahnen. Dieses zerbrechliche Geschöpf, das sich nur zögernd ans Leben herantastete, sollte einmal den Namen des Geschlechts bis ans Ende des Kulturkreises aufleuchten lassen. Sie wird mit den Jahren zur unzweifelhaft größten deutschen Dichterin, wahrscheinlich sogar zu einer der bedeutendsten Dichterinnen der gesamten Weltliteratur heranreifen.

Wie gesagt: Ihrer Amme, der unscheinbaren, aber dann zuletzt auch wieder so weisen Webersfrau Maria Katharina Plettendorf, hatte sie ihr Dasein zu verdanken. Später, nach der Übersiedlung nach Rüschhaus, dem Witwensitz der Familie, wird sie der alten Frau ein Altenteil in ihrer Suite einräumen und sie bis zu ihrem Tod liebevoll umsorgen. Ihre »Alte« blieb ihr ein Symbol für kreatürliche Geborgenheit in einer Welt, die nicht gerade feinfühlig mit ihr zu verfahren pflegte. Soziale Barrieren hat es für die Dichterin nie gegeben. Sie wählte die Menschen ihrer Umgebung nach rein menschlichen Kriterien aus.

Das Geschlecht der Droste zu Hülshoff regierte zur Zeit von Annettes Geburt, wie es im Sprachgebrauch der Zeit hieß, über 100 Bauern, 150 Stück Rindvieh, 60 Pferde, 40 Schweine, 80 Enten und Gänse und 18 Hunde. Der Wohnsitz der Familie, Schloß Hülshoff, war eine der imposantesten Besitzungen dieser ländlichen Region, deren Aristokratie sich von jeher in ihre schützenden Wasserburgen zurückzuziehen pflegte.

Die Stammtafel der Droste reicht bis tief ins 13. Jahrhundert zurück. Im Jahre 1209 taucht in einer Urkunde bereits der Name eines Bernhard von Deckenbrok auf. Dreiundsechzig Jahre später erscheint ein Ritter des gleichen Namens in einer Urkunde als Schöffe der Stadt Münster. Nachdem die Deckenbroks über mehrere Generationen hin das Amt des Drosten im Domkapitel verwaltet hatten, legten sie sich den Namen »Droste« mit dem Zusatz »zu Hülshoff« zu. 1417 war das Rittergut und die Burg Hülshoff in den Besitz der Familie übergegangen. Der 1462 verstorbene Johann IV. stiftete mit seiner Gemahlin, Margarethe von Kerckering, die Hauptlinie des Geschlechts, das den Deutschen dann ihre bedeutendste Dichterin schenken sollte. Der geflügelte silberne Barsch mit rotem Kamm und roten Flossen war von da an das heraldische Emblem, das die Hülshoffs auf schwarzem Grund in ihrem Wappen führten.

Zu bemerken bleibt schließlich noch aus den Annalen der Familiengeschichte, daß sich ein Droste-Hülshoff, der Ritter Heinrich I., als Soldat auszeichnete. Er zog nämlich mit seinem Bischof, dem bekannten Franz von Waldeck, gegen die Wiedertäufer in Münster zu Felde, um das Schreckensregiment religiöser Fanatiker in der Stadt zu beenden.

Welchem Vorfahren hatte Annette ihr Genie zu verdanken? Ihr Urgroßvater, Heinrich Wilhelm von Droste, soll am markantesten in der langen Ahnenreihe das musische Element vertreten haben. Er war ungewöhnlich musikalisch, ein exellenter Flötenspieler und virtuoser Fechter dazu, wenn man der Familienchronik trauen darf.

Sein Sohn Clemens August I., übrigens nach dem bekannten Münsteraner Bischof Clemens August benannt, der freundschaftlich mit den Drostes verkehrte, heiratete eine Frau, Bernhardine von der Reck-Steinfurt, die als Malerin und Musikerin keineswegs nur dilettantisches Niveau erreichte. Daß ihr Sohn, also Annettes Vater, ein Schöngeist und ein Privatgelehrter von hohen Graden dazu war, hat Annette immer wieder selbst betont. Er hatte in seinen frühen Jahren bei der Münsterschen Kavallerie gestanden und schließlich als Rittmeister seinen Abschied genommen. Diese martialische Periode seiner Biographie hatte ihn aber nicht bestimmend geformt und geprägt. Kunst und Wissenschaft begannen ihn vergleichsweise früh zu faszinieren. Er betätigte sich im Laufe der Jahre als versierter Historiker, als Botaniker und Ornithologe und nicht zuletzt als Geigenspieler und gelegentlich sogar als Komponist. Unbedingt erwähnenswert ist auch die Tatsache, daß er wie so viele Westfalen das Zweite Gesicht besaß und die Spökenkiekerei seiner engeren Landsleute mit einer geradezu wissenschaftlichen Akribie verfolgte. Er trug seine Erkenntnisse und Erfahrungen auf diesem Gebiet höchst zwielichtiger Phänomene in sein »Liber Mirabilis« ein, in das er nur Eingeweihten Einblick gewährte. Zweifellos hat Annette ihre Veranlagung für alles Spukhafte und Okkulte von diesem ungewöhnlichen Vater geerbt, der übrigens in erster Ehe mit Rosina von Böselager kinderlos verheiratet war.

Die ersten 29 Jahre, also mehr als die Hälfte ihres Lebens, hat Annette von Droste auf dem Stammsitz der Familie verlebt, in jenem »Schloß Zeitvorbei«, das von den Ereignissen der Zeit im wesentlichen unberührt blieb. In diesem Zentrum des geselligen Lebens im Münsterland hat sie als eine unter vielen am geselligen Umgang des bodenständigen Adels teilgenommen. Die kommunikationsfreudige Mutter bemühte sich um intensive Kontakte mit den Adelsfamilien der Umgebung. Der Strom der Besucher, die in Hülshoff ein- und ausgingen, riß nur selten ab. Besonders anregende Stunden verbrachte man mit dem Bruder des Hausherren, dem Komponisten Maximilian von Droste, dem Annette so viele Anregungen für ihre eigenen Kompositionen zu verdanken hatte. Dieser Onkel Maximilian war keineswegs ein unbeschriebenes Blatt im damaligen Musikleben. Er galt als persönlicher Freund Joseph Haydns, der sogar einige seiner Werke in Wien aufgeführt hatte. Maximilian hatte seinerseits Kompositionen von Haydn dem nicht so leicht entzündbaren Münsteraner Publikum zu Gehör gebracht. Für seine Meriten auf dem Gebiet der Musik hatte er sogar vom preußischen König einen Orden erhalten.

Auch zu den benachbarten Familien von Droste-Stapel und von Twickel in Havixbeck unterhielt man enge Beziehungen. Geistige Impulse empfing man vor allem vom Beichtvater der Mutter, dem bekannten geistlichen Pädagogen Bernhard Overberg. Daneben zählten die Äbtissinnen und Stiftsdamen der umliegenden Stifte Hohenholte, Nottuln und Freckenhorst zu den immer gern gesehenen Gästen auf Hülshoff. Im Winter allerdings zog man sich in das Stadthaus in Münster zurück, das die Familie erworben hatte.

Die Trennung von Hülshoff nach dem Tode des Vaters im Jahre 1826 vollzog sich für Annette unter dramatischen Umständen. Sie reagierte auf diesen Abschied von der vertrauten Umwelt ihrer Jugend mit einer schweren gesundheitlichen Krise. Recht eigentlich ist sie immer auf Hülshoff verwurzelt geblieben. Mit zunehmendem Alter verklärte sich in ihrer Imagination das Bild des verlorenen Wasserschlosses inmitten der westfälischen Heide. Noch vier Jahre vor ihrem Tode, also 1844, erwies die Droste im entlegenen Meersburg dem Ort ihrer Kindheit und Jugend eine bemerkenswerte literarische Reverenz:

»Steigt mir in diesem fremden Lande
Die allbekannte Nacht empor,
Klatscht es wie Hufesschlag vom Strande,
Rollt sich die Dämmerung hervor,
Gleich Staubeswolken mir entgegen

Die Wasserburg Hülshoff im Münsterland

Von meinem lieben starken Nord,
Und fühl' ich meine Locken regen
Der Luft geheimnisvolles Wort –

Dann ist es mir, als hör' ich reiten
Und klirren und entgegenziehn
Mein Vaterland von allen Seiten,
Und seine Küsse fühl' ich glühn;
Dann wird des Windes leises Munkeln
Mir zu verworrnen Stimmen bald
Und jede schwache Form im Dunkeln
Zur tiefvertrautesten Gestalt.

Und meine Arme muß ich strecken,
Muß Küsse, Küsse hauchen aus,
Wie sie die Leiber können wecken,
Die modernden, im grünen Haus;
Muß jeden Waldeswipfel grüßen
Und jede Heid' und jeden Bach,
Und alle Tropfen, die da fließen,
Und jedes Hälmchen, das noch wach.

Du, Vaterhaus, mit deinen Türmen
Vom stillen Weiher eingewiegt,
Wo ich in meines Lebens Stürmen
So oft erlegen und gesiegt,
Ihr breiten, laubgewölbten Hallen,
Die jung und fröhlich mich gesehn,
Wo ewig meine Seufzer wallen
Und meines Fußes Spuren stehn.

Du feuchter Wind von meinen Heiden,
Der wie verschämte Klage weint,
Du Sonnenstrahl, der so bescheiden
Auf ihre Kräuter niederscheint; –
Ihr Gleise, die mich fortgetragen,
Ihr Augen, die mir nachgeblinkt,
Ihr Herzen, die mir nachgeschlagen,
Ihr Hände, die mir nachgewinkt.

Und Grüße, Grüße, Dach, wo nimmer
Die treuste Seele mein vergißt,
Und jetzt bei ihres Lämpchens Schimmer
Für mich den Abendsegen liest.
Wo bei des Hahnes erstem Krähen
Sie matt die graue Wimper streicht,
Und einmal noch vor Schlafengehen
An mein verlaß'nes Lager schleicht.

Ich möcht' euch alle an mich schließen,
Ich fühl' euch alle um mich her;
Ich möchte mich in euch ergießen,
Gleich siechem Bache in das Meer.
O wüßtet ihr, wie krank gerötet,
Wie fieberhaft ein Äther brennt,
Wo keine Seele für uns betet
Und keiner unsre Toten kennt!«

In ihren 1845 erschienenen »Bildern aus Westfalen« hat die Droste dann noch einmal das münsterländische Umfeld ihrer Jugend so beschrieben: «Wir befinden uns in dem Herzen des Münsterlandes in einer Gegend, die so anmutig ist, wie der gänzliche Mangel an Gebirgen, Felsen und belebten Strömen dieses nur immer gestattet, und die wie eine große Oase in dem sie von allen Seiten, nach Holland, Oldenburg, Kleve zu, umstäubendem Sandmeer liegt... Die wüsten Steppen haben sich in mäßige, mit einer Heideblumendecke farbig überhauchten Weidestrecken zusammengezogen, aus denen jeder Schritt Schwärme blauer, gelber und milchweißer Schmetterlinge aufstäuben läßt. Fast jeder dieser Weidegründe enthält einen Wasserspiegel, von Schwertlilien umkränzt, an denen Tausende kleiner Libellen wie bunte Stäbchen hängen, während die der größten Art bis auf die Mitte des Weihers schnurren, wo sie in die Blätter der gelben Nymphäen wie goldene Schmucknadeln in emaillierte Schalen niederfallen und dort auf die Wasserinsekten lauern, von denen sie sich nähren... Diese Gegend bietet eine lebhafte Einsamkeit, ein fröhliches Alleinsein mit der Natur. Dörfer trifft man alle Stunden Weges höchstens eines, und die zerstreuten Pachthöfe liegen versteckt hinter Wallhekken und Bäumen, daß nur ein ferner Hahnenschrei oder ein aus einer Laubperücke winkender Heiligenschrein sie dir andeutet und du dich allein glaubst mit Gras und Vögeln, wie am vierten Tage der Schöpfung.«

Zur gleichen Zeit wie die Droste hat auch Adalbert Stifter seiner südböhmischen Heimat in seiner Erzählung »Der beschriebene Tännling« eine ähnlich literarische Huldigung dargebracht. Er ist dann auch zurecht als ein kaum je wieder erreichter Meister der Landschaftsschilderung in unsere Literaturgeschichte eingegangen. Die Droste übertraf den großen Deutschböhmen eher noch in ihrer minuziösen Beschreibung der Kleinwelt. Sie besaß einen ungemein geschärften Blick für das scheinbar Belanglose in der Natur und in der Menschenwelt.

Die Eltern

Es ist ein besonderer Glücksfall für Droste-Biographen, daß sie in ihrem kühn projektierten Westfalen-Roman »Bei uns zu Lande auf dem Lande« treffsichere Charakterskizzen ihrer nächsten Angehörigen und ein überraschendes Psychogramm ihrer eigenen Persönlichkeit überliefert hat. Von ihrem Vater heißt es da aus einer verklärenden und liebevollen Distanz heraus: »Ich halte es für unmöglich, diesen Mann nicht liebzuhaben. Seine Schwächen selbst sind liebenswürdig. Denkt euch einen großen, stattlichen Mann, gegen dessen breite Schultern und Brust fast weibliche Hände und der kleinste Fuß seltsam abstechen. Ferner eine sehr hohe, freie Stirn, überaus lichte Augen, eine starke Adlernase und darunter Mund und Kinn eines Kindes, die weißeste Haut, die je ein Männergesicht entstellte, und der ganze Kopf voll Kinderlöckchen, aber grauen, und das Ganze von einem Strome von Milde und gutem Glauben überwallt, daß es schon einen Viertelschelm reizen müßte, ihn zu betrügen, und doch einem doppelten fast unmöglich macht.

Clemens August von Droste-Hülshoff, Annettes Vater

Gar adlig sieht der Herr dabei aus, gnädig und lehnsherrlich, trotz seines grauen Landrocks, von dem er sich selten trennt. Und er hat den Mut für drei: ich habe ihn bei einem Spaziergange, wo man auf verbotene Wege geraten war, fast fünf Minuten lang einen wütenden Stier mit einem Bambusrohr parieren sehen, bis alle sich hinter Wall und Graben gesichert hatten...

Er ist ein leidenschaftlicher Zeitungsleser und Geschichtsfreund und liebt das gedruckte Blutvergießen. Eugen und Marlborough sind Namen, die seine Augen wie Laternen leuchten lassen; dennoch bin ich zweifelhaft, ob im vorkommenden Falle der Herr den Feind tapferlich erschlagen oder sich selbst lieber gefangen geben würde, um keinen Mord auf seine Seele zu laden. Von Räubern und Mordbrennern träumt er gerne, und wenn die Hofhunde nachts ungewöhnlich anschlagen und gegen irgendeinen dunklen Winkel vor- unf rückwärtsfahren, hat man ihn wohl schon unbegleitet im Schlafrock mit blankem Degen in das verdächtige Verließ dringen sehen, mit wahrhaft acharnierter Wut den Schelm zu packen und einzuspunden, den er dann freilich am anderen Morgen hätte laufen lassen.

Den Verstand des Herrn habe ich anfangs zu gering angeschlagen... Sein erstes Urteil ist immer überraschend richtig, sein zweites schon bedeutend vom Mantel der christlichen Liebe verdunkelt, und wer ihm heute als erklärter Filou erscheint, ist morgen vielleicht ein gewandter Mann, den man etwas weniger scheu wünschen möchte.

Der Herr liest viel, täglich mehrere Stunden und immer Belehrendes, Sprachliches, Geschichtliches, zur Abwechslung Reisebeschreibungen, wo seine naive Phantasie immer den Autor überflügelt und er heimlich auf jedem Blatte ein neues Eldorado oder die Entdeckung des Paradiesgartens erwartet. Überhaupt kommt mir diese Familie vor wie die Scholastiker des Mittelalters mit ihrem rastlosen, gründlichen Fleiße und bodenlosen Dämmerungen.«

Schließlich legt Annette ihrem Gewährsmann aus der Lausitz, den sie diese Charakterbilder verfertigen läßt, ein paar durchaus positive Worte über die Musikalität ihres Vaters in den Mund, wobei sie aus Gründen der Verfremdung ihn als einen virtuosen Pianisten, nicht also als Geiger ausweist, der Clemens August von Droste in Wirklichkeit war.

»Nichts ist lieblicher«, läßt sie den Gast seine Ausführungen über ihren Vater fortsetzen, »als ihn abends in der Dämmerung auf dem Klavier phantasieren zu hören: ein wahres adliges Idyll, denn eine gewisse Grandezza fährt immer in diese unschuldige, reizende Musik hinein und Stöße ritterlicher Courage im Marschtempo. Es wird mir nie zu lang zuzuhören, und allerlei Bilder steigen in mir auf aus Thomsons Jahreszeiten.

Sonst hat der Herr noch viele Liebhabereien, alle von der kindlichsten Originalität; zuerst eine lebende Ornithologie (denn der Herr greift alles wissenschaftlich an); neben seiner Studierstube ist ein Zimmer mit fußhohem Sand und grünen Tannenbäumchen, die von Zeit zu Zeit erneuert werden. Die immer offenen Fenster sind mit Draht verwahrt, und darin piept und schwirrt das ganze Sängervolk des Landes, von jeder Art ein Exemplar, von der Nachtigall bis zur Meise. Es ist dem Herrn eine Sache von Wichtigkeit, die Reihe vollständig zu erhalten. Der Tod eines Hänflings ist ihm wie der Verlust eines Blattes aus einem naturhistorischen Werke.

Er treibt ein wahres Spionieren nach jeden seltenem Durchzügler: früh um fünf sehe ich ihn schon über die Brücken schreiten nach seinen Weidenklippen und Leimstangen, und wieder in der brennenden Mittagshitze, sieben- bis achtmal an einem Tage. Möchte ich ihm zuweilen die Mühe abnehmen und verspreche ich, die Klippe wohlgeschlossen zu lassen oder den Vogel mitsamt der Leimstange in mein Schnupftuch gewickelt fein sauber herzutragen, so gibt er mir wohl nach, um mir keine Schmach anzutun, aber er trabt nebenher, und es ist, als ob er meinte, meine profane Gegenwart allein könne schon den erwischten Vogel echappieren machen.

Dann ist der Herr ein gründlicher Botanikus und hat schon manche schöne Tulpe und Schwertlilie in seinem Garten; das ist ihm aber nicht genug. Seine reiche innere Poesie verlangt nach dem Wunderbaren, Unerhörten. Er möchte gern eine Art unschuldigen Hexenmeister spielen und ist auf die seltsamsten Einfälle geraten, die sich mitunter glücklich bewähren und für die Wissenschaft nicht ohne Wert sein möchten: so trägt er mit einem feinen Sammetbürstchen den Blumenstaub sauber von der blauen Lilie zur gelben, von der braunen zur rötlichen, und die hieraus entspringenden Spielarten sind sein höchster Stolz, die er mit einem wahren Prometheusansehen zeigt.

Die wilden Blumen, seine geliebten Landsleute, deren Verkanntsein er bejammert, pflegt er nach allen Verschiedenheiten in netten Beetchen wie Reihen Grenadiere. Manchen Schweißtropfen hat der gute Herr vergossen, wenn er mit seinem kleinen Spaten halbe Tage lang nach einer seltenen Orchis suchte, und manches in seiner Domäne ist ihm dabei sichtbar geworden, was er sonst nie wieder gesucht noch gefunden hätte. Darum lieben die Bauern auch nichts weniger als des Herrn botanische Exkursionen, bei denen er immer heimlich auf Unerhörtes hofft, z. B. ein scharlachrotes oder blaues Maßliebchen...

Nichts zeigt die reiche, kindlich frische Phantasie des Herrn deutlicher als sein schon oft genanntes »Liber mirabilis«, eine mühsam zusammengetragene Sammlung alter, prophetischer Träume und Gesichte, von denen dieses Land wie mit einem Flor überzogen ist. Fast jeder zehnte Mann ist hier ein Prophet – ein Vorkieker – und wie ich fürchte, einer oder der andere dem Herrn zulieb!«

»Seltsam ist's, daß diese Menschen alle eine körperliche Ähnlichkeit haben: ein lichtblaues, geisterhaftes Auge, was fast ängstlich zu ertragen ist«, läßt Annette uns durch ihren Gewährsmann wissen. »Sonst sind sie einfach, häufig beschränkt, des Betrugs unfähig, in keiner Weise von anderen Bauern unterschieden. Der Vater hat nun alle diese in der Tat merkwürdigen Träumereien gesammelt und sauber in einer buchförmigen Kapsel verwahrt, und ›Liber mirabilis‹ steht breit auf dem Rükken mit goldenen Lettern. Dies ist sein Schatz und Orakel, bei dem er anfängt, wenn es in den Weltläufen konfus aussieht, und was nicht damit übereinstimmt, wird vorläufig mit Kopfschütteln abgefertigt.«

Die Mutter schildert der Lausitzer Beobachter als die absolute Herrin des Hauses, als eine »kluge, rasche, tüchtige Hausregentin, die dem Kühnsten wohl zu imponieren versteht«. Sie ist eine »warme, bis zur Begeisterung anerkennende Freundin des Mannes, der eigentlich keinen Willen hat als den ihrigen, daß alle Frauen, die Hosen tragen, sich darin wohl spiegeln möchten.«–

»Ohne Zweifel«, verrät der Bericht weiter, »steht diese Frau geistig höher als ihr Mann, aber selten ist das Gemüt so vom Verstande hochgeachtet worden... Nie habe ich bemerkt, daß ein Mangel an Welterfahrung seinerseits sie verlegen gemacht hätte; dagegen strahlen ihre schwarzen Augen wie Sterne, wenn er seine guten Kenntnisse entwickelt, Latein wie Deutsch, und sich in alten Tröstern bewandert zeigt wie ein Cicerone.

Die gnädige Frau hat südliches Blut, sie ist heftig, ich habe sie sogar schon sehr heftig gesehen, wenn sie bösen Willen voraussetzt, aber sie faßt sich schnell und trägt nie nach. Sehr stattlich und vornehm sieht sie aus, muß sehr schön gewesen sein und wäre dies vielleicht noch, wenn ihre bewegten Gefühle sie etwas mehr Embonpoint ansetzen ließen. So sieht sie aus wie ein edles arabisches Pferd.«

Annette hatte die Herkunft ihrer Mutter in diesem Psychogramm mit verständlicher Absicht einem alten rheinischen Geschlecht zugeordnet. In Wirklichkeit entstammte sie der Familie von Haxthausen aus Bökendorf in der Nähe von Brakel im Paderborner Land. Einige ihrer Brüder bezogen später bedeutende Positionen im preußischen Staatsdienst. Ihr bedeutend jüngerer Bruder aus der zweiten Ehe des Vaters, August von Haxthausen, unternahm sogar im Auftrag der russischen Regierung Reisen durch Rußland und legte seine vorwiegend agrarwissenschaftlichen Forschungen in Büchern nieder, die sich auf seinem Spezialgebiet noch lange als Standardwerke behaupten sollten.

Ganz allgemein war man auf dem Bökenhof vorwiegend literarisch interessiert. Man beschäftigte sich passioniert mit alter, aber auch mit neuer Literatur und versuchte sich selbst in Reimereien, über deren dilettantischen Rang man sich im klaren war. Aber man machte sich um die deutsche Literatur dann eben doch verdient, als man damit begann, für die Brüder Grimm westfälische Märchen für deren zweiten Band der »Kinder- und Hausmärchen« zu sammeln, die damals bereits in den eisernen Bestand der deutschen Nationalliteratur eingegangen waren.

Der Parderborner Drost- und Kammerherr Werner Adolf von Haxthausen hatte nach dem Tod seiner ersten Frau, einer geborenen von Westfalen, die bald nach der Geburt von An-

Therese Luise von Droste-Hülshoff,
geb. von Haxthausen, Annettes Mutter

nettes Mutter gestorben war, eine Tochter des Hauses Wendt zu Papenhausen geheiratet, die sechzehn Kinder zur Welt brachte und später in Annettes Biographie noch eine bestimmende Rolle spielen sollte.

Kindheit

Annette wuchs mit ihrer um zwei Jahre älteren Schwester Maria Anna, ihrer »Jenny«, und zwei jüngeren Brüdern, Werner und Ferdinand, in der Abgeschiedenheit der westfälischen Provinz auf. Hülshoff hatte sich in seinem gesamten Lebenszuschnitt noch einen Hauch von Biedermeieridyllik bewahrt. Die aufgeregte Zeit schien mitleidig an diesem weltentlegenen Wasserschloß vorüberzuziehen, ohne merkliche Spuren zu hinterlassen. Jedenfalls spielte die Politik im Leben der Familie Droste keine dominierende Rolle. Das änderte sich für einige Zeit, als die Napoleonischen Kriege auch Westfalen in Aufruhr versetzten und Flüchtlingsströme vor der Soldateska ihr nacktes Leben in den Wäldern zu retten versuchten.

Im übrigen teilten sich in den Jahren der Turbulenz, die jenseits des Rheins die Große Revolution ausgelöst hatte, viele Mächte die Regentschaft des Landes. Im Jahre 1802 marschierten die Preußen unter Blücher in Münster ein und annektierten das Fürstbistum, bis sie Stadt und Land schon vier Jahre später nach dem großen Debakel von Jena und Auerstedt den Franzosen überlassen mußten. Wie man weiß, wurde das Land nach dem Tilsiter Frieden kurzerhand dem neugeschaffenen Königreich Westfalen zugeschlagen, das Napoleons jüngster Bruder Jérôme wie ein barocker Operettenkönig auf der Kasseler Wilhelmshöhe recht und schlecht regierte.

1807 wurde Münster mit den Grafschaften Mark, Tecklenburg und Lingen und den Abteien Elten, Essen und Werden dem Großherzogtum Berg einverleibt, das damals von Düsseldorf aus durch Napoleons Reitergeneral Murat regiert wurde. Durch kaiserliches Dekret wurde das Land dann 1810 direkt dem Kaiserreich Frankreich zugesprochen, bis das Fürstbistum dann endgültig 1815 nach dem Wiener Kongreß an Preußen fiel. Immerhin hatte man sich im Münsterland jahrelang vergleichsweise komplikationslos mit den Franzosen arrangiert. Man machte gute Miene zum bösen Spiel. Offenbar waren die Münsteraner, vor allem ihre Oberschicht, nicht aus dem Holze gemacht, aus dem die Geschichte Rebellen zu schnitzen pflegt.

Auch Annettes Vater hatte bedenkenlos mit den Franzosen kollaboriert. Er fungierte sogar zur Franzosenzeit als Bürgermeister des benachbarten Toxel. Die katholischen Hülshoffs widersetzten sich preußischen Annektionsgelüsten nach besten Kräften. Bezeichnend für den zweifelhaften Ruf, den die Emporkömmlinge aus den Sandwüsten Brandenburgs im Westen Deutschlands genossen, erscheint eine Tagebucheintragung Jennys vom 24. November 1813: »Diesen Morgen um acht Uhr zog unsere Einquartierung ab. Wir freuten uns herzlich: die Preußen sind noch immer die alten Prahler, und jetzt eingebildeter als je.« Auch Annette zeigte in ihrem von jugendlichem Elan getragenen Gedicht »Das befreite Deutschland« nur wenig Sympathie für die Preußen, noch weniger aber für die Österreicher, denen sie ankreidete, Deutschland im Kampf um seine Freiheit schmählich im Stich gelassen zu haben.

Für Therese von Droste verstand es sich in diesen düsteren Jahren der Napoleonischen Kriege von selbst, Bedrängten und Verfolgten zur Hilfe zu eilen. Sie brauchte sich nicht als Wohltäterin der Armen erst in Pose zu setzen. Schon ihre Stiefmutter hatte in Bökendorf so etwas wie die immer dankbare Rolle einer modernen heiligen Elisabeth gespielt. Sie nahm sich der Armen und Alten mit einer unauffälligen Selbstverständlichkeit an. Es gehörte auf dem Hülshoff sogar zum täglichen Ritual, daß sich die Bedürftigen zu festgesetzten Zeiten auf der Freitreppe vor dem Hause einfanden und dann mit der Hilfe der Hausherrin rechnen konnten, die sich auch um ihre menschlichen Probleme kümmerte. Die Kinder wurden von vornherein dazu erzogen, den Hausarmen mit dem gleichen Respekt wie allen erwachsenen Besuchern zu begegnen. Die Mutter dirigierte die Angelegenheiten des Hauses mit einer erstaunlich sicheren Hand. Insofern ergänzte sie den eher weichen und träumerischen Vater, der ausgiebig damit beschäftigt war, seine verschiedenen Steckenpferde unter ein Dach zu bringen.

Annette wuchs unmerklich in diese behütete westfälische Welt hinein, die sie später wie kein anderer dichterisch verklären sollte. Westfalen, speziell das Münsterland, hat sie immer als ihre Heimat begriffen, der sie sich mit allen Fasern ihres Wesens verwachsen fühlte. Sie empfand sich wohltuend in das noch intakte Volkstum dieser Landschaft eingebunden. Diesen schwerfälligen, beharrenden und kantigen Menschen, die ihrem heidnisch-katholischen Glauben fest verbunden waren, fühlte sie sich zutiefst verwandt. Die münsterländische Landschaft bot ihr eine anregende Folie für viele ihrer besten dichterischen Inspirationen, vor allem für die »Heidebilder«, die aus verklärender Distanz am Bodensee entstanden. Noch in ihren klassischen Beiträgen über Land und Leute in ihren »Bildern aus Westfalen« aus dem Jahre 1845 hat sie das Wesen dieser Landschaft intuitiv wie wenige erfaßt und es mit ihren ungewöhnlichen Sprachmitteln überliefert.

Das Münsterland ist für sie eine menschliche Region, die sich nicht jedem sogleich erschließt. Annette verfügte durchaus über den liebevollen Blick für die verborgenen Schönheiten dieses Landes , das bis dahin von der Kunst, aber auch von der Literatur noch nicht entdeckt worden war und auf einen zupakkenden Gestalter seiner geheimnisvollen Schönheiten zu warten schien.

Trotz ihrer starken Kurzsichtigkeit nahm Annette ihre Umwelt ungemein minuziös zur Kenntnis. Ihre Hypersensibilität, die sie mit auf die Welt brachte, bereitete den Eltern von Anfang an berechtigte Sorgen. Ihre übersteigerte Empfänglichkeit für sensuelle Eindrücke erschreckte vor allem die Mutter. Diese pathologische und zugleich schöpferische Unruhe bleibt bis zuletzt die eigentliche Krankheit dieser Dichterin, an der die Ärzte herumrätselten, ohne zu einer zutreffenden und überzeugenden Diagnose zu gelangen, und die sie am Ende auch leerfraß. Ihre Krankheitszustände kamen und verschwanden wie irrationale Botschaften von ihrer Bessenheit, die sie tragisch von den Menschen ihrer Umgebung isolierte und sie immer wieder auf sich selbst zurückwies. Manchmal konnte es geschehen, daß sie wie ziellos durch das Schloß bis hinauf zum Turm oder hinaus in den Garten oder sogar ins Moor jagte, als wäre sie von Furien gehetzt. Das Schaurige und Grausige scheint von allem Anfang an eine geradezu magische Anziehungskraft auf sie ausgeübt zu haben.

Gleichwohl erwies sich das junge Edelfräulein keineswegs als ein Kind von Traurigkeit. Immer wieder brach ihr furioses Temperament durch. Sie liebte die Ungebundenheit in der Natur, aber auch das Spiel mit anderen Kindern. So erinnert sie sich später, daß sie nicht nur das Schloß bis in seine letzten Winkel durchstreifte, sondern auch ihre Freude daran hatte, »sich tief hinten im Garten versteckt die Strümpfe auszuziehen und mit bloßen Füßen umherzulaufen, ganz wie es die beneideten Kötterkinder tun durften«. Sie wäre auch gern, wie sie versicherte, mit auf die Jagd gezogen. Immerhin muß sie eine schneidige Reiterin und eine beherzte Schlittschuhläuferin gewesen sein, die sich im Winter mit den Brüdern auf dem Schloßweiher herumtummelte. Allerdings schlug ihre exaltierte Lebensfreude oft in brütende Schwermut um. Es bestand also durchaus Anlaß, sich über ihre ungewöhnliche Sensibilität Gedanken zu machen.

Im Wesentlichen hat der nordische Himmel des Münsterlandes sie wie so viele ihrer Landsleute geprägt. Drückend lagert er zuweilen über der endlosen Heide, über die der Wind heult, der in den Eichen wühlt. Der heisere Ruf der Krähen und Raben wirkt in einer solchen Umwelt geradezu gespenstisch, wenn der Nebel, der »Heidemann«, wie ihre Landsleute ihn zu nennen pflegen, breit über dem Land lastet und alle Konturen verwischt. Da sich ihren kurzsichtigen Augen ohnehin alle Ferne entzieht, fühlt sie sich ganz dem Grauen einer kreatürlichen Einsamkeit ausgeliefert.

Diese unverwischbaren Kindheitseindrücke haben ihr inneres Leben merklich mitgeformt. Dem Spukhaften der nordischen Landschaft hat ihre Dichtung am Ende ihren unverwechselbaren Ton zu verdanken, der die Drosteschen Verse so wohltuend aus der Masse literarischer Belanglosigkeiten heraushebt. Immer wieder spielt das Zwielichtige in ihre Poesie hinein. Es handelt sich dabei um das gleiche Lebensgefühl, das sie schon als Kind in die Verlorenheit der heimischen Heide hinausgetrieben hat. Ihre »wilde Seele« tobte sich in den entfesselten Elementen aus. In ihrem wohl populärsten Gedicht, dem »Knaben im Moor«, hat sie später dieses magische Naturgefühl auf eine dichterische Weise gestaltet.

»O schaurig ist's, übers Moor zu gehn,
Wenn es wimmelt vom Heiderauche,

Sich wie Phantome die Dünste drehn
Und die Ranke häckelt am Strauche,
Unter jedem Tritte ein Quellchen springt,
Wenn aus der Spalte es zischt und singt,
O schaurig ist's, übers Moor zu gehn,
Wenn das Röhricht knistert im Hauche!

Fest hält die Fibel das zitternde Kind
Und rennt, als ob man es jage;
Hohl über die Fläche sauset der Wind –
Was raschelt drüben am Hage?
Das ist der gespenstische Gräberknecht,
Der dem Meister die besten Torfe verzecht;
Hu, Hu, es bricht wie ein irres Rind!
Hinducket das Knäblein zage.

Vom Ufer starret Gestumpf hervor,
Unheimlich nicket die Föhre,
Der Knabe rennt, gespannt das Ohr,
Durch Riesenhalme wie Speere;
Und wie es rieselt und knittert darin!
Das ist die unselige Spinnerin,
Das ist die gebannte Spinnlenor',
Die den Haspel dreht im Geröhre!

Voran, voran, nur immer im Lauf,
Voran, als woll' es ihn holen!
Vor seinem Fuße brodelt es auf,
Es pfeift ihm unter den Sohlen
Wie eine gespenstische Melodei;
Das ist der Geigenmann ungetreu,
Das ist der diebische Fiedler Knauf,
Der den Hochzeitheller gestohlen!

Da birst das Moor, ein Seufzer geht
Hervor aus der klaffenden Höhle;

Weh, weh, da ruft die verdammte Margret:
›Ho, ho, meine arme Seele!‹
Der Knabe springt wie ein wundes Reh,
Wär' nicht der Schutzengel in seiner Näh',
Seine bleichenden Knöchelchen fände spät
Ein Gräber im Moorgeschwele.

Da mählich gründet der Boden sich,
Und drüben, neben der Weide,
Die Lampe flimmert so heimatlich,
Der Knabe steht an der Scheide.
Tief atmet er auf, zum Moore zurück
Noch immer wirft er den scheuen Blick:
Ja, im Geröhre war's fürchterlich,
Oh, schaurig war's in der Heide!«

Ohne ihren angeborenen Urinstinkt der Zugehörigkeit zu dieser Erde, die sie trug und formte, hätte die Droste dieses Gedicht nie schreiben können. Hier wird in sechs faszinierenden Strophen das ganze Grauen dieser nordischen Landschaft entfesselt. Die toten Seelen, von denen es im Moor wimmelt, stehen auf und jagen das aufgeschreckte Kind, das mit Müh und Not den zerstörerischen Naturmächten entgeht und in der Welt der heimatlich vertrauten Menschen schließlich die Geborgenheit findet, nach der es gefiebert hat.

Kaum daß sie lesen konnte, pflegte sich Annette mit Weißes »Kinderfreund«, das Generationen deutscher Kinder in die Welt des Wortes eingeführt hat, zurückzuziehen und die Freuden ihrer frühen Lektüre voll auszukosten. Diese Welt des gestalteten Wortes, spürte sie, war auch die ihre. »Wenn ich älter bin, Mama,« bekam die Mutter dann auch gelegentlich zu hören, »schreibe ich solche Stücke und Lieder selbst und komponiere sie und noch viel schönere als diese.«

Dergleichen Bemerkungen, die von Frühreife zeugen, gehören nicht in den Bereich der Droste-Legende. Sie wirken im nachhinein durchaus glaubwürdig. Mit divinatorischer Sicherheit sprach schon die kleine Annette von ihrer Mission, der sie dann in dem halben Jahrhundert, das ihr noch blieb, alles unterordnete, um ihren dichterischen Passionsweg nach einer zunächst unfaßbaren Steigerung ihrer Möglichkeiten zu Ende zu gehen.

Die Mutter stand den ersten dichterischen Versuchen Annettes nicht ahnungslos gegenüber. Die Verse der sieben- bis elfjährigen Poetin wurden fein säuberlich in ein Heftchen eingetragen. Die Haxthausensche Verwandschaft, literarisch versierter, erkannte insgeheim bereits eine neue Sappho in diesem für sie so unerklärlichen Mädchen, hinter dessen magischen Augen sie etwas Ungewöhnliches witterte.

Natürlich waren nicht alle Bücher des elterlichen Bücherschrankes als geistige Nahrung für Annettes monomanischen Lesehunger bestimmt. Die Mutter wachte mit Argusaugen darüber, daß dem so leicht verletzbaren Kind kein Buch in die Hände geriet, das nicht ihren Vorstellungen von menschlicher Integrität und bürgerlicher Moralität voll und ganz entsprach. Sie veranstaltete selbst abendliche Lesungen, um die literarische Unterrichtung ihrer Kinder voranzutreiben. Ihrem Geschmack kann man nur das höchste Kompliment machen. Gleich vornan auf ihrem Lesekanon rangierten so erlesene Autoren wie Klopstock, Voß, Kosegarten und Stolberg. Die Stürmer und Dränger und leider auch die Weimarer Klassiker waren vorerst von diesen abendlichen Literaturexerzitien ausgeschlossen. Sie entsprachen offenbar nicht den moralischen Auslese-Kriterien der standpunktfesten Schloßherrin auf Hülshoff.

Mit zwölf Jahren fand man Annettes literarisches Talent bereits soweit ausgereift, daß der Herausgeber eines Münsteraner Taschenbuches mit dem elitären Titel »Mimigardia« das junge Edelfräulein zur Mitarbeit an seinem Unternehmen ermunterte.

Schwester Jenny berichtet Erstaunliches von den Reimtalenten Annettes, die Verse aus dem Stehgreif improvisieren konnte. Diese habe, so versichert Jenny, oft ihre kindlichen

Jenny von Droste-Hülshoff, Annettes Schwester

Spiele brüsk unterbrochen, weil sie, einer plötzlichen dichterischen Eingebung folgend, Verse zu Papier bringen mußte. Natürlich machten ihr die Erwachsenen dann auch bereits die notwendigen Honneurs. Einer so jugendlichen Dichterin begegnete man schließlich nicht alle Tage – und dazu im als amusisch verschrienen Münsterlande. Jenny monierte altklug, aber sicher zu Recht, die Schwester wäre »voll Ehrgeiz im Bewußtsein ihrer Talente eitel gemacht« worden.

Um ihre Lesewut einzudämmen, durfte sie ohnehin penibel ausgewählte Bücher nur in genau zugemessenen Rationen konsumieren. Defoes »Robinson« etwa gehörte zu den Büchern, die sie mit Sicherheit in einem Zug verschlungen hätte, würde man ihrer Lesesucht nicht eine natürliche Grenze gesetzt haben. Überhaupt hielt man merklich damit zurück, Annette zuviel bestimmende Phantasieeindrücke zu vermitteln. Jenny bemerkt in ihrem Tagebuch über ihre Schwester, die sie irgendwie zu bewundern gelernt hat: »Wenn sie ein Bild betrachtete oder ein Buch, das sie gelesen hatte, so redete sie laut mit sich selbst, sprang davor herum, lief durch das Zimmer hin und her und machte schreckliche Grimassen. Sie setzte schon damals in Gedanken ganze Geschichten zusammen, wobei sie oft die Personen laut redend erscheinen ließ. Dies verlor sich dann, doch blieb ihr bis ins späte Alter etwas davon.«

Natürlich war Annette gewitzt genug, das Leseverbot zu umgehen. So besorgte sie sich eines Tages den Schlüssel zu dem auf dem Korridor stehenden elterlichen Bücherschrank und machte sich, auf einem Stuhl stehend, daran, verbotene Bücher wie Schillers »Räuber« oder Wielands »Amadis« mit sichtlichem Vergnügen durchzulesen. Über dieser erregenden Lektüre soll sie dann Raum und Zeit vergessen haben. Doch als sie dann plötzlich die Schritte der Mutter auf der Treppe vernahm, stellte sie die Bücher schleunigst zurück, verschloß den Schrank und trat die Flucht in den Garten an. Dabei soll sie in ihrer Erregung den Schlüssel von der Schloßbrücke in den Wehrgraben geworfen haben.

In Erwartung des nahenden Strafgerichts, wenn der Verlust des Schlüssels bemerkt würde, hat sie in der Nacht die Hilfe höherer Mächte angerufen. In der Tat soll dann auch ein guter Geist an ihr Bett getreten sein und ihr den Ort, wo sie den Schlüssel wiederfinden könnte, ins Ohr geflüstert haben. So verhielt es sich in der Tat. Am anderen Morgen lag der Schlüssel wieder an seiner gewohnten Stelle.

Während Jenny ganz in die Fußstapfen des Vaters trat und seine botanischen Interessen teilte, wurde Annette wegen ihrer überspannten Nerven daran gehindert, trotz ihrer durchschlagenden musischen Begabung systematisch ein Instrument zu erlernen. Erst mit elf Jahren wurde sie vom Organisten des benachbarten Ortes im Klavierspiel unterwiesen. Damals begann sie dann auch schon Texte aus Weißes »Kinderfreund« zu vertonen. Die Eltern hatten in der Tat allen Grund, jede seelische Erregung von ihrer Tochter fernzuhalten. Schon ein beiläufig gesprochenes Wort genügte, um daraus ein ganzes Handlungsgefüge zu entwickeln. In Flecken an der Tapete oder Falten auf irgendeinem Kissen deutete sie allerlei skurrile Figuren.

Von den dichterischen Versuchen Annettes zwischen ihrem siebenten und elften Lebensjahr sind etwa dreißig Gedichte erhalten geblieben, die natürlich noch nicht die persönliche Handschrift der großen Poetin verraten. Sie sind im eigentlichen Sinne epigonal, Fingerübungen eines Talents, das früh einen natürlichen Ehrgeiz entwickelte. Auf jeden Fall artikuliert sich in ihnen eine unbändige Schaffensfreude. Mitunter zog sich Annette auch ins hinterste Turmzimmer zurück, um ihrer Phantasie freien Lauf zu lassen. Ihr erster dichterischer Versuch muß wohl ein Vers über ein Hühnchen gewesen sein, den sie dann, in Goldpapier eingeschlagen, verschämt am »Hahnenbalken« versteckte:

»Das sollten Enkel finden,
Wenn einst der Turm zerbrach;
Es sollte etwas künden,
Das mir am Herzen lag«.

Nur mit einigem Bedenken ließ man die frühreife Annette am Unterricht ihrer Brüder teilnehmen. Das Ergebnis dieser Bemühungen konnte natürlich nicht überraschen: Das junge Edelfräulein entwickelte eine kaum zu stillende intellektuelle Neugier. Sie überflügelte ihre Brüder bald und verfügte schließlich über einen Wissensfundus, auf den sie im Laufe ihres Lebens immer wieder zurückgreifen konnte.

Zweitrangige Modedichter der Zeit wie Matthisson, Hölty oder Salis-Seewis standen der dilettierenden Dichterin, die zeit ihres Lebens Autodidaktin blieb, bei ihren ersten tastenden Gehversuchen ins Reich der Poesie Modell, vor allem aber Ernst Schulzes »Cäcilie«, ein Versepos, das damals in aller Munde war und auch von Annette kritiklos verschlungen wurde. Ihr literarisches Qualitätsgefühl muß damals noch schwach entwickelt gewesen sein. Sie ersetzte es durch einen geradezu flammenden Ehrgeiz.

Mit zunehmenden Alter öffnete die Mutter immer großzügiger ihren Bücherschrank und ließ Annette an ihren verbotenen Schätzen teilnehmen. Nur als der Hauslehrer Weydenmeyer seiner Adeptin heimlich einen Schiller-Band zusteckte, ist der Skandal schon vorprogrammiert. Der liberale Mentor ihrer frühreifen Tochter muß sich eine strenge Rüge gefallen lassen. Er wird sich von da an hüten, seiner inzwischen 15jährigen Schülerin gewagte oder verbotene Literatur zuzuspielen. Grundsätzlich gerät kein Buch in die Hand ihrer Töchter, das Therese von Droste nicht selbst vorher gelesen hat. Da sie um das Seelenheil der Mädchen besorgt ist, übt sie eine unerbittliche Zensur.

Trotzdem war die Schloßherrin didaktisch so versiert, um das literarische Niveau ihrer Abendveranstaltungen kontinuierlich zu steigern. Im Jahre 1813 führte Jenny gewissenhaft Buch über die abendliche Lektüre in Schloß Hülshoff. Cervantes »Don Quichote« steht damals ebenso auf dem Leseprogramm wie »Was ihr wollt« oder der »Sturm« von Shakespeare. In einem Zusatz kann Jenny sogar bemerken, der »Sturm« des großen Engländers wäre ihr längst bekannt gewesen.

Zu den nicht zu unterschlagenden Kindheitserlebnissen Annettes gehören noch die jährlichen Fahrten zu den Verwandten der Mutter ins Paderborner Land. Jedesmal setzten sich von Hülshoff aus zwei Reisewagen in Bewegung. Man besuchte nicht nur Bökendorf, wo die Großmutter residierte, die Annette besonders ins Herz geschlossen hatte, man machte auch seine obligatorischen Abstecher nach Abbenburg, nach Wehrden und in das Bergschloß Hinnenburg mit seinen festlichen Residenzsälen. Überall wohnten Angehörige des Haxthausen-Clans, von dem es hieß, daß er damals mehr als 80 Personen umfaßte.

Ihre ersten literarischen Gehversuche unternahm Annette, als sie sich von der Lektüre der »Eklogen« des Vergil so enthusiasmiert zeigte, daß sie sich als Zwölfjährige schon in metrischen Übersetzungen dieser lateinischen Texte versuchte. Offenbar mühelos beherrschte sie den Hexameter. Johann Heinrich Voß, aber auch Goethe standen ihr bei diesem zaghaften Vorwärtstasten ins Weltreich der Literatur Pate, Zweifellos hatte sie damit schon einen respektablen Talentbeweis abgeliefert.

Als Sechzehnjährige wagte sie sich dann bereits an ungleich Bedeutenderes. Sie hatte sich damals, ganz im Banne ihrer Schiller-Lektüre stehend, nicht mehr oder weniger vorgenommen, als an einem Schauspiel ihre sich entfaltenden Kräfte zu messen und ihre Umwelt mit einem beachtenswerten Wurf zu überzeugen. Natürlich kam bei diesem Einsatz trotz allen guten Willens kein Geniewurf heraus. Man spürt noch die Anleihen bei Schillers »Wallenstein«, Goethes »Tasso« und Müllners »Schuld« allzu penetrant heraus. Manches erscheint bloß angelesen und nur unvollkommen innerlich verarbeitet.

Interessant bleibt an diesem Intrigenstück nach dem Geschmack der Zeit, in dem auch das stagnierende Leben des deutschen Adels gehörig auf die Schippe genommen wird, die ewig alte und doch immer wieder neue Künstlerproblematik, die in diesem Stück mit dem an sich so nichtssagenden Titel »Berta« die tragische Konfliktsituation heraufbeschwört.

Im Mittelpunkt dieser Räuberpistole steht die junge, aber ungemein sensible Komtesse Berta, der das Unheil widerfährt, sich in einen liebenswerten reisenden Musiker aus der Schweiz zu verlieben, obwohl sie bereits einem ungeliebten Standesgenossen versprochen ist. Natürlich wird der ahnungslose Naivling von einem Musikus keineswegs zimperlich von einer Verschwörerbande aus der Umgebung der Geliebten entfernt, die dann eben doch ihren ehrgeizigen Grafen heiraten muß.

Im Grunde aber muß es sich bei der sechzehnjährigen

Anton Matthias Sprickmann

Annette bei diesem Vorstoß in literarisches Neuland um ein tragisches Selbstporträt gehandelt haben. Hinter ihrer am Leben leidenden Heldin, die sie mit allem Zauber einer schönen Seele ausstattet und die für diese profane Welt eigentlich viel zu schade ist, verbirgt sich die Dichterin selbst. Die Quintessenz ihrer Betrachtungen legt sie wie eine Beschwörungsformel der offenbar einsichtigeren Schwester der Heldin in den Mund. Dabei formuliert sie Sätze, die gleichsam allen modernen Feministinnen wie ins Stammbuch geschrieben erscheinen:

»Zu männlich ist dein Geist, strebt viel zu hoch
Hinauf, wo dir kein Weiberauge folgt.
Das ist's, was ängstlich dir den Busen engt
Und dir die jugendliche Wange bleicht.
Wenn Weiber über ihre Sphäre steigen,
Entfliehn sie ihrem eignen bessern Selbst.

Sie mögen aufwärts sich zur Sonne schwingen
Und mit dem Aar durch duft'ge Wolken dringen
Und stehn allein im nebelichten Tal...

Wenn Weiber wollen sich an Männern messen,
So sind sie Zwitter und nicht Weiber mehr,
Zwar bist du, Berta, klüger viel wie ich,
Denkst tiefer viel, bist älter auch an Jahren,
Doch glaube dieses Mal nur meinen Worten:
Das gute Weib ist weiblich allerorten.«

Natürlich reichen Annettes gestalterischen Kräfte noch nicht aus, um den beabsichtigten Konflikt einem dramatischen Höhepunkt entgegenzutreiben. Der Fundus an eigenen menschlichen Erfahrungen ist noch viel zu gering, um überzeugende Lösungen anbieten zu können. So resigniert die verhinderte Dramatikerin schließlich und läßt ihren damaligen literarischen Mentor Anton Matthias Sprickmann die Gründe ihrer vorzeitigen Kapitulation wissen: »Der Stoff ist übel gewählt.«

Um wen nun handelt es sich bei diesem Sprickmann, der an der neu gegründeten Universität zu Münster die deutsche Rechtsgeschichte vertrat? Er ist aus der Entwicklungsgeschichte der Dichterin Annette von Droste einfach nicht wegzudenken. Als eine der zentralen Figuren des Münsterischen Kulturlebens gehörte er der »Familia sacra« an, jenem illustren Kreis, den die geistvolle Fürstin Gallitzin in Münster um sich gebildet hatte und dem neben Overbeck auch der Konvertit Friedrich Leopold Graf von Stolberg angehörte. Übrigens fühlten sich auch Johann Georg Hamann, der »Magus des Nordens«, und Friedrich Heinrich Jacobi, Goethes Jugendfreund, diesem Zirkel orthodoxer Katholiken eng verbunden.

Sprickmann, in Goethes Geburtsjahr in Münster geboren, war als Protegé des Fürsten von Fürstenberg, des Ministers des Fürstbistums Münster, zum Studium nach Göttingen geschickt worden. Dort hatte er während seines Jurastudiums mit Mitgliedern des »Göttinger Hain« in Verbindung gestanden. Männer wie Klopstock, Claudius und Voß hatten zu seinem Freundeskreis gehört. Aber seine literarischen Arbeiten besaßen eben doch nicht genügend Eigengewicht und Originalität, um Anspruch auf Dauer erheben zu können. Sie sind in der Tat längst vergessen. Aber der Jurist Sprickmann verfügte zweifellos über das exzeptionelle Format, um ihm einen Lehrstuhl in Münster zu übertragen. Der Münstersche Adel pflegte die Vorlesungen dieser Koryphäe seiner Wissenschaft zu besuchen. Im Jahre 1814 berief mitten im Kriege Preußen ihn an die Breslauer Universität. Ein Jahr später folgte er sogar einem Ruf nach Berlin.

Sprickmann hatte in Münster am »Krummen Timpen« gegenüber dem Stadthaus der Drostes gewohnt. Daraus ergaben sich wie von selbst intensive Kontakte. Annette, ohnehin eher bereit, Freundschaften mit älteren Menschen zu schließen, hatte in dem 48 Jahre älteren Sprickmann schließlich einen verläßlichen väterlichen Freund gefunden, der alle Voraussetzungen erfüllte, sie in die literarische Welt einzuführen und sie damit aus ihrer trostlosen geistigen Isolierung zu erlösen.

Allerdings konnte sich der angesehene Professor für die literarischen Etüden des jungen Edelfräuleins keineswegs spontan erwärmen. Der epigonale Rang gab ihm zu denken. Erst die persönliche Begegnung brach dann das Eis. Sie vermittelte ihm ein Gefühl für ihr Außenseitertum, unter dem sie sichtbar litt und für das sie selbst keine rechte Erklärung fand. Jedenfalls begleitete Sprickmann bis mindestens 1819 ihre entstehenden Arbeiten mit entschiedenem Zuspruch, aber auch mit leisem Tadel, wenn es dann sein mußte. Annettes Biographen können es als einen Glücksfall ansehen, daß sich die persönliche Aussprache nach Sprickmanns Wegzug von Münster in einer Korrespondenz fortsetzte, die minuziös über die seelische Verfassung Annettes in diesen Jahren Aufschluß gibt. Er und seine Frau waren Menschen ihres Vertrauens, denen sie sich bedingungslos aufschloß. Der erste erhaltene Brief der Droste ist übrigens an Marie Antoinette Sprickmann gerichtet und stammt aus dem Frühjahr 1813.

»Mit der größten Angst schreibe ich diese Zeilen, und doch ist das arme Herz nicht eher ruhig, bis sie geschrieben sind«, heißt es in diesem Schreiben, in dem sie den Sprickmanns ihre Hilfe anbietet, als diese wegen der Berufung des Gelehrten nach Breslau in materielle Not geraten sind. »Einige Äußerungen, die Ihnen gestern unwillkürlich entfuhren, bestärken mich in der Meinung – o Gott, werden Sie doch nicht böse! –, daß es Ihnen wohl zuweilen an manchem fehlen möchte, und da ward mir so bange, und ich hatte keine Ruhe, bis ich es mich zu wagen entschloß, Ihnen das wenige, was in meinen Kräften steht, anzubieten. Sie können es mir ja gelegentlich wiedergeben.

Wenn Sie die Angst sähen, womit ich dies schreibe, so hätten Sie Mitleid mit mir und wären gar nicht böse. Sie werden gewiß auch nicht böse, denn Sie wissen wohl, daß ich es nicht übel meine und daß es alles nur aus dem Herzen kommt, das Sie so mit inniger Liebe umfaßt. Sie sagten gestern, Sie hätten mich auch lieb, aber wenn Sie mich lieb haben, so werden Sie mich so tief, so schmerzlich nicht kränken, daß Sie dies wenige ausschlagen, und wenn Sie böse werden und mir nicht freundlich sind, wenn ich zu Münster komme, so weiß ich mir vor Angst nicht zu helfen. Aber das Geld brauche ich gar nicht, denn meine Eltern versorgen mich mit allem. Leben Sie wohl, meine liebe, liebe Mutter Sprickmann.«

Auf die Nachricht von der Ankunft der Sprickmanns in Breslau hin, schüttet sie ihr Herz abermals vor ihnen so aus: »Sie können nicht glauben, mit welcher Herzensangst ich Sie auf dem langen Wege begleitet habe und wie viele Not ich ausgestanden habe, bis mir ein Bekannter die Nachricht Ihrer glücklichen Überkunft brachte ... Die neuen Philosophen und Theologen wollen es abstreiten, daß fromme Wünsche und Gebete etwas mehr bewirken können wie das Heil der eigenen Seele. Wenn sie bedächten , daß sie dadurch so manchem bedrängten Herzen seinen letzten Trost, seine letzte Hoffnung, dem geliebten Wesen auf irgendeine Weise nützlich zu sein, raubten, sie würden ihren schönen Grundsatz für sich behalten, der doch wohl schwerlich zur Beförderung der Moralität etwas beiträgt.«

In bezug auf ihr Trauerspiel »Berta«, dessen Entstehen Sprickmann mit wohlwollenden Ratschlägen verfolgt hatte, merkt sie an dieser Stelle an, daß sie ihre Arbeit daran nicht unterbrochen habe. »Es geht etwas langsam«, räumt sie ein. »Aber ich hoffe doch, es gegen den Frühling fertigzubekommen. Ich wollte, es stände sogleich auf dem Papiere, wie ich es denke, denn hell und glänzend steht es vor mir in seinem ganzen Leben, und oft fallen mir die Strophen in großer Menge bei; aber bis ich sie alle geordnet und aufgeschrieben habe, ist ein großer Teil meiner Begeisterung verraucht, und das Aufschreiben ist bei weitem das Mühsamste bei der Sache. Doch kommt mir vor, als ob sich meine Schreibart besserte; das sagen mir auch alle, denen ich es auf Verlangen meiner Mutter vorlas. Aber ich fürchte immer, daß diese Menschen gar wenig davon verstehen, denn es sind meistens Frauenzimmer, von denen ich im ganzen nur wenig Proben eines reinen soliden Geschmacks gesehen habe, und so fürcht' ich, sie täuschen sich und mich.

Ach, mein Freund, wie sehn' ich mich dann oft nach Ihnen, Ihren lehrreichen Gesprächen, unbefangenem Urteile und sanftem Tadel. Denn was soll mir das Lob der Menschen, welche nicht tadeln können? Lieber teurer Sprickmann, ich sehe es täglich mehr ein, wie unendlich viel ich an Ihnen verloren habe und wie ich ohne Sie nur eine schwaches unselbständiges Wesen bin. Bitten Sie Gott um etwas mehr Festigkeit des Charakters für mich, ich flehe täglich zu ihm für Ihr Glück.«

Sprickmann war lange Zeit in der Tat der einzige, auf dessen Urteil sie sich verlassen konnte. Sein Wegzug von Münster hinterließ für Annette daher eine empfindliche Lücke. Immer wieder schickt sie ihm die neugeborenen Kinder ihrer Muse, so im Februar 1816 ein umfangreiches Gedicht »Unruhe«, das tiefe Einblicke in die damalige Seelenverfassung Annettes gewährt. »Nehmen Sie es gütig auf«, beschwört sie ihn in ihrem Begleitschreiben. »Es malt den damaligen und eigentlich auch den jetzigen Zustand meiner Seele vollkommen, obschon diese fast fieberhafte Unruhe mit Verschwinden meines Übelbefindens einigermaßen sich gelegt hat.«

»Laß uns hier ein wenig ruhn am Strande,
Phoibos' Strahlen spielen auf dem Meere.
Siehst du dort der Wimpel weiße Heere?
Reis'ge Schiffe ziehn zum fernen Lande.

Ach, wie ist's erhebend, sich zu freuen
An des Ozeans Unendlichkeit!
Kein Gedanke mehr an Maß und Räume
Ist, ein Ziel, gestreckt für unsre Träume;
Ihn zu wähnen dürfen wir nicht scheuen
Unermeßlich wie die Ewigkeit.

Wer hat ergründet des Meeres Grenzen,
Wie fern die schäumende Woge es treibt?
Wer seine Tiefe,
Wenn mutlos kehret
Des Senkbleis Schwere,
Im wilden Meere
Des Ankers Rettung vergeblich bleibt?

›Möchtest du nicht mit den wagenden Seglern
Kreisen auf dem unendlichen Blau?‹
O, ich möchte wie ein Vogel fliehn,
Mit den hellen Wimpeln möcht' ich ziehen,
Weit, o weit, wo noch kein Fußtritt schallte,
Keines Menschen Stimme widerhallte,
Noch kein Schiff durchschnitt die flücht'ge Bahn.

Und noch weiter, endlos, ewig neu
Mich durch fremde Schöpfungen voll Lust
Hinzuschwingen, fessellos und frei –
O, das pocht, das glüht in meiner Brust.

Rastlos treibt's mich um im engen Leben,
Und zu Boden drücken Raum und Zeit.
Freiheit heißt der Seele banges Streben,
Und im Busen tönt's Unendlichkeit.

Stille, stille, mein törichtes Herz!
Willst du denn ewig vergebens dich sehnen,
Mit der Unmöglichkeit hadernde Tränen
Ewig vergießen in fruchtlosem Schmerz?

So manche Lust kann ja die Erde geben,
So liebe Freuden jeder Augenblick.
Dort stille, Herz, dein glühend heißes Beben.
Es gibt des Holden ja so viel im Leben,
So süße Lust, und ach! so seltnes Glück!

Denn selten nur genießt der Mensch die Freuden,
Die ihn umblühn, sie schwinden ungefühlt.
Sei ruhig, Herz, und lerne dich bescheiden;
Gibt Phoibos' heller Strahl dir keine Freuden,
Der freundlich schimmernd auf der Welle spielt?

Laß uns heim vom feuchten Strande kehren!
Hier zu weilen, Freund, es tut nicht wohl;
Meine Träume drücken schwer mich nieder;
Aus der Ferne klingt's wie Heimatlieder,
Und die alte Unruh' kehret wieder –
Laß uns heim vom feuchten Strande kehren,
Wandrer auf den Wogen, fahret wohl!

Fesseln will man uns am eignen Herde.
Unsre Sehnsucht nennt man Wahn und Traum.
Und das Herz, dies kleine Klümpchen Erde,
Hat doch für die ganze Schöpfung Raum!«

Man kann die letzte Strophe durchaus als eine verbriefte Auflehnung gegen den gesellschaftlichen Terror ihres Standes interpretieren. In jedem Fall artikuliert gerade dieses Gedicht die fast kosmische Sehnsucht eines Mädchens, das zur Frau erwacht. Wahrscheinlich hat Sprickmann als der eigentliche Adressat dieses so vertraulichen Bekenntnisses gar nicht einmal die dämonische Besessenheit der Autorin aus diesen Versen herauslesen können. Sie wird erst drei Jahre später, als sie sich ihrer Außenseiterposition in der Gesellschaft bewußt wird, von ihrem »verrückten Unglück« sprechen, das sie zeit ihres Lebens nicht mehr zur Ruhe kommen läßt. Aber für die Rolle eines menschlichen und künstlerischen Beichtvaters wäre für diese Entwicklungsphase Annettes kaum ein anderer so prädestiniert gewesen wie eben Sprickmann, den es in die Ferne verschlagen hatte.

Auch als der plötzliche Tod ihrer Großtante, einer Frau von Padberg, deren Tochter am gleichen Tage sterben mußte, sie erschüttert, ist es wieder der Breslauer Professor, dem sie am 20. Dezember 1815 ihr Herz ausschüttet. Sie weiß mit einem Male, daß auch sie angesichts ihrer anfälligen Konstitution ständig vom Tod umlauert ist, dem sie mit Einsatz ihres ganzen Lebens Stück für Stück ihres Lebenswerkes abringen muß.

Literarische Anfänge

In einem Brief vom Oktober 1818 berichtet Annette ihrem literarischen Mentor von einem Gedicht in sechs Gesängen, das sie im vergangenen Jahr geschrieben habe und das ihr »in der Ausführung ziemlich gelungen« erscheint.

»Die will ich Ihnen nun schicken, sobald es fertig wäre, konnte aber nicht so bald damit zustandekommen, weil ich im vorigen Jahre sehr viel an Kopfschmerzen gelitten habe, was äußerst nachteilig auf die Augen wirkte«, läßt sie ihn wissen. »Ich habe auch wirklich nie einen halben Gesang ununterbrochen schreiben können, ohne einen kleinen Anfall zu spüren. Obschon die Gesänge nicht sehr lang sind und ich im ganzen auch nicht sehr langsam arbeite, so hat dies kleine Werk doch so oft und lange Feiertage gehalten, daß mir beinahe das ganze Jahr vorübergegangen ist; und je näher ich zum Ziel kam, je weniger konnte ich mich entschließen, Ihnen einen Brief ohne diese Einlage zu schicken. Das ist aber alles nur ein optisches Blendwerk, wodurch meine Tätigkeit niederträchtiger Weise meine besseren Überzeugungen um ihr gutes Gewissen gebracht hat, denn es mußte mir nach meinen ersten Gesängen schon deutlich sein, daß das Ding in meiner damaligen Lage so schnell nicht ging, und so hätte ich auf jeden Fall meine Brieftaube müssen fliegen lassen ...

Dieser Brief ist eigentlich auch noch nicht der rechte, sondern nur ein Vorreiter des folgenden; denn obgleich das Gedicht jetzt fertig ist, so ist es doch noch nicht abgeschrieben ... In zwei bis höchstens drittehalb Wochen denke ich aber wieder so vor meinem Schreibtisch zu sitzen und auszuwählen zwischen den *vielen, vielen,* was ich Ihnen so gerne sagen möchte und wovon ich Ihnen doch nur den kleinsten Teil und dazu noch ganz unvollkommen schicken kann. In einem Monat wird also ohngefähr mein Paketchen bei Ihnen ankommen. Ich muß Ihnen sagen, ich freue mich ganz kindisch auf ihre Antwort, obschon es natürlich nicht ganz ohne Furcht abläuft; denn Sie sind zwar ein höchst milder, aber doch scharfsichtiger Richter. Aber ich bitte, achten Sie ja doch nicht auf meine Furcht und verschweigen mir doch ja nichts von dem, was Ihnen daran mißfällt; denn das wäre wirklich in schrifstellerischer Hinsicht das größte Übel, das Sie einem so armen Lehrlinge, wie ich bin, zufügen könnten.«

Bei dem avisierten »Gedicht in sechs Gesängen« handelt es sich um die Verserzählung »Walther«, also um einen umfangreichen Versuch der Droste, in der modischen literarischen Gattung des Versepos zu reüssieren. Auch der von ihr gewählte Stoff aus dem ritterlichen Mittelalter entsprach ganz einem durchschlagenden literarischen Trend dieser Tage des Biedermeier.

Um was geht es also bei diesem Versuch? »Walther, der Held, ist ein junger Ritter von tadelloser Schönheit und jeglicher Vollkommenheit, der eine ebenso schöne, minnigliche Maid liebt, das Kind eines armen, der Welt und ihren Freuden entsagenden weisen Mannes, welcher in einer idyllischen Hütte einsiedelt«, wird Levin Schücking später dieses Jugendwerk Annettes kenntnisreich kommentieren. »Der gewaltige Vater Walthers trennt jedoch das junge Paar, gehetzt von einem bösen Frauenbild, das Walther zum Gemahl bestimmt ist; er senkt den Mordstrahl in die Brust des armen Mädchens.«

»So kindlich naiv solch eine Epopöe uns heute erscheint«, fügt Schücking später seiner Interpretation kritisch hinzu, »so ist das Ganze doch nicht schlechter als manches, was dazumal seine teilnahmsvollen gerührten Leser fand. Dazu ist es in vollkommen tadelloser, edler Form ausgeführt – man sieht, die Dichterin hat sich hier nicht verdrießen lassen, sorgsam zu feilen, und zeigt, daß ihr die hellste und kristallklarste Form zu Gebote stand, wenn sie dieselbe nur gebrauchen wollte, was in ihren späteren Dichtungen so oft nicht der Fall war, obwohl hier manche Dunkelheiten des Ausdrucks mit dem Wesen der Dichtung zusammenhingen.«

Wir wissen leider nicht, ob diese Epopöe, die einem begreiflichen jugendlichen Enthusiasmus abgerungen war und die sich in ihrer Glätte noch so ganz in der romantischen Empfindsamkeitstradition bewegt, Gnade vor den unbestechlichen Augen Sprickmanns gefunden hat. Zweifellos hatte sich Annette, wie sie später selbst einsah, allzu unbedenklich modischen literarischen Modellen ausgeliefert, von denen sie sich erst mit den Jahren lösen konnte, um sich selbst zu finden und ihre eigene Sprache zu sprechen. Vielleicht hat sie im Bewußtsein ihrer noch fehlenden eigenen Handschrift den gut zweitausend Versen dieses Opus eine vielsagende Widmung vorangesetzt:

»Es ist aus Rom und London nicht gekommen.
Auch hat es Weimar nimmermehr gesehn.
In schlichter Kammer, klein und scheu entglommen,
Lernt' es von selbst das Sprechen und das Gehn.«

Wie nicht anders erwartet, blieb die beabsichtigte Resonanz auf dieses Frühwerk eines sich erst zaghaft regenden Genies aus. Natürlich wurde dieser Poem auch nicht gedruckt. Es wäre ohnehin unschicklich für ein Edelfräulein gewesen, dergleichen der Öffentlichkeit vorzulegen. Aber Annettes Mutter, der sie diese Arbeit gewidmet hatte, zeigte sich von Inhalt und Form dann eben doch ungemein angesprochen. Das mußte die angehende Dichterin zunächst überraschen. Immerhin ließ Therese von Hülshoff mehrere Abschriften anfertigen und verbreitete sie unter interessierten Freunden, die natürlich nur Positives über dieses romantische Rittergedicht einer gerade Zwanzigjährigen zu sagen wußten. Erstaunlich immerhin, daß Annette einen ebenso romantischen wie tragischen Ausgang ihrer Liebesgeschichte in Versen einem Happy-End vorzieht. Aber ihre resignative Haltung spiegelt sich im Schicksal ihres Helden wider: Er nimmt sich enttäuscht aus der Welt zurück und zieht ein streng kontemplatives Leben als Eremit einer Vita activa vor. Dementsprechend klingt das Gedicht in den Worten aus:

»'s ist nicht die Welt, die ihn herüberzieht,
Doch sind's auch nicht der Andacht reine Wellen;
Es ist ein furchtbar Etwas, das sich müht,
Sich zwischen ihn und seinen Gott zu stellen;
Vergebens schlingt um ihn ein Jahr den Lauf,
Manch heitrer Tag steigt wie ein Bräut'gam auf,
Doch keiner kann der Seele Dunkel hellen.«

Aus der Zeit der Entstehung des »Walther« liegt ein glaubwürdiges Selbstporträt der Droste vor. Seitdem weiß man, wie Annette sich selbst als Achtzehnjährige gesehen haben muß. Diese Selbstbespiegelung, die den Vorzug absoluter Authentizität besitzt, befindet sich in ihrem belletristischen Beitrag zur westfälischen Landeskunde, dem sie den Titel »Bei uns zu Lande auf dem Lande« gab und das wie so vieles ein Torso blieb.

Es handelt sich dabei um die Tagebücher eines lausitzischen

Edelmannes, der zur Abwicklung von Familienangelegenheiten die alte Heimat seiner Vorfahren aufsucht und dabei detaillierte Angaben über das Leben der Landedelleute im damaligen Münsterland macht. Als Modell für diese ungemein farbigen Impressionen des westfälischen Landlebens hatte ihr Washington Irvings »Bracebridge Hall« gedient. Der englische Autor hatte die Schilderung des Landlebens in seiner engeren Heimat mit einem beachtlichen Erfolg unternommen.

Ein Glücksfall für die Droste-Philologie immerhin, daß die von ihr geschilderten westfälischen Gestalten eine unverkennbare Porträtähnlichkeit mit den eigenen Familienmitgliedern besitzen. Vor allem hat sie sich selbst in der Tochter des Hauses mit Namen Sophie in einer fast exhibitionistischen Realistik so, wie sie sich selbst sah oder zumindest sehen wollte, der Nachwelt überliefert.

»Fräulein Sophie gleicht ihrem Bruder aufs Herz«, bemerkt sie zu ihrem Alter ego. »Sie ist aber mit ihren achtzehn Jahren bedeutend ausgebildeter und könnte interessant sein, wenn sie den Entschluß dazu faßte. Ob ich sie hübsch nenne? Sie ist es zwanzigmal im Tage und ebenso oft wieder fast das Gegenteil. Ihre schlanke, immer etwas gebückte Gestalt gleicht einer überschossenen Pflanze, die im Winde schwankt; ihre nicht regelmäßigen, aber scharf geschnittenen Züge haben allerdings etwas höchst Adeliges und können sich, wenn sie meinen Erzählungen von blauen Wundern lauscht, bis zum Ausdruck einer Seherin steigern. Aber das geht vorüber, und dann bleibt nur etwas Gutmütiges und fast peinlich Sittsames zurück. Einen eigenen Reiz und gelegentlichen Nichtreiz gibt ihr die Art ihres Teints, der für gewöhnlich bleich bis zur Entfärbung der Lippen ganz vergessen macht, daß man ein Mädchen vor sich hat. Aber bei der kleinsten Erregung, geistiger wie körperlicher, fliegt eine leichte Röte über ihr ganzes Gesicht, die unglaublich schnell kommt, geht und wiederkehrt, wie das Aufzucken eines Nordlichtes über dem Winterhimmel. Dies ist vorzüglich der Fall, wenn sie singt, was jeden Nachmittag zur Ergötzung des Papas geschieht.

Ich bin kein natürlicher Verehrer der Musik, sondern ein künstlicher. Mein Geschmack ist, ich gestehe es, ein im Opernhaus mühsam eingelernter; dennoch meine ich, das Fräulein singt schön. Über ihre Stimme bin ich sicher, daß sie voll, biegsam, aber von geringem Umfange ist, da läßt sich ein Maßstab anlegen – aber dieses seltsame Modulieren, diese kleinen, nach der Schule verbotenen Vorschläge, dieser tieftraurige Ton, der eher heiser als klar, eher matt als kräftig schwer Gnade auswärts fände, können vielleicht nur einem geborenen Laien wie mir den Eindruck von gewaltsam Bewegendem machen. Die Stimme ist schwach, aber schwach wie ein fernes Gewitter, dessen verhaltene Kraft man fühlt – tief, zitternd wie eine sterbende Löwin. Es liegt etwas Außernatürliches in diesem Ton, sonderlich im Verhältnis zu dem zarten Körper. Ich bin kein Arzt, aber wäre ich der Vater, ich ließe das Fräulein nicht singen; unter jeder Pause stößt ein leiser Husten sie an, und ihre Farbe wechselt, bis sie sich in roten, kleinen Fleckchen festsetzt, die bis in die Halskrause laufen. Mir wird so todangst dabei, und ich suche dem Gesange oft vorzubeugen.«

Erstaunlich: Annette von Droste hat sich in diesem scharf geschnittenen Selbstporträt als »sterbende Löwin« gesehen. Als der geniale Funke in ihr endlich durchbrach, regte sich in ihr die »Seherfrau«, als die Friedrich Gundolf sie sah, eine Sibylle, die das, was sie der Welt zu sagen hatte, wie mit Blut niederschrieb.

Damals aber, als der lausitzische Verwandte im Münsterland seine Aufzeichnungen machte, sah er in dem Mädchen Sophie Anlagen sich entfalten, die diesem offenbar Sorgen bereiteten. Überhaupt kommt dieser protestantische Sproß der Familie bei seinen Streifzügen durch Westfalen nicht aus dem Staunen heraus. Land und Leute beginnen ihn zunehmend zu fesseln. »Diese stillen Leute«, gibt er nachdenklich zu überlegen, »sitzen unbewußt auf dem Pegasus; ich will sagen, sie leben in einer inneren Poesie, die ihnen im Traume mehr von dem gibt, was ihre leiblichen Augen nie sehen werden, als wir andern übersättigten Menschen mit unseren Händen davon ergreifen können.«

Ansonsten macht der aufgeklärte Vetter aus seinem Herzen keine Mördergrube: Er findet die Lebensgewohnheiten des westfälischen Landadels reichlich antiquiert. Man bietet ihm zur Abendlektüre, wie er berichtet, noch Kerssenbrochs »Geschichte der Wiedertäufer« aus dem 16. Jahrhundert, Hochbergs »Adeliges Landleben« aus dem 17. Jahrhundert und Relevinks »De moribus Westphalorum« an. Von der Gegenwartsliteratur kann kaum die Rede sein. Dem literarisch produktiven Neffen des Hauses, von dem der Lausitzer ein Gedicht mit dem vielsagenden Titel »Der Knabe im Rohr« zu Gesicht bekommt, bescheinigt er einen eher peinlichen Dilettantismus.

»Der junge Mensch hat wirklich Talent«, urteilt er überlegen so ganz von oben herab, um gleich hinzuzusetzen: »In einer günstigeren Umgebung – doch nein, bleib bei deiner Heide, laß deine Phantasie ihre Fasern tief in deinen Weiher senken und wie eine geheimnisvolle Wasserlilie darüber schwanken. Sei ein Ganzes – ob es ein Traum, ein halbverstandenes Märchen –, es ist immer mehr wert als die nüchterne Frucht vom Baum der Erkenntnis.«

Natürlich hat Annette mit dieser Kritik sich selbst aus der Distanz unter die kritische Sonde genommen. Sie ist also so weit gereift, daß sie genau wittert, welche Quellen der künstlerischen Kreativität sie anschlagen muß, um zu gültigen dichterischen Aussagen zu gelangen und die Magie ihres Zauberwortes, das ihr verliehen wurde, auch endgültig zum Klingen zu bringen.

Natürlich hat die heranwachsende Dichterin entschieden von den literarischen Anregungen, die sie zu Hause empfing, profitiert. Erstaunlich immerhin, daß sie als Zwölfjährige bereits, wie gesagt, einige Eklogen Vergils in Hexametern ins Deutsche übertrug. Jedenfalls blieb sie den sprachlichen Finessen des großen Römers unentwegt auf den Fersen.

Natürlich merkt man es diesen Übersetzungen sehr wohl an,

daß Annette geistig dem Inhalt dieser Vergil-Dichtungen noch nicht voll gewachsen war. Aber immerhin bestand Grund, ihr Formtalent zu bewundern.

Gleichwohl beunruhigte die Frühreife des Mädchens die Eltern zu Recht. Schon über die sechsjährige Annette berichtet die besorgte Mutter an ihre Schwester, man dürfe sie nicht zu sehr belasten, »sonst schnappt sie über«. Die Inzucht der alten westfälischen Adelsfamilien hatte offenbar die einseitige Begabung des Mädchens und ihr divinatorisches Formgefühl entwickelt. Annette wird ein ganzes Leben lang an diesem alten Erbe zu tragen haben.

Schon als Kind gerieten ihre Nerven in höchste Erregung, wenn sie mit Werken großer Kunst konfrontiert wurde. Oft konnte sie glühen oder wie ein Liebender rasen. Dann aber wiederum ließ sie der Schmerz über die Vergänglichkeit alles Lebenden oft unversehens in Schwermut versinken. Natürlich belasten die heftigen Schwingungen ihres Seelenlebens auch ihren zarten Körper bis an die Grenze seiner Leidensfähigkeit.

Unter diesen Aspekten ist es zu verstehen, daß Graf Friedrich Leopold von Stolberg, der Poet, der noch zum Freundeskreis Goethes gehört hatte und nach seiner Konversion zum Katholizismus dem literarischen Kreis um die Fürstin Gallitzin in Münster beigetreten war, schon im Jahre 1810 die Mutter dringend vor der Teilnahme Annettes an Theatervorführungen warnte. Dieser bigott gewordene Dichter hatte an einer Komödienaufführung im Hohenholter Damenstift beigewohnt, in der Annette eine Rolle übernommen hatte, und herausgefunden, daß diese sich offenbar »voller Eitelkeit und Selbstbewußtsein« dem Publikum präsentiert hatte. Er schrieb damals ihrer Mutter, die ohnehin ihre pädagogischen Maßnahmen eher zu überziehen pflegte, einen Brief, in dem es hieß: »Ich habe gehört, daß Fräulein Nette in gesellschaftlichen Kreisen Komödie spiele. Für Männer und Frauen ist, meiner innigsten Überzeugung nach, diese Übung wenigstens gefährlich; für Jünglinge noch mehr; für junge Mädchen noch weit mehr, und eben für Fräulein Nette noch mehr als für andere. Ich habe lange, und mehr als mir lieb war, in der großen Welt gelebt, wo eben die Übung eingeführt worden. Ich habe keinen und noch weniger *eine* gesehen, welche nicht merklichen Schaden dadurch gelitten hätte ... Kurz, ich setze voraus, daß die Komödien nichts enthalten, was sie Ihnen nicht vorlesen dürfte – wiewohl ich es wiederholen muß, daß ich solche Komödien nicht kenne – so ist doch das bloße Vorstellen jedem Menschen, mehr als Männern den Frauen, mehr als diesen den Mädchen und vor allem solchen nicht nur gefährlich, sondern gewiß so schädlich, welche gereizte Nerven und einen phantastischen Schwung des Geistes haben.«

Rückblickend läßt sich sagen, daß der moralische Graf so unrecht nicht hatte, wenn er seine sicher gutgemeinte Mahnung der Mutter eines talentierten Mädchen zukommen ließ. Er war um dessen Seelenheil nicht wenig besorgt. Die Folge dieses Fingerzeigs war immerhin, daß beiden Schwestern Droste die Lektüre der Werke Schillers noch eine beträchtliche Zeitlang verboten wurde. Es blieb ihnen nichts anderes übrig, als sich alle als anrüchig geltenden Bücher auf illegale Weise zu verschaffen.

Jugendfreunde

Die Exaltiertheit und emotionale Aufgeladenheit Annettes gab den Menschen ihrer Umgebung natürlich zu denken. Wahrscheinlich ließ sie in der Öffentlichkeit ihrem Temperament allzu sorglos die Zügel schießen. Um ihre Einsamkeit zu kompensieren, neigte sie zu einer oft penetranten Selbstdarstellung. So muß es auch Wilhelm Grimm empfunden haben, als er der überaus interessanten Sechzehnjährigen zum ersten Mal bei ihrer Großmutter auf dem Bökenhof begegnet war. »Es ist schade«, schreibt er am 28. Juni 1813 an seinen Bruder Jakob, »daß sie etwas Vordringliches und Unangenehmes in ihrem Wesen hat. Sie wollte durchaus brillieren und kam von einem ins andere.«

Offenbar nahm Annette in ihrem Übermut wenig Rücksicht auf die Empfindsamkeit anderer. So muß sie Wilhelm Grimm einmal durch die Verhunzung seines Namens schwer gekränkt haben. Später bedauerte sie ihr exzessives Verhalten und schrieb ihrer Tante Ludowine nach Bökendorf: »Grimm sage, es täte mir herzlich leid, daß er seine Namensveränderung oder Verdrehung so übel genommen hätte, und da es ihm so sehr mißfiele, so wollte ich ihn in Zukunft nicht mehr Unwille, sondern Anmut nennen. Übrigens würde ich die Märchen mit größter Freude sammeln, um ihn zu versöhnen.«

Mit Wilhelm Grimm, der merkliche Sympathien für die sanftere Jenny von Droste verriet, war Annette zum erstenmal im Jahre 1813 in Bökendorf zusammengetroffen, wohin ihn sein Freund August von Haxthausen eingeladen hatte. All das geschah in dem ereignisreichen Jahr, als sich auch die Beziehungen zu Anton Matthias Sprickmann, ihrem literarischen Mentor, anbahnten und sie den Stoff zu ihrer bekanntesten Dichtung, der »Judenbuche«, kennenlernte.

Die Brüder Jakob und Wilhelm Grimm waren trotz ihrer Jugend schon damals keine unbeschriebenen Blätter mehr. Ein Jahr zuvor hatten sie ihre »Kinder- und Hausmärchen« erscheinen lassen, ein Werk, das ihren Namen bis ans Ende der Kulturwelt tragen sollte. Nun sammelten sie weiter Märchen für einen zweiten Band und schufen sich einen Mitarbeiterkreis, zu dem auch Annette von Droste gehörte, die für diese Aufgabe einen besonderen Spürsinn entwickelte. Sie zeigte sich von dem Gedanken fasziniert, Volkspoesie zu sammeln, ehe sie vollends aus dem Bewußtsein des Volkes geriet. Auch Werner, August, Sophie, Ludowine und Anna von Haxthausen hatten sich dieser Aufgabe verschrieben.

Offenbar bedauerte Wilhelm Grimm die Exaltiertheit und innere Zerrissenheit der hochintelligenten, aber so wenig verbindlichen Annette, die er als Mitarbeiterin am gemeinsamen Werk besonders zu schätzen wußte. Sicher hat sie die sich sanft entfaltende Liebe ihrer Schwester zu dem empfindsamen Germanisten gewittert und deswegen ihm gegenüber nicht ihre beste Seite hervorgekehrt, weil dieses Verhältnis wegen der sozialen Unterschiede zu keinem guten Ende führen konnte.

Die Erscheinung Annettes muß in Wilhelm Grimm geradezu so etwas wie ein Trauma ausgelöst haben. Jedenfalls berichtet er in einem Brief an Ludowine von Haxthausen von einem Traum, in dem Annette nicht gerade als besänftigender Engel aufgetreten war: »Sie war ganz in dunkle Purpurflammen gekleidet und zog sich einzelne Haare aus und warf sie in die Luft nach mir; sie verwandelten sich in Pfeile und hätten mich leicht blind machen können.«

Annettes Eigenwilligkeit und Exzentrik nahm zuweilen die schwer zu ertragende Form der Aufmüpfigkeit an. Sie kokettierte förmlich mit ihrem Anderssein, ohne damals schon zu ahnen, in welch deprimierende Vereinsamung sie dadurch im Verlauf ihres Lebens geraten würde. In Hülshoff kursierte schon 1813 ein Zweizeiler aus einem häuslichen Stegreifspiel, in dem es über sie vielsagend hieß:

»Nenn sie Hexe und Kokette,
Aber nur nicht kleine Nette.«

Gleichwohl fügte sich die Heranwachsende immer wieder, wenn auch mit einiger Mühe, in den familiären Zirkel ein, von dem sie recht eigentlich durchs Leben getragen wurde. Als der Vater mit seinen beiden Töchtern nach Kassel reiste und die Familie Grimm bei dieser Gelegenheit aufsuchte, empfand Jakob Grimm sogar eine kaum verhohlene Sympathie für die angehende Dichterin. Er ließ sich von ihr sogar einige Passagen von Horaz übersetzen.

Damals freundete sich Annette übrigens auch mit Lotte Grimm an, die dann den späteren kurhessischen Minister Daniel Ludwig Hassenpflug heiratete. Aber auch dessen Schwester Amalie zeigte sie sich zeitlebens verbunden. Der Briefwechsel zwischen Ihnen riß nicht ab. Amalie Hassenpflug fand in den Jahren von 1866 bis 1871 bei den Töchtern Jennys auf der Meersburg bis zu ihrem Tode freundliche Aufnahme und wurde schließlich auf dem Meersburger Friedhof beigesetzt. Der Maler Ludwig Emil Grimm, der jüngste der berühmten Brüder, mit dem sie schon in Bökendorfer Zeiten Kontakte angeknüpft hatte, hat später dieser unbeschwerten Zeit in seinen Lebenserinnerungen so manche lesenswerte Marginalie beigesteuert.

Natürlich waren die sommerlichen Reisen nach Bökendorf und Abbenburg, zu den Besitzungen der Haxthausens im Paderborner Land, ein alljährlich sich wiederholendes Ritual geworden. Vor allem die Begegnung mit der Großmutter, die von ihrer Umgebung wie eine Heilige verehrt wurde und die ihre ungewöhnliche Enkelin Annette trotz ihrer sechzehn eigenen Kinder besonders ins Herz geschlossen hatte, war für die Heranwachsende ein Erlebnis, das sie jedesmal ein Stück weiter zu sich selbst führte. Jahr für Jahr setzten sich die Drostes in zwei Reisewagen in Bewegung ins gebirgige Westfalen. Sie besuchten bei dieser Gelegenheit auch das Gut Abbenburg der Familie, den Besitz der Wolff-Metternich in Wehrden, in den eine Haxthausen eingeheiratet hatte, und das Bergschloß Hinnenburg, das Annette seiner festlichen Barocksäle halber besonders imponierte.

Der Clan der Haxthausens, dem Annette mit Sicherheit ihre geistige Kraft und Arbeitsenergie, aber auch ihre zuweilen durchbrechende Nüchternheit zu verdanken hatte, huldigte einem moderaten Konservatismus, war allerdings über jeden engstirnigen Kastengeist hoch erhaben. Einige der Haxthausener Onkel griffen aktiv ins öffentliche Leben ein und bekleideten später hohe Ämter.

Werner von Haxthausen, siebzehn Jahre älter als Annette, brachte von der Göttinger Universität in den Semesterferien immer einen Hauch der großen Welt mit in dieses weltabgelegene Idyll im Paderborner Land. Er war übrigens Mitglied des »Tugendbundes«, einer 1808 in Königsberg gegründeten patriotischen Vereinigung, und mußte deswegen vor den Franzosen über Schweden nach London fliehen. Später nahm er an den Freiheitskriegen teil und lernte auf dem Wiener Kongreß den Freiherrn vom Stein und Ernst Moritz Arndt kennen. Als Kölner Regierungsrat war er mit den Brüdern Boisserée und mit Joseph Görres befreundet. Bekannt machte er sich als Herausgeber einer Sammlung neugriechischer Volkslieder, die sogar Goethes entschiedenen Beifall fand, und durch ein Buch über die »Grundlagen der Verfassung«.

Auch sein Bruder August, 1792 geboren, bereicherte die deutsche Literatur um ein paar Standardwerke. Er durchreiste später im Auftrag des Zaren Rußland und galt als einer der besten Rußlandkenner in Deutschland, nachdem er seine »Studien über Rußland« vorgelegt hatte. Er war es übrigens auch, der bereits als Student Beziehungen zu den Brüdern Grimm angeknüpft hatte. Aber auch zu Achim von Arnim und August Wilhelm Schlegel unterhielt er enge Kontakte. Für die Biographie der Droste ist er von einiger Wichtigkeit, weil er ihr die Welt der Romantik erschlossen hatte, ohne die ihre Dichtung überhaupt nicht zu verstehen ist.

Das Volkstum ihrer Heimat, dem auch ihr Vater so eng verbunden war, brauchte ihr nicht erst vermittelt zu werden. Sie hatte immer gern die Bauern der Umgebung aufgesucht, deren Platt sie verstand und sprach. Unter den Spökenkiekern ihrer Heimat, denen sie ihre Gespenster- und Geistergeschichten ablauschte, um sie dann nachzuerzählen, fühlte sie sich wohl und geborgen. Sie war ganz in die Tradition des westfälischen Volkes eingebunden. Auch ihr Faible für alles Geheimnisvolle, Schaurige und Spukhafte teilte sie mit ihren Landsleuten. Sie hatte es mit den Jahren sogar dahin gebracht, Gespenstergeschichten so zu erzählen, daß sich den Zuhörern, wie es heißt, die Haare sträubten. Die Vorstellung allerdings, sie habe Kindern aus ihrem Fenster heraus solche Geschichten und Märchen erzählt, gehört zu den kaum je auslöschbaren Kapiteln der Droste-Legende.

Am 8. Februar 1819 raffte sich Annette wieder zu einem umfangreichen Brief an Sprickmann mit der eindringlichen Bitte um eine objektive Kritik ihrer Arbeiten auf, da sie, wie sie meinte, den überschwenglichen Elogen ihrer Freunde nicht so recht trauen konnte. »Nun bitte ich Sie noch einmal recht von Herzen, lieber Sprickmann,« heißt es dann weiter, »schreiben Sie mir doch recht deutlich und aufrichtig über das kleine Werk, nicht allein über offenbare Fehler, sondern was Ihnen nur immer unbehaglich daran auffällt. Ich habe zwar schon soviel darüber reden hören, und jeder klug sein Wollende sitzt zu Gericht und hat ein neues Lob und einen neuen Tadel dafür. Ich weiß oft nicht, worüber ich mich am meisten ärgere. Was das Lob angeht, so habe ich schon recht an mich halten müssen, um manche unbedeutende und eben passable Stelle nicht auszustreichen, die mir durch unpassendes Lob ganz und gar zuwider geworden sind...

Zwei- oder dreimal bin ich zu meiner Freude mit einem bloßen ›recht schön‹ abgefertigt worden, sonst ist es jedesmal, wenn ich das Gedicht in die Stube schicke, so gut, als ob ich auf ein Dutzend Kritiken pränumerierte, denn niemand kann der Versuchung widerstehen, sich durch irgendeine Verbesserung als einen denkenden feinen Kopf zu charakterisieren.

Mein geliebter Freund, ich weiß, daß ich Ihnen dies alles schreiben kann, ohne daß sie deshalb auf den Argwohn geraten, als könne ich keinen Tadel vertragen. Sie wissen, wie sehr nachsichtig ich sonst hierin war, fast zu nachsichtig; denn aller und jeder Tadel war mir lieb, wenn auch von den albernsten Menschen. Ich hatte den Grundsatz, daß ein fremdes Auge immer und jedesmal schärfer sehe wie eins, was durch Eigenliebe bestochen und durch das öftere Überdenken und Überlesen des Geschriebenen gegen die Unrichtigkeit darin gleichsam abgestumpft worden wäre, und nicht selten opferte ich meine bessere Überzeugung. Noch jetzt ist mir ein vernünftiger wohlmeinender Tadel sehr wert, aber auch *nur* der. Von meinem Sprickmann z.B. würde es mich sehr, sehr kränken, wenn er mir einen seiner Gedanken über meine Arbeit verschwieg oder bemäntelte...

Was mein damals angefangenes Trauerspiel anbelangt, so

habe ich es noch fortgesetzt bis zum dritten Akt, dann blieb es liegen, und jetzt wird es wohl noch ferner liegen bleiben. Es enthält zwar mitunter ganz gute Stellen, aber der Stoff ist übel gewählt. Außerdem habe ich in dieser Zeit nichts Bedeutendes aufzuweisen außer einer Anzahl Gedichte, wovon verschiedene geistliche Lieder, die ich für meine Großmutter geschrieben habe, vielleicht die besten sind.

Aber genug hiervon, mein verehrtester Freund! Ich unterhalte Sie beständig mit dem Verstande, und doch liegt so manches auf meinem Herzen, das sich hinaus und an das Ihrige sehnt. O mein Sprickmann, ich weiß nicht, wo ich anfangen soll, um Ihnen nicht lächerlich zu erscheinen, denn lächerlich ist das, was ich Ihnen sagen will, wirklich, darüber kann ich mich selber nicht täuschen. Ich muß mich einer dummen und seltsamen Schwäche vor Ihnen anklagen, die mir wirklich manche Stunden verbittert; aber lachen Sie nicht, ich bitte Sie noch einmal, mein Plagedämon hat einen so romantischen und gekkenhaften Namen, er heißt Sehnsucht in die Ferne. Nein, nein, Sprickmann, es ist wahrhaftig kein Spaß. Sie wissen, daß ich eigentlich keine Törin bin; ich habe mein wunderliches, verrücktes Unglück nicht aus Büchern und Romanen geholt, wie ein jeder glauben würde.«

In diesem Zusammenhang also fällt zum erstenmal das schwerwiegende Wort von ihrem »wunderlichen, verrückten Unglück«, ihrer extravaganten Stellung unter den Menschen, die sie sich noch nicht recht erklären kann und über die sie zeit ihres Lebens zu klagen haben wird. Allerdings hat sich dieses Unglück für sie zuletzt dann doch noch ausgezahlt: Es gehörte als entscheidender Faktor mit in die Rechnung, mit der sie ihr ungewöhnliches Dichtertum zu begleichen hatte.

»Ich denke, eine Narrheit, die uns der liebe Gott auferlegt hat«, kommentiert sie selbst ihr »malheur d'être poète«, »ist doch immer nicht so schlimm wie eine, die wir uns selbst zugezogen haben. Seit einigen Jahren hat dieser Zustand aber so zugenommen, daß ich es wirklich für eine große Plage rechnen kann. Ein einziges Wort ist hinreichend, mich den ganzen Tag zu verstimmen, und leider hat meine Phantasie so viel Steckenpferde, daß eigentlich kein Tag hingeht, ohne daß eines von ihnen auf eine schmerzlich-süße Weise aufgeregt würde. Kunstwerke und dergleichen mehr haben alle diese traurige Gewalt über mich. Ich bin keinen Augenblick mit meinen Gedanken zu Hause, wo es mir doch sehr wohl geht. Und selbst wenn tagelang das Gespräch auf keinen von diesen Gegenständen fällt, seh' ich sie in jedem Augenblick, wo ich gezwungen bin, meine Aufmerksamkeit angestrengt auf etwas anderes zu richten, vor mir vorüberziehn, und oft mit so lebhaften, an Wirklichkeit grenzenden Farben und Gestalten, daß mir für meinen armen Verstand bange wird.

Ein Zeitungsartikel, ein noch so schlecht geschriebenes Buch, was von diesen Dingen handelt, ist imstande, mir die Tränen in die Augen zu treiben. Und weiß gar jemand etwas aus der Erfahrung zu erzählen, hat er diese Länder bereist, diese Kunstwerke gesehn, die Menschen gekannt, an denen mein Verlangen hängt, und weiß er gar auf eine angenehme und begeisterte Art davon zu reden, oh, mein Freund, dann ist meine Ruhe und mein Gleichgewicht immer auf längere Zeit zerstört. Ich kann dann mehrere Wochen an gar nichts anderes denken, und wenn ich allein bin, so kann ich weinen wie ein Kind und dabei glühen und rasen, wie es kaum für einen unglücklich Liebenden passen würde...

Mein Sprickmann, ich fürchtete meine eigene Weichheit, wie ich anfing, Ihnen meine Schwäche zu zeigen, und statt dessen bin ich über dem Schreiben ganz mutig geworden. Sie können sich auch nicht denken, wie glücklich übrigens meine äußere Lage jetzt ist. Ich besitze die Liebe meiner Eltern, Geschwister und Verwandten in einem Grade, den ich nicht verdiene. Ich werde, besonders seit ich vor dreieinhalb Jahren so krank war, mit einer Zärtlichkeit und Nachsicht behandelt, daß ich wohl leicht eigensinnig und verwöhnt werden könnte, wenn ich mich nicht selbst davor fürchtete und sorgfältig hütete. Dabei ist mir die Achtung vieler schätzbarer Menschen zuteil geworden und die Freundschaft einiger lieben, lieben, harmoniereichen Seelen, worunter freilich ein Sprickmann in meinem Herzen steht wie der Mond unter den Sternen.

Unter den übrigen möchte ich Ihnen die Generalin Thielmann nennen, die Frau unseres Gouverneurs. Ihr Rang und der Unterschied unserer Jahre hielt uns lange entfernt voneinander, vorzüglich da meine Mutter allen Umgang vermeidet, der in weitläufige Bekanntschaften führen könnte. Wir haben wirklich beide mit schweren Hindernissen zu kämpfen gehabt, um zueinander zu kommen. Ich möchte und könnte Ihnen sehr vieles Anziehende und Merkwürdige von dieser seltsamen und lieben Frau erzählen, aber das Blatt geht zu Ende, und so will ich lieber gar nichts sagen bis zum nächsten Briefe.

Wir haben jetzt eine Schwester meiner Mutter, Ludowine, bei uns, ein gutes, stilles, verständiges Mädchen, deren Umgang mir sehr wert ist, besonders wegen ihrer klaren und richtigen Ansicht der Dinge, womit sie oft, ohne es zu ahnen, meinen armen verwirrten Kopf wieder zu Verstande bringt. Werner Haxthausen lebt in Köln, und mein ältester Bruder Werner kommt in einigen Wochen zu ihm. Leben Sie wohl und vergessen Sie nicht, wie begierig ich auf Antwort warte. Ihre Nette.«

Die in dem Brief so rühmlich erwähnte Generalsfrau Wilhelmine von Thielmann gehört zu den besonders schicksalhaften menschlichen Begegnungen der Droste. Wieder einmal ist es eine um ein Vierteljahrhundert ältere Frau, von der sie offenbar gefesselt ist und der sie sich bedingungslos anschließt. Immerhin handelt es sich bei dieser neuen Bekanntschaft um die Schwester der zweiten Braut von Novalis, Julie von Charpentier. General Thielmann war einer von jenen Soldaten, die sich in den Freiheitskriegen durch ihren besonderen Einsatz Ruhm erworben hatten. Als sächsischer General hatte er sich bei Borodino ausgezeichnet und später in der Leipziger Völkerschlacht ein preußisches Korps erfolgreich geführt. Auch bei Ligny hatte er als Befehlshaber des dritten Armeekorps maßgeblich mitgewirkt. Nach erfolgtem Friedensschluß war ihm dann die Stadtkommandantur in Münster übertragen worden.

Katharina Busch, die Mutter Levin Schückings

Im übrigen gehörte er zu den preußischen Militärs, die sich schon früh geistig engagiert hatten. In seiner Jugend hatte er noch Beziehungen mit Schiller und Goethe angeknüpft. Auch die Bekanntschaft seiner Schwägerin Julie mit Friedrich von Hardenberg war ihm zu verdanken. Ein Jahr nach seiner Versetzung von Münster nach Koblenz ist Thielmann dann gestorben. Annettes Wege werden sich aber trotzdem noch oftmals mit denen der interessanten und liebenswerten Wilhelmine von Thielmann kreuzen. In ihren Münsteraner Jahren hatte die Generalin von 1815 bis 1820 übrigens den linken Flügel des Schlosses bewohnt und hier das gesellschaftliche Leben der westfälischen Stadt bemerkenswert belebt.

Eine andere wichtige Bekanntschaft dieser Jahre war die herzliche Beziehung Annettes zu Sprickmanns Nichte Katharina Busch, die sich als münsterländische Dichterin in ihrer Heimatregion eine beachtliche Popularität errungen hatte. Sprickmann lag viel daran, die beiden talentierten jungen Frauen zusammenzubringen und einen Freundschaftsbund zu stiften. Diese Absicht gelang ihm dann auch vollkommen. Beide witterten auf Anhieb eine gewisse geistige Affinität. Endlich hatte Annette in dieser um sieben Jahre älteren Freundin jemanden gefunden, mit dem sie sich ungeniert und nicht ohne eigenen Gewinn austauschen konnte. »Kathinka« Busch weilte oft in Hülshoff zu Besuch. Man debattierte heftig und musizierte, und erst als die Ältere den Juristen Dr. Paulus Modestus Schücking, einen offenbar schwierigen und labilen Mann, heiratete und ins Schloß Clemenswerth übersiedelte, wo Schücking als Amtsrichter fungierte, lösten sich die engen Beziehungen mit einem Schlage auf. Im Jahre 1829 traf man sich wieder. Aber damals war Katharina bereits eine verhärmte, vom Leben enttäuschte Frau.

Später, als Katharinas Sohn Levin schon entscheidend in ihr Leben getreten ist, wird Annette sich nicht ohne Wehmut an die mit dieser Freundin gemeinsam verbrachten Tage erinnern. Sie hat diese immer zu den schönsten Zeiten ihres Lebens gezählt. Diese lebensvolle und vitale Freundin ihrer frühen Jahre, die ihr der Tod so bald wieder entrücken sollte, brachte sie um ein gutes Stück auf dem beschwerlichen Weg zu sich selbst weiter. Sie hat die Ältere mit Recht bewundert. Katharina war ihr tatsächlich als Schriftstellerin um einiges voraus. Nun zeigte sie sich ehrlich bedrückt, als die Freundin ihr beichtete, nach ihrer Verheiratung das schriftstellerische Metier aufzugeben und damit aufzuhören, »Westfalens Dichterin« zu sein. Selbstlos, wie sie war, wollte sie einer anderen diesen Platz räumen. Daß sie dabei an Annette dachte, steht außer jedem Zweifel. Der Beruf der Ehefrau und Mutter, meinte sie, erfordere den ganzen Menschen. Für Halbheiten und Kompromisse war diese erstaunliche Frau offenbar nicht geschaffen. Für Annette stand es demgegenüber fest, wäre man einmal zum Dichter geboren und zum Dichtertum verurteilt, gäbe es keine andere Wahl mehr. Man könnte sich dieser schicksalhaften Berufung nicht entziehen, auch wenn man mit seinem Leben dafür zu bezahlen habe.

Rückblickend bedauerte die Droste unumwunden, sich Katharina nie ganz offenbart zu haben. Es dauerte dann auch noch Jahre, ehe diese Freundin in der Rückerinnerung in einer verklärten Gestalt erstrahlte. Zum zehnten Todestag der Freundin widmete sie ihr ein Gedicht, in dem es heißt:

»Du hast es nie geahnet, nie gewußt,
Wie groß mein Lieben ist zu dir gewesen,
Nie hat dein klares Aug' in meiner Brust
Die scheu verhüllte Runenschrift gelesen,
Wenn du mir freundlich reichtest deine Hand
Und wir zusammen durch die Grüne wallten,
Nicht wußtest du, daß wie ein Götterpfand
Ich wie ein köstlich Kleinod sie gehalten.

Du sahst mich nicht, als ich, ein heftig Kind,
Vom ersten Kuß der jungen Muse trunken,
Im Garten kniete, wo die Quelle rinnt,
Und weinend in die Gräser bin gesunken,
Als zitternd ich gedreht der Türe Schloß,
Da ich zum erstenmal dich sollte schauen,
Westfalens Dichterin, und wie da floß
Durch mein bewegtes Herz ein selig Grauen.

Und als du vor mich tratest, fest und klar,
Und blicktest tief mir in der Seele Gründe,
Da ward ich meiner Schwäche wohl gewahr,
Was ich gedacht, das schien mir schwere Sünde.
Dein Bild, du Starke, in der Läutrung Brand
Stieg wie ein Phönix aus der Asche wieder,
Und tief im Herzen hab' ich es erkannt,
Wie zehnfach größer du als deine Lieder.

Nun bist du hin! von Gottes reinstem Bild
Ist nur ein grüner Hügel uns geblieben,
Den heut umziehn die Winterstürme wild
Und die Gedanken derer, die dich lieben.
Auch hört' ich, daß man einen Kranz gelegt
Von Lorbeer in des Grabes dunkle Moose,
Doch ich, Kathinka, widme dir bewegt
Den Efeu und die dornenvollste Rose.«

Im Sommer 1813, im gleichen Jahre also, als über Europa die Feuerstürme der Befreiungskriege tobten und sich auch durch Westfalen die geschlagenen und in Lumpen gehüllten Soldaten der Großen Armee, die aus den vereisten Steppen Rußlands wenigstens noch ihre nackte Haut retten konnten, wälzten, genoß die Sechzehnjährige das ihr so selten zuteil gewordene Glück der Gemeinsamkeit mit einer gleichgestimmten Seele. Dem Grauen dieser Zeit war sie damals jedenfalls weit entrückt. Wie von einer Wolke von Glück wurde sie über alles menschliche Leid, das diese Tage erschütterte, hinweggetragen.

Der Abschied von Katharina Busch in jenem Sommer 1813 hat ganz gewiß zu den großen existentiellen Momenten im Leben der Dichterin gehört. Immer wieder kreisten ihre Gedanken um diese Freundschaft, die ihr ein gütiges Geschick beschert hatte. Immer wieder auch schritt sie allein die Wege ab, auf denen sie mit der Freundin gegangen war, bis sie draußen unter der Erle jenseits des Schloßweihers ruhte.

Nach dem Abschied von Katharina fühlte sich Annette wieder einmal um so schmerzlicher ihrer Einsamkeit ausgeliefert. Mitunter nahm ihre Labilität geradezu beängstigende Formen an. Sie war alles andere als eine unkomplizierte Hausgenossin. Oft setzte sie sich über jedes Reglement hinweg. Am schmerzlichsten bekommt es die Mutter zu spüren, wie sehr diese exzentrische Tochter Kräfte entfaltet, die sie selbst nicht mehr bändigen kann und die eines Tages ihre begrenzten physischen Kräfte verzehren könnten. Annette fühlt sich in diesen Jahren selbst nicht wohl in ihrer Haut. »Schmerz verbreiten und erdulden ist mein Los hinieden«, faßt sie die Empfindungen, die damals in ihr vorherrschen, zusammen.

Beängstigend geradezu ist die überzogene Sensibilität Annettes schon in jenen Jahren. Vor allem bei Vollmond sind ihre Nerven bis zum Zerreißen gespannt. Sie selbst berichtet von »Austritten« und erzählt freimütig, wie sie sich zu Ostern selbst vom Fenster aus auf den Schloßhof, auf dem die Dienstleute gerade ihre Osternacht feierten, hinausschreiten sah. Auch diese sehen nicht ohne Verwunderung ihre ungewöhnliche nächtliche Erscheinung. Überhaupt sah man sie oft des Nachts in den Fluren des Schlosses auf- und abgehen. Später wird sie diese Begegnung mit sich selbst meisterhaft in ihrer Ballade »Das Fräulein von Rodenschild« gestalten.

»Sind denn so schwül die Nächt' im April?
Oder ist so siedend jungfräulich Blut?
Sie schließt die Wimper, sie liegt so still
Und horcht des Herzens pochender Flut.
›Oh, will es denn nimmer und nimmer tagen!
Oh, will denn nicht endlich die Stunde schlagen!
Ich wache, und selbst der Zeiger ruht!

Doch horch! es summt, eins, zwei und drei –
Noch immer fort? – sechs, sieben und acht,
Elf, zwölf – o Himmel, war das ein Schrei?
Doch nein, Gesang steigt über der Wacht,
Nun wird mir's klar, mit frommem Munde
Begrüßt das Hausgesinde die Stunde,
Anbrach die hochheilige Osternacht.‹

Seitab das Fräulein die Kissen stößt
Und wie eine Hinde vom Lager setzt,
Sie hat des Mieders Schleifen gelöst,
Ins Häubchen drängt sie die Locken jetzt,
Dann leise das Fenster öffnend, leise,
Horcht sie der mählich schwellenden Weise,
Vom wimmernden Schrei der Eule durchsetzt.

O dunkel die Nacht! und schaurig der Wind!
Die Fahnen wirbeln am knarrenden Tor –
Da tritt aus der Halle das Hausgesind'
Mit Blendlaternen und einzeln vor.
Der Pförtner dehnet sich, halb schon träumend,
Am Dochte zupfet der Jäger säumend,
Und wie ein Oger gähnet der Mohr.

Was ist? – wie das auseinander schnellt!
In Reihen ordnen die Männer sich,
Und eine Wacht vor die Dirnen stellt
Die graue Zofe sich ehrbarlich.
›Ward ich gesehn an des Vorhangs Lücke?
Doch nein, zum Balkone starren die Blicke,
Nur langsam wenden die Häupter sich.

O weh, meine Augen! bin ich verrückt?
Was gleitet entlang das Treppengeländ?
Hab' ich nicht so aus dem Spiegel geblickt?
Das sind meine Glieder – welch ein Geblend'!
Nun hebt es die Hände, wie Zwirnes Flocken,
Das ist mein Strich über Stirn und Locken!
Weh, bin ich toll, oder nahet mein End'?‹

Das Fräulein erbleicht und wieder erglüht,
Das Fräulein wendet die Blicke nicht,
Und leise rührend die Stufen zieht
Am Steingelände das Nebelgesicht,
In seiner Rechten trägt es die Lampe,
Ihr Flämmchen zittert über der Rampe,
Verdämmernd, blau, wie ein Elfenlicht.

Nun schwebt es unter dem Sternendom,
Nachtwandlern gleich in Traumes Geleit,
Nun durch die Reihen zieht das Phantom,
Und jeder tritt einen Schritt zur Seit'. –

Nun lautlos gleitet's über die Schwelle –
Nun wieder drinnen erscheint die Helle,
Hinauf sich windend die Stiegen breit.

Das Fräulein hört das Gemurmel nicht,
Sieht nicht die Blicke, stier und verscheucht,
Fest folgt ihr Auge dem bläulichen Licht,
Wie dunstig über die Scheiben es streicht.
– Nun ist's im Saale, nun im Archive –
Nun steht es still an der Nische Tiefe –
Nun matter, matter – ha! es erbleicht!

›Du sollst nicht stehen! ich will dich fahn!‹
Und wie ein Aal die beherzte Maid
Durch Nacht und Krümmen schlüpft ihre Bahn,
Hier droht ein Stoß, dort häkelt das Kleid,
Leis tritt sie, leise, o Geistersinne
Sind scharf! daß nicht das Gesicht entrinne!
Ja, mutig ist sie, bei meinem Eid!

Ein dunkler Rahmen, Archives Tor;
– Ha, Schloß und Riegel! – sie steht gebannt,
Sacht, sacht das Auge und dann das Ohr
Drückt zögernd sich an der Spalte Rand,
Tiefdunkel drinnen – doch einem Rauschen
Der Pergamente glaubt sie zu lauschen
Und einem Streichen entlang der Wand.

So niederkämpfend des Herzens Schlag,
Hält sie den Odem, sie lauscht, sie neigt –
Was dämmert ihr zur Seite gemach?
Ein Glühwurmleuchten – es schwillt, es steigt,
Und Arm an Arme, auf Schrittes Weite,
Lehnt das Gespenst an der Pforte Breite,
Gleich ihr zur Nachbarspalte gebeugt.

Sie fährt zurück – das Gebilde auch –
Dann tritt sie näher – so die Gestalt –
Nun sehen die beiden Auge in Aug'
Und bohren sich an mit Vampirs Gewalt.
Das gleiche Häubchen decket die Locken,
Das gleiche Linnen, wie Schnees Flocken,
Gleich ordnungslos um die Glieder wallt.

Langsam das Fräulein die Rechte streckt,
Und langsam, wie aus der Spiegelwand,
Sich Linie um Linie entgegenreckt
Mit gleichem Rubine die gleiche Hand;
Nun rührt sich's – die Lebendige spüret,
Als ob ein Luftzug schneidend sich rühret,
Der Schemen dämmert – zerinnt – entschwand.

Und wo im Saale der Reihen fliegt,
Da siehst ein Mädchen du, schön und wild,
– Vor Jahren hat's eine Weile gesiecht –
Das stets in den Handschuh die Rechte hüllt.
Man sagt, kalt sei sie, wie des Eises Flimmer,
Doch lustig die Maid, sie hieß ja immer:
›Das tolle Fräulein von Rodenschild‹.«

Bökendorf

Die halluzinatorische Begabung Annettes stand außer Frage. Sie hat sie nie geleugnet. Bezeichnend auch, daß eines Tages eine alte Nachbarin zu ihr kam, um das Fräulein dringend zu einer mit dem Tode ringenden Wöchnerin zu holen. Annette, gab sie zu verstehen, könne allein noch Hilfe leisten. Sie gelte weitum im Lande als »Sternenjungfrau«. Solche Astralwesen hatten nach westfälischem Volksglauben die Kraft, selbst bereits aufgegebene Kranke nur durch ihre bloße Gegenwart zu retten. Zweifellos hat die Droste über solche Heilungskräfte verfügt. Heimlich bereitete sie sich auf das Leben einer solchen »Sternenjungfrau« vor, die für die Ehe nicht geboren zu sein pflegt.

Erstaunliches hat auch der Hamburger Kaufmann Fritz Beneke der Nachwelt hinterlassen. Sie war ihm bei ihren Verwandten in Bökendorf begegnet und hatte ihm einen Traum anvertraut, der sie immer wieder heimsuchte. »Ihr erscheint sehr häufig im Traum ein Gesicht, nicht widrig, aber stets das nämliche, sie mit Grauen erfüllend«, berichtet der Hamburger. »Es gibt ihr stets Rat zu zauberischen Versuchen, sagt ihr Dinge vorher, die stets eingetroffen, ja beurkundet sich auf die unwidersprechlichste Weise durch kleine Gaben der sonderbarsten Art. Anfangs hat sie sich verleiten lassen, Versuche zu machen, die auf überraschende Weise gelingen. Endlich aber hat sie sich zu Gott gewandt, und lange schon ist der dunkle Geist gewichen, der nur noch zuweilen anpocht; jetzt fühlt sie sich auch körperlich wohler.

Ich würde nicht fertigwerden, wenn ich auch nur die Hälfte hierher setzen würde von den Geständnissen, die sie mir machte... Ich war stark beschäftigt mit der Zauber-Jungfrau, die – ich gestehe es – einen tiefen, vielleicht nie verlöschenden Eindruck auf mich hinterlassen hat.«

Annettes fast ätherische Erscheinung und der durchdringende Blick ihrer blauen Augen erweckten auch bei den Bauern ihrer Heimat, unter denen sie sich so gern ungezwungen zu bewegen pflegte, den Eindruck, das Fräulein vom Schloß verfüge neben anderen dämonischen Kräften auch über das Vermögen, Wasser zu treten. Man schwor Stein und Bein, mehrfach gesehen zu haben, wie sie über den Weiher schritt, ohne daß sie eingesunken wäre. Offenbar gehörte Annette in der Tat zu dem »gequälten Geschlecht der Seher der Nacht«, die mit dem Zweiten Gesicht begabt oder, wenn man so will, geschlagen waren. Immer wieder floh sie daher vor dem Schaurigen und Spukhaften, dem sie ausgeliefert war, in die Geborgenheit der

Familie zurück. Auch ihr Glaube, in dem sie sich beheimatet fühlte, verlieh ihr eine ungeahnte Sicherheit.

Natürlich empfand die Droste zeit ihres Lebens ihre dichterische Mission als eine Belastung, die sie oft zutiefst verfluchte, weil sie an ihren schwachen Kräften zehrte und sie von innen her leerzufressen drohte. Vor allem aber packte sie ein veritabler Furor, wenn sie musizierte. Auch hier offenbarte sie die Maßlosigkeit eines Menschen, der immer das Höchste und Äußerste erstrebt, ohne an ein Ende zu gelangen. Therese von Droste fürchtete sicher zu Recht diesen ekstatischen Überschwang ihrer Tochter. Sie hatte ihr bestenfalls Etüden für ihre musikalische Betätigung konzediert. Aber selbst wenn Annette am Klavier improvisierte, ließ sie sich von einer geradezu dämonischen Hektik hinreißen. Auch beim Gesang nahm ihre Stimme zuweilen ein so überirdisches Timbre an, daß den Zuhörern grauste. Oft soll sie in den Nächten bis zum Morgengrauen ihre überströmenden Gefühle ausgetobt haben. Da die Gemäuer des Schlosses alle Geräusche dämpften, erfuhren die Eltern von diesen musikalischen Exzessen ihrer Tochter nichts. Auch Jenny verriet ihre Schwester nicht, obwohl sie dieses geisterhafte Spiel in helles Entsetzen versetzte.

Im übrigen hatte Annette in diesen Jahren bereits mit dem Komponieren begonnen. Die Inspiration dazu hatte sie während ihres Aufenthalts in Bökendorf empfangen, wo man altes deutschen Liedgut nicht nur sammelte, sondern es auch in eine neue Fassung zu bringen versuchte. Annette schuf für viele dieser Lieder neue Melodien und zierte sich auch keineswegs, diese Kompositionen selbst in Freundeskreisen vorzutragen.

Überhaupt brachte sie aus Bökendorf jedesmal neue geistige Impulse mit nach Hause. Das Volksgut, das man dort pflegte, beschäftigte sie mit der gleichen Intensität, die sie für jede Art von geistiger Arbeit aufbrachte. Mit der Zeit hatte sie sogar ein untrügliches Gespür für die Qualitätsunterschiede der einzelnen Vorlagen entwickelt. Es darf in der Biographie unserer größten deutschen Dichterin nicht unterschlagen werden, daß sie auf diesen sommerlichen Reisen zu ihren Verwandten nicht nur die eigentlichen Anregungen zum »Geistlichen Jahr«, sondern auch zur »Judenbuche« empfangen hat.

Das alles heißt aber selbstverständlich keineswegs, daß ihre Mutter sich nicht rechtschaffen darum bemüht hätte, ihre Töchter auch an die zeitgenössische Literatur heranzuführen. Man ließ sich sogar die wesentlichen Neuerscheinungen aus Münster kommen, um in Hinsicht auf das sich inzwischen entfaltende literarische Leben auf dem Laufenden zu bleiben. Natürlich war Walter Scott damals der erklärte Liebling aller Literaturenthusiasten. Er war der meistgelesene Modedichter jener Jahre. Durch die Lektüre seiner Ritterromane war Annette übrigens auch zu ihrem Ritterpoem »Walther« inspiriert worden.

Von Mai bis September 1819 weilte Annette mit ihrer Bökendorfer Großmutter in Bad Driburg, um ihre angeschlagene Gesundheit zu regenerieren. Da die Familie auf Hülshoff nicht in der Lage war, die Kosten dieser notwendigen Badekur aufzubringen, war Frau von Haxthausen eingesprungen. Beide, Großmutter und Enkelin, unterwerfen sich gewissenhaft dem Reglement dieses damals mondänen Badeortes. Sie trinken von der Heilquelle und profitieren von der Heilkraft der Bäder. Unter den Badegästen fällt das Edelfräulein aus dem Münsterland als eine durchaus bemerkenswerte und exzentrische Erscheinung auf. Sie steht sogar im Mittelpunkt eines Kreises von Menschen, die ihre Nähe suchen.

»Ich habe zu Driburg manche angenehme Leute kennengelernt«, kann sie daher dem Vater im September bereits von Bökendorf aus berichten. »Die Krone des ganzen Bades war eine Frau von Stuttnitz, eine Frau von fünfunddreißig Jahren, die aber aussah, als wenn sie sechzig alt wäre, weil sie schon seit vielen Jahren ganz contract von der Gicht ist. Sie besitzt einen ganz vorzüglichen Verstand, und nie habe ich bei einer so schmerzhaft leidenden Person so viel beständige und gottergebene Heiterkeit gefunden.

Sie wohnt in Gotha und hat mich auch gebeten, ihr zu schreiben. Ich werde es auch tun, wenn Ihr erlaubt, und ich glaube, daß Ihr sie gewiß außerordentlich achtenswert finden würdet. Die Frau von Sierstorpf hat mir außerordentlich viel Güte erwiesen, wie sie sich denn überhaupt ganz für ihre Gäste aufopfert; sie ist jetzt auch so schwach, daß sie eine Weintraubenkur gebrauchen muß...:

Straube ist jetzt auch hier, er wird aber nicht nach Hülshoff kommen, weil er in Göttingen viel zu tun hat. Er ist vorgestern hierhergekommen und wird, glaub ich, morgen wieder fortgehn; der arme Schelm muß sich doch schrecklich quälen...

Ich habe in Driburg auch einen Herrn von Knigge kennen lernen, einen Neffen des berühmten Knigge und selbst berühmt, weil er ein sehr geschätztes Werk, Reisen durch Asien, soll herausgegeben haben. Er ist auch lange in Afrika gewesen und wußte sehr viel Interessantes zu erzählen, soll auch ein ausgezeichnet guter Mensch sein, obschon er eine etwas ungünstige Physiognomie hat.«

Von diesem kuriosen Globetrotter muß sich Annette gleichwohl bald besonders angezogen gefühlt haben. Vor allem war es die Musik, die beide verband. »Er wohnte gerade neben uns«, berichtet sie im Dezember immer noch von Bökendorf aus der Mutter, »und wir waren schon längst beste Freunde von wegen der Musik; denn im Deckenschen Saale stand ein Flügel, und sooft ich spielte, kam er herein, hörte aufmerksam zu und knüpfte nachher gewöhnlich ein von seiner Seite sehr kenntnisreiches und unterhaltendes Gespräch über Musik an. Sobald ich wußte, was ich daran hatte, mußte er mir von seinen Reisen erzählen. Er tat es gern, und es war immer uns allen viel wert, wenn wir ihn dazu bringen konnten.«

Auch von einer ihr bekannt gewordenen Nichte des Herzogs von Hamilton weiß Annette der Mutter zu berichten: »Sie ist groß und schlank und Zug um Zug sehr schön. Stirne, Augen und Nase fast ganz wie Mimy, aber einen sehr großen Mund und eine goldgelbe Farbe, dabei schwarzes, ganz krauses Haar und eine herrliche Figur. Und doch kommt sie mir im ganzen eher häßlich vor, ich glaube, weil sie zuviel wie ein Mann aussieht. Ich glaube, daß sie noch mehr Verstand hat wie ihr Mann, wenigstens viel mehr Geist und eine Sanftmut, wie ich sie sonst nur bei meinem lieben Papa gefunden habe.

Sie hält äußerst auf ihren Point d'honneur und ein edles anständiges Betragen und, wo das angegriffen wird, kann sie auch wohl mahl sehr fein und scharf sein. Ich glaube, Du würdest sie sehr lieb gewinnen, mir ist in ihrer Gegenwart im Anfang trotz aller Verbindlichkeit etwas drückend. Sie hatte mich außerordentlich lieb und, seit sie fort ist, schon sechsmal geschrieben. Ich habe aber erst einmal antworten können.«

Die gesellschaftlichen Verpflichtungen haben Annette in Driburg kaum zum Nachdenken kommen lassen. Auch von einer ruhigen Nachkur in Bökendorf kann keine Rede sein. Denn kaum ist sie mit der Großmutter zurückgekehrt, haben in Göttingen die Semesterferien begonnen, und schon findet sich ein ganzer Schwarm Göttinger Studenten auf dem Gutshof ein.

Die »Jugendkatastrophe«

In Bökendorf trifft Annette auch mit dem um drei Jahre älteren Jurastudenten Heinrich Straube zusammen, der dann in ihrer Biographie eine zentrale, aber schwer zu durchschauende Rolle gespielt hat. Straube gehörte zum literarischen Umkreis ihres Onkels August. Trotz seines so wenig ansprechenden Äußeren scheint dieser ewige Student, der sich nur schwer zu einem Studienabschluß durchringen konnte und bei völliger Mittellosigkeit seit dem Bankrott seines Vaters auf die Unterstützung von Freunden angewiesen ist, doch eine unbestrittene Faszination ausgestrahlt haben. In einem Brief an Ferdinandine von Heereman-Zuydtwik, eine der vielen Schwestern Haxthausen, charakterisiert Wilhelm Grimm diesen in die Literatur verschlagenen Jurastudenten so: »Manchmal denkt man, er habe sein Gesicht samt der staubigen Perücke bloß zum Spaß vorgenommen und könne es ablegen samt mancher-

Heinrich Straube

lei anderen Sitten, die nicht gerade angenehm ins Auge fallen, durch welche aber immer eine bestimmte Ehrlichkeit leuchtet.«

Jedenfalls hielt August von Haxthausen seinen Freund für ein literarisches Genie, dem er eine große schriftstellerische Zukunft prophezeite. Er stellte ihn neben Körner und Uhland, die damals noch ungeschmälerte Bewunderung erregten. Alles das aber waren nur Vorschußlorbeeren, die Straube nie einlösen konnte. Zwar hatte er ein literarisches Magazin mit dem vieldeutigen Titel »Wünschelrute« redigiert, das durch die Beziehungen August von Haxthausens im renommierten Göttinger Verlag Vandenhoeck & Rupprecht erschien. Es gab sich ulkigerweise als das Publikumsorgan der »Poetischen Schusterinnung an der Leine« aus und litt natürlich an der gleichen Kurzlebigkeit wie die meisten literarischen Organe, die aus Mangel an einem wirklichen literarisch interessierten Leserstamm bald wieder aus dem Bewußtsein der Öffentlickeit verschwanden. Immerhin hatte der agile Straube Dichter wie

Achim von Arnim, Clemens Brentano, Ernst Moritz Arndt, Gustav Schwab und natürlich auch die Brüder Grimm als Mitarbeiter gewinnen können. Hier hatte also die romantische Generation noch einmal ein bescheidenes Sprachrohr gefunden. Die »Wünschelrute« reflektierte unverfälscht den Zeitgeist in den Jahren nach den Befreiungskriegen, ehe sie bereits 1818 ihre Bemühungen um die Gegenwartsliteratur einstellte.

Annette muß diesem literarisch versierten Juristen nicht ganz gleichgültig gewesen sein. Ostern 1819 machte Straube in Hülshoff einen Besuch, traf aber Annette dort nicht an. Sie war bereits nach Bökendorf abgereist, wo sie über ein Jahr bis in den Sommer 1820 hinein an dem geselligen Leben ihrer Verwandten teilnahm.

Nun nahm man die Beziehungen dort wieder auf, wo sie vor Jahr und Tag unter wesentlich anderen Verhältnissen abgebrochen waren. Man war reifer geworden. Vor allem Annette trug sich damals schon mit dem Gedanken, Gedichte eines »Geistlichen Jahres« für ihre geliebte Großmutter zu verfertigen. Man war demnach gegenseitig auf einen geistigen Austausch geradezu versessen, obwohl beide noch keine überzeugenden Proben ihrer Schriftstellerei vorweisen konnten.

Mit einem literarisch so beschlagenen jungen Mann konnte das geradezu literaturbesessene Edelfräulein aus der westfälischen Hinterwelt ohne alle literarischen Kontakte natürlich vorzüglich diskutieren. Straube hatte ihr manche interessante Information über das damalige Literaturleben zu vermitteln. Er stand mit Heine in enger Verbindung. Dieser behandelte ihn durchaus als einen gleichwertigen Gesprächspartner.

Man hat Grund zu der Annahme, Straube habe bei der Entstehung der ersten Gedichtfolgen des »Geistlichen Jahres«, in denen die Droste zum erstenmal ihren eigenen Duktus gefunden hatte, so etwas wie geistige Geburtshilfe geleistet. Annette kann ihre Sympathie für diesen jungen Mann nicht verhehlen. Er fällt so ganz aus dem Rahmen des Gewohnten. Offenbar hat sie sogar seine betont bohemienhafte Attitüde merklich beeindruckt. Doch es dauert bei ihr eine gute Weile, ehe sie ihre

Gefühle sondiert hat und sich eingestehen muß, daß es doch wohl Liebe sein muß, die sie zu diesem ihr in vielem so unterlegenen Studenten empfindet.

August von Arnswaldt

Als dann aber August von Arnswaldt in ihren Gesichtskreis gerät, hat Annette plötzlich ihre Gefühle nicht mehr unter Kontrolle. Sie sieht sich der verfänglichen Situation ausgesetzt, zwischen zwei Männern zu stehen, von denen sie dem einen in herzlicher Neigung zugetan war, den anderen aber mit sinnlicher Leidenschaft begehrte. Sie hat dieses Dilemma, in das sie ohne ihre eigene Schuld oder Leichtfertigkeit geraten war, selbst so überzeugend formuliert: »Straubes Liebe verstand ich lange nicht, und dann rührte sie mich unbeschreiblich, und ich hatte ihn wieder so lieb, daß ich ihn hätte aufessen können; aber wenn Arnswald mich nur berührte, so fuhr ich zusammen.« Annette sah sich damals einem wahren Sturm von sich widerstreitenden Gefühlen ausgeliefert, die zu bändigen oder in ruhigere Bahnen zu lenken, ihre seelische Kraft, Reife und Lebenserfahrung einfach noch nicht ausreichten. Sie verfuhr mit ihren beiden Freunden nicht gerade sanft, vielleicht sogar ein wenig kokett und exaltiert.

Im wesentlichen überspielte sie diesen Konflikt, indem sie am gesellschaftlichen Leben in Bökendorf mit einer gewissen Hektik teilnahm. Sie liebte diesen Hauch von Boheme, von dem sie sich einfangen ließ. Die Studenten hatten nämlich eine gewisse Weltläufigkeit aus der Stadt mitgebracht. Man führte sich keineswegs prüde auf. Im Gegenteil: Es hatte sich herumgesprochen, daß es sich nirgendwo so gut küßte, »wie in den Treibhäusern von Bökendorf und Hülshoff«.

Rückblickend waren die »unbeschwerten« Jugendtage von Bökendorf eben doch kein ungetrübtes Idyll. Noch nach einem Vierteljahrhundert kann Annette ihrer Freundin Elise Rüdiger die schmerzliche Feststellung übermitteln: »Ich habe Ihnen ja früher schon erzählt, wie wir sämtlichen Kusinen haxthausischer Branche durch die bittere Not gezwungen wurden, uns um den Beifall der Löwen zu bemühen, die die Onkels von Zeit zu Zeit mitbrachten, um ihr Urteil danach zu regulieren, wo wir dann nachher einen Himmel oder eine Hölle im Haus hatten, nachdem diese uns hoch- oder niedriggestellt. Glauben Sie mir, wir waren arme Tiere, die ums liebe Leben kämpften, und namentlich Wilhelm Grimm hat mir durch sein Mißfallen jahrelang den bittersten Hohn und jede Art von Zurücksetzung bereitet, so daß ich mir tausendmal den Tod gewünscht habe. Ich war damals sehr jung, sehr trotzig und sehr unglücklich und tat, was ich konnte, um mich durchzuschlagen.«

Dieses so makaber beschriebene »Jugendidyll« endete dann auch für Annette mit einem vollkommenen, geradezu katastrophalen Eklat. Die Toleranz dieses Kreises von Verwandten und Freunden stieß an eine Grenze, als Annette, zwischen zwei Männern stehend, sich für keinen von beiden entscheiden konnte. Der Maler Ludwig Emil Grimm, der Zeuge dieses Sommers voller Unbehagen war, hat eine Karikatur hinterlassen, auf der er eine stolze und über alle moralische Skrupel erhabene Annette in Triumphatorengeste zwischen beiden abgeschlagenen Freiern Straube und Arnswaldt agieren läßt. Sicher trifft diese Darstellung den wahren Tatbestand so ganz und gar nicht. Annettes Unsicherheit, eine klare Entscheidung zu treffen, wird ihr schnöderweise als maßloser Stolz ausgelegt, den man brechen muß. Man bedient sich dazu einer schäbigen Intrige. Arnswaldt sieht sich schmälich getäuscht und warnt Straube vor Annettes Wankelmütigkeit, um dadurch dessen Verbindung mit ihr zu hintertreiben. Beide schreiben daraufhin einen gemeinsamen Absagebrief und künden Annette ihre Freundschaft auf.

Die Wirkung dieses Briefes war natürlich vernichtend. Die Bökendorfer Verwandten, die in alles eingeweiht waren, wollten die Demütigung der offenbar frivolen Annette, die mit Männerherzen spielte, schadenfreudig miterleben. Aber Annette zeigte sich nach der Lektüre dieses Briefes, der kaum heilende Wunden in ihr zurückließ, keineswegs so zerschmettert, wie man allgemein angenommen hatte. Man hörte sie zwar lange bewegt in ihrem Zimmer auf- und abgehen. Aber dann ertrug sie dieses entwürdigende Schauspiel mit äußerlichen Gelassenheit.

Man hatte Rache an einer Außenseiterin der Gesellschaft genommen, deren Größe und Genialität damals noch niemand ahnen konnte. Das Paradies, das sie unter Menschen erhofft hatte, blieb ihr von nun an verschlossen. Das Trauma dieser »Jugendkatastrophe«, mit der die erste und wahrscheinlich sorgloseste Etappe ihres Lebens endet, wird sie nie verschmerzen. Sie sehnte sich nun nur noch nach Hülshoff und in die absolute Stille des Münsterlandes zurück. An den sommerlichen Besuchen in Bökendorf wird sie sich von nun an nicht mehr beteiligen. Der Umgang mit Menschen ihrer gesellschaftlichen Kaste ist ihr für lange Zeit verleidet. Es wird immerhin siebzehn Jahre lang dauern, ehe sie sich wieder zu einer Reise ins Paderborner Land entschließen kann.

Damals war sie allerdings auf einer höheren Stufe ihres Daseins angelangt, auf der sie Tatsachen und Menschen aus weiter menschlicher Distanz versöhnlicher zu betrachten pflegte. Sie war nun ganz auf ihr Werk fixiert, dem sie hingebungsvoll und zu jedem Opfer bereit diente. Der Weg durch den Abgrund, so empfand sie es damals, war ihr auferlegt worden, um den beschwerlichen Aufstieg zum Parnaß unbeirrt und nur auf sich selbst gestellt bis zum schmerzlichen Ende beschreiten zu können. Sie war nun ganz auf sich selbst verwiesen worden und gab sich keinen Illusionen mehr über die Bedeutung der menschlichen Gesellschaft in ihrem tragischen Leben hin. Allein mit ihrem Zauberwort nahm sie den Kampf mit den Dämonen auf. Nun erst war sie überhaupt imstande, zu der Dichterin heranzureifen, deren Ausstrahlungskraft die Welt mit wachsender Bewunderung wahrnimmt.

Natürlich hat sie dieses zentrale Erlebnis ihres Lebens auch in ihrem Gedicht sublimieren können. In der »Taxuswand« aus der Meersburger Zeit, hat sie noch einmal bezeugt, was ihr diese Liebe ihrer Jugend wirklich bedeutet hat. Hier klingt noch einmal geläutert etwas von der schwärmerischen Verstiegenheit und der glühenden Lebenslust ihrer Jugend auf.

»Ich stehe gern vor dir,
Du Fläche schwarz und rauh,
Du schartiges Visier
Vor meines Lebens Brau',
Gern mag ich vor dir stehen,
Wie vor grundiertem Tuch,
Und drüber gleiten sehen
Den bleichen Krönungszug;

Als mein die Krone hier,
Von Händen, die nun kalt,
Als man gesungen mir
In Weisen, die nun alt;
Vorhang am Heiligtume,
Mein Paradiesestor,
Dahinter alles Blume
Und alles Dorn davor.

Denn jenseits weiß ich sie,
Die grüne Gartenbank,
Wo ich das Leben früh
Mit glühen Lippen trank,
Als mich mein Haar umwallte
Noch golden wie ein Strahl,
Als noch mein Ruf erschallte,
Ein Hornstoß, durch das Tal.

Das zarte Efeureis,
So Liebe pflegte dort,
Sechs Schritte – und ich weiß,
Ich weiß dann, daß es fort.
So will ich immer schleichen
Nur an dein dunkles Tuch
Und achtzehn Jahre streichen
Aus meinem Lebensbuch.

Du starrtest damals schon
So düster treu wie heut,
Du, unsrer Liebe Thron
Und Wächter manche Zeit;
Man sagt, daß Schlaf, ein schlimmer,
Dir aus den Nadeln raucht –
Ach, wacher war ich nimmer,
Als rings von dir umhaucht!

Nun aber bin ich matt
Und möcht' an deinem Saum
Vergleiten wie ein Blatt,
Geweht vom nächsten Baum;
Du lockst mich wie ein Hafen,
Wo alle Stürme stumm,
O, schlafen möcht' ich, schlafen,
Bis meine Zeit herum!«

Der Eklat in Bökendorf, der als Annettes »Jugendkatastrophe« in die Literaturgeschichte eingegangen ist, markiert eine entscheidende Wende in ihrer Biographie. Die schöne Unbefangenheit ihrer Jugend wird sie nun nie wieder erlangen. Immer mehr wird sie sich ihrer eigentlichen Bestimmung bewußt. Von nun an wird sie den einsamen Weg des Genies zu wählen haben. Es bleibt ihr kein anderer Weg, als sich bis an die Wahnsinnsgrenze voranzutasten. Das ist der unerbittliche Preis, den sie für ein einmaliges Werk zu zahlen hat, das sie der Nachwelt hinterläßt. Nun bewegt sie sich nach einem schmerzlichen Häutungsprozeß als Mensch und als Dichterin auf einer entschieden höheren Ebene.

Überstürzt, zutiefst getroffen und wie auf der Flucht vor sich selbst begriffen, war Annette damals von Bökendorf aufgebrochen. Was sie nun brauchte, war viel Zeit, um die empfangenen seelischen Blessuren wieder ausheilen zu lassen. Noch wußte sie nicht, wie sie der strengen Mutter nach dem Vorgefallenen unter die Augen treten sollte. Bei ihrem sanften Vater und bei Jenny konnte sie mit Verständnis, vielleicht sogar mit Mitleid rechnen. Wie aber in aller Welt sollte sie das Strafgericht der autoritären Mutter ertragen?

Therese von Droste wuchs jedoch in diesen Tagen einer ernsten Krise der Tochter über sich selbst hinaus. Diese westfälische Aristokratin überging die zurückliegende Malaise und entfaltete eine Noblesse, die ihr niemand so ohne weiteres zugetraut hätte. Sie ignorierte die für sie ohnehin undurchsichtigen Tatsachen, die ihre Tochter so absichtslos ins Gerede gebracht hatten. Allerdings: Die Aussichten auf eine standesgemäße Ehe und ein erfülltes Leben als Ehefrau waren für diese so gut wie verspielt. Und doch fiel kein Wort des Vorwurfs, kein Anflug von Kritik regte sich. Die Namen der beiden jungen Männer, die ihren Weg gekreuzt hatten und mit deren Schicksal das ihre geradezu verstrickt war, wurden gar nicht erst erwähnt. Als welterfahrene Frau begann Therese

Annette von Droste-Hülshoff, Miniatur der Schwester

von Droste zu begreifen, daß ihre exzentrische Tochter zu Höherem bestimmt war. Sie ließ daher nicht ab, an deren guten Stern zu glauben. Wenn sie es recht bedachte, konnte sie sich Annette auch nicht als Landedelfrau inmitten einer Schar von Kindern vorstellen.

Diese Heimkehr nach Hülshoff war eine spürbare Zäsur im Leben der Droste. Die Träume ihrer Jugend waren nicht gereift, wie sie zögernd begriff. Nun begab sie sich wieder hilfesuchend in die Geborgenheit der Familie. Man arrangierte sich in Hülshoff ehrlich miteinander und hatte merklich an gegenseitigem Vertrauen gewonnen. Annette ersetzte sogar die Anrede »Mama« in ihren Briefen durch das vertraute »Meine liebe

Mama«. Sie hat nun auch keine Hemmungen mehr, die ersten Gedichte ihres »Geistlichen Jahres«, die sie eigentlich für die fromme Großmutter verfertigt hatte, der Mutter vertrauensvoll ans Herz zu legen. Immerhin handelt es sich bei diesen Arbeiten ja um ihr höchst persönliches, fast intimes Bekenntnis.

»Du weißt, liebste Mutter«, heißt es da in einem Brief vom 9. Oktober 1820 zu diesem Gedichtzyklus, »wie lange die Idee dieses Buchs in meinem Kopfe gelebt hat, bevor ich sie außer mir darzustellen vermochte. Der betrübte Grund liegt sehr nahe in dem Unsinne, dem ich mich recht wissentlich hingab, da ich es unternahm, eine der reinsten Seelen, die noch unter uns sind, zu allen Stunden in Freud und Leid vor Gott zu führen, da ich doch deutlich fühlte, wenn ich nur von sehr wenigen Augenblicken ihres *frommen* Lebens eine Ahnung haben können, und wohl eben nur von jenen, wo sie selbst nachher nicht recht weiß, ob die zu den guten oder bösen zählen...

So habe ich geschrieben, immer im Gefühl der äußersten Schwäche und oft wie des Unrechts, und erst, seitdem ich mich von dem Gedanken, für die Großmutter zu schreiben, völlig freigemacht, habe ich rasch und mit mannigfachen, aber immer erleichternden Gefühlen gearbeitet und, so Gott will, zum Segen.

Die wenigen zu jener mißlungenen Absicht verfertigten Lieder habe ich ganz verändert, oder, wo dieses noch zu wenig war, vernichtet, und mein Werk ist jetzt ein betrübendes, aber vollständiges Ganzes, nur schwankend in sich selbst, wie mein Gemüt in seinen wechselnden Stimmungen. So ist dieses Buch in Deiner Hand!

Für die Großmutter ist und bleibt es völlig unbrauchbar, so wie für alle frommen Menschen; denn ich habe die Spuren eines vielfach gepreßten und geteilten Gemütes mitgeben müssen, und ein kindlich, in Einfalt frommes würde es nicht einmal verstehen. Auch möchte ich es auf keine Weise vor solche reine Augen bringen, denn es gibt viele Flecken, die eigentlich zerissene Stellen sind, wo eben die milden Hände am härtesten hingreifen.«

»Ich darf hoffen«, mit diesen anrührenden Worten legt Annette der Mutter schließlich ihr überarbeitetes Manuskript ans Herz, »daß meine Lieder vielleicht manche verborgene kranke Ader treffen werden; denn ich habe keinen Gedanken geschont, auch den geheimsten nicht. Ob sie Dir gefallen, muß ich dabei hingestellt sein lassen; ich habe für keinen einzelnen geschrieben. Ich denke es indes und wünsche es sehnlichst, da sie als Werk Deines Kindes Dein natürliches Eigentum sind. Sollte ich jedoch hierin meinen Zweck verfehlen, so muß das alte Sprichwort rechtfertigen: ›Ein Schelm, der mehr gibt, als er hat‹.«

Therese von Droste gelingt es jedoch in diesem Fall nicht, über sich hinauszuwachsen. Offenbar hat der Inhalt dieser Geschichte sie mehr verschreckt als erhoben. Mit Sicherheit muß sie diese Arbeiten ihrer Tochter mit betonter Aufmerksamkeit gelesen haben. Aber sie fand abschließend keine passenden und verbindlichen Worte dazu. Sie war damit schlicht überfordert, und so ließ sie es dabei bewenden, die Blätter kommentarlos in den Schrank zu ihren Büchern zu legen.

Natürlich zeigt sich die verkannte Dichterin zunächst pikiert und betroffen. Dann aber muß sie sich in einem Brief an Anna von Haxthausen deutlich Luft machen. »Ich habe diesen Winter ein ganzes Buch geistlicher Lieder geschrieben, von denen die der Mutter geschickten nur eine kleine veränderte Auswahl sind«, bekennt sie der vermeintlichen Freundin. »Du hast recht, sie sind für mich selber gemacht, und Du wirst nicht denken, für wen noch mehr? – *für meine Mutter*. – Sie sind zu einer Zeit geschrieben, wo ich durch die mir überall bewiesene Liebe und Hochachtung noch unendlich niedergedrückter war wie jetzt, wo ich mich erst ermutigt habe, auch diese gewiß schwere Prüfung mit Kraft zu tragen.

Der Zustand meines ganzen Gemütes, mein zerrissenes, schuldbeladenes Bewußtsein liegt offen darin dargelegt, doch ohne ihre Gründe – und ich wollte geradezu versuchen, wie viel ein mütterliches Herz verzeihen kann, oder vielmehr, mir meine Strafe holen; ich hatte es mit einer Vorrede versehen, die auf all dieses vorbereitete. Mama las dieselbe sehr aufmerksam und bewegt durch, legte dann das Buch in ihren Schrank, ohne es weiter anzurühren, wo ich es acht Tage liegen ließ und dann wieder fortnahm. Sie hat auch nie wieder danach gefragt, und so ist es wieder mein geheimes Eigentum. Daß ich es meiner Mutter gab, war unrecht; ich habe kein Recht, die Meinigen zu betrüben, um mir einen Druck zu ersparen.«

Aus dieser Zeit ihrer höchsten Verstrickung, die sie als ihre Schuld empfunden hat, liegt dann eines ihrer frühen und gültigen Gedichte vor, dem sie den Titel »Not« verlieh und das ihre Empfindungen in diesem so entscheidenden Jahr 1820 mit am überzeugendsten reflektiert:

»Was redet ihr so viel von Angst und Not
In eurem tadellosen Treiben?
Ihr frommen Leute, schlagt die Sorge tot,
Sie will ja doch nicht bei euch bleiben!

Doch wo die Not, um die das Mitleid weint,
Nur wie der Tropfen an des Trinkers Hand,
Indes die dunkle Flut, die keiner meint,
Verborgen steht bis an der Seele Rand –

Ihr frommen Leute wollt die Sorge kennen
Und habt doch nie die Schuld gesehn!
Doch sie, sie dürfen schon das Leben nennen
Und seine grauenvollen Höhn!

Hinauf schallt's wie Gesang und Loben,
Und um die Blumen spielt der Strahl,
Die Menschen wohnen still im Tal,
Die dunklen Geier horsten droben.«

Als eine Geläuterte war Annette aus dem Bökendorfer Häutungsprozeß hervorgegangen. Noch im Sommer des kritischen Jahres 1820 hatte der Hamburger Fritz Beneke, der Annette auf dem Gut der Haxthausens begegnet war, sich nicht genug über die Exaltiertheit der jungen Dame aus dem Münsterland alterieren können. Sie erscheint ihm allzu »gebieterisch« und in ihrem ganzen Habitus dann doch zu »unweiblich«. Als er diese Eigenschaften an ihr monierte, versuchte Annette nicht einmal, sich vor ihm zu verteidigen. Sie ist sich ihrer Schwächen also durchaus bewußt gewesen. Im Gegenteil lädt sie ihn couragiert zu einem gemeinsamen Waldspaziergang ein.

In jeder Hinsicht fällt dieses resolute Fräulein so ganz aus dem Rahmen des Konventionellen. Allerdings bescheinigt ihr der Hamburger ebenfalls erstaunliche Reife und Gemütstiefe. Sie plaudert mit ihm unbefangen über Themen, die man sonst aus der Unterhaltung ausklammert und die ihn vermuten lassen, dieses Fräulein könnte nur aus dem »dunklen Reich des Magnetismus« stammen. Aber er kann nicht verhehlen, daß sich immer wärmere Empfindungen in ihm für dieses Edelfräulein regen.

In Hülshoff zieht sich Annette nun aber immer mehr in die Einsamkeit zurück. Für die Umwelt verstummt sie zunächst einmal für die nächsten fünf Jahre. Den Briefwechsel läßt sie fast gänzlich mit einem Schlage abbrechen. Keiner hat so nahe vor dem Nichts gestanden wie sie, und keiner würde sie so recht verstehen. Sie brauchte die Einsamkeit, um in ihr zu wachsen und zu reifen. Mit einem Male muß sie die Verantwortung verspürt haben, die ihr mit ihrer Begabung übertragen worden war. Die Metamorphose ihres Wesens scheint ihr zu gelingen. Im November 1826 konnte Schwester Jenny ihrem ständigen Briefpartner Wilhelm Grimm nur Erfreuliches von ihrer Schwester berichten: »Meine Schwester Nette würden Sie gewiß liebgewinnen. Sie ist sehr viel herzlicher und sanfter geworden.«

Annette sieht sich in der Tat damals mit einem gelinden

durchaus sympathischen Anflug von Selbstironie bereits als einen »Blaustrumpf vom Stande« in einer etwas peinlichen Rolle, zu der sie nun zeit ihres Lebens verdammt sein wird. Sie wird von nun an zu den sitzengebliebenen schöngeistigen Töchtern des Adels gehören, die sich ihre Zeit mit überflüssigen Künsten um die Ohren schlagen, bis der Tod sich eines Tages ihrer erbarmt und sie einem Leben ohne Sinn und Ziel entrückt.

Ihren überlegenen und ansteckenden Humor hat sie aber auch in den düsteren Stunden ihres Lebens nie verloren. Immer wieder brechen anrührend menschliche Züge aus ihren Briefen hervor, so zum Beispiel wenn sie vom Tod ihres Kätzchens folgendes zu berichten weiß: »Mein kleines schwarz und weißes Kätzchen hat mir sehr leid getan, wie es starb. Es war noch bis zuletzt so klug und unterschied sich von allen anderen. Es ist vorgestern gestorben, aber ich möchte wohl gern weinen, wenn ich es nicht unrecht fände, um ein Tier trauriger zu sein wie vielleicht um einen Menschen. Aber so arme Tierchen haben nichts nach dem Tode zu erwarten, und im Leben sind sie auch übermäßig gering geachtet und können sich auch gar nicht verständlich machen, wenn sie krank sind. Mir ist ein armes krankes Tier immer etwas entsetzlich Betrübtes.«

Und am 21. Juli 1821 erhält ihre Kusine Therese von Wolff-Metternich von ihr die folgende skurrile Epistel: »Du wirst längst wissen, daß Prinz Nikolaus von Rußland in Holland gestorben ist und die Leiche durch Münster gekommen ist. Es war gerade Markttag, und die Bauern sprachen viel davon, wie er in einem schmalen Wägelchen, vor dem sein Leibpferd, ein schöner Engländer, gespannt gewesen, aufrecht gesessen. Das Wägelchen sowohl wie das Pferd seien aber ganz schwarz verhängt gewesen, auch die nachfolgenden Wagen, auf denen Kosaken gesessen. Ich finde die Art, so aufrechtsitzend Leichen zu transportieren, vorzüglich greulich, und mich dünkt: seine junge Frau (die zweite Prinzessin von Preußen) muß es nie wieder vergessen können, wenn sie ihn in seinem Wägelchen, ganz von der Sonne gedörrt, auf einige hundert Stunden Weges ankommen sieht.«

In jedem Fall hat die Droste die »toten Jahre« ihrer Biographie als schöpferische Pause sehr wohl zu nutzen verstanden. Man weiß heute, daß sie sich beispielsweise damals intensiv mit Musiktheorie beschäftigt hat. Ihr Onkel Maximilian von Droste, der sich durch seine Kompositionen einen Namen gemacht hatte, sandte ihr eine Trauerkantate und einige theoretische Kommentare dazu, die Annette Gelegenheit boten, die von ihm angeschnittenen Gedanken zu Ende zu denken.

Auch sein umfangreiches Werk über den Generalbaß legte er seiner Nichte zum Studium vor. In der Tat machte sich diese sogleich an die Arbeit und betrieb mit einem wahren Feuereifer musiktheoretische Studien. »Ich kann nicht sagen, daß ich es ungern täte oder daß es mir schwer würde, da ich schon manche anderen Werke über den Generalbaß kenne, aber ich muß doch fast meine ganze Zeit dran setzen«, berichtete sie ihrer Tante Dorothea Wolff-Metternich im September 1821.

»Außerdem wird jetzt fleißig hier im Hause gearbeitet«, malt sie der Verwandten ein detailliertes Bild vom Leben im damaligen Wasserschloß Hülshoff. »Jenny spielt und singt mit großem Eifer, da sie glaubt, in ihrer Abwesenheit manches verlernt zu haben. Tony und Elise malen den ganzen Tag auf Samt; Tony weiße und gelbe Narzissen, und Elise ein Rosenbouquet. Wir sehen uns fast den ganzen Tag nicht, so sehr sind wir sämtlich beschäftigt.«

Offenbar hat die intensive Beschäftigung mit der Musik Annettes dichterische Impulse damals entschieden zurückgedrängt. Man weiß, daß sie in den Jahren ihres nicht dokumentierten inneren Exils mit der Konzeption von einigen Operntexten beschäftig war. Neben »Der Galeerensklave« und »Erich« war es vor allem das Thema der »Wiedertäufer«, das sie immer wieder faszinierte. Sie selbst bezeugt, von der »vaterländischen« Oper von den Wiedertäufern schon weite Passagen vertont zu haben. Auch einige andere Kompositionsversuche aus dieser Zeit sind der Nachwelt überliefert worden. 1877 konnte man aus dem Droste-Nachlaß »Lieder mit Pianofortebegleitung« herausgeben. Die unterlegten Texte lassen auf einen sicheren literarischen Geschmack der Dichterin schließen. Das Spektrum reicht von Goethe, Brentano und Byron bis hin zu schottischen Balladen, englischen Liebesliedern und eigenen Gedichten. Wahrscheinlich knüpfte Annette an diese kompositorischen Arbeiten nicht die Erwartung, sie jemals gedruckt zu sehen.

Das musikalische Talent der Familie väterlicherseits war in Annette voll durchgeschlagen. Levin Schücking wird ihr später aufgrund jahrelanger Erfahrungen im Umgang mit ihr ein ungewöhnliches musikalisches Talent bescheinigen. Sie habe, so schrieb er, viele Melodien nationaler und volkstümlicher Gesänge auswendig gewußt. Ansonsten besuchte die Familie Konzerte in Münster, man sang im engeren Kreis, spielte Klavier und Orgel. In Höxter trat Annette sogar einmal als Sängerin in einem öffentlichen Konzert auf.

»Ich habe Mittwoch in Höxter im Konzert gesungen«, schreibt sie Anfang 1820 darüber an Ludowine von Haxthausen. »Du kannst nicht glauben, wie mir die Sache erschwert wurde. Zuerst bekomme ich einen Brief mit der Bitte und den Noten zugleich am Sonntag zuvor. Die Zeit von drei Tagen war kurz genug zum Einstudieren. Doch nahm ich es an. Den folgenden Abend spät kommt ein zweiter Bote, man hätte sich versehen, Madame Fennewitz hätte die andere Stimme einstudiert. Ich mußte also wechseln, obwohl ich zum Einstudieren dieser anderen Stimme jetzt nur einen Tag mehr hatte. Ich nahm es jedoch an und wurde auch ziemlich fertig. Mittwoch gegen Mittag kommen wir in Höxter an. Madame Fennewitz ist schon da, und wir wollen anfangen zu probieren; da kommt es heraus, daß die Fennewitz, die das Duett in Münster gelernt hat, einige Stellen geändert hat, weil sie ihr zu schwer waren. Danach mußte ich jetzt meine Stimme auch ändern, und endlich, wie das Konzert bald angehen soll, erklärt Herr Becker, der uns begleiten wollte, daß er es nicht könne und ich selber das Klavier dazu spielen müsse. Ich wollte mich aber durchaus nicht dazu verstehen, weil ich bei meiner kurzen Zeit absichtlich alle Zwischenspiele auf dem Klavier überschlagen hatte. Wie sich dieser Herr Becker aber an das Klavier setzte (in der Probe), machte er seine Sache so schlecht, daß ich mich nur freute, daß ich es übernehmen konnte. Alle diese Fatalitäten zusammen machten mir aber eine solche Angst, daß ich, wie wir auftreten sollten, einen Krampf in der Brust kriegte, und hätte ich nicht überhaupt besser gesungen wie die Fennewitz, so wäre es mir übel ergangen; nun aber ging es gut, und wir wurden sehr beklatscht.«

So sehr sich Annette nach den deprimierenden Ereignissen in Bökendorf auch verraten und erniedrigt vorkam, war sie dennoch nicht bereit, irgendeinem Menschen auch nur einen Blick in ihr verletztes Innere zu gestatten. Was sie zutiefst in diesen Jahren bewegte, sprach sie noch am ehesten in ihren Gesängen an Gott aus, keineswegs in melancholischen Liedern einer tief enttäuschten Liebenden. Dabei handelte es sich jetzt schon um Dichtungen, die ganz aus der Tiefe ihrer Persönlichkeit emporstiegen und in denen ihre ureigene Sprache zum erstenmal voll aufklang. Nachdem sie Grund hatte, am Sinn ihres Lebens zu zweifeln, suchte sie nach einem neuen Glauben, der ihre zerrissene Seele vor dem völligen Verfall bewahren könnte. Ihr Gesundheitszustand legte es ihr nahe, den Gedanken an den Tod nicht mehr aus ihrer Vorstellungswelt zu verdrängen. Immer mehr erhielt die Dichtung eine befreiende Funktion in ihrem inneren Leben. Sie bedeutete zunehmend eine Therapie für einen Menschen, der, ganz auf sich allein gestellt, erst wieder ein neues Fundament für sein weiteres Leben suchen mußte.

Im übrigen hüllte sie sich nun jahrelang in Schweigen. Nur an Anna von Haxthausen, die von dem Komplott gegen sie durchaus unterrichtet war, schreibt sie einen Rechtfertigungsbrief, weil sie nicht mit dem unberechtigten Vorwurf leben mochte, sie habe Straube kaltherzig hintergangen. Gegen Ende des Jahres 1820 arbeitet sie noch einmal minuziös die Ereignisse des vergangenen Sommers auf. Diesen Brief kann man als ein erschütterndes menschliches Dokument werten. Er gehört in der Tat zu den bewegendsten überhaupt, die Annette je geschrieben hat.

»Ich habe lange gewankt«, beginnt sie, »ob ich deinen harten Brief beantworten sollte, liebe Anna, denn ich war entschlossen, alles über mich ergehen zu lassen. Was soll ich den anderen auch sagen, sie wissen ja eigentlich nichts, und zudem muß ich büßen für manches, was du auch nicht weißt, und dazu ist ihre Übereilung recht gut, denn es ist schrecklich, sich so stillschweigend von allen Seiten verdammen zu lassen. Aber du kommst mir zu tief ins Leben, denn du weißt viel mehr wie die anderen, und doch tust du ebenso unwissend hart und ebenso verwunderte Fragen, da du doch die Antwort weißt.

Hör, Anna, ich will dir allerhand sagen, nicht als ob ich nicht alles tausendmal verdient hätte, sondern weil du mich fragst und zuviel weißt, um nicht noch mehr zu wissen, und ich traue dir, daß du es keinem deiner Geschwister zeigst. Recht kann ich es dir auch nicht erklären, das könnte Straube ganz allein, aber den werde ich wohl nicht wiedersehen. Ach Gott, ich ginge gern darum zu Fuß nach Göttingen, wenn es anginge. Anna, du weißt, wie lieb ich Straube immer gehabt habe, die anderen wissen es auch; ich habe nie ein Geheimnis daraus gemacht. Schon in Hülshoff habe ich es gesagt, er wäre mir lieb wie ein Bruder, und im Grunde war er mir lieber wie meine beiden Brüder, aber ich hielt es ehrlich für Freundschaft. Wenn ich mir oft große Reichtümer träumte, so war mein Hauptgedanke, Straube immer um mich zu haben, und nun meint er wohl, ich hätte ihn nie liebgehabt.

O Gott, er hat recht, es zu glauben, ich kann ihm den abscheulichen Gedanken nicht nehmen, das ist mein ärgstes Leiden, Anna, ich bin ganz herunter, ich denke nur immer an Straube. Um Gottes Willen, schreib mir doch, was macht er? Ich weiß nicht, wie unbarmherzig ihr seid, daß ihr mir nichts sagt!

Ich schreibe das alles so hin, als wenn es mich keinen Schmerz kostete, und doch löst es sich mir aus der Brust wie Stücke vom Herzen.

Arnswaldt muß mich von Anfang an gehaßt haben, denn er hat mich behandelt wie eine Hülse, die man nur auf alle Art drücken und brechen darf, um zum Kern zu gelangen. Ein herbeigeführtes Mißverständnis ließ mich glauben, daß er mir seine Neigung gestanden, und ich stand keinen Augenblick an, auch meine Gesinnung offen zu gestehen, da ich fest entschlossen war, meine Hand zu verweigern, falls er sie fordern sollte. Ich entdeckte ihm daher mein Verhältnis zu Straube.

Nun fragte er noch viel wegen Straube, ich konnte ihm nicht alles sagen, und wollte doch nicht lügen, so verwirrte ich mich, und er ängstigte mich dermaßen durch seine Fragen, daß ich doppelsinnige Antworten gab, und endlich das Ganze verändert und verstellt dastand. Dieser stille, tiefe Mensch hatte eine unbegreifliche Gewalt über mich, und dies verkehrte Verhältnis gab mir einen Schmerz, den wohl keiner ahnte außer dir.

Ich habe noch oft mit Arnswaldt von Straube mit aller Liebe, die ich für ihn fühlte, geredet und mich aufs härteste angeklagt, aber Arnswaldt ging immer leicht darüber hin; ich sollte mit Gewalt recht schuldig werden, Straube sollte gerettet werden und ich zugrunde gehen. Auch noch in seinem Brief sucht er mir den Glauben an Straube, das einzige, was ich noch habe, zu nehmen. Ist das nicht Grausamkeit?

Du willst wissen, wie mir ist. Das kann ich dir nicht sagen. Ich wünsche dir, daß du es in deinem Leben nicht verstehst – aber ich habe es verdient. Ich bin tiefer gesunken, als du denkst; dafür habe ich nun auch gelitten, wie ich früher keine Idee davon hatte, und das wird auch wohl dauern, solange ich lebe.

Darum sollt ihr mich auch nicht schimpfen und quälen. Ich bin zuweilen wild, wenn ich denke, wie ihr jetzt auf mich loshackt, aber das kommt selten, denn ich denke Tag und Nacht an Straube. Ich habe ihn so lieb, daß ich keinen Namen dafür habe. Er steht mir so traurig vor Augen, daß ich oft die ganze Nacht weine und ihm in Gedanken vielerlei erkläre, was ihm jetzt fürchterlich dunkel sein muß. Ach Gott, wenn ich ihm nur schreiben dürfte, dann wüßte ich wohl allerhand, was ich ihm allein sagen kann.

Ach, könnte ich Straube nur noch einmal sehen, oder auch nur eine vergebende Zeile von seiner Hand. Soll er meine Locke wohl fortgeworfen haben? Anna, es ist unmöglich, ein solches Verhältnis kann sich nicht ganz lösen!

Verdient habe ich alles, das ist gewiß, darum will ich es auch tragen. Es ist mir nur um Straube, gegen den habe ich allein unrecht, und für den habe ich allein wahre, tiefe Neigung, es mag Freundschaft oder Liebe sein, ich weiß nicht, was es ist.«

Annette erlag als Dreiundzwanzigjährige der Verwirrung ihrer Gefühle, deren sie nicht mehr Herr werden konnte. Diese »Sternenjungfrau« war in eine Gefahrenzone geraten, in der freundschaftliche Gefühle, die sie hegte, in Liebe umzuschlagen drohten. Instinktiv muß sie sich gegen eine Vertiefung dieser Liebe gesträubt haben. Sie wäre in diesem Augenblick sicher entschlossen gewesen, sich mit einer brüderlichen Freundschaft zu begnügen. Eine Frau wie jede andere zu sein, dazu war sie weiß Gott nicht geschaffen. Die männliche, die eigentlich schöpferische Seite ihres Wesens schlug voll durch und sperrte sich gegen jede Bindung an andere Menschen, die ihre Selbstentfaltung hätten lähmen können. Nach der sommerlichen Eskapade in Bökendorf mit tragischem Ausgang sah sie sich ihrer eigentlichen Natur unwiderruflich ausgeliefert. Ihre Bindungsängste trieben sie in eine selbstgewählte Einsamkeit. Sie wollte und konnte ihre geistige Unabhängigkeit im Interesse eines Werkes, dessen säkulare Bedeutung ihr noch verschlossen war, um alles in der Welt nicht aufgeben. Wahrscheinlich hat sie die weibliche Natur in sich, die ihrer eigentlichen Bestimmung im Wege stand, von nun an hassen gelernt.

Jenny, die diese Kämpfe der Schwester mit weiblicher Einfühlsamkeit und bewegten Herzens verfolgte, äußerte sich später über dieses menschliche Dilemma sicher zutreffend so: »Wenn Annette sich über den Ehestand aussprach, so war es nur, um zu sagen, daß sie nicht dafür tauge, weil sie zu wenig Gesundheit und zu viel Unabhängigkeitssinn habe, und ich glaube, daß dies ihre wahre Meinung war. Sie paßte in der Tat nicht dafür.«

Annette brauchte offenbar nach ihrer »Jugendkatastrophe« viele Jahre der Kontemplation und der Selbsterforschung, um wieder ein tragfähiges Lebenskonzept für sich zu finden. Keineswegs aber hat sie, wie man lange angenommen hat, diesen »weißen Fleck« in ihrer Biographie mit hingebungsvollen Exerzitien gefüllt. Sie war selbst tief genug ins Abgründige des eigenen Wesens eingetaucht, um sich auch in die abnormen Seelenzustände anderer hineindenken zu können. In einem am 2. Dezember 1821 an ihre Großmutter avisierten Brief läßt sie sich deshalb ungemein einfühlend über die Krankheit ihrer Freundin Wilhelmine Thielmann aus, die sie mit aller Hingabe betreut.

»Ein solcher Zustand der Dürre und Trostlosigkeit ist etwas sehr Schreckliches«, heißt es da, »und es läßt sich so wenig dagegen machen, da es gewöhnlich von Nervenschwäche herrührt, und selbst das Nachdenken über tröstliche Wahrheiten der Religion ist nicht gar zu viel anzuraten, weil es besonders in einem solchen gereizten Zustande, gar zu sehr rührt. Ich muß gestehen, daß ich glaube, daß nur in Augenblicken der höchsten Spannung, wo nichts anderes mehr wirken will, man diese Frau durch ernste und erhebende Tröstungen zu beruhigen suchen, übrigens aber unschuldige und erheiternde Zerstreuungen, bei denen Kopf und Phantasie nichts zu tun haben, anwenden muß, z. B. Spazierenfahren oder -gehen bei schönem Wetter, wo man sie dann auf die schöne Gegend aufmerksam machen und selbst Freude daran zeigen muß, Erzählungen was alle guten Bekannten und Freunde jetzt machen und dergleichen eigentlich gleichgültige und doch sehr erheiternde Dinge. Wäre die Thielmann eine Frau von weniger Religion, wie sie ist, oder wurde sie von Skrupeln beängstigt, so würde die Sache andere Mittel erfordern.«

Immerhin hatte sich Annette bald wieder soweit gefangen, daß sie die Arbeit an ihrer »Ledwina« wieder aufnehmen konnte. Diese Geschichte einer Frau von Geist, die nichts dringlicher als einen »schönen Tod in der eigenen Geistesflamme« ersehnt, hatte sie schon 1819, also vor dem Bökendorfer Eklat, begonnen. Zweifellos hat sie in die Krankheitszustände ihrer schwindsüchtigen Heldin viel von ihrem eigenen Wesen hineininterpretiert. Die Parallelen mit Daten aus ihrer eigenen Biographie sind jedenfalls frappierend. Unter anderem ist nämlich auch die Rede von der Liebe einer Schwester Ledwinas zu einem Göttinger Studenten. Dabei wird zweifellos auf die Zuneigung Jennys zu Wilhelm Grimm angespielt. Aber auch das burschikose und zum Teil arrogante Auftreten der Akademiker wird nicht ohne Bitterkeit karikiert. Damit spielt Annette dezidiert ihren Onkel August an, in dem sie zu Recht ihren besonderen Antipoden erblickte, der ihr das Leben schwer machte. Aber auch Therese von Droste hatte allen Grund, sich in Ledwinas betont autoritärer Mutter reflektiert zu sehen. Ansonsten ist der Grundton dieses Jugendromans ganz auf Moll gestimmt. Annette trauert der großen patriarchalischen Vergangenheit mit nostalgischer Wehmut nach. Diese Tradition ist durch den alles entzaubernden Materialismus einer neuen Zeit abgelöst worden, mit der sie sich nicht mehr identifizieren kann und will.

Bezeichnend für die herabgestimmte seelische Verfassung der eben durch ein menschliches Inferno geschrittenen Dichterin dieses Prosastücks ist der makabre Kirchhofstraum der Heldin: »Zugleich flammten alle Fackeln hoch auf, und Ledwinen wurde ein großer Kirchhof mit einer zahllosen Menge weißer Leichensteine und schwarzer Grabhügel sichtbar, die nun regelmäßig eins um das andere wechselten, daß ihr das Ganze wie ein Schachbrett vorkam und sie laut lachte, als ihr plötzlich einfiel, daß hier ja ihr Liebstes auf der Welt begraben liege ... Sie riß sich mit einem furchtbar zerrissenen Angstgewimmer los und begann zwischen den Gräbern zu suchen und mit einem kleinen Spaten die Erde hier und dort aufzugraben ... Sie legte sich über die Leichensteine, um die Inschriften zu lesen und konnte keine herausbringen, aber das sah sie, keiner war der rechte. Vor den Erdhügeln fing sie an, sich zu hüten, denn der Gedanke des Einsinkens begann sich zu erzeugen, dennoch war sie im Zwange des Traumes zu einem wie hingestoßen, und kaum betrat sie ihn, so stürzte er zusammen. Sie fühlte ordentlich den Schwung im Fallen und hörte die Bretter des Sarges krachend brechen, in dem sie jetzt neben einem Gerippe lag... Sie umfaßte es fester, als wir in Gedanken fassen können; dann richtete sie sich auf und suchte in dem grinsenden Totenkopf nach Zügen, für die sie selbst keine Norm hatte... Sie faßte eine der noch frischen Totenhände, die vom Gerippe losließ: Das schreckte sie gar nicht. Sie preßte die Hand glühend an ihre Lippen und legte sie dann an die vorige Stelle und drückte das Gesicht fest ein in den modrichten Staub.«

Ledwina wird wie ihre geistige Mutter geradezu magisch von einer »grauenhaften Traumwelt« angezogen. Im Verlauf der nicht zu Ende geführten Handlung löscht sie sich später nach und nach wie eine Kerzenflamme aus.

Im ganzen hatte Annette in diesem Romantorso ein Gesellschaftsbild ihrer Zeit abgeliefert, dessen Realitätsnähe sogar noch den Beifall Theodor Fontanes fand. Der Adel wird von einer ihrer Angehörigen gnadenlos unter die kritische Sonde genommen. Ein dezenter Hauch von aufkeimender Dekadenz liegt über dem Geschehen. Gerade dafür mochte Fontane besonders empfänglich gewesen sein. Die betont reaktionäre Tendenz hat ihn offenbar keineswegs gestört. Wahrscheinlich hatte die Droste damals schon alle Rudimente eines literarischen Biedermeiers längst überwunden und sich in einer Vorläuferattitüde jenseits des Meridians eines abgestandenen Traditionalismus im deutschen Entwicklungsroman begeben. Sie hatte es nur selbst noch nicht so recht begriffen.

Zwischen 1820 und 1825 hat sich Annette mit mehrfachen Unterbrechungen immer wieder das Ledwina-Manuskript vorgenommen und in den knapp sechzig Druckseiten alle Reflexionen über ihre Jugend-Problematik eingefangen. Als Frau von Geist, als die sie sich immer mehr fühlte, bezog sie eine betonte Distanz zur Gesellschaft der Restaurationszeit, deren degenerative Tendenzen sie wie wenige sah. Sie hatte sich daran gewöhnt, ganz mit dem Geist und aus dem Geist heraus zu leben, den sie sich durch nichts in der Welt verkrüppeln lassen wollte. Im ganzen strahlt dieses Fragment trotz allem eine überzeugende Selbstsicherheit der Autorin aus.

Überhaupt besteht Grund, der Vermutung entgegenzutreten, sie habe sich nach der Arnswaldt-Staube-Katastrophe nur noch schmollend von der Umwelt distanziert. Schon für den Frühling 1822 hatte sie einen Besuch bei Wilhelmine von Thielmann in Koblenz geplant. Als der Plan sich zerschlug, reiste Annette ins Sauerland, wo sie in Gevelinghausen die Brüder und Schwestern ihrer Großmutter aus dem Hause Wendt-Papenhausen besuchte und zum erstenmal auch ihre spätere Schwägerin Caroline Wendt kennenlernte, die dann nach neun Jahren als die junge Drostin in Hülshoff einziehen sollte.

Ins volle Licht der gesellschaftlichen Öffentlichkeit trat Annette aber erst wieder, als sie im Oktober 1825 auf Rat ihrer Mutter auf Reisen ging, um ihre rheinischen Verwandten und Bekannten aufzusuchen. An ihren ungebrochenen kommunikativen Fähigkeiten bestand überhaupt kein Zweifel. Immer noch verstand sie in der Gesellschaft durch ihren natürlichen Humor und ihre Begabung für die leichte Konversation zu brillieren. In einer gewaltigen Kraftanstrengung raffte sie sich damals auf, um wieder Kontakte mit der Außenwelt aufzunehmen und sich ihrer münsterländischen Hinterwelt für eine Weile zu entziehen. Mit ihrer Außenseiterposition scheint sie sich inzwischen abgefunden zu haben. Jedenfalls tritt sie mit einer natürlichen Würde auf, die viele an ihr zu schätzen wissen. Sie sieht sich als ein gefügiges Werkzeug höherer Mächte dazu berufen, das Unsägliche zu sehen und auszusprechen, das anderen verschlossen war. Die wohl kritischste Periode ihres Lebens ist damit abgeschlossen. Der »weiße Fleck« auf ihrer biographischen Landkarte beginnt sich wieder mit Leben zu füllen. Die Dichterin, »Gottes hart geprüftes Kind«, wagt es, sich als eine Gewandelte wieder dem Leben zu stellen. Sie strahlt zwar keine Arroganz, wohl aber eine Selbstsicherheit aus, die sie als reife Frau in die Verse eingehen läßt:

»Meine Lieder werden leben,
Wenn ich längst entschwand:
Mancher wird vor ihnen beben,
Der gleich mir empfand.
Ob ein andrer sie gegeben
Oder meine Hand:
Sieh, die Lieder durften leben,
Aber ich entschwand!«

II

Rheinische Tage

Im Oktober 1825 unternimmt Annette von Droste endlich ihre Vetternreise an den Rhein, die sie nach Köln, Bonn und Koblenz führen wird. Überall, wohin es sie verschlägt, wird sie mit offenen Armen aufgenommen. Sie reist nach den Jahren der freiwilligen Einsamkeit wie in ein neues, ein zweites Leben hinein und macht dabei unterwegs wertvolle Bekanntschaften, die tief in ihr weiteres Leben hineinwirken werden.

In Köln macht sie zunächst bei ihrem Onkel Werner von Haxthausen Station. Nach seiner Teilnahme am Wiener Kongreß wirkte dieser als Regierungsrat in Köln, war aber angesichts seiner immer noch durchschlagenden literarischen Interessen der Mittelpunkt eines Kreises von Männern, an deren Bekanntschaft der Droste gelegen sein mußte. Eben erst hatte er sich mit der wohlhabenden Kölner Patrizierstochter Elisabeth Harff von Dreiborn vermählt, die Annette mit betonter Gastlichkeit bei sich aufnahm.

Damals sieht sie auch das erste Dampfschiff den Rhein befahren. Es handelt sich dabei um das in Holland gebaute Schiff »De Rijn«, das später auf den Namen »König Friedrich Wilhelm« getauft wurde. Dieser hatte eben eine Fahrt auf diesem Schiff stromabwärts unternommen und war dabei am 14. September 1825 in Köln gelandet.

»Ein so großes Dampfschiff ist etwas höchst Imposantes, man kann wohl sagen, Fürchterliches«, berichtet Annette sichtlich erregt nach Hause. »Es wird, wie Du wohl weißt, durch Räder fortbewegt, die, verbunden mit dem Geräusch des Schnellsegelns, ein solches Gezisch verursachen, daß es auf dem Schiffe schwer halten muß, sich zu verstehen. Doch dieses ist nicht das eigentlich Ängstliche. Aber im Schiffe steht eine hohe, dicke Säule, aus der unaufhörlich Dampf hinausströmt, in einer grauen Rauchsäule mit ungeheurer Gewalt und einem Geräusch wie das der Flamme bei einem brennenden Haus. Wenn das Schiff stille steht oder wenn der Dampf so stark wird, daß er die Sicherheitsventile öffnet, so fängt das Ding dermaßen an zu brausen und zu heulen, daß man meint, es wollte zugleich in die Luft fliegen. Kurz, das Ganze gleicht einer Höllenmaschine, doch soll gar keine Gefahr dabei sein, und ich möchte diese schöne Gelegenheit wohl benutzen, um nach Koblenz zu kommen, was in fünf Stunden möglich sein soll.«

Für die Reise zu Wilhelmine von Thielmann benutzt Annette allerdings diese »Höllenmaschine« nicht. Das Wiedersehen dieser beiden nicht ganz gewöhnlichen Frauen fällt geradezu enthusiastisch aus. Dazu kommt, das die agile Generalin nach dem Tod ihres Mannes einen ansehnlichen Kreis interessanter Männer und Frauen um sich versammelt hat, die Annettes Aufmerksamkeit erregen. Merklich beginnt sie in deren Mitte wieder aufzuleben.

Anfang Dezember 1825 kehrt sie noch einmal nach Köln zurück und trifft im Hause ihres Onkels Werner mit einigen bedeutenden Professoren der Bonner Universität zusammen. Vor allem Joseph Ennemoser gehört ihre ganze Sympathie. Er vertritt eine betont romantische Richtung in der Medizin und stellt sich als entschiedener Verfechter des Magnetismus heraus.

Eduard d'Alton, Professor der Archäologie und Kunstgeschichte, erweist sich als echter Polyhistor, der Annette sichtlich mit seinem immensen Wissen imponiert. Mit ihm kann sie sich in aller Ungezwungenheit unterhalten. Schließlich und endlich verkehrt auch der berühmte August Wilhelm Schlegel im Hause des Onkels, ohne daß seine Erscheinung sie besonders beeindruckt hätte. Sie beobachtet ihn höchst distanziert und mokiert sich in einem Brief an die Schwester vom Februar 1826 über seine legendäre Eitelkeit.

»Schlegel hat einen schönen Ring vom König bekommen und ist schrecklich eitel damit, ist überhaupt lächerlich eitel trotz seines vielen Verstandes«, schreibt die kluge Beobachterin. »Neulich ist ein Fleischer mit einer schweren Last Fleisch auf dem Rücken gerade auf Schlegel gefallen, so daß man geglaubt hat, es wäre kein Stück von ihm ganz geblieben. Er hat indessen, wunderbarerweise, nichts dabei erlitten außer dem Verlust seines besten Röckchens, was überher eine andere Farbe bekommen hat. Ich stehe übrigens recht gut mit ihm.«

In den illustren Professorenkreis fügt sich übrigens auch der zweite Sohn ihres Onkels Maximilian, Clemens August von Droste-Hülshoff ein, der an der Universität Bonn das Kirchenrecht vertritt und einiges Aufsehen erregt hatte, weil er für strikte Trennung von Staat und Kirche plädierte. Er ist ohne jeden Zweifel ein Glanzstück der Familie, auf den man hohe Hoffnungen setzt. Mit seiner Frau Pauline, einer geborenen von und zur Mühlen, verbindet Annette echte Freundschaft bis zuletzt. Beide setzten ihre Korrespondenz unentwegt fort, auch als Clemens August nach nur neunjähriger Ehe viel zu früh gestorben war.

Im übrigen gerät die Droste im Rheinland in den Bannkreis einiger höchst agiler »Frauen von Geist«, die so ganz ihrer Vorstellung entsprachen, die sie sich von ihr ebenbürtigen Freundinnen machte, auf die sie bisher hatte verzichten müssen. Zu reden bleibt da vor allem von Sibylle Mertens-Schaaffhausen, Sproß einer reichen Kölner Bankiersfamilie, die meist von ihrem Mann getrennt auf ihrem Gut Plittersdorf bei Bonn lebte. Zweifellos war sie eine etwas exzentrische Person, auf vielen Gebieten beschlagen und vor allem literarisch und musikalisch versiert und wie Annette selbst eine kenntnisreiche Sammlerin von Münzen, alten Uhren und Autographen. Durch Sibylle lernte die Droste auch Adele Schopenhauer kennen, die damals mit ihrer Mutter nach einer im Schatten der Weimarer

Sibylla Mertens-Schaaffhausen

Titanen zugebrachten Jugend in Bonn lebte. Alle drei gehörten dem Jahrgang 1797 an. Adele wird sich später an ihren gemeinsamen Bund erinnern und in Hinblick auf die Droste neidlos bemerken: »Sie war die reichste von uns dreien.«

Trotz aller gesellschaftlichen Verpflichtungen hatte sich Annette ihr Ledwina-Manuskript an den Rhein nachschicken lassen. Ob sie dort allerdings zu konzentierter Arbeit gelangte, ist eine andere Frage. Sie erweist sich nämlich durchaus als kein Kind von Traurigkeit und überläßt sich sogar den zweifelhaften Freuden des rheinischen Karnevals. Wegen ihres kommunikativen Talents wird sie von Familie zu Familie weitergereicht. Man weiß ihre Kunst zwanglosen Causierens und vor allem ihren versteckten und nie verletzenden Humor sehr wohl zu schätzen. Zumindest in dieser Hinsicht kann diese Westfälin den Rheinländern das Wasser reichen. Sie pendelt zwischen Köln und Bonn hin und her, macht sich um die Neuordnung der Bibliothek ihres Onkels Werner hochverdient und befreundet sich auch mit Guido Görres an, dem Sohn von Joseph Görres. Ihre körperliche Misere, die sonst ihre Vitalität beängstigend lähmt, scheint sie angesichts von so viel Betriebsamkeit vergessen zu haben. Jedenfalls reflektieren ihre Briefe aus jener Zeit eine eher euphorische Stimmung.

Dementsprechend fällt ihr der Abschied von Köln nach eigenem Geständnis ungemein schwer. Voll neuer und belebender Impulse kehrt sie im April 1826 nach Hülshoff zurück. Aber sie findet kaum Gelegenheit, die empfangenen Eindrücke sinnvoll zu verarbeiten. Wenige Wochen nach ihrer Heimkehr erlebt sie schon die Hochzeit ihres Bruders Werner mit Karoline von Wendt-Papenhausen. Noch einmal ist die ganze Familie zu einem pompösen Fest auf Hülshoff versammelt. Aber dann schlägt der Tod unerwartet und unerbittlich zu. Am 25. Juli 1826 verliert Annette den Vater nach kurzer Krankheit. Er ist sechsundsechzig Jahre alt geworden und hinterläßt in der Biographie Annettes eine nie wieder zu füllende Lücke. Immer hat sie sich ihm eng verbunden gefühlt, und sie ist sich darüber sehr wohl im klaren, daß alles, was sie zur Dichterin prädestinierte, Erbe dieses Edelmanns ist, der nicht zum Erfolgsmenschen geboren war und der sich nun still auf die Reise in eine Welt begeben hatte, deren Geheimnisse er ein ganzes Leben lang zu erforschen bemüht war.

Als dann nur drei Jahre später ihr geliebter jüngerer Bruder Ferdinand, der im Anhaltischen als Forstmeister fungierte, mit nur 29 Jahren von der Schwindsucht dahingerafft wird, bricht für Annette eine ganze Welt zusammen. Sie erlebt eine Lebenskrise, gegen die sie sich heroisch aufbäumt. Trotzdem machen sich die Ärzte ernsthafte Sorgen um sie. Ob der merklich geschwächte Körper diesmal die seelischen Belastungen aushalten wird? Sie ist über Monate hin nicht imstande, auch nur irgendeine geistige Arbeit zu bewältigen. Ihre Nervenzustände geben ihrer Umgebung immer wieder neue Rätsel auf. Bis zum Ende ihres Lebens wird sie sich von diesem gesundheitlichen Tief nie wieder so recht erholen können.

Sie verzichtet auf eine Italienreise, zu der ihr Onkel Werner, der inzwischen von Köln nach Haxthausen übergesiedelt ist, einlädt. Natürlich fühlt sie sich den zu erwartenden Strapazen eines solchen Unternehmens keineswegs gewachsen. Es wird schon wie ein Wunder empfunden, daß sie endlich im Frühjahr 1830 zu einer neuen Reise an den Rhein aufbricht.

Inzwischen hat Annette bereits eine ganze Reihe liebgewordener Tote zu beklagen. Gräber, wohin sie auch blickt! Immer mehr beschäftigt sie das Phänomen des Todes. Je mehr sie den Lebenden in ihrer selbstgewählten schöpferischen Einsamkeit entrückt, um so inniger pflegt sie Umgang mit den Toten, die zu ihr aus den Elementen sprechen. Ihre Sprache versteht sie besser als die der Lebenden. Und so dichtet sie dann wie unter einem höheren Zwang eines ihrer bewegendsten Gedichte:

»Wer eine ernste Fahrt beginnt,
Die Mut bedarf und frischen Wind,
Er schaut verlangend in die Weite
Nach eines treuen Auges Brand,
Nach einem warmen Druck der Hand,
Nach einem Wort, das ihn geleite.

Ein ernstes Wagen heb' ich an,
So tret' ich denn zu euch hinan,
Ihr meine stillen, strengen Toten;
Ich bin erwacht an eurer Gruft,
Aus Wasser, Feuer, Erde, Luft
Hat eure Stimme mir geboten.

Wenn die Natur im Hader lag
Und durch die Wolkenwirbel brach
Ein Funke jener tausend Sonnen -
Sprecht aus der Elemente Streit
Ihr nicht von einer Ewigkeit
Und unerschöpften Lichtes Bronnen?

Am Hange schlich ich, krank und matt,
Da habt ihr mir das welke Blatt
Mit Warnungsflüstern zugetragen,
Gelächelt aus der Welle Kreis,
Habt aus des Angers starrem Eis,
Die Blumenaugen aufgeschlagen.

Was meine Adern muß durchziehn,
Sah ich's nicht flammen und verglühn,
An eurem Schreine nicht erkalten?
Vom Auge hauchtet ihr den Schein,
Ihr meine Richter, die allein
In treuer Hand die Waage halten.

Kalt ist der Druck von eurer Hand,
Erloschen eures Blickes Brand
Und euer Laut der Öde Odem,
Doch keine andre Rechte drückt
So traut, so hat kein Aug' geblickt,
So spricht kein Wort, wie Grabesbrodem!

Ich fasse eures Kreuzes Stab
Und beuge meine Stirn hinab
Zu eurem Gräserhauch, dem stillen,
Zumeist geliebt, zuerst gegrüßt,
Laßt, lauter wie der Äther fließt,
Mir Wahrheit in die Seele quillen.«

Rüschhaus

Die Übersiedlung nach Rüschhaus im Jahre 1826 stellt im Leben der Droste eine einschneidende Zäsur dar. Ihr Bruder Werner, der bis dahin das in der Nähe von Münster gelegene Schloßgut Wilkinghege bewirtschaftet hatte, übernahm den

Familienbesitz in Hülshoff. Seine Geschwister erhielten gleichzeitig eine bescheidene Abfindung. Annette bezog mit Mutter und Schwester das vier Kilometer von Hülshoff entfernte Rüschhaus. Dieses durch Annette so sehr zu Ehren gelangte Haus hatte der Vater wahrscheinlich in Vorahnung seines bevorstehenden Todes 1825 als Witwensitz der Familie erworben. Es handelt sich bei diesem Besitz um die Sommerresidenz, die sich der große westfälische Baumeister Johann Conrad Schlaun, der in Münster und im Münsterland kaum fortzudenkende architektonische Akzente setzte, erbaut hatte. Vor allem seine Bauten in Münster, der Erbdrostenhof und die fürstbischöfliche Residenz, die heute die Universität beherbergt, zeugen von seinem künstlerischen Ingenium.

Das Ergebnis seiner Bemühung um einen eigenen Sommersitz war eine glückliche Mischung von angemessener Repräsentanz und gemütlicher Idyllik. Dementsprechend hatte er einen Herrensitz unter einem Dach mit einem Bauernhaus kombiniert. Im ganzen hatte Schlaun den Bauernhauscharakter der Anlage beibehalten, aber anschließend an den Wirtschaftstrakt ein nobles Wohnhaus geschaffen, von dem aus eine weitausholende Freitreppe in den Garten führte, in dem Blumen um moosbewachsene Standbilder wucherten. Hinter den ausgetrockneten Gräben dehnten sich endlose Äcker. Den Horizont begrenzten leichte Höhenzüge.

Trotz der Weltverlorenheit dieses Witwensitzes, das zu den gelungensten Bürgerbauten des 18. Jahrhunderts in der Region zählt, hat Annette mit ganzem Herzen an Rüschhaus gehangen. Sie besaß, wie wenige, ein Organ für den an sich herben Charakter dieser Landschaft. Von früh auf war sie gewohnt, den weiten Himmel über dem Münsterland mit in ihre Naturbetrachtungen einzubeziehen und alle wechselnden Stimmungen einzufangen. So beschreibt sie in einem Brief an ihre junge Freundin Elise Rüdiger einen Sonnenuntergang von ihrem nach Westen gelegenen Fenster.

»Die Sonne ist bereits untergegangen und hat ein paar schlechte gelbliche Streifen in den grauen Regenwolken hinter-

Das Rüschhaus

lassen. In meinem Zimmerchen dämmert's, daß ich kaum die Feder mehr sehen kann, und die Eichen rauschen so feucht und schaurig, daß einem grauen sollte, und doch dünkt mich, ich wüßte mir nichts Lieberes als hier- hier- nur hier! Wenn's auch nie anders wäre!«

»In der tiefen Einsamkeit auf dem Witwensitz ihrer Mutter zu Rüschhaus brachte sie oft Wochen und Monate zu«, wird nach ihrem Tode der ihr bekannte Theologieprofessor Braun berichten. »Wie es scheint, vermißte sie irgend Gesellschaft nicht. Sie las, schrieb, betete, sann, ordnete Münzen und Altertümer, zerklopfte Steine, beobachtete das Treiben der unzähligen Insekten und Wassertierchen im Schilf des Teiches, hörte wohl auch, was das Gesinde und zufällig anwesende Bauern untereinander sprachen. Zuweilen erzählte sie ganze Gespräche, welche sie angehört, vom Fenster aus wohlgemerkt oder vor dem Hause am Tische sitzend, lesend und schreibend. Ihre Erzählungen kamen mir stets wie Studien vor für ihre Poesien. Einigen, die diese und das psychologische Interesse nicht kannten, schien sie zu viel zu reden, obwohl sie amüsant sei. In Rüschhaus wurden ihre Nerven mitunter so reizbar, daß das Anschlagen der Glocke am Hoftor sie schon zusammenfahren machte und ihr Herzklopfen erregte.«

Dieses Rüschhaus ist in der Tat das Tusculum der Droste geworden, der Ort, an dem sie sich vor der Welt verbergen konnte, um sich ungestört so ganz ihren Interessen zu widmen. Sie teilt diese Stille mit Mutter und Schwester und ihrer Amme, die sie zu sich genommen hat, um ihr die Malaisen eines Altenteils auf Hülshoff zu ersparen. Eine neue schöpferische Phase kann beginnen.

Der Lebensstil auf Rüschhaus ist anspruchslos, fast asketisch. Annette verfügt über eine bescheidene Leibrente von 200 Talern; durch die Verzinsung ihres Erbanteils brachte sie es auf 300 Taler im Jahr. Davon mußte sie ihr Kostgeld abführen, den Lebensunterhalt ihrer Amme bestreiten und zwei mittellose Theologiestudenten unterstützen. Auch der Wohnungskomfort hielt sich in bürgerlichen Grenzen.

»Ein fremder Besuch lernte nur den Empfangssaal kennen,« wird Levin Schücking später die Lebensgewohnheiten der Rüschhaus-Bewohner beschreiben. »Für Vertraute aber wurde das eigentliche Wohnzimmer der Dichterin geöffnet. Es war merkwürdig charakteristisch; sie nannte es selbst ihr ›Schneckenhäuschen‹. Klein, schmal und niedrig lag es im Entresol wie ein Versteck, an dem man auf der breiten Treppe ahnungslos vorüberging, wenn man nicht in seine Geheimnisse eingeweiht war. Vier kleine Fenster öffneten sich nach dem Waldrevier, es war die Westseite, und die Dichterin liebte es besonders, allabendlich den Sonnenuntergang durch die Bäume schimmern zu sehen. Die Schwalben nisteten in den Fenstern und flogen im Zimmer frei herum, als gehörte es zu ihrem Neste; sie wußten, daß sie hochwillkommene Gäste waren.

Eine Reihe von Bildnissen hing an den Wänden, lauter be-

Annettes Arbeitszimmer im Rüschhaus (eigene Zeichnung)

freundete Gesichter; seltsam und lieb schaute zwischen den vornehmen feinen Leuten ein einfaches Mütterchen in Bauerntracht hervor. Es war die Amme der Dichterin, die sie besonders wert hielt. Das brave Original, eine achtungswerte Ehefrau aus dem Dorf Altenberge, wurde von ihr mit kindlicher Liebe gepflegt bis zum Tode.

Glasmalereien, Wappenschilder und Heiligenbilder zierten die Stube, aber die sonstigen Geräte waren ärmlich und alt. Ein winzig kleiner Flügel, noch aus der Kindheit der Klaviatur stammend, der wegen seines leisen Harfentones sich besonders zur Begleitung des Gesanges eignete und deshalb von der Dichterin sehr geliebt wurde, stand neben einem großen häßlichen Sofa und einem unpolierten Tisch. Auf demselben befanden sich stets mehrere Porzellanschalen mit frisch gepflückten Feldblumen und Heidekräutern. Ein Schreibzeug hatte kümmerlich zwischen ihnen Raum; Briefcouverts und Papierschnitzel lagen daneben, um zu Konzepten für die herrlichen tiefsinnigen Gedichte verwendet zu werden. Mit völlig unleserlichen kleinen eigensinnigen Buchstaben wurden diese niedergekritzelt, eine Runenschrift, die von der Schreiberin selbst kaum entziffert werden konnte. Auf dem großen schwarzen Sofa pflegte sie mit untergeschlagenen Füßen zu sitzen, um abwechselnd zu träumen, zu dichten und zu schreiben.«

In der Tat: Extreme Sparsamkeit verführte die Dichterin zur Wiederbenutzung eines jeden Papierfetzens. In dem scheinbaren Chaos, das ihren Herausgebern auch heute noch zu schaffen macht, herrschte dann eben doch eine höhere Ordnung. Levin Schücking, der Annettes Arbeitsweise wohl am besten kannte, hat die Atmosphäre des »Schneckenhäuschens« so beschrieben: »Zwischen alten Musikalien auf dem Klavier fanden sich wohl einige zerknitterte und wieder glatt gestrichene Bogen Papier, auf die nötigenfalls eine Idee, eine kleine Notiz, auch ein Gedicht gekritzelt werden konnte; bei genauerem Suchen hätten sich auch ein paar ältliche Gänsekiele vorgefunden, die noch im Laufe des letzten Jahres frisch geschnitten waren, und ein Tintenfaß, das ganz das Aussehen hatte, als ob es schmachtend und nach einer kleinen Auffrischung lechzend aus seinen großen schwarzen Augen blicke. Sonst herrschte überall die völlige Abwesenheit literarischen Materials. Wenn Annette sich einmal den Luxus eines glatten Papierbogens gestattete, so war ihre Handschrift außerordentlich zierlich, trotz der Kleinheit der Züge sehr deutlich und leserlich. Ein solcher Papierbogen schien ihr aber auch ein Raum groß wie das Weltmeer.«

Ihr »Dachsleben« auf Rüschhaus hat sie immer wieder in ihren Briefen beschrieben, unter anderem auch so: »Ach, ich habe mich in den letzten vier Jahren, seit ich krank war, sehr verwöhnt, wenigstens allerlei Wunderlichkeiten zugelassen, z. B. nur eins zu erwähnen, frühstücke ich erst um halb elf, kalte Milch mit kaltem Wasser vermischt, oder mit etwas kaltem Kaffee, esse zu Mittag nichts als Kartoffeln in der Schale mit etwas kaltem Fleisch, welche Torheit! Und doch hat sich meine Natur so dran gewöhnt, daß warme Speisen mich schon nach wenigen Tagen krank machen.«

Ein andermal heißt es: »Mein Essen besteht mittags aus

Suppe, wie die Leute sie essen, Pellkartoffeln und Leber, die ich den Sonntag warm und die übrigen Tage kalt esse. Abends Warmbier und Butterbrot mit Käse. Es ist ein Glück, daß ich immer dasselbe essen kann. Ich habe schon viel Leber gegessen, die mag ich am liebsten und verdirbt am wenigsten.«

Die Lebensumstände in Rüschhaus sind später allzu euphemistisch geschildert worden. Die Droste ist sich aber der Kärglichkeit ihres Lebens immer bewußt gewesen. So schrieb sie in ihren späteren Jahren noch an Elise Rüdiger: »Die Hanne Hassenpflug macht hier bonne mine à mauvais jeu. Ich glaube, sie findet Rüschhaus schauderhaft einsam und hat sich wohl unter einem Landleben so nahe bei Münster ganz was anderes gedacht, eine Art Gartenhausparadies, wo man die ganze Stadt vorüber- und die halbe hineinziehen sieht... Ich dachte: ›Du lieber Gott!‹, war aber zu faul, ihr zu sagen, daß wir wie auf einer verwünschten Trauminsel wohnten. Nun sieht die arme Seele den ganzen Tag aus, als wäre sie fest geschnürt, und macht bei jedem Hundegebell rechtsum auf dem Stuhle in Erwartung der Abenteuer, die nicht kommen.«

Annette war sich ihrer besonderen Situation sehr wohl bewußt: Sie führte eigentlich das Leben einer Nonne in ihrer Einsiedelei. Mit den Jahren spann sie sich immer mehr in ihrem Arbeitszimmer ein. Hier konnte sie ungestört ihren Gedanken nachhängen und ihre künstlerischen Imaginationen zu Papier bringen. Die Sammlungen, die sie um sich herum aufgebaut hatte, weisen sie als echte Zeitgenossin aus: Sie reflektieren die biedermeierliche Vorliebe für allerlei Kleinkram, mit dem man sich damals umgab. Ihre Spaziergänge pflegte sie mit einem Hammer bewaffnet zu unternehmen, um unterwegs Steine loszuklopfen. Oft reichte der Aktionsradius solcher Unternehmungen, wenn sie sich wie meistens nicht recht wohl fühlte, nur bis in den Garten, dessen vier Putten, die vier Elemente darstellend, sie zu einem Gedichtzyklus inspiriert haben.

Zu den täglichen Pflichten eines unverheirateten Fräuleins vom Stande gehörten auch Besuche, die sie bei Armen und Kranken der näheren Umgebung zu machen hatte. Gäste kamen hingegen nur selten ins weltentlegene Rüschhaus. Tauchte jedoch zufällig einmal jemand auf, so konnte er damit rechnen, mit betonter Freundlichkeit empfangen zu werden. Einen ständigen persönlichen Austausch mit ebenbürtigen Geistern hat es auf Dauer im Leben der Dichterin nie gegeben. Sie hat diese geistige Isolierung durchaus als Manko empfunden. Lediglich der Hülshoffer Hauskaplan Caspar Wilmsen ließ sich gelegentlich bei ihr zu einer kurzen Visite sehen. Dann nahm sie die Gelegenheit sehr bewußt wahr, sich an diesem kantigen Original zu ergötzen. Aber auch mit ihm konnte sie tiefergehende Gespräche nicht führen. Und doch hatte sie ihn offenbar tief in ihr Herz geschlossen. Bei seinem Tode hat sie ihm in ihrem Gedicht »Sit illi terra levis!« ein literarisches Epitaph gewidmet und somit ihren Dank für seine Anhänglichkeit abgestattet. In der vierten Strophe dieses Gedichtes heißt es bezeichnenderweise:

»Noch seh' ich dich im Hauch des Winterbrodems
Herstapfen, wie den irren Heidegeist,
Wenn Tropf' an Tropfen deiner Stirn entfleußt,
Hör' ich das Keuchen deines armen Odems.
Es waren schlimme Wege, rauh und weit,
Die du gewandelt manche Winterwende,
Um des Altares heil'ge Gnadenspende
Zu tragen mir in meine Einsamkeit.«

»Einzelne seltene Besuche von Geistlichen in der Umgebung, von Adligen, die zum Teil verarmt waren«, gehörten nach den Beobachtungen ihres Freundes Christoph Bernhard Schlüter zu den gelegentlichen Abwechslungen im Rüschhaus. »Einmal des Jahres zog das Fräulein ihr bestes seidenes Kleid an, steckte einen uralten, kostbaren Kamm voll Edelsteinen ins Haar, hing eine goldene Kette um und besteckte sich mit allen möglichen Kleinodien, die sie nur fassen und tragen konnte. Zugleich machte sie ein Päckchen mit Kaffee, Zucker und Gebackenem und kleinen Geschenken zurecht und bestieg mit ihrer Amme einen Wagen; es galt einen Besuch und einen festlichen Tag bei deren verheirateten Kindern, Tochter und Sohn.«

Soziale Probleme existierten für die Droste überhaupt nicht, obwohl ihr Levin Schücking sicher ganz zu Unrecht unterstellte, sie unterliege durchaus drei Spielarten menschlichen Hochmuts, des »aristokratischen, des Damen- und des Dichterhochmuts«. Davon konnte überhaupt keine Rede sein. Selbst als sie bereits als Dichterin einen hohen Grad von Reputation in Fachkreisen erreicht hatte, kam ihr ihre herausgehobene Stellung als Künstlerin kaum je zu Bewußtsein. Sie teilte keineswegs die Vorurteile ihres Standes und wäre sogar bereit gewesen, einen Bürgerlichen wie Straube zu heiraten. Im Umgang mit Untergebenen bewies sie eine ungewöhnliche Selbstsicherheit und Natürlichkeit. Dieses selbstverständliche soziale Verhalten brachte sie nie in Konflikt mit ihrem im Grunde patriarchalischen Weltbild. Sie hielt fest an der Welt, in der sie groß geworden war, und sah keinen Nutzen darin, unmündigen Massen mehr Macht zuzuteilen, als sie sinnvoll bewältigen konnten. Mit den Jahren hatte sie eine so beachtliche menschliche Souveränität erreicht, die ihr einen völlig unkonventionellen, oft sogar betont burschikosen Umgang mit Menschen ermöglichte.

Das Leben, das die Droste auf Rüschhaus führte, war die etwas traurige und eintönige Existenz eines unauffälligen »Fräuleins vom Lande«, von der man nur wenig Notiz nahm und deren schriftstellerische Bemühungen man als einen feudalen Dilettantismus abzuwerten sich angewöhnt hatte. Besonderes Selbstgefühl als Dichterin hat die Droste auch nie entwickelt. Im Gegenteil dachte sie von ihren literarischen Hervorbringungen eher gering. Es lag in ihrem aristokratischen Naturell, daß sie lieber ihr Licht unter den Scheffel stellte, als vor der Welt mit der Attitüde des verkannten Genies aufzutreten. Sie wußte nur zu gut, wieviel Gnade bei jeder künstlerischen Arbeit mit im Spiel war.

In ihrer nächsten Umgebung war sie als Familientante geliebt oder zumindest geschätzt. In Notsituationen konnte man sich stets auf sie verlassen. Als Krankenpflegerin oder Kinderbetreuerin entwickelte sie hohe Qualitäten. Daß sie nebenher in einer heroischen Willensanstrengung ihrem zarten Körper auch noch ein literarisches Lebenswerk von höchstem Rang abnötigte, spürten die wenigsten aus ihrer Umgebung. Einschränkungslos läßt sich von ihr sagen, daß sie eigentlich ein Doppelleben führte. Wer sollte auch ahnen, daß hier im verträumten Rüschhaus die größte deutsche Dichterin heranreifte?

Hin und wieder zog es die Droste aus ihrer Eremitage dann doch wieder in die Welt hinaus. Auch sie brauchte die Menschen. Sie hatte keineswegs die Absicht, auf dem Lande zu versauern. Der Umgang mit ihren rheinischen Verwandten und Freunden erwies sich immer wieder als ein Gesundbad für sie, aus dem sie innerlich gestärkt und gelockert nach Hause zurückkehrte.

1828 macht sie vor allem bei ihrem Vetter Clemens August in Bonn Station. Von hier aus nimmt sie ausgiebig die Gelegenheit wahr, Wilhelmine von Thielmann, die in Godesberg zur Kur weilt, aufzusuchen. Damals empfängt sie auch die erste Anregung zu ihrem Versepos »Das Hospiz auf dem großen Sankt Bernhard«. Eine Nichte der Generalin berichtet ihr von ihrer Schweizer Heimat. Ihr Vater ist nämlich Direktor der Salinen in Bex an der Rhone, nicht weit vom Sankt Bernhard-Massiv entfernt. Es bedarf nun nur noch eines winzigen äußeren Anstoßes, um eine in der imposanten Alpenlandschaft spielende Geschichte zu erfinden, in deren Mittelpunkt das am St. Bernhardpaß gelegene Kloster steht.

Der Zufall will es, daß damals gerade die Geschichte von der Wunderbaren Rettung eines Jungen in der unwirtlichen Bergwelt durch den Bernhardinerhund Barry durch alle Zeitungen geisterte und die Welt in Atem hielt. Annette wittert sogleich einen dramatischen Stoff, den sie in der Modegattung jener Zeit, einem Versepos, in ein Kunstwerk transportieren möchte. Sie läßt sich von der Nichte der Generalin die imposante Bergwelt in allen Details schildern, und immer steht der Hund vor ihrem geistigen Auge, der den zu Tode erstarrten Knaben rettet. Während sie hingebungsvoll ihre kranke Freundin Sibylle Mertens pflegt, arbeitet der Stoff weiter in ihr, und als sie dann im Frühjahr 1828 in Rüschhaus eintrifft, möchte sie sogleich in unbändiger Schaffensfreude ihren Plan realisieren. Aber wieder sind es ihre körperlichen Miseren, die ihr einen empfindlichen Strich durch die Rechnung machen. Resigniert läßt sie ihre Koblenzer Freundin Thielmann wissen, der liebe Gott habe ihr Augenschmerzen und »recht gute liebe Leute, nämlich die Schwester und Nichte der Äbtissin Decken« geschickt. Die hätten ihr durch einen mehrmonatigen Aufenthalt auf Rüschhaus den Rest ihrer Schaffenskraft geraubt.

Im gleichen Brief vom 2. November 1828 bittet Annette die Nichte Wilhelmine von Thielmanns noch einmal um genaue Details über die Landschaft am St. Bernhardpaß und über das Leben der Mönche. Sie scheint mit äußerster Akribie zu Werke gehen zu wollen, wenn sie fragt: »Nachher ziehn die Mönche aus, um einen Verunglückten zu suchen – könnte ich nicht erfahren, wie sie sich bei solchen Gelegenheiten kleiden? Sie führen ohne Zweifel Alpstöcke bei sich, aber auch sonst eine besondere Art von Fuß- und Kopfbedeckung zum Schutz gegen die Kälte? Und Werkzeuge und sonstige Hilfsmittel, die für den Zweck passen? Was z. B. wird wohl angewandt, um die Verunglückten wegzuschaffen? Tragbahren? Oder wollene Decken, große Leintücher? Auch weiß ich nicht, ob es irgendein Mittel gibt, was in solchen Fällen gleich auf der Stelle angewandt wird, oder ob man die Erfrorenen erst ins Hospital bringt, eh etwas geschehn kann. Wenn die Mönche ausziehn, so hätte ich gern eine Idee von dem Wege, der aus dem Kloster ins Freie führt; vom St. Bernhardsberge selbst habe ich eine recht genaue Beschreibung, doch weiß ich nicht, ob die Oberfläche desselben auf malerische Weise von hervorragenden Felszakken unterbrochen wird. Oder ob sie eine einförmige, Wüsten ähnliche Schneemasse darbietet. Ist das Schneehuhn dort heimisch?«

Nur ein halbes Jahr nach Abfassung dieses Briefes stirbt, wie bereits erwähnt, Annettes Bruder Ferdinand an Lungentuberkulose. Die Dichterin versinkt darauf in tiefe Apathie, und die Ärzte beginnen sich ernstlich Sorge um sie zu machen. Jenny signalisiert an Wilhelm Grimm: »Nur selten glaubte ich, frei atmen zu dürfen. Der Gedanke, auch meine Schwester zu verlieren, drückt mich ganz nieder.« Die Wunden, die dieser Tod in Annette geschlagen hat, werden zeit ihres Lebens nie mehr ganz verheilen.

Nach so viel Schicksalsschlägen, denen sie am Ende nicht mehr gewachsen war, regen sich ihre vitalen Kräfte erst wieder, als Katharina Schücking, die unvergessene Freundin ihrer Jugendjahre, in Münster auftaucht und sich die beiden in die Arme schließen können. Obwohl Katharina nach ihrer gescheiterten Ehe mit einem labilen Mann nur noch vor den Trümmern ihres Lebens steht, wirkt ihre Gegenwart dann eben doch ungemein belebend auf Annette. Es kommt noch hinzu, daß die Freundin die exzeptionelle dichterische Begabung der Droste längst erkannt hat. Sie bestürmt sie nun geradezu, mit den ihr anvertrauten Pfunden zu wuchern. Es scheint, daß Katharina Schücking, von düsteren Todesahnungen heimgesucht, der Freundin unbeschwerter Jugendtage damals ihren 15jährigen Sohn Levin im Falle ihres Todes dringend ans Herz gelegt hat. Sie konnte zu dieser Zeit natürlich nicht ahnen, daß sie damit ein Fatum stiftete, das dann nach Jahren bestimmend ins Leben der Droste eingriff und die große und genuine Dichterin in ihr weckte, als die sie in die Literaturgeschichte eingegangen ist.

Nach diesem Zwischenspiel ist Annette endlich wieder imstande, sich mit neuen Reiseplänen zu befassen. Im Herbst 1830 rafft sie sich dann, wie gesagt, zu ihrer dritten Reise ins Rheinland auf. Auch diesmal genießt sie das freiere und unbeschwertere Leben am Rhein in vollen Zügen. Wochenlang wohnt sie bei ihrem Vetter Clemens August von Droste. In seinem Hause kann sie ungestört lesen, schreiben und musizieren. Von hier aus besucht sie Theater und Konzerte. Es scheint, als hätte sie einen großen Nachholbedarf an kulturellen Eindrükken zu befriedigen. Irgendein musikalischer Zirkel verleiht ihr sogar die Ehrenmitgliedschaft. Offenbar ist man von ihrer ungewöhnlichen Musikalität überzeugt. Zwischendurch weilt sie aber auch wochenlang am Krankenbett Sibylle Mertens', die sich eine gefährliche Kopfverletzung zugezogen hat. An sich selbst darf sie in dieser Zeit gar nicht erst denken, obwohl sie immer noch als Rekonvaleszentin fühlt. Noch nach fünfzehn Jahren wird sie sich dieser Wochen erinnern:

»Wie hab ich doch so manche Sommernacht,
Du düstrer Saal, in deinem Raum gewacht!
Und du Balkon, auf dich bin ich getreten,
Um leise für ein teures Haupt zu beten,
Wenn hinter mir aus des Gemaches Tiefen
Wie Hilfewimmern bange Seufzer riefen,
Die Odemzüge aus geliebtem Mund;
Ja, bitter weint ich - o Erinnerung!-
Doch trug ich mutig es, denn ich war jung,
War jung noch und gesund.«

Endlich, im Herbst 1831, entschließt sie sich zur Rückkehr nach Rüschhaus. Sie ist damals voller Eindrücke und neuer, bestimmender Impulse, die sie nun mit neu aufgeladenen Energien verarbeiten möchte. Nun aber reißen die Schicksalsschläge in den nächsten Wochen und Monaten kaum noch ab. Im November erfährt sie zufällig vom Tod ihrer Jugendfreundin Katharina Schücking, mit der sie so viele unverlöschliche Erinnerungen verbinden. Im Sommer 1832 hat sie den Tod ihres berühmten Vetters Clemens August von Droste zu beklagen. Der Kreis der Sterbefälle rundet sich mit dem Tode Anton Matthias Sprickmanns, der 1829 als Emeritus wieder nach Münster zurückgekehrt war, aber nur, um in seiner Vaterstadt zu sterben.

Für einige Wochen wird sie später nach Hülshoff übersiedeln, aber nicht etwa, um ihre angeschlagenen Nerven zu kurieren, sondern um die Schwägerin im Kindbett zu pflegen. Um das Maß dann voll zu machen, stirbt in ihrer Gegenwart eine liebe Bekannte, Victorine Dusaillant, die Schwester der Herzogin von Looz, der sie bei der Erledigung der Begräbnisformalitäten zur Seite steht.

»Das Lokal ist fahl«, macht sie damals ihrer bedrückten Seele Luft, «alle Zimmer einzeln an einem langen schmalen Gange, und in dem ersten lag die Leiche. Man konnte nicht ins Haus und heraus, auch im Hause irgendwo hin, ohne immer etwas davon zu sehen, wenigstens die schwarzen Fackeln, denn die Türe stand immer offen, und eine Unzahl von Menschen strömte ein und aus. Dabei ein Weihrauchdampf und Leichengeruch durcheinander, zum Ersticken!«

Ansonsten weiß Annette nach ihren Exkursionen in die weite Welt ihr eingezogenes Leben durchaus zu schätzen. Immer wieder berichtet sie der Schwester in der fernen Schweiz vom Rüschhaus, vor dessen Türen die Zeit stillzustehen scheint. Niemand ahnt, daß das gnädige Fräulein, das hier lebt und das man kaum je zu Gesicht bekommt, sich in ihrem »Schneckenhäuschen« derweil zur größten deutschen Dichterin mausert.

Es geschieht in der Tat nichts Umwerfendes, was verdient hätte, in die Annalen der Drosteschen Vita einzugehen. Hätte sie nicht ihre alte Amme um sich, die immer wieder nach ihr sieht, würde die Einsamkeit sie vielleicht doch eines Tages überwältigt haben. Da ihre Mutter nach der Verheiratung der Schwester oft in der Schweiz weilt oder sonst auf Verwandtenbesuchen ist, konnte sich Annette so ganz ihrem Hang zur Träumerei überlassen. Immer wieder versuchte der besorgte Bruder, sie enger an den Hülshoffer Familienkreis mit der großen Kinderschar heranzuziehen. Aber offenbar liebte Annette ihre Zurückgezogenheit und Einsamkeit mehr, als sie es sich selbst eingestehen mochte.

»Mein Bruder hält die Einsamkeit für das größte Erdenübel«, äußert sie sich kritisch in einem Brief an ihren neuen Freund Schlüter am 4. Juni 1835. Selbstbewußt setzt sie dann allerdings hinzu: »Ich nicht, vielmehr habe ich mich ihr mit der

Maria Katharina Plettendorf.
Gemälde von Johannes Sprick

größten Einseitigkeit ergeben.«Sie lebte in ihrer münsterländischen Eremitage zuletzt wie eine Nonne, einem strengen Reglement im Tagesablauf unterworfen. In aller Frühe bemühte sie sich schon um ihre »Alte«, der sie beim Anziehen zu helfen pflegte, begab sich dann aber wieder ins Bett, um ihren Gedanken nachzuhängen, aber auch um zu lesen und zu schreiben. Nach zehn Uhr erhob sie sich dann endgültig und frühstückte. Sie begnügte sich dabei mit einem Becher Milch und einem Käsebrot. Danach ergab sie sich wieder ihrer schöpferischen Stille, von der sie selbst nicht recht wußte, ob sie noch in der Zeit oder bereits in der Ewigkeit war.

Suchte sie menschliche Nähe, so begab sie sich zu ihrer Amme, die für sie stets Muttersatz gewesen war. Mit ihr konnte sie oft stundenlang in ihrem anheimelnden Platt plaudern. »Ich habe jetzt ihr Porträt, sehr ähnlich und große Freude daran«, kann sie der Schwester im August 1840 berichten. »Sie sitzt in ihrem gewöhnlichen Anzuge und Stellung, beide Arme auf den Tisch gelegt, fast wie Grimms Märchenfrau, und es ist ein allerliebstes Genrebild«. Wieder war es ihr Protegé Johannes Sprick, dem sie diesen Auftrag hatte zukommen lassen.

Ein anderes Mal heißt es in einem ihrer Briefe über die Alte: »Als ich neulich ein Gedicht schrieb und dazwischen immer innehielt und nachdachte, war sie ganz mitleidig und sagte: »O Heer! Wat beduurt Se mi, dat Se sik so quälen mötet! Et is akkroot, es wenn ok so recht schlechte Doddheide spinnen mott, ik möch wull Goorn dervon hebben, un auk wull gutt Goorn, un et wett doch nix esse Klotte un Worstbände.« »Ich war wie ein begossener Hund«, setzte Annette betreten hinzu, »und legte für diesmal meine Feder still hin.«

Als die Alte im Winter 1844 zu kränkeln begann und infolge eines Sturzes von der Treppe halb gelähmt war, übernahm Annette, obwohl selbst leidend, mit rührender Hingabe die Pflege der alten Frau, und als diese am 16. Februar 1845 an Schwäche gestorben war, bekannte Annette gegenüber Schücking über die Zeit vor deren Tod offenherzig: »Ich habe ein Leben gehabt, wie ich es keinem Türken gönnen möchte. Tag und Nacht das Jammern gehört und das Elend vor Augen. Nun ist es überstanden, aber es war eine harte Zeit.«

Was die Menschen ihr nicht zu geben vermochten, bot ihr die unverfälschte Natur ihrer engeren Heimat, der sie sich von Anfang an verbunden fühlte. Mit einer geradezu monomanischen Lust, alles und jedes in ihrer näheren Umgebung genauer zu beobachten, sah man sie durch die Heide streifen. Manchmal ließ sie sich auf einem Tuch unter einer alten Eiche nieder, um einen Käfer beim Klettern auf einem Grashalm zu beobachten. Dann wieder begab sie sich in eine Mergelgrube, wo sie mit dem Hammer, den sie stets bei sich trug, Findlinge aus dem sie umgebenden Gestein herausklopfte, um sie ihrer Sammlung einzuverleiben.

»Ich habe meine Freude und Bewunderung an den Schaltieren und Pflanzen«, verriet sie ihrem Freunde Wilhelm Junkmann. »Sie haben den Worten des Psalmisten zum Trotz (›Der Mensch verdorrt wie eine Blume des Feldes‹) ihr gebrechliches Dasein durch Jahrtausende erhalten. Es wird mir zuweilen ganz wunderlich, wenn ich manche Stengel und Muscheln genau in der Form, wie sie damals der Augenblick verborgen hat, wieder hervortreten sehe, gleichsam in ihrer Todeskrümmung. Ich wollte, ich träfe einmal auf ein lebendiges Tier im Stein. Was meinen Sie, wenn ein Mensch mal so aus seiner viertausendjährigen Kruste hervorkriechen könnte? Was müßte der nicht fühlen und was zu fühlen und zu denken geben? Seltsam bleibt es immer, daß man nicht wenigstens versteinerte Menschen findet, auch niemals ein Zeichen menschlichen Fleißes. Doch finden sich wohl hundert versteinerte Bäume, aber nie auch nur ein Stückchen Holz, was Spuren der Bearbeitung trüge. So scheint es wohl ausgemacht, daß alles einer präadamitischen Erdperiode angehört, die jedoch der späteren sehr ähnlich gewesen sein muß, nur gewaltiger in allen Formen und ohne die Krone der Schöpfung.«

Ihre »Klopfsucht« verließ die Droste zeit ihres Lebens nicht mehr. Sie hatte immer reichlich Veranlassung, sich auf der Suche nach besonderen Funden im Gestein im Freien zu bewegen. Diese Bewegung kam ihrer Gesundheit ungemein zustatten. Noch im Jahre 1839 schrieb sie aus Abbenburg an Schlüter: »Man treibt mich zum Schließen; unter dem Fenster steht mein Onkel F., ruft wie ein Nachtwächter und hält einen Hammer hoch über sich. Das bedeutet, ich soll in die Luft und Versteinerungen losklopfen. Denn Gehen soll nicht genug sein, wie der Doktor sagt, sondern körperliche Anstrengung im Freien. Wie verkehrt und eigensinnig doch die menschliche Natur ist! Ich habe dieses Steinklopfen mit Passion getrieben, solange es eigentlich niemand recht war; heimlich fortgestohlen habe ich mich, um im Steinbruch zu picken. Essen und Trinken habe ich darüber vergessen, und nun muß man mich treiben wie den Esel zur Mühle. Kein wahreres Sprichwort als ›des Menschen Wille ist sein Himmelreich‹.«

Nicht immer war es die spontane Freude an der Natur, die sie in Feld und Heide hinaustrieb. Oft, wenn es ihr in ihrer Stube zu eng wurde, jagte sie gleichsam ins Freie hinaus. Wie auf der Flucht vor sich selbst oder vor einem ihr unbekannten Dämon in ihrem Inneren durchstreifte sie dann die Landschaft, um sich selbst in ihr zu vergessen und die düsteren Fragen, die sie immer mehr zu peinigen begannen, zu beschwichtigen. Hier in der Natur konnte sie am ehesten die Kämpfe, die in ihrer Seele wogten, vergessen.

Eine alte Dienerin auf Rüschhaus hat später berichtet, Annette wäre oft in aller Herrgottsfrühe aus dem Haus geschlichen und habe dann ihre wirren Streifzüge durch die dämmernde Heide unternommen. »Wenn sie dann wiederkam«, bezeugte die alte Frau, »wie sah das gnädige Fräulein nicht selten aus! Die Schuhe beschmutzt, die Strümpfe naß, die Kleider bis an die Knie vom Tau oder vom Regen feucht, die Haare halb aufgelöst. Einmal hatten ihr die Dornhecken die Kleider zerrissen, und Hände und Gesicht waren blutig.«

Die mütterliche Sorge um die geistige Gesundheit ihrer Tochter war daher durchaus verständlich. Therese von Droste hatte von Anfang an die zerstörerische Naturkraft in ihrer Tochter herausgespürt und sie als existentielle Bedrohung empfunden. In einem Gespräch, das von einer Dienerin in Rüschhaus belauscht wurde, soll sie besorgt geäußert haben, sie wünsche, erst nach Annette zu sterben. Sie fürchte nämlich, es könnte mit ihr kein gutes Ende nehmen. Angesichts ihrer ungemeinen Sensibilität könnte sie sehr wohl eines Tages noch den Verstand verlieren.

Christoph Bernhard Schlüter

Daß Annette ihren Verstand doch nicht verlor, hat sie im wesentlichen der äußersten Disziplinierung ihres eruptiven Inneren zu verdanken. Extrem depressive Phasen lösten sich mit

Perioden einer geradezu exzessiven Kreativität ab. Es war eben alles ungewöhnlich an ihr. Zuletzt fand sie durch das Ventil ihrer Dichtung doch immer wieder einen seelischen Ausgleich. Auch der persönliche Austausch mit Freunden und Bekannten vermittelte ihr stets neue Impulse. Selbst die Korrespondenz mit Menschen, die ihr nahestanden und die auch ihr nicht gleichgültig waren, weil sie sich mit ihnen ungehindert austauschen konnte, verschaffte ihr einen seelischen Ausgleich. Offenbar war sie noch mehr als andere auf den Umgang mit Menschen angewiesen.

In diesem Kreis nahm in ihren Rüschhauser Jahren der Münsteraner Christoph Bernhard Schlüter, ein blinder Philosophiedozent und Polyhistor, eine dominierende Rolle ein. Annettes Mutter, um deren Isolierung vom literarischen Leben besorgt, hatte ihn im Jahre 1839 gebeten, die schriftstellerische Begabung Annettes zu testen und ihr, wenn irgend möglich, in ihren literarischen Bemühungen ein wenig zu assistieren.

Schlüter verhielt sich nach der Lektüre von Annettes Epos »Walther« betont ablehnend. Die Handschrift Byrons, die er aus den Zeilen herausspürte, empfand er dann eben doch als zu penetrant, um ein einhelliges Lob zu erteilen. Sein Urteil fiel daher recht zurückhaltend aus. Er verurteilte das Epos sicher zu Recht als »süßlich, leer, ja zum Teil affektiert«. Alles in allem bestand für ihn also kein Grund, von den literarischen Elaboraten des inzwischen 32jährigen Edelfräuleins allzu hohe Vorstellungen zu haben. Aber sein Verriß schien Annette keineswegs zu entmutigen. Im Gegenteil: Sie zeigte sich beglückt, endlich wieder nach Sprickmann einen literarischen Mentor gefunden zu haben, der es nicht bei Gefälligkeitsbekundungen beließ, sondern auch unpopuläre Urteile zu fällen den Mut hatte. Erst die nähere persönliche Begegnung mit dieser dichtenden Dilettantin überzeugte Schlüter von deren geistigen und menschlichen Qualitäten. Schlüter, vor allem theologisch interessiert und vorwiegend auf religiöse Literatur fixiert, kommt das Verdienst zu, die Vollendung des »Geistlichen Jahres« mit auffallender Energie betrieben zu haben. Er sah sicher

Christoph Bernhard Schlüter

zu Unrecht, wie man heute weiß, Annettes Stärke vor allem auf dem Gebiet des religiösen Gedichts. Diese befolgte seine Lektüreratschläge jedoch nicht in jedem Fall. Sie ging divinatorisch ihren Weg zu Ende, der sie mit aller Entschiedenheit auf die Naturlyrik verwies. Mit dem Eintritt Levin Schückings in die abgezirkelte geistige Welt der Droste verblaßte dann der Einfluß Schlüters mit den Jahren ohnehin.

Immerhin riß die Verbindung mit dem um vier Jahre jüngeren Schlüter zeit ihres Lebens nicht ab. Ohne sein selbstloses Engagement wäre die Gedichtausgabe von 1838 nie zustandegekommen. Auch war es Schlüter, der drei Jahre nach Annettes Tod das inzwischen abgeschlossene »Geistliche Jahr« im Cotta-Verlag herausgab.

Daß der so ganz anders geartete Schlüter bei Annettes Tod freimütig bekannte, die Dichterin nie ganz und erst nach ihrem

Ableben ihre volle dichterische Größe begriffen zu haben, kann weiter nicht überraschen. Er teilte dieses Fehlurteil mit vielen anderen. Immerhin war er auch der erste, der einen Nekrolog auf Annette verfertigte, den man als einen wesentlichen Baustein zu einer späteren Biographie ansehen kann. Daß er dabei die Dichterin unter wesentlich katholischen und westfälischen Aspekten sah und damit ihre globale Bedeutung einengte, wird man ihm nicht verübeln können.

Aufs ganze gesehen erwies sich Annettes Verhältnis zu Schlüter eben doch als recht positiv. Seine kontemplative Natur wirkte betont dämpfend auf ihr oft so überzogene Exaltiertheit. Er hat ihre leidenschaftliche Natur immer wieder in ruhigere Bahnen gelenkt.

Zudem noch dies: Annette fühlte sich in der gemütvollen Atmosphäre des Schlüter-Hauses durchaus geborgen. »Die ganze Familie zeichnet sich aus durch gründliche Kenntnisse und Talente, einen ungemein klaren Verstand, verbunden mit dem besten Herzen, durch die liebenswürdigste, einfachste Häuslichkeit und eine Frömmigkeit, die viel zu tief und echt ist, als daß sie einen Hauch von Proselytenmacherei und Ostentation an sich tragen sollte«, gab sie zu Protokoll. »Zudem ist es vielleicht das einzige Haus, wo bei einer immer heiteren und alle interessanten Gegenstände berührenden Konversation die Medisance völlig verbannt ist.«

Schlüter selbst aber urteilte sieben Jahre nach Annettes Tod über sie: »Blicke ich jetzt um mich, so finde ich keine Seele, mit der man so leicht und so gradhin über die tiefsten, höchsten und entlegensten Gegenstände des Nachdenkens und Fühlens sich besprechen konnte, ohne je Gefahr zu laufen, nicht verstanden zu werden oder leer und ohne Ausbeute davonzugehen, als mit ihr.«

Die Bekanntschaft mit Schlüter zielte also weit über ein literarisches Zweckbündnis hinaus. Es ist sogar sicher, daß er Annettes mystische Neigungen zu Angelus Silesius, Seuse und Baader durchaus teilte. Aber mehr als die profunden philosophischen Kenntnisse des blinden Philosophieprofessors bestach sie seine schlichte menschliche Ausstrahlung. Die Art, wie er sein schweres Schicksal trug, hat ihr die größte Hochachtung abgefordert. Er hatte sie auch ohne viele Worte von ihrem Byronschen Weltschmerz erlöst. Für die seelischen Erschütterungen der Droste hatte Schlüter über Jahre hin die Funktion eines Therapeuten übernommen.

Der Blinde aus Münster hatte vom eigentlichen Naturell Annettes mehr erkannt als so viele andere, die ihr nur oberflächlich begegnet waren. Er hatte ein sicheres Gespür für die Kämpfe, die sich auf dem Grunde ihrer gemarterten »wilden« Seele abspielten. Aber er nahm die übermenschlichen Belastungsproben dieses Ingeniums nicht nur gänzlich indifferent wie andere zur Kenntnis, sondern zeigte sich immer bereit, ihr in ihren menschlichen und künstlerischen Erschütterungen nach besten Kräften Hilfestellung zu leisten.

»Ich möchte etwas dazu beitragen, Ihre Lage, die ich ganz mitfühle, auch nur in etwas zu erleichtern und Ihnen die leibliche und geistige Verfassung wiederzugeben, in welcher Sie mich erfreuen, mehr um Ihret – als um meintwillen.

Sie sagen, Fräulein, manches Wort, das tief aus dem Leben geschöpft, einschneidend wahr, fatal und fast unerträglich und eine Saat von peinlichen Gedanken ist, soll es ans Grübeln gehen. Erhebung ist die einzige Rettung.«

An gutgemeinten Ansätzen zur Hilfe hat es Schlüter, der dann übrigens noch im Jahre 1877 die von Annette komponierten Lieder herausgab, nicht fehlen lassen. Daß er bei seinem betont einseitigen Interesse an der religiösen Lyrik nicht immer die richtige Orientierungshilfe für die heranreifende Droste gewesen ist, fällt gegenüber diesem menschlichen Einsatz kaum ins Gewicht. Ihre Freundschaft, die sich in einem ausgiebigen Briefwechsel artikulierte, war von einer ungezwungenen Natürlichkeit, auch wenn der kontemplative Schlüter, der durch Leid zu einer beispielhaften Gelassenheit geläutert war, nie über die Vorhöfe ihres Kunsttempels hinausgelangte. Ihr Allerheiligstes blieb ihm bis zuletzt verschlossen. Trotz aller Gegensätze fanden sie sich immer wieder auf einer höheren menschlichen Ebene zusammen. »Sagen Sie nicht«, besänftigte ihn Annette gelegentlich, »wie Sie zu tun pflegen, daß ich mich Ihren Ansichten immer heterogen stelle! Das Disputieren und Aufbrodeln ist eine schlechte, stöckische Manier an mir...«

Durch Schlüter wurde die Droste auch mit dessen Schwager Wilhelm Junkmann bekannt, der später eine Professur in Breslau erhielt. Damals frönte der 1811 geborene Historiker noch literarischen Ambitionen. Im Jahre 1833 hatte er einen Band »Elegische Gedichte« vorgelegt, aber dann war er, vorwiegend politisch engagiert, Mitglied des »Maikäferbundes« um Gottfried Kinkel in Bonn geworden, in die Mühlen der Demagogenverfolgung geraten und sogar in der Berliner Hausvogtei eine Zeitlang arretiert gewesen. Schließlich hatte man ihn entlassen, und er war nach Münster zurückgekehrt, allerdings ohne seinen aufmüpfigen politischen Anschauungen abzuschwören. 1848 brachte er es dann in der Tat zum Abgeordneten der Frankfurter Paulskirche.

Daß Wilhelm Junkmann trotz seiner extremen liberalistischen Tendenzen die Bekanntschaft des Edelfräuleins aus dem Münsterlande suchte, zeugte für beider grenzenlose Toleranz. Immerhin zeigte sie sich ihm so elementar verbunden, daß sie ihm ihr Gedicht »Gruß« widmete, das sicherlich zu ihren charakteristischen rechnet.

Nicht ganz wesentlich für die innere Biographie der Dichterin Annette von Droste ist auch ihre Zugehörigkeit zu einem Münsteraner Dichterkreis, der insofern von besonderer Bedeutung ist, als sie im Rahmen dieser Zusammenkünfte auch Levin Schücking wieder begegnete. Seit den Tagen, als er mit dem Empfehlungsschreiben seiner Mutter bei ihr aufgetaucht war, hatte sie ihn nämlich ein wenig aus den Augen verloren.

Man wird nicht sagen können, die Droste hätte bei diesen Begegnungen mit im Grunde höchst zweitrangigen Literaten und Literatinnen in Münster sonderlich profitiert. Das war so ganz und gar nicht der Fall. Im Grunde handelte es sich bei dieser »Heckengesellschaft« um eines der üblichen provinziellen literarischen Kränzchen der Biedermeierzeit. Man traf sich damals im Hause der Regierungsrätin Elise Rüdiger, »einer sehr netten, anspruchslosen Frau und Tochter der als Dichterin bekannten Elise von Hohenhausen«. Dort kam man jeden Sonntagabend zusammen, »um miteinander zu delibrieren und einander zu kritisieren«, wie Annette bemerkt. »Es besteht aus einer Tante der Rüdiger, Henriette von Hohenhausen, die ein Bändchen sehr hübscher Erzählungen geschrieben, der Bornstedt, Levin Schücking, Junkmann und meiner Wenigkeit, wenn ich gerade einmal in Münster bin. Der Bornstedt ihre Schreiberei bedeutet nicht viel, doch verdirbt sie keinen Stoff ganz, ist in allen Sätteln gerecht und liefert, wie die Verleger es verlangen, bald eine Erzählung, bald einen Operntext, Gedichte, Heiligenlegenden, aber immer anonym, und hat schon viel Geld damit verdient...«

Immerhin bot dieser literarische Teetisch der scharfen Beobachterin in der Droste ausgiebig Gelegenheit, sich über die Betriebsamkeit von Möchtegerndichtern satirisch auszulassen. Dementsprechend verfertigte sie ein Lustspiel mit dem barock anmutenden Titel »Perdü! oder Dichter, Verleger und Blaustrümpfe«, in dem sie auch ein wenig ihre köstliche Selbstironie spielen lassen konnte.

Sie lokalisiert dieses im Herbst 1840 entstandene Stück in einem Bonner Buchladen mit Blick auf den Rhein und läßt darin ein dichterisch ambitioniertes Edelfräulein vom Lande agieren, für die sich ein Star-Rezensent ins Zeug legt, wie auch einen etwas schusseligen Verleger, ein mickriges Männchen mit einem vom Wein geröteten Gesicht. Der Clou dieses kritischen Einakters ist jedenfalls, daß am Ende weder der Verleger noch das blaustrümpfige und blaublütige Fräulein und der Rezensent zu ihrem beabsichtigten großen Geschäft kommen, sondern alles in einem bacchantischen Exzess auf dem Rhein endet.

Annette, deren Humor immer wieder verbürgt ist, hat mit einiger Überzeugungskraft den vorwiegend von Halbtalenten bestrittenen biedermeierlichen Literaturbetrieb auf den Arm genommen und einige Register ihres Humors spielen zu lassen versucht. Aber ein aufführbares Stück ist bei diesem ersten Versuch, heitere Dialoge zu erfinden, dann eben doch nicht herausgekommen. Immerhin stellt dieser »Perdü« dann eben doch der scharfen Beobachtungsgabe der Dichterin ein durchaus schmeichelhaftes Zeugnis aus. Umreißend erfindungsreich ist dieser Sketch einer Lyrikerin von Geblüt natürlich nicht.

Der junge Schücking

An einem Maitag des Jahres 1830 war Annette dem Manne zum ersten Mal begegnet, der dann eine so zentrale Stellung in ihrem Leben einnehmen sollte: Levin Schücking. Der einzige Sohn ihrer Freundin Katharina Busch, die an der Seite eines labilen Mannes, der seinen Dienst quittieren mußte und sich später als ein Gescheiterter nach Amerika absetzte, ein freudloses Leben führte, hatte damals das Gymnasium in Münster besucht. Nun machte er sich mit einem Empfehlungsbrief der Mutter auf den Weg nach Rüschhaus. Auf Annette hatte der Gymnasiast, dem kaum ein Wort zu entlocken war, damals keinen bleibenden Eindruck hinterlassen. Levin jedoch fühlte sich sogleich von der Extravaganz dieses Edelfräuleins geradezu fasziniert.

Er hatte sich an diesem Frühlingsnachmittag mit seinem Mentor, dem Vikar Specht, auf den Weg durch die münsterländische Heide nach Rüschhaus begeben. Er hatte allen Grund, an Ort und Stelle den einfallsreichen Bau des großen Baumeisters Schlaun gebührend zu bewundern. Im übrigen läßt er sich ganz von der seltsam melancholischen Stimmung dieser Landschaft einfangen.

»Wir fanden die Frau vom Hause und ihre beiden Töchter daheim in einem Wohnzimmer neben dem Salon versammelt«, schildert Schücking in seinem 1862 erschienenen »Lebensbild« seine erste Begegnung mit der Droste. »Die jüngere von diesen, eine kleine, zart und leidend aussehende Dame mit merkwürdigen blauen Augen, im einfachsten hellen Hauskleide, nahm mit einer gehaltenen Freundlichkeit meinen Brief entgegen und heftete dann ihre großen redenden Blicke eine stumme Pause hindurch forschend auf den etwas blöde vor ihr stehenden Gymnasiasten, dessen Bekanntschaft ihr durch dies Schriftstück vermittelt wurde.

Vielleicht dachte sie, daß unsere Sitte, sich unbekannte Individuen beiderlei Geschlechts mit Empfehlungsbriefen zuzusenden, ohne vorherige Anmeldung und Erlaubnis ihre bedenkliche Seite habe. Was sie immer auch denken mochte, sie schien die Verpflichtung zu fühlen, etwas für die Unterhaltung des jungen Menschen zu tun. Zu diesem Ende, da ein ernsthafterer Gedankenaustausch nicht das zweckmäßigste Mittel scheinen mochte, zeigte sie mir eine höchst kunstreiche Arbeit, die sie kürzlich gemacht hatte. Es war eine aus weißem Papier ausgeschnittene Landschaft mit Felsen, Palmenbäumchen, Tierchen und Menschlein, in einem Rahmen zusammengesetzt, ein merkwürdiges Werk, das mir weit mehr wegen der daran verwendeten Geduld und außerordentlichen Geschicklichkeit als wegen der Schönheit der dadurch erreichten Wirkung bewundernswürdig schien.

Dann zeigte sie ihre in Glasschränken aufbewahrte, Naturaliensammlung: die Fülle prächtiger Muscheln, Polypen, Seesterne und Korallen, glänzende und große Bergkristalle, Erze, Gemmen, endlich einige Kunstsachen, denen auch mein Mentor seine lebhafte Teilnahme zuzuwenden nicht unterließ. Es waren darunter zwei runde in Metall getriebene Reliefarbeiten, von denen Annette von Droste bemerkte, daß sie dem Benventuro Bellini zugeschrieben werden dürften. Während mein Vikar nun sehr eifrig seine Überzeugung aussprach, daß sie von gar niemand anders herrühren könnten, und ich mich dabei bescheiden in den Hintergrund zog, hatte ich Muße, das gnädige Fräulein, dem all diese Schätze gehörten, näher zu betrachten.

Ihr Äußeres machte einen eigentümlichen Eindruck, diese wie ganz durchgeistigte, leicht dahinschwebende, bis zur Unkörperlichkeit zarte Gestalt hatte etwas Fremdartiges, Elfenhaftes; sie war fast wie ein Gebilde aus einem Märchen. Die auffallend breite und ausgebildete Stirn war umgeben mit einer ungewöhnlich reichen Fülle hellblonden Haares, das zu einer hohen Krone aufgewunden und auf dem Scheitel befestigt war.

Die Nase war lang, fein und scharf geschnitten. Auffallend schön war der zierliche, kleine Mund mit den beim Sprechen von Anmut umlagerten Lippen mit feinen Perlenzähnen. Der ganze Kopf war aber zumeist etwas vorgebeugt, als ob es der zarten Gestalt zu schwer werde, ihn zu tragen, oder wegen der Gewohnheit, ihre kurzsichtigen Augen ganz dicht auf die Gegenstände zu lenken.

Zuweilen aber hob sie den Kopf, um ganz aufrecht den zu fixieren, der vor ihr stand, und namentlich dann, wenn sie irgendeine humoristische Bemerkung oder einen Scherz machte. Dann hob sie lächelnd ihr Haupt, und wenn sie neckte, lag dabei auf ihrem Gesichte etwas von einem vergnügten Selbstbewußtsein, von einem harmlosen Übermut, der aus den ganz außergewöhnlich großen, trotz ihrer Gutmütigkeit so scharf blickenden hellblauen Augen leuchtete. Dieses Auge war jedenfalls der merkwürdigste Teil ihres Gesichtes; es war vorwiegend der Augapfel fast konisch gebildet, man sah die Pupille durch das feine Lid schimmern, wenn sie es schloß.«

Der damals erst 15jährige Levin wiederholte zwar seine Besuche von Münster aus in dem abgeschiedenen Rüschhaus, aber engere Bindungen zu Annette ergaben sich dabei nicht. Diese hatte übrigens keine betont gute Meinung von dem jungen Mann, den sie eine Zeitlang sogar für »eitel, lapsig und aufgeblasen« hielt. Erst nach dem Tode der Mutter, die ihre beste Freundin war, änderte sich das Verhältnis. Levins durchschlagende literarische Interessen, ein Erbe seiner nicht alltäglichen Mutter, trugen ihm die Aufmerksamkeit Annettes ein.

Erst einige Zeit nach dem Tode von Katharina Busch hatte sie zufällig in einer Zeitung, die sie als Schreibunterlage benutzte, deren Todesanzeige entdeckt. Sofort bat sie Levin um seinen Besuch. »Sie war sehr erschüttert durch dies eigentümliche Walten des Zufalles und bezeigte mir eine tiefe Teilnahme«, berichtet Levin später in seinen Erinnerungen. »Sie forderte mich auf, öfter aus der Stadt zu ihr herauszukommen; später sagte sie mir, daß sie in jedem Augenblicke, wo sie auf solche Weise den Tod meiner Mutter erfahren, das Gefühl gehabt, als habe die Verstorbene ihr als ein Vermächtnis einen Teil der Sorge für den verwaisten Sohn hinterlassen, als habe sie eine Verpflichtung, sich um mein Wohl und Wehe zu bekümmern, übernommen.«

Mit diesem Bekenntnis intensivierten sich die Beziehungen zwischen den beiden. Sie weihte ihn vertrauensvoll in die schriftstellerischen Arbeiten ein, die sie gerade unter den Händen hatte. Obwohl der Sohn ihrer verstorbenen Freundin das juristische Studium anstrebte, konnte er ein durchschlagendes literarisches Interesse nicht verleugnen. Vor allem als Kritiker bewies er schon damals eine geradezu, wie sie meinte, divinatorische Sicherheit.

Als Schücking im Herbst 1837 sein Studium abgeschlossen hatte und nach Münster zurückkehrte, traf man sich zum ersten Mal im literarischen Kränzchen der Elise Rüdiger wieder. Hier wurde er, wie Annette bald herausspürte, von den dichtenden Damen geradezu angehimmelt. Die Bornstedt verfolgte ihn mit ihren Liebesanträgen und richtete sogar entsprechende anzügliche Gedichte an ihn, ohne allerdings auf Gegenliebe zu stoßen. Die Zuneigung Elise Rüdigers, die mit einem Regierungsrat verheiratet war, stieß allerdings auf heftige Resonanz. Da Annette sich für ihren Schützling verantwortlich fühlte, sorgte sie mit aller Behutsamkeit und Dezenz dafür, daß diese Zuneigung nicht in Leidenschaft ausuferte. Es gelang ihr in der Tat, »die gefährlichen Flammen zu dem milderen, behüteten Feuer der Freundschaft zu dämpfen, die Stürmischen zu ernstem Verzicht zu bewegen«. Beide wanderten oft gemeinsam nach Rüschhaus hinaus, wobei Levin in seinem studentischen Samtrock, ein kleidsames Barett auf den lockigen Haaren, wie ein Troubadour aus weit entlegenen Zeiten Verse improvisierte.

Immer enger schloß sich der heranreifende Literat an Annette an, deren dichterische Überlegenheit er als einer der ersten intuitiv zu wittern begann. Dieser geistige Austausch steigerte sich mit den Jahren zu einem Herzensbund, von dem sich zumindest sagen läßt, daß er die Dichterin in Annette endgültig erweckte und dann zur letzten Reife gelangen ließ. Die sich damals scheu anbahnende Beziehung Annettes mit dem um ein halbes Lebensalter jüngeren Studenten gehört zweifellos zu den fruchtbarsten menschlichen Beziehungen unserer Literaturgeschichte.

»Es war um diese Zeit, im Herbst 1837, daß ich nach vielen Jahren Annette wiedersah«, berichtete Schücking später über diese vergleichsweise ungetrübte Zeit. »Ich hatte meine Universitätsstudien vollendet, war Jünger der edlen Rechtswissenschaft und hatte nebenbei in allerlei Disziplinen geschwelgt, die, wie z. B. das Provenzalische, die ganze Bekanntschaft mit den Abenteuerfahrten des Sängers Ulrich von Liechtenstein und mit den Ideen Ludwig Tiecks über die Darstellung des Hamlet, nicht gerade unumgänglich nötig waren, um in meinem juristischen Examen zu bestehen... Meine Wiege hatte zwar nicht neben einem Webstuhl, aber neben einem königlich-hannoverschen Amtstisch gestanden. Mein allerengstes Vaterland war ein Stück des alten Münsterlandes, welches bei der Teilung an Arenberg, dann an Hannover gefallen war. So wurde der arme deutsche Jüngling in seinem engeren Vaterland, dem preußischen Münsterland, wohin er sich nach dem Universitätsstudium gewendet, mit Hinweisung auf sein engstes Vaterland als ›Ausländer‹ betrachtet und von den Stufen zum Tempel der Themis zurückgewiesen ...!«

Mit einiger Gelassenheit söhnte sich Schücking mit der Zeit mit der preußischen Bürokratie aus, die ihm den Zugang zu einem Brotberuf verschlossen hatte. Wenn er es recht bedachte, so war er eigentlich auch nicht zum Juristen geboren. Ehe er sich eine Existenz als Journalist und später als freischaffender Autor aufbauen konnte, mußte er sich kläglich mit Gelegenheitsarbeiten durchschlagen. Gottlob war sein Verhältnis zur Jurisprudenz, wie er selbst meinte, nie »über die Grenzen einer gewissen kühlen Hochachtung hinausgegangen«.

In dieser für ihn so prekären Situation nahm sich Annette ihres Schützlings rührend an. Das fiel ihr um so leichter, als Levin im literarischen Leben damals bereits kein unbeschriebenes Blatt mehr war und daher keineswegs in der Rolle des nur Nehmenden auftrat. Im Gegenteil führte er das westfälische Edelfräulein, das trotz ihrer vorgerückten Jahre immer noch in der Literatur vor sich dahindilettierte, ins literarische Leben der Zeit ein. Er knüpfte überall Beziehungen an, von denen auch die Droste profitierte. Mit vielen namhaften und prominenten Autoren stand er bereits in engem Kontakt. Vor allem war er mit Ferdinand Freiligrath, dessen Stern gerade im Zenit des literarischen Himmels stand, eng befreundet.

Über die gemeinsam in Rüschhaus verbrachten Stunden hat Levin Schücking später ausführlich in seinem 1886 erschienenen »Lebensbild« berichtet: »Einmal in der Woche kam die alte Botenfrau und brachte einen Brief, ein Paket mit durchgelesenen Büchern von Annette von Droste, worauf ich durch eine Sendung von neuen antwortete. Einmal in jeder Woche auch, am Dienstag, wanderte ich nach Tisch zu ihr hinaus, über Ackerkämpe, kleine Heiden und durch ein Gehölz, an dessen Ende ich oft ihre zierliche Gestalt wahrnahm, wie sie ihre blonden Locken ohne Kopfbedeckung dem Spiel des Windes überließ, auf einer alten Holzbank saß und mit ihrem Fernrohr nach dem Kommenden ausblickte.

Ich wurde dann zunächst in ihrem Entresolzimmerchen mit dem klassischen westfälischen Kaffee gelabt; ein Teller mit Obst stand im Sommer und Herbst immer daneben. Eine kleine Streiferei in der nächsten buschreichen Umgebung des Hauses wurde dann gemacht, zu dem ihrem Bruder gehörenden alten Haus Schenking z. B., wo von der Pächterin ein frisches Gänseei reqiriert wurde, das Annette mit einem verwegen starken Zusatz von Zucker zu einem vortrefflichen Crème verarbeitete und das verzehrt wurde im Schatten irgendeiner alten Wallhecke oder Eichengruppe.

Sie führte dabei zumeist ihren leichten Berghammer bei sich, und wir kehrten selten heim, ohne daß mir alle Taschen von allerlei Kieseln und Feuersteinen und anderen Raritäten gestarrt hätten, aber ich erinnere mich nicht, daß eines dieser kostbaren Dinge je zu etwas anderem gedient hätte, als später genauer gemustert und wieder zum Fenster hinausgeworfen zu werden.

Wenn schlechtes Wetter oder gar Winterschnee diese Streifereien unmöglich machten, flossen die Stunden nicht minder darum mit Windeseile vorüber, verplaudert in dem stillen Stübchen, das Annette ihr ›Schneckenhäuschen‹ nannte und das so bürgerlich schlicht eingerichtet war wie nur möglich.«

In dieser schlichten Behausung befand sich auch Annettes Klavier, von dem sie meinte, es stamme noch aus den Kinderjahren des Klavierbaus überhaupt. Es hatte einen leisen und schwebenden Harfenton, so daß es sich zur Gesangsbegleitung besonders gut eignete. Annette pflegte in einer kauernden Stellung, in der sie dann Adele Schopenhauer so eindrucksvoll gezeichnet hat, am Fußende ihres schwarzen Sofas zu sitzen und ungezwungen mit dem am anderen Ende plazierten Gast zu plaudern. Solche Plauderstündchen müssen angesichts der einmaligen erzählerischen Begabung der Dichterin ein ungetrübter Genuß gewesen sein. Es stellte sich bei ihr unverzüglich eine Atmosphäre unaufdringlicher Vertraulichkeit ein, der sich jeder nur zu gern hingab.

Auf dem Tisch pflegte sie zu arbeiten und ihre zahlreichen und ausführlichen Briefe zu schreiben. Hier machte sie auch auf nur winzige Papierfetzen ihre Notizen, die sie oft selbst nicht mehr entziffern konnte. Vielleicht ist durch diese falsche Sparsamkeit manche großartige Inspiration der Menschheit verlorengegangen.

»Es wurde bei unseren Plaudereien Abend«, setzt Levin an anderer Stelle seinen Bericht fort. »Es wurde Nacht, und nun wiederholte sich oft ein Phänomen, welches etwas vom Reiz des Spukhaften hatte. Unter dem Zimmer von Annette befand sich das Gesindezimmer, worin in den Abendstunden die Beschließerin oder die Hausmagd ihre Spinnräder drehten, während Hermann, der Knecht, und Timm, der schwarze zottige Hausköter, ihnen Gesellschaft leisteten. Das Schnurren der Räder, das Wechseln der Stimmen war den ganzen Abend hindurch in dem darüberliegenden Zimmer deutlich vernehmbar. Gegen sieben Uhr verstummte es, die Leute nahmen ihre Abendmahlzeit ein und rüsteten sich dann, zur Ruhe zu gehen – aber seltsam, wenn sie sich längst zurückgezogen hatten, wenn nach und nach eine immer tiefere Stille, ein lautloses Schweigen in die Räume eingezogen war, begann das Räderschnurren, das dumpfe Stimmenwechseln von neuem – zumeist von uns unbeachtet, weil eben das Geräusch ein so gewohntes, vertrautes war, bis die Seltsamkeit der Erscheinung plötzlich dem einen oder anderen von uns auffiel, obwohl eine vorgenommene Untersuchung alles wieder totenstill machte und uns unsere ›Gehörhalluzination‹ zeigte.«

Es kann nicht überraschen, daß das Gespräch zwischen Annette und Levin, der einer alten Münsteraner Patrizierfamilie entstammte und sich daher ganz als Westfale verstand, sich immer wieder auch übersinnlichen Phänomenen zuwandte. Geistergeschichten kursierten damals noch in reichlicher Fülle im Lande, und Annette gehörte zu den Westfälinnen, die sie mit einer Gruseln erregenden Spannung wiederzugeben verstand. Überhaupt schöpfte sie ja wohl ihre besten dichterischen Kräfte aus ihrem Volkstum. Sie verfügte dementsprechend über einen unerschöpflichen Vorrat an »Vorgeschichten«, die sie im Halbdunkel ihres »Schneckenhäuschens« hinreißend erzählen konnte. Nach Schückings Meinung hätte sie damit ein ganzes Buch füllen können.

Natürlich fühlte sich Schücking in der reifen Mütterlichkeit Annettes, wenn sie ihn so liebevoll bewirtete, durchaus geborgen. Aber auch sie profitierte von seiner jugendlichen Unbekümmertheit, die ihr neue schöpferische Impulse versetzte. Vor allem aber: Sie fühlte sich auch als Dichterin von ihm verstanden und ernstgenommen. Das war unter ihren Standesgenossen so ganz und gar nicht der Fall.

Annettes Mutter goutierte die Beziehungen Annettes zu diesem Sohn eines Juristen, der seines Amtes enthoben war und der sich durch eine ironische antirömische Schrift über den Kölner Kirchenstreit eigentlich außerhalb der Gesellschaft manövriert hatte, keineswegs. Dieser angehende Literat, der sich durch Stundengeben und Aufsätze in Gutzkows »Telegraphen« durchs Leben schlug und ungleich besser kritisieren als schreiben konnte, mußte ihr von Anfang an suspekt sein. Er war nicht nur ein verkappter Liberaler, sondern ihrer Meinung nach auch ein Atheist, der mit dem katholischen Kirchenglauben nichts Rechtes anfangen konnte.

Hinter ihm lag damals bereits eine Entwicklungsphase, in der er sich für die romantische Literatur erwärmen konnte. »Es gab eine Zeit«, bekannte er im nachhinein, »wo ich mein bestes Herzblut hergegeben für die geringste Spur mittelalterlicher Romantik, für die winzigste kleine Bergruine, für einen altersgrauen Wartturm mit einem ausgebrochenen Zinnenkranz nur, oder nur die Spur irgendeines Geschehnisses, in welches sich ein Element des Romantischen und Abenteuerlichen gemischt hätte.«

Trotz seiner eher liberalen Grundhaltung gehörte eine gepflegte aristokratische Haltung durchaus zu seinem Erscheinungsbild. Er kultivierte die Erinnerung an seine Vorfahren, von denen einer bereits 1449 Rektor der Kölner Universität und deren Vertreter auf dem Baseler Konzil gewesen war. Ein anderer seines Namens hatte als Kanzler das Fürstbistum Münster mitregiert. Diese Familientradition verpflichtete ihn natürlich zu einer im Grunde konservativen Haltung. Er hat dann auch oft mit allem Nachdruck Vorurteile gegen den Adel ausgeräumt, und in seinem Lebenskonzept spielte der Gedanke eine dominierende Rolle, »durch die Ehe mit einer Adeligen den Zusammenhang mit der höchsten Gesellschaftsschicht zu erneuern«.

Bezeichnend daher auch eine Passage in einem Brief an seine Braut Luise von Gall aus dem Jahre 1843, in dem er sich etwas allzu emotional über seinen Freund Ferdinand Freiligrath alteriert: »Wie der Freiligrath vorbeischießen kann, davon das eine Beispiel: er sagt, Du seiest so adlig und ich so bürgerlich! Mon Dieu, ich bürgerlich! Das hat mir noch niemand gesagt, aber wegen meines stolzen kavalieren Airs bin ich oft genug verketzert!«

In der Zeit des frühen Umgangs mit Annette von Droste legte Schücking auch noch Wert darauf, einen moderaten Katholizismus zu vertreten und keinem »blasierten Unglauben zu huldigen«. Er stimmte auch in dieser Hinsicht damals noch mit Annette überein. Jedenfalls legte er Freiligrath im Frühling 1840 unaufgefordert sein Credo ab: »Meine treue Seele, die sich so gern anklammert und kindlich glaubt an eine spezielle Fügung Gottes, fühlt sich verwaist auf der Erde. Du wirst das fassen können und würdest es noch mehr, wenn Du meine Vergangenheit kenntest, den bitteren Übergang, den ich gemacht habe aus einer glänzenden Lebensstellung mit einem Paar angebeteter Eltern zu einer verlassenen, aus dem Geleise geschleuderten, mit Zerfallenheit mit dem eigenen Vater. Das kann in die Seele fressen – wäre ich nicht gutmütig von Natur, ich hätte gallicht davon werden können. Aber was ich sagen wollte, in solchen Stimmungen, wie ich sie heute hatte, rebelliere ich, verzweifle und zweifle an der Vorsehung, der ich voll Vertrauen mich sonst überlasse, oder ich werde weich und bete – und, weiß Gott, regelmäßig sendet mir der Himmel eine Freude, einen Trost, der mich wieder aufjauchzen läßt. Ich bin dann eine wahre Blage, wie man hier sagt, d. i. ein Kind. Weiß Gott, aber wahr ist's, er führt und schützt uns. Du liebes, treues Haus, glaube es mir, ich bin nicht eher ruhig, bis ich Dich dazu gebracht habe, und wenn Du mich auch für einen Schwärmer oder Pietisten hältst.«

Annette hat ihre Beziehung zu Freiligrath nie intensiviert und auch später auf Wunsch ihrer Mutter darauf verzichtet, schriftliche oder persönliche Kontakte zu ihm aufzunehmen. Sie hat nie geleugnet, daß sie als Lyrikerin Entscheidendes von ihm dazugelernt hatte: seine Vorliebe für alles Exotische und für ausgefallene Wörter, ja sogar für Fremdwörter, die er in seinen Poemen verwandte. Mit diesem liberal, sozial und demokratisch eingestellten Lyriker, der einen Ehrensold von König Friedrich Wilhelm IV. ablehnte, verband sie sonst so gut wie nichts. Bezeichnenderweise gründete er mit Karl Marx die »Neue Rheinische Zeitung« und verfertigte politische Verse, um die Stimmung der März-Revolution 1848 gehörig anzuheizen.

Freiligrath, der als Kaufmann begonnen hatte, war in Detmold geboren worden und hatte sich zum erfolgreichsten deutschen Gedichteschreiber entwickelt, nachdem 1838 seine »Gedichte« erschienen waren und sogleich Furore machten. Diese Verse lösten die romantische Lyrik durch eine farbigere, realistischere Bilderwelt ab. Damit distanzierte er sich bewußt von der blassen nachromantischen Butzenscheibenlyrik seiner Zeitgenossen.

Als der mit frischen Dichterlorbeeren gekrönte Ferdinand Freiligrath im Sommer 1839 in Münster seinen Besuch angesagt hatte, schrieb Annette über diesen seltsamen Besuch am 7. Juli an ihre Schwester: «Freiligrath war in Münster und erhielt durch Schücking eine Einladung in uner Kränzchen. Ich war den ganzen Tag dunsch und wollte nicht kommen. Freiligrath ließ auch absagen und machte statt dessen sich einen lustigen Abend mit einigen jungen Leuten. Am anderen Tage kam Schücking ganz affairiert und geheimnisvoll zu mir, mir tausend Grüße von Freiligrath zu bringen; er lasse mir sagen, meine Gedichte seien wunderschön, und er hätte viel darum gegeben, mich kennenzulernen; nun ich aber absagen lassen, möge der Henker das ganze Kränzchen holen.

Ich freue mich, ihn nicht gesehen zu haben, er muß ein kompletter Esel sein. So ein Ladenschwengel braucht wahrhaftig nicht zu tun, als ob unser Kränzchen ihm die Schweine hüten müßte! Sein schneller und gigantischer Ruhm hat ihn ganz rapplicht gemacht. Man weiß doch auch bei Euch von ihm? Hier in Norddeutschland sind die Leute ganz wie betrunken von seinen Gedichten. *Schön* sind sie, aber auch *wüst.*«

Angesichts der Reserve, die sie Freiligrath gegenüber an den Tag legte, konzentrierte Annette ihre gesamten mütterlichen Empfindungen auf Levin, dem sie um jeden Preis eine feste Position verschaffen wollte. Über ihre Freundin Amalie Hassenpflug versuchte sie, ihren Schützling als Privatsekretär bei deren Vater, dem hessischen Ministerpräsidenten, unterzubringen. Auch bemühte sie sich beim Grafen Stolberg, Levin eine seinen Fähigkeiten entsprechende Stellung zu verschaffen. Wenn auch all diese Bemühungen ohne Erfolg blieben, so empfand Schücking den Einsatz Annettes für ihn als ungemein wohltuend.

»Ich bin doch ein glücklicher Kerl«, schreibt er am 11. April 1840 an Freiligrath, »ein paar Freunde wie Dich und die Droste zu haben. Ihr seid Prachtmenschen und der beste Du! Bei der Droste habe ich den Vormittag zugebracht; sie saß und lehnte sich an den Rand einer Sofalehne, ich davor und ließ mir die greulichsten Gespenstergeschichten erzählen, die alle wahr sind, zum Teil von ihr erlebt. Es lief mir eiskalt über den Rükken; wir steckten schaudernd die Köpfe zusammen, daß Stirne an Stirne die Gespensteraugen ineinander blitzten. Du mußt wissen, die Droste hat das Gespenstische der Augen, was Du an mir findest, in einem Grade, der Dich davonjagen würde. Ihre Augen sind dabei dreimal so groß wie die meinen, ich glaube, sie könnte damit Tiger bändigen. Trotzdem, daß mir die Haare zu Berge standen, mußte ich doch lachend ausrufen, nun gäbe ich doch alles in der Welt darum, daß der liebe Strolch hier wäre! Sie meinte, Du würdest es gewiß nicht aushalten, und wenn Du kämest, wollte sie Dir eine Binde um die Augen machen.« Am 12. November des gleichen Jahres unterbreitet er dem Freund sogar den tollkühnen Vorschlag, zusammen mit ihm und der Droste an den Rhein zu ziehen, um dort ganz ihren dichterischen Neigungen zu leben. Aus diesem Plan wurde natürlich nichts. Annette konnte sich aus ihrem Familienverband, der sie recht eigentlich durchs Leben trug, so wenig lösen wie von der westfälischen Erde.

Im Grunde hatten gerade Schücking und Freiligrath sie wieder auf den westfälischen Lebensraum als der eigentlichen Quelle ihrer dichterischen Imaginationen verwiesen. Westfalen war damals in der Literatur noch eine Terra incognita. Daß man nun jedoch mit aller Entschiedenheit daranging, diese Lücke zu schließen, entsprach so ganz den Tendenzen der deutschen Nachromantik. Die Verleger witterten sogar auf diesem noch unbeackerten Gebiet gewisse Chancen. Der Verlag Langewiesche in Barmen plante eine umfassende Aufarbeitung des Themas Westfalen durch kompetente Mitarbeiter und erteilte dem damals so berühmten Freiligrath den Auftrag, sich dieses Verlagsprojektes mit dem nötigen Nachdruck anzunehmen. Unter dem attraktiven Titel »Das malerische und romantische Westfalen« sollte das geplante Buch das Land der roten Erde in Wort und Bild schildern.

Das Resultat der Bemühungen Freiligraths war nicht gerade umwerfend. Er brachte nur den ersten Bogen des Werkes, das in Lieferungen erschien, mit Ach und Krach zuwege. Dann kapitulierte er vor dieser Aufgabe und übertrug seinem Freund Levin Schücking die weitere Herausgeberarbeit. Dieser investierte dann auch die ganze Begeisterung der Jugend in dieses anspruchsvolle Projekt. Natürlich bezog er auch die Droste in den Kreis seiner Mitarbeiter mit ein und ermunterte sie dazu, sich in den folgenden Jahren immer mehr auf westfälische Sujets zu konzentrieren. Sie lieferte ihm dann auch im Laufe der Zeit sechs im westfälischen Raum spielende Balladen und einige landschaftsbezogene Prosaskizzen. Mit diesen Arbeiten erlangte Annette eigentlich zum ersten Mal Kontakte mit dem Literaturbetrieb. Schücking hatte sich wie später noch oft für ihre Anerkennung in der Öffentlichkeit verdient gemacht.

Natürlich war die Droste für eine solche Aufgabe geradezu prädestiniert. Sie war eine Stockwestfälin und ist dann auch das bedeutendste dichterische Genie geblieben, das Westfalen überhaupt hervorgebracht hat. Natürlich hat sie sich mit zunehmender Reife hoch über die Grenzen ihrer heimatlichen Region erhoben. Aber daß die eigentlichen Quellen ihrer künstlerischen Impulse in Westfalen sprudelten, daran hat sie nie einen Zweifel gelassen.

Dem fiktiven Verfasser ihrer Romantorsos »Bei uns zu Lande auf dem Lande« legt sie Worte der Heimatverbundenheit in den Mund, die sich natürlich ohne Einschränkung auf ihre Neigung zu Westfalen übertragen lassen. »Ich bin ein Westfale, und zwar ein Stockwestfale, nämlich ein Münsterländer«, heißt es hier. »Gott sei Dank! füge ich hinzu und denke gut genug von jedem Fremden, wer er auch sei, um ihm zuzutrauen, daß er gleich mir den Boden, wo seine Lebenden wandeln und seine Toten ruhen, mit keinem anderen auf Erden vertauschen würde...«

Ganz allgemein bemühte man sich im Biedermeier nach englischem Vorbild um die literarische Entdeckung der einzelnen deutschen Landschaften, ein Impuls, dem wir auch Theodor Fontanes »Wanderungen durch die Mark Brandenburg« zu verdanken haben. Westfalen selbst aber geriet ins Rampenlicht der literarischen Öffentlichkeit in Deutschland, als Karl Immermann 1839 seinen zeitkritischen Roman »Münchhausen« schrieb und er als Gegenwelt zur bürgerlichen Scheinwelt seinen »Oberhof« in dieses Buch einfügte. Hier nun hatte er archaisch – bäuerliche Verhältnisse beschrieben, die er am überzeugendsten noch in Westfalen bewahrt fand.

Auch Annette griff in ihren Prosaarbeiten immer wieder auf westfälische Stoffe zurück. Sie schätzte nicht anders als Immermann das »Handfeste« und »Natürliche« und konfrontierte beides sehr bewußt mit dem »Blasierten« und »Unnatürlichen« des städtischen Lebens. Schücking stimmte ihr in dieser Auswahl ihrer Stoffe durchaus zu. »Lassen Sie Ihre Gestalten hören und sehen mit der unblasierten Gemütlichkeit westfälischer

Sinne«, legte er ihr dringend ans Herz. »Reden Sie mit den einfachen Leuten, handeln Sie in der einfachen Weise Ihres Vaterlandes, und die Überzeugung wird sich immer mehr in Ihnen befestigen, daß nur das Einfache großartig und nur das Ungesuchte wahrhaft rührend und eindringlich ist.«

Das »adlige Frölen« aus dem Münsterlande, das die Sprache der einfachen Menschen ihrer Heimat mit all ihrer Komik und Drastik beherrschte und sich für das Belangloseste und Unscheinbarste interessierte, distanzierte sich dementsprechend von der großstädtischen Literatur, die immer mehr an Terrain gewann. Sie konnte und wollte sich nicht mit dem vorsätzlichen Abbau und der fortschreitenden Zersetzung alter bäuerlicher Kulturtraditionen abfinden und erblickte in der Literatur der Jungdeutschen ein Vehikel auf dem direkten Weg in »Verderbtheit« und »Irreligiosität«. Hingegen hegte sie den heimlichen Wunsch, diese Entwicklung würde an ihrem Westfalen vorübergehen. Hier gab es noch ein unverwüstliches Bauerntum, aus dem sich die Kräfte des Volkes regenerieren könnten.

Leider reichten die physischen Kräfte Annettes einfach nicht aus, um ihren großangelegten Westfalenroman »Bei uns zu Lande auf dem Lande« zu einem Abschluß zu bringen. Nur die ersten drei Kapitel wurden schließlich ausgeführt. Einzelne Fortsetzungen und Skizzen liegen nur fragmentarisch vor. Das ist sehr zu bedauern. Annette hatte sich nämlich vorgenommen, wie sie in einem Brief an Schlüter aus dem Jahre 1838 bekannte, »den Zustand unseres Vaterlandes, wie ich ihn noch in frühester Kindheit gekannt, und die Sitten und Eigentümlichkeiten seiner Bewohner« zu schildern.

Schücking hatte allen Grund, mit Annette, die sich mit Eifer auf die neue Aufgabe gestürzt hatte, zufrieden zu sein. Aus der Fülle ihrer Kenntnisse von Land und Leuten schöpfend, sandte sie ihm für sein Sammelwerk Beiträge in Prosa und Poesie, Ortsbeschreibungen, Balladen und Erzählungen. »Du sollst Deine Freude haben«, heißt es daher in einem Schreiben Schückings an Freiligrath vom 3. September 1841, »was mir die Droste für schöne Balladen für die letzten Hefte des ›Westfalen‹ gemacht hat. Das ›Paderborner Fegefeuer‹ (Kurt von Spiegel), ›Friedrich von Isenburg‹ sind überaus schön, dafür habe ich sie auch in drei Gedichten wieder besungen, wovon Du das erste im Morgenblatt gelesen hast.«

Selbst die »Judenbuche«, Annettes volkstümlichstes dichterisches Werk überhaupt, war als Einlage für ihren Westfalenroman »Bei uns zu Lande auf dem Lande« gedacht gewesen. Da sie dann aber einfach nicht mehr die Kraft dazu aufbrachte, die Strapazen einer längeren Schreibtischarbeit durchzustehen, stellte sie 1842 die fragmentarischen Beiträge zu ihrem Roman zusammen und übergab diese »westfälischen Skizzen« Guido Görres zur Veröffentlichung in dessen »Historisch-politischen Blättern für das katholische Deutschland«. Hier erschienen diese »Bilder aus Westfalen« im Jahre 1845 anonym in drei Fortsetzungen.

In diesen »Westfälischen Schilderungen« hatte sie sich nicht mehr oder weniger vorgenommen, als auf Grund ihrer vergleichsweise intimen Kenntnisse das Münsterland, Sauerland und Paderborner Land realistisch zu schildern. Von diesem gescheiten Edelfräulein konnte man allerdings nicht annehmen, daß sie bei dieser Aufgabe unkritisch und euphemistisch stilisierend zu Werke gegangen wäre. Wie kaum ein anderer hat sie jedoch die Seele dieser Landschaften intuitiv erfaßt. Wenigstens das muß man ihr zugute halten, auch wenn man ihr ankreidete, sie habe die Objektivität bei ihren Schilderungen etwas übertrieben. Das war nun mit Sicherheit nicht der Fall. Aber damals belog man sich noch selbst, wenn es sich um die Aufdeckung sozialer Mißstände handelte. Ein Autor, der den höchst bedenklichen Alkoholismus unter der Bevölkerung schonungslos aufdeckte, hatte von der Kritik kein Pardon zu erwarten. Auch wenn die Droste durch ihre Anonymität geschützt war, so nahm sie diese nach ihrer Meinung unberechtigte Kritik keineswegs mit stoischer Gelassenheit zur Kenntnis. In jedem Fall fühlte sie sich ihren Kritikern, was eine profunde Kenntnis der sozialen Verhältnisse ihrer heimatlichen Region betraf, bei weitem überlegen. Der Protest, den diese

Marginalien zur westfälischen Topographie auslösten, verschafften ihr in den letzten Jahren ihres Lebens noch einigen Ärger.

Ein Bekenntnis zu Westfalen stellte auf jeden Fall ihr Versepos aus der Zeit des Dreißigjährigen Krieges dar: »Die Schlacht im Loener Bruch«. Es handelt sich dabei um jene Schlacht des Großen Krieges in Deutschland, in welcher der wegen seiner Greuel und Unmenschlichkeiten verschriene Herzog Christian von Braunschweig, kurz der »tolle Christian« genannt, entscheidend geschlagen und über die Reichsgrenze abgedrängt wurde.

Tilly, der kaiserliche Feldherr, hatte sich ihm mit einem Heer der Liga auf die Fersen gesetzt und nicht eher locker gelassen, bis er ihn bei Stadtlohn nahe der holländischen Grenze, also noch auf westfälischem Boden, endlich zum entscheidenden Waffengang gestellt hatte. Am 7. August 1623 kam es zu einem blutigen Gemetzel im »Loener Bruch«, das mit der Niederlage des »tollen Halberstädters« endete, der über Jahre hin als der Kinderschreck Westfalens galt, dessen Städte er rücksichtslos von seiner Soldateska plündern ließ.

Erstaunlicherweise schlug das Herz der überzeugten Katholikin für den »tollen Herzog«, der nur das 27. Lebensjahr erreichte, der Pfaffen verfolgte und Kirchen und Klöster plünderte, aber sonst ganz ein Mann nach ihrem Geschmack war. Wahrscheinlich steckte ein gutes Stück nordischen Heidentums auch noch in ihr. Zu wahrer dichterischer Größe erhebt sie sich in der Tat dort, wo sie den heroischen Untergang der Kampfgefährten Christians schildert. Vielleicht artikulierte sie auch nur ihren Heimatstolz, wenn sie sich im Kampfgetümmel auf die Seite der Protestanten schlug. Oder war es nur ihre ritterliche Haltung, wenn sie die Partei der vom Schicksal hoffnungslos Geschlagenen ergriff?

In den Kampfszenen dieses Epos beweist die Droste überhaupt ihren zupackenden männlichen Geist. Sie gehören zu dem Stärksten, was sie geschaffen hat. In solchen kraftvollen Passagen deutet sich bereits die überragende Balladendichterin an. In der minuziösen Beschreibung des Schauerlichen und Grausigen dieses Hinschlachtens regte sich ihr eigentliches schriftstellerisches Temperament ungemein. In wenigen Episoden verstand sie das Pandämonium einer ganzen Epoche zu entwerfen. Mit äußerster Einfühlsamkeit wittert sie den Geist jener makabren Jahre, als über Deutschland sich der Furor eines der furchtbarsten Kriege austobte und das deutsche Volk unvorstellbare Blutopfer zu bringen hatte. Mit einem Male war ihr ein besonderer Wurf gelungen; eine Etappe auf dem Weg zur hohen und höchsten Meisterschaft, die sich nun abzuzeichnen begann, war erreicht.

Annette hatte bereits eine geradezu faszinierende Charakteristik für ihren Helden parat, ehe sie sich an die Arbeit machte. Diese weist sie als eine höchst sensible Psychologin aus. In einem Prosaentwurf über die Problematik des tollen Herzogs heißt es nämlich vielsagend: »Christian ist von allzu frommen Eltern, deshalb ist er aufs Gegenteil verfallen; er war edel, aber seine Freigeisterei das böse Geschwür, wohin sich alle bösen Säfte zogen.

Seine Fehler hatten noch die Liebenswürdigkeit der Jugendfrische, aber sie fangen schon an zu altern und sich zu verhärten; seine Kühnheit wurde Trotz, seine Lebhaftigkeit unruhiges Zerfallensein; er wollte wie die Kaper oder die Kapuzinerkresse nur in der Knospe genossen sein. Er mochte Großes wagen, aber gegen kleine tägliche Leiden und Fehler konnte er nicht kämpfen. Er kann sich im Unglück nicht an andere schließen, und das macht ihm den Eindruck, als ob er verlassen wäre; er fühlt jedoch sein Unrecht.

Christian tut etwas, was andere sehr frappiert: er bleibt ruhig dabei. Er steht so einsam wie eine Eiche in der Heide; alles Getier und Vögel flüchtet unter seinem Schatten; dies gibt ihm ein scheinbares Leben, aber er ist allein. Christian vergleicht sich selbst oder Anholt vergleicht sein zweckloses Streben, wobei er Gesundheit und alles aufgibt, mit dem Prinzen, der mit goldenen Angeln fischt, um Gründlinge zu fangen.«

Im Oktober 1834 war eine einschneidende Veränderung im Leben der Droste eingetreten. Ihre Schwester Jenny, mit der sie bisher ihr Leben in Rüschhaus geteilt hatte, hatte den österreichischen Freiherrn Joseph von Laßberg geheiratet, der als einer der Begründer der deutschen Philologie seit 1814 in engem Kontakt mit den Brüdern Grimm gestanden hatte. Im Jahre 1770 geboren, war Laßberg eine ganze Generation älter als Jenny von Droste. Deren Mutter verweigerte deshalb zunächst ihre Zustimmung zu einer Eheschließung. Schließlich aber hatte sie keine Bedenken mehr gegen eine solche Verbindung.

Joseph Freiherr von Laßberg

Laßberg hatte nach dem Tode seiner ersten Frau die Burg Eppishausen im Schweizer Kanton Thurgau erworben. In deren weitausholenden Räumen hatte er im Laufe der Jahre die sicherlich umfassendste private Sammlung von mittelhochdeutschen Handschriften zusammengetragen. Er pflegte unter dem Namen »Meister Sepp von Eppishusen« über Themen der mittelalterlichen deutschen Literatur zu publizieren. Zweifellos hat er damit unvergleichliche Meriten um die Literatur des deutschen Mittelalters erworben.

Schon ein Jahr nach der Heirat Jennys, im Sommer 1835, reist Annette mit ihrer Mutter in die Schweiz. Der Aufenthalt, von Annettes Ärzten angeraten, zog sich bis in den Herbst des kommenden Jahres hin. Er bot der scharfen Beobachterin reichlich Gelegenheit, Land und Leute eines für sie entlegenen Landstrichs kennenzulernen. Im Februar 1836 brachte Jenny, immerhin 41 Jahre alt, unter entsetzlichen Torturen zwei Zwillingsmädchen, Hildegard und Hildegund, zur Welt.

Annette erholte sich zunehmend im milderen Klima des Thurgaus. Sie fühlte sich hier sogar zum Dichten inspiriert. Ihre bekannte Ballade »Der Graf vom Thal« ist ein immerhin beachtenswertes Produkt dieses Schweiz – Aufenthaltes. Aber auch Gedichte wie »Der Säntis«, »Die Elemente«, »Der Weiher« und »Des alten Pfarres Woche« bezeugen ihre wachsende dichterische Reife. Den »Grafen von Thal« wird sie in Zukunft zu ihren besten Balladen rechnen.

In der Zeit vom 22. Oktober bis zum 19. November 1835 rafft sich Annette zu einem umfangreichen Brief an Schlüter auf, der ihre damalige seelische Verfassung reflektiert, aber auch Passagen enthält, die sie als Meisterin der Naturschilderung in die Nachbarschaft Adalbert Stifters rückt.

»Ich habe auf diesem Gute die meiste Zeit am Fenster zugebracht«, heißt es da. »Man sieht die Alpen wie auf unserm Rebhügel. Dort sah ich zuerst das Alpenglühen, nämlich dieses Brennen im dunklen Rosenrot beim Sonnenauf- und -untergange, was sie glühendem Eisen gleichmacht, und, so häufig die Dichter damit um sich werfen, doch nur bei der seltenen Vereinigung gewisser Wolkenlagen und Beschaffenheit der Luft stattfindet.

Eine dunkel lagernde Wolkenmasse, in der sich die Sonnenstrahlen brechen, gehört allemal mit dazu, aber noch sonst vieles. Nun hören Sie, ich sah, daß eine tüchtige Regenbank im Nordwest stand, und behielt desto unverrückter meine lieben

Alpen im Auge, die noch zum Greifen hell vor mir lagen. Die Sonne, zum Untergang bereit, stand dem Gewölk nah und gab seltsam gebrochene, aber reizende Beleuchtung. Ich sah nach den Bergen, die recht hell glänzten, aber weiß wie gewöhnlich, als wenn die Sonne sonst auf den Schnee scheint, hatte kein Arg aus einer allmählich lebhaften, gelblichen, dann rötlichen Färbung, bis sie mit einem Male anfing, sich zu steigern, rosenrot, dunkelrot, blaurot, immer schneller, immer tiefer, ich war außer mir, ich hätte in die Knie sinken mögen, ich war allein und mochte niemand rufen aus Furcht, etwas zu versäumen. Nun zogen die Wolken an das Gebirge, die feurigen Inseln schwammen in einem schwarzen Meere. Jetzt siegt das Gewölk, alles war finster – ich machte mein Fenster zu, steckte den Kopf in die Sofapolster und mochte vorläufig nichts anderes sehen und hören ...«

Mit ihrem Schwager Laßberg erreicht Annette in dieser Zeit keinen engeren Kontakt. Er hatte die aufreizende Gewohnheit, seiner Lust, aus seinen Inkunabeln vorzulesen, ungehemmt zu frönen. Auch den gelehrten Germanisten, die in Eppishausen aus- und eingingen, stand sie höchst kritisch gegenüber. Sie kann sich daher auch nicht enthalten, ihre feine Ironie spielen zu lassen, deren Opfer diesmal Laßberg ist, über dessen Treiben sie Schlüter folgendes zu berichten hat:

»Außer einigen Damen betritt kein Frauenzimmer dieses Haus, nur Männer von *einem* Schlage, Altertümler, die in meines Schwagers muffigen Manuskripten wühlen möchten, sehr gelehrte, sehr geachtete, ja sehr berühmte Leute in ihrem Fach, aber, aber langweilig wie der bittere Tod, schimmelig, rostig, prosaisch wie eine Pferdebürste, verhärtete Verächter aller neueren Kunst und Litaratur.

Mir ist zuweilen, als wandle ich zwischen trockenen Bohnenhülsen und höre nichts als das dürre Rappeln und Knistern um mich her, und solche Patronen können nicht enden. Vier Stunden muß man mit ihnen zu Tisch sitzen, und unaufhörlich wird leeres Stroh gedroschen. Nein, Schlüter, ich bin gewiß nicht unbillig und verachte keine Wissenschaft, weil sie mir fremd ist, aber dieses Feld ist zu beschränkt und abgegrast, das Distelfressen kann nicht ausbleiben. Was zum Henker ist daran gelegen, ob vor dreihundert Jahren der unbedeutende Prior eines Klosters, das nie in der Geschichte vorkommt, Ottwin oder Godwin geheißen, und doch sehe ich, daß dergleichen Dinge viel graue Haare und bittere Herzen machen.«

Annette mokiert sich sicher zu Recht über die »ganzen Ladungen von Minneliedern«, die sie im Hause ihres Schwagers vorgefunden hat. Seine Vorliebe für das deutsche Mittelalter scheint sich zu einer wahren, für andere allerdings unerträglichen Manie auszuwachsen. »Mein Schwager lebt von nichts anderem, und erst jetzt wird mir die seltsame Orthographie seiner Briefe klar. Er hat sich in der Tat im schriftlichen Stile unserer heutigen Redeformen teilweise entwöhnt, ich glaube unwillkürlich, und man trifft überall auf Spuren des Nibelungenliedes, des Lohengrin, des Eggenliedes usw. Häufig liest er des Abends eine Stunde lang vor, ›von Helden lobebären, von grozer Arebeit‹ und was dahin gehört.

Ich vernehme mit Rührung, wie der Lohengrin in seinem Schwanenkahne den Rhein hinunter abfährt, den Kaiser dann ›pellet sam ein Rint vor Weinen, da der Lohengrin aba gink‹, des Ritters Gemahlin ohnmächtig wird und ›die Zähn sie ihr uffbrachen mit einem Klotze‹...

Übrigens ohne Scherz geredet, ist mein Schwager der beste Mann von der Welt; seine Liebe zu meiner Schwester ist so groß und von solcher Art, wie kein menschliches mangelhaftes Wesen sie *fordern*, aber dennoch das Herz sie *geben* kann, und übrigens ist er angenehm, geistreich, sehr gelehrt, kurz, ihm fehlt nichts, sondern er hat nur etwas zuviel, nämlich zuviel Manuskripte und Inkunabeln und zuviel Lust, sie vorzulesen.«

Von der Burg ihres Schwagers verfolgt Annette mit Hilfe ihrer Lorgnette das Treiben im Dorf und berichtet ihrem blinden Freund anschaulich darüber: »Mitten durchs Tal zieht eine Chaussee, auf der es ärger rappelt und klappert als auf der besten in ganz Westfalen; denn Sie müssen wissen, daß hier halb satt essen bei weitem nicht so untrügliches Zeichen der Armut ist als Wasser trinken und zu Fuß gehen. Besser ohne Brot als ohne Most, und das muß ein vom Schicksal Verlassener sein, für den weder der Himmel eine Rosinante noch der Wagner ein Kariölchen geschaffen hat. Wer dies nicht kennt und obendrein so kurzsichtig ist wie ich, meint, das ganze Volk bestehe aus reichen Leuten.

Doch, um nicht den Faden zu verlieren, fernher über die Chaussee hinaus die lieblichsten mit Laubholz bewachsenen Gebirge, und, wie's im Liede heißt: Auf jedem Gipfel ein Schlößchen, ein Dörfchen aus jeder Schlucht. Von diesem Fenster sehe ich ihrer dreißig, gezählt habe ich sie nicht, und auch jetzt nicht Lust dazu, aber glaubwürdige Leute sagen es. Das ist lieblich, das ist schön anzusehn, vor allem beim Sonnenschein; ja, selbst Sturm und Nebel können so viel Leben und Fröhlichkeit nicht zugrunde richten. Drum bin ich bei heiterer, geselliger Stimmung nirgends lieber als in diesem Zimmer, welches schon an sich hell und heiter ist.«

Oft wandert Annette auch zu einem Gartenhäuschen der höchsten Stelle des Waldes,»wo sich die Aussicht ins Tal öffnet. Zwei Wege gibt's dorthin, einen steil und dornicht, wie den der Tugend, und ihn pflege ich zu gehen oder vielmehr zu klettern; denn er bringt mich in drei Minuten hinauf, wenn auch keuchend und halbtot. Der andere gleicht dem der Sünde, breit und gemächlich. Deshalb verschmähe ich ihn auch, zumal da er die Eigenschaft besitzt, eine Viertelstunde lang zu sein. Sie mögen gewählt haben, wen sie wollen, wir sind jedenfalls jetzt oben.

Ja, mein teurer Freund, wir sind oben; dieses ist der Platz, wo ich immer bei Ihnen bin und Sie bei mir. Ich glaube, mit Wahrheit sagen zu können, ich war nie droben ohne Sie. Es ist ein einsamer Fleck Erde, sehr reizend und sehr großartig. Ich sitze nur bei rauher Luft im Rebhäuschen, sonst davor unter einer großen Trauerweide, ganz versteckt durch die Reben, mit denen der Abhang bis ins Tal besetzt ist...

In Hülshoff habe ich den Spiegel eines nicht fünf Minuten entfernten Teiches nie deutlicher gesehn als hier am Rebenhäuschen den eine Meile fernen See, auf dem ich jedes Segel zähle, ja sogar in dem Städtchen Lindau am jenseitigen Ufer einzelne Gebäude unterscheide. Die Alpenhäupter nun gar scheinen oft so nahe, daß man nur sogleich hinangehen möchte. Ich unterscheide jede Schlucht am Säntis so genau, daß ich meine, wenn ein Gemsjäger daraus hervorträte, ich müsse es sehn, und doch sind's gut sechs Stunden bergauf, bergab bis zum Fuße dieses alten Herrn und zu seinem Gipfel. Nun, ich weiß nicht, aber wohl weiß ich, daß noch vor wenigen Wochen ein Engländer, dem seine eigensinnige Geliebte zum Gegenpfand ihres Herzens eine Eisscholle vom Gipfel des Säntis abverlangte, fast darüber zugrunde gegangen wäre...

Doch um wieder zu den Eisregionen zu kommen, von meiner Bank unter der Weide aus durchstöbere ich jede Schlucht, besteige ich jede Klippe, zwar nur in Gedanken, davon hat man schon genug und glaubt, nichts Neues gewinnen zu können durch Annäherung. Hier träume ich oft lange, komme oft recht verklemmt zurück, denn die Abende werden allmählich frisch. Aber hier droben ist meine Heimat, hier geht alles an mir vorüber, was ich nur in meinem Herzen habe mitnehmen können. Wenn ich den ganzen Tag mit andern Vorstellungen bin gefüttert worden, hier mache ich mein eigenes Schatzkästlein auf und reiche Ihnen, mein teurer Freund, von hier aus die Hand über so manche Stadt, so manchen Berg und den breiten Rhein.«

Während Annette ihren voluminösen Brief an Schlüter schreibt, hat der Winter im Thurgau bereits seinen Einzug gehalten. Am Allerheiligentag ist der erste Schnee gefallen. Von nun an bedeckt eine bleibende Schneedecke das ganze Land. »In unserem guten Münsterlande geht alles doch gemäßigter zu, Hitze und Kälte«, bemerkt Annette dazu. »Ich wette, dort gibt's heute noch keinen Schnee, vielleicht noch nach acht Tagen nicht, wenn dieser Brief ankommt. Mir fällt ein, ich will Ihnen doch ein kleines Gedicht hersetzen, was ich gestern bereits dem anzuwerbenden Hofstaate der beiden größeren als Grundstein gelegt habe; es heißt »Die rechte Stunde« und klingt wie folgt:

»Im muntern Saal, beim Kerzenlicht,
Wenn alle Lippen sprühen Funken,
Und gar vom Sonnenscheine trunken,
Wenn jeder Finger Blumen bricht,
Und vollends an geliebtem Munde,
Wenn die Natur in Flammen schwimmt,
Das ist sie nicht, die rechte Stunde,
Die dir der beste Genius bestimmt.

Doch wenn so Tag wie Lust versank,
Dann wirst du schon ein Plätzchen wissen,
Vielleicht in deines Sofas Kissen,
Vielleicht auf einer Gartenbank:
Dann klingt's wie halbverstandne Weise,
Wie halb verwischter Farben Guß
Verrinnt's um dich, und leise, leise
Berührt dich dann dein Genius.«

Was sagen Sie dazu? Mich dünkt, es ist weder schön noch häßlich, aber was man so untadelig nennt, und deshalb ein besserer Füllstein als einige andere, nur ungern von mir ausgemerzte, deren einzelne Schönheiten zu vieles Krasse und Schwache nicht aufwiegen konnten.

Ich wollte, Sie wären bei uns, Schlüter, das ist mein Morgen– und Abendseufzer. Daß Sie mir fehlen würden, und zwar sehr, wußte ich im voraus, aber ich rechnete doch auf irgendein Wesen, dessen Beschäftigungen, Ansichten und Geschmack dem meinigen einigermaßen entsprächen; aber außer den Thurnschen Damen betritt kein Frauenzimmer das Haus«.

Im Frühjahr 1836 waren die Laßberg-Zwillinge auf die Welt gekommen. Es dauerte viele Wochen, ehe Jenny wieder soweit hergestellt war, daß sie das Haus verlassen konnte. Aber wie das Schicksal es so will: Auf ihrer ersten Wagenfahrt zum südlichen Bodensee scheuen die Pferde, gehen durch, und der Wagen mitsamt seinen Insassen stürzt um. Laßberg und Jenny erleiden schwere Verletzungen. Auch Annette ist kaum noch imstande, sich zu rühren und muß das Bett hüten. Nur Frau von Droste kommt mit dem Schrecken davon. Sie wird noch wochenlang die Verunglückten zu pflegen haben.

»Wir haben viel ausgestanden in diesem Jahr«, berichtet Annette im August ihrem Bökendorfer Onkel Karl von Haxthausen. »Obwohl niemand schuld daran ist, denn Laßberg und Jenny haben zu unseren Erheiterungen getan, was sie konnten. Aber vorerst hast Du kaum einen Begriff von der Öde eines hiesigen Winters. Fast sechs Monate lag Schnee. Schon im Oktober lag er einigemal so tief, daß man nicht wußte, wie man die Weinlese bewerkstelligen sollte. Von Mitte November ab blieb er liegen, ohne einen Tag Tauwetter bis hoch im März, und noch fast durch den ganzen April war es den einen Tag grün, den anderen weiß. Das Schlimmste war ein Nebel, aus dem man hätte Brei kochen können, der gar nicht fortging, und ich kann ohne Übertreibung sagen, daß ich das unmittelbar vor uns liegende Dorf mehrere Monate lang nur gehört, aber nicht gesehen habe. Den ganzen Tag klingelten Schlitten und bellten Hunde, und Mama sagte ein ums andere Mal ›Lappland!‹ Auch unser gutes flackerndes Feuer in Kaminen und Öfen vermißten wir sehr, denn die Kachelöfen haben etwas sehr Ödes, wenigstens in einem so großen Hause, was von so wenigen Leuten bewohnt wird, wo abends alles mäuschenstill sitzt und liest oder seinen trübseligen Gedanken nachhängt.

Denn Du mußt wissen, lieber Onkel, daß das Befinden unserer Jenny den ganzen Winter sehr bedenklich war. Mama sowohl als ich haben heimlich das Schlimmste befürchtet, und wir durften es uns doch nicht merken lassen. So saß denn jeder, über seinen Gedanken zu brüten. Nein, es war eine erbärmliche Zeit! Nachher gab es zuerst viel Last und Pflege mit Jenny und den zwei Ankömmlingen, und gerade als die arme Jenny den allerersten Ausflug wagen wollte, betraf uns das Unglück mit dem Umwerfen, ich habe zwar auch viel abgekriegt und spüre die Folgen zuweilen noch, aber es kommt mir doch wie nichts vor, wenn ich den armen Laßberg so an seinen Krücken herumschleichen sehe und täglich mehr Hoffnung verliere, daß er sie je wird ganz fortlegen können. Jetzt ist er seit einigen Tagen im Bade zu Baden im Aargau, wo er zwölf Bäder nehmen und dann zurückkehren wird...

Ich habe hier vielerlei Mineralien bekommen, mehr als ich mitnehmen kann, aber im ganzen wenig Besonderes. Du glaubst nicht, wie gering hier der Verkehr ist in allen Dingen, die nicht eigentlich Handelsartikel sind, und wie schwer es wird, etwas aus entfernten Kantonen zu erhalten. Ich kann in Bonn, ja selbst in Münster eher zehn Kristalle vom St. Bernhard bekommen als hier einen, ja, es gibt hiesige, nicht sehr bemittelte Mineralogen, denen dies noch nicht gelungen. So dachte ich auch hier, im Vaterlande der Kristalle, Granaten, Rauchtopase allerlei kleine Geschmeide daraus sowohl für mich als andere mitzunehmen; aber wo ich danach fragte, machten die Leute ein Gesicht, als ob ich einen gebratenen Engel verlangte. Am Ende hieß es: Dergleichen müssen Sie im Preußischen suchen, bei Elberfeld, da gibt es Schleifereien, hier im Lande verarbeitet man nichts der Art. Kurz: was Dir nicht gerade vor der Nase wächst, danach darfst Du nicht fragen und hast eher Gelegenheit, in Hildesheim etwas aus Rom als hier aus dem Kanton Wallis, Uri et. cet. zu bekommen. Dennoch habe ich allerlei zusammengebracht, aber mühsam! Ich denke, Dir jedenfalls die Früchte meines Fleißes noch in diesem Jahr zeigen zu können, selbst wenn die Bökendorfer Reise zu Wasser werden sollte; dann kommst Du zu uns, nicht wahr? Deine Nette.«

Schließlich überfällt Annette dann doch das Heimweh nach ihrem geliebten Westfalen. Die Schweiz bleibt ihr fremd und in vielem unenträtselbar. Sie versteht ja nicht einmal die Sprache dieses deutschen Volksstammes. Zudem fühlt sie sich von der gigantischen Natur geradezu erdrückt und erschlagen. Nun sehnt sie sich nach dem weiten und unermeßlichen Himmel des Münsterlandes mit seinen dezenten Farbenspielen zurück. Selbst ihre Schaffenskraft scheint auf die Dauer in der Schweiz zu versiegen. Das meiste, was sie noch vergleichsweise lustlos zu Papier bringt, besteht kaum vor ihrem kritischen Blick.

Nachts, wenn alle schlafen, stiehlt sie sich heimlich ans Fenster, um die gleichen Sterne zu betrachten, die ihr von Rüschhaus her vertraut sind. Kein Zweifel, es zieht sie alles in ihre Heimat Westfalen zurück, in die Umgebung, in der sie aufgewachsen ist und die Anfang und Ende, Inhalt und Stimmung ihrer Dichtung ist, für die sie auf diese Welt gekommen zu sein scheint.

Der Kölner Kirchenstreit

Nachdem Annette nach einer kurzen Zwischenstation in Bonn im Herbst 1836 in Rüschhaus eingetroffen war und die gewohnten Beziehungen wieder aufgenommen hatte, geriet sie bald schon in die Querelen des Kölner Kirchenstreites. Um was also handelte es sich dabei? Der aus dem Münsterland stammende Kölner Erzbischof Kaspar Maximilian Droste zu Vischering hatte, entgegen seinem Versprechen, sich in der Mischehenfrage streng an die entsprechende preußische Deklaration zu halten, nach der Besteigung des Stuhles erklärt, auf Grund eines entsprechenden päpstlichen Breves ohne die Zusicherung der katholischen Erziehung der Kinder niemals eine katholische Trauung zu gestatten. Als alle Vermittlungsversuche erfolglos im Sande verliefen, war der Konflikt nicht mehr aufzuhalten. Der Bischof wurde seines Amtes enthoben und im November 1837 in der Festung Minden inhaftiert. All das rief im katholischen Deutschland ungewöhnliche Erbitterung hervor.

Auch in Münster war damals der Teufel los. Man wagte sogar in den Straßen der Stadt den offenen Aufstand gegen das preußische Militär unter Wrangel, der als Kommandeur der 13. Division in Münster fungierte. Annette von Droste, die sich ge- rade bei Elise Rüdiger in Münster zu Besuch befand, erlebte den Ausbruch der offenen Rebellion vom Fenster der Rüdigerschen Wohnung aus. Sie erlitt ein Stück deutscher Geschichte, als sie Zeuge davon wurde, wie preußisches Militär mit gezogenem Säbel die Ägidistraße hinunterstürmte, um die aufgebrachte Menge mit Gewalt auseinanderzutreiben.

In einem Brief an ihre Mutter berichtete sie ausführlich von jenen wüsten Tagen in Münster, die nicht nur sie innerlich tief bewegt hatten.

»Die Gemüter waren durch die Arrestation des Erzbischofs aufs Äußerste verbittert«, heißt es da. »Nun kam dazu, daß, nachdem kürzlich eine Menagerie aus Münster abgezogen war, die Militärbehörden die Bude geklaut hatten, um darin bei schlechtem Wetter exerzieren zu lassen. Das Volk glaubte aber, es sei geschehen, um die Rekruten besser heimlich knuffeln zu können. Darüber waren schon allerlei Kleinigkeiten vorgefallen, einige Plakate an den Bäumen und der Bude selbst mit dem geistreichen Inhalt »Weg mit der Bude!« oder ›Weg mit den Preußen!‹ angebracht. Da dies sie nicht wegblasen wollte, hatte man mehrmals Versuche gemacht, die Bude anzuzünden, überhaupt, die Wahrheit zu sagen, wurde den Preußen nicht gerade viel guter Wille gezeigt. Der Adel hatte sich seit der Verhaftung des Erzbischofs gänzlich zurückgezogen; alle Lustbarkeiten waren eingestellt, weder Soirées noch Klubbälle, und wurden sie eingehalten, z. B. bei Vincke, so machten sie kein Geheimnis daraus, daß die allgemeine Kirchentrauer ihnen nicht gestatte, sie anzunehmen.

Die Gassenbuben waren sehr arg; sie schnitten den Soldaten Gesichter und rollten den Offizieren Steine an die Füße. Clemens Hellwig wurde arretiert, weil er einem Unteroffizier auf der Straße eine Ohrfeige gegeben hatte. Den Preußen, besonders den friedlichen Zivilisten, war Höllenangst. Sie wagten kaum, abends aus dem Hause zu gehen.

Nun, an diesem Abend wurde wieder ein Junge attrappiert, der die Bude anstecken wollte. Er wurde heulend und mit Armen und Beinen zerrend zur Hauptwache geführt. Mehrere vorübergehende Bürger legten sich mit guten Worten drein. Wer vorüberging, blieb stehen, und bald stand ein ziemlicher Trupp um die Wache und den heulenden Jungen.

Jetzt wurde den Soldaten bange, der Offizier trat vor und

befahl den Bürgern, auseinanderzugehen; ein lautes Gelächter war die Antwort. Die Soldaten rückten an, die Bürger teilten sich, ließen sie durch, traten hinter ihnen, wieder zusammen und lachten. So ging es einigemal, immer stolzierte die Wache durch, und immer wieder traten die Bürger zusammen und lachten. Der Offizier proklamierte zweimal ganz laut, daß sie auseinandergehen sollten. Dann lachten sie noch viel ärger und blieben bei ihrem alten Manöver; doch hatte kein einziger die geringste Waffe, nicht mal einen Stock. Sie schimpften auch nicht, sondern lachten bloß. Jetzt ließ der Offizier einhauen, ein paar Bürger wurden verwundet und schrien, und nun erhob sich ein furchtbares Hurragebrüll. Einige wenige Steine flogen, wie sie gerade auf der Straße lagen. Indem kamen die Husaren herangeritten, nach denen die Wache geschickt hatte. Sie hieben ohne Rücksicht rechts und links ein, die Bürger wurden wütend, viele liefen fort, um Steine zu holen, und in einer Viertelstunde waren mehrere tausend auf dem Domplatz und Markt. Es war ein greuliches Gebrüll und Gelächter.

Auf dem Domhof soll der Steinhagel arg gewesen sein, aber sonst keine Waffe ist zum Vorschein gekommen, nur immer vor den Soldaten auseinandergelaufen und hinter ihnen wieder geschrien und gelacht. Es war fast auf allen Straßen zugleich etwas los. Am Bispinkhof, wo die Schlächter und Bäcker sich versammelt hatten, soll der Lärm sehr arg gewesen sein, aber keiner hat einen Soldaten zu verletzen versucht. Durch die Salzstraße rannten sie zu ganzen Haufen. Indessen wurden die Kanonen aufgeführt, an alle Tore und auch auf dem Domplatz, sie sind aber nicht gebraucht worden. Nun kam Wrangel herbei und wütete, daß das Militär nicht noch schärfer verfahre. Kein eingeborener Offizier war beordert, es waren lauter Preußen, aber unsere Bauernjungen auch dabei und hauten eben nicht schärfer, als sie mußten. Unter dem Bogenstand alles gedrängt voll müßiger Zuschauer, meist Frauen und Kinder. Wrangel wollte, man solle Schwärmattacke kommandieren, d. h. alle einzeln auseinander und dann nach allen Seiten eingehauen. Ein paar menschliche Offiziere sollen Vorstellungen dagegen gemacht haben, weil es an Offizieren fehle, um Ordnung zu halten.

Wrangel ließ das Mindensche Regiment, was aus lauter Protestanten besteht, näher herankommen, schickte die Bauernjungen nur in die Nebenstraßen, die kleinen Haufen zu verscheuchen, und übernahm nun selbst das Kommando. Ich stand am Fenster, sah die Flüchtenden unaufhörlich vorbeilaufen, und die Bauernjungen hinter ihnen her mit gezogenem Säbel, die viel fluchten und in die Luft fochten, aber keinem was taten. Es war, sobald man den ersten Schrecken über das Gebrüll überwunden hatte, mehr lächerlich als schrecklich. Einige Kerls fielen nah vor meinem Fenster und schrien noch auf der Erde: Viva Clemens! Und die Soldaten blieben so lange zurück, bis sie wieder aufgestanden waren und einen guten Vorsprung hatten. Vom Markte her hörte ich wohl ärgeren Lärm, dachte aber, es würde wohl auf dieselbe Weise zugehn, als auf einmal ein schreckliches Jammergeschrei von dort herüberdrang. Wrangel hatte seinen Protestanten befohlen, auf die Weiber und Kinder einzuhauen, d. h. nicht mit diesen Worten, sondern: Schwärmattacke! Säubert die Kolonaden!«

Ich will dir nur gleich sagen, daß niemand getötet ist, aber eine Menge verwundet. Die Soldaten waren wie Tiger, sie ritten in die Haustüren und hauten in die offenen Zimmer hinein. Bei einem Bäcker sind sie bis an den Küchenherd geritten und haben dort die Frau und zwei Männer gestochen. Die Bürger schäumten vor Wut, aber sie waren gänzlich unbewaffnet, der Steinvorrat längst zu Ende, und so zerstreuten sie sich.

Gegen zwei Uhr war alles vorüber; nur das Militär blieb bis am Morgen in den Straßen aufgestellt, und die Woche hindurch wurde jede Nacht patrouilliert. Du kannst Dir denken, wie die Stimmung seitdem ist, d. h. zwischen der geringeren und Mittelklasse. Denn unsere angestellten Landsleute sind kaum dahin zu bringen gewesen, die Klagen derjenigen anzunehmen, die in den Häusern oder doch ganz untätig und von weitem stehend verwundet wurden. Nur achtzehn, die sehr schwer verletzt und wovon viel Redens war, als daß sie es hätten ignorieren können, sind verhört worden, nur zum Schein, denn die Klage ist gar nicht übergeben worden.«

Der erste Gedichtband

Gleich nach ihrer Heimkehr aus der Schweiz hatte Schlüter die Droste mit aller Herzlichkeit eines Freundes wieder daheim begrüßt und sich sogar zu ein paar aufmunternden Hexametern aufgeschwungen, die er ihr ins Haus sandte:

> »Auf, Nettchen, und schreib und tunk in die Tinte die Feder,
> Wohlgeschnitten und gut, und eilend gefertigt die Abschrift!
> Denn wir werden gedruckt, der Tag der Vollendung, er nahet.«

Die Droste war nun 40 Jahre alt, also eigentlich in einem Alter, in dem selbst ein Autor, der sich zu den Spätentwicklern rechnet, Grund hat, die Früchte seiner jahrelangen Arbeit zu sondieren und sie in einem Buch der Öffentlichkeit vorzulegen.

Schon vor ihrer Fahrt nach Eppishausen hatte sie sich ernsthaft mit dem Gedanken getragen, ihre besten Arbeiten herauszugeben. Daher auch hatte sie eine Abschrift ihrer beiden Versepen »Das Hospiz auf dem Großen Sankt Bernhard« und »Des Arztes Vermächtnis« an Sibylla Mertens mit der Bitte geschickt, diese Arbeiten gemeinsam mit Adele Schopenhauer und Professor d'Alton durchzusehen und sie wegen eines Verlages, der für eine Publikation in Betracht käme, zu beraten.

Sibylla hatte wie stets mit einem forcierten Enthusiasmus auf diese Sendung reagiert, sich dann aber nicht weiter um die Handschriften gekümmert und sie am Ende sogar unter ihren Papieren verlegt. Die ganze Angelegenheit endete mit einer maßlosen Enttäuschung für die Dichterin. Aber auch ihre Verhandlungen mit dem Bonner Professor Braun, einem Freund ihres Vetters Clemens von Droste, endete ergebnislos! Der Kölner Verleger Dumont, der sich mit Braun überworfen hatte, widerrief seine anfängliche Zusage.

Dennoch setzte Annette all ihre Energie daran, die Veröffentlichung zu erzwingen. In der verhältnismäßig kurzen Zeit vom August 1837 bis zum März des folgenden Jahres brachte sie ihre dritte große epische Dichtung »Die Schlacht im Loener Bruch« zum Abschluß. Diesmal scheint ihr das Glück gewogener zu sein. Schlüter kann ihr berichten, der Verleger Hüffer in Münster habe sich erboten, den beabsichtigten Band ihrer Arbeiten herauszugeben. Obwohl Adele Schopenhauer ihr dringend abriet, ihre wertvollen Verse in einer obskuren Provinzbuchhandlung erscheinen zu lassen, nahm das Projekt dann endlich konkrete Formen an.

»Ich habe jetzt ein größeres Gedicht geschrieben von der Größe wie das ›Hospiz auf dem St. Bernhard‹, heißt es daher in einem Brief an ihre Mutter vom 9. Februar. »Es heißt: »Die Schlacht im Loener Bruch« und besingt die Schlacht bei Stadtlohn, wo Christian von Braunschweig die Jacke voll kriegt. Man findet es besser als meine übrigen Schreibereien, und ich habe einen sehr artigen Brief von Hüffer bekommen, der um den Verlag bittet, ich habe ihm denselben auch zugesagt, falls ich es herausgebe.

Ich schrieb gleich an Adele Schopenhauer und bekam die Antwort, sie habe einen Verleger für mich in Jena; es war aber zu spät. Wenn es herauskommt, so muß es bei Hüffer sein, und ich habe noch einen Grund dafür, es wäre mir nämlich unerträglich, wenn ein Buchhändler hinterher sagte, er hätte Schaden an meinen Sachen gehabt und es nur aus Gefälligkeit für mich übernommen, und das hätte bei Dumont in Köln und bei dem Jenenser sein können, da sie ja nie eine Zeile von mir gelesen hatten und gewiß nur Braun und Adele zu Gefallen es übernehmen wollten.

Hüffer aber hat es vorher gelesen und dann ganz von selber den Antrag gemacht, und so kann er mir nichts vorwerfen, wie es auch ausfällt. Bitte, liebe Mama antworte mir doch gleich, ob Du nichts gegen die Herausgabe hast, denn Hüffer hätte es gern gleich zur Ostermesse.

Sag Laßberg aber bitte nichts davon, ich würde ihm ganz verrückt vorkommen. Ich will nur eine ganz kleine Auflage von 500 Exemplaren gestatten, aber dann auch für die erste Auflage kein Honorar nehmen. Zu Freiexemplaren habe ich auch keine rechte Lust, es ist mir immer so lächerlich gewesen, wenn ein Schriftsteller sein eigenes Werk verschenkt. Die Leute müssen dann freundlich tun und das Ding herausstreichen. Das verbittert ihnen das ganze Geschenk.

Und dann sind so viele, die gar keinen Sinn für dergleichen haben. Freiexemplare wären für mich eine wahre Last; bei jedem müßte ich einen Brief schreiben, ich kann nicht ohne Schaudern daran denken! Nein, ich mag keine.

Bitte, antworte mir doch gleich, ob Du etwas gegen die Herausgabe hast, denn bis Ostern ist kaum noch Zeit, einen Vers zu drucken, und ich bringe den Verlegern einen großen Schaden, wenn sie es nicht auf der Leipziger Messe liefern können.

Einen fremden Namen möcht' ich nicht annehmen, entweder ganz ohne Namen oder mit den Anfangsbuchstaben A.v.D.«

Erstaunlich, daß Annette in ihrem vierzigsten Lebensjahr die Mutter noch um Erlaubnis zum Druck ihrer Gedichte bitten muß. Sie wollte sie um keinen Preis der Kalamität aussetzen, ihre Tochter einer öffentlichen Kritik ausgeliefert zu sehen. Therese von Droste hat sicher nicht leichten Herzens ihre Einwilligung schließlich erteilt. Sie bestand allerdings darauf, im Titelblatt dürfte auf keinen Fall Annettes voller Name auftauchen.

Im August 1838 erscheint dann in der Tat im Verlag Aschendorf in Münster die erste Gedichtsausgabe der Droste. Eine Phase endlosen Feilens und Umarbeitens war diesem Ereignis vorausgegangen. Angesichts des provinziellen Zuschnitts hatte dieser kleine Band nur wenig Aussicht, von der offiziellen Kritik überhaupt gesehen und beachtet zu werden. Der Mißerfolg war also bereits vorprogrammiert. Da Annettes Verse außerdem weder politisch engagiert waren noch dem damals en vogue befindlichen Exotismus huldigten, ignorierte man schnöde diese dichterischen Emanationen eines adligen Fräuleins, das sich offenbar ganz entgegen ihren Standeskonventionen in die Literatur verirrt und die damalige Hochflut an Gedichtbänden nur noch um einen vermehrt hatte.

Die dunkel getönten Gedichte der unbekannten Autorin aus Westfalen waren zudem zu anspruchsvoll, um das Interesse einer größeren Leserschicht zu erwecken. Von 400 gedruckten Exemplaren wurden in der Tat am Ende nur 74 Stück verkauft. Die Droste hatte sowohl auf Honorar als auch auf Freiexemplare von vornherein verzichtet. Sie fürchtete vor allem die unerbittlichen Verrisse der näheren Verwandtschaft, die kein Pardon kennen und die Gedichte in Grund und Boden kritisieren würde, so daß sie »kein Schwein mehr fressen würde«, wie sie sich ebenso drastisch wie realistisch auszudrücken beliebte. Die Resonanz schwankte dann auch zwischen Desinteresse und unerbittlicher Kritik. Bestenfalls in einigen literarisch interessierten Kreisen des Münsteraner Bildungsbürgertums wurden die Gedichte gelesen und von manchen sogar goutiert.

Im nachhinein bleibt allerdings zu sagen, daß Annette mit der Auswahl ihrer Arbeiten eine nicht gerade glückliche Hand bewiesen hatte. Die drei Versepen, die sie mit aufgenommen hatte, konnten kein gesteigertes Interesse mehr beanspruchen. Über sie war offensichtlich bereits der Geschmack der Zeit hinweggegangen. Auch ihre Säntisgedichte gehörten sicher nicht zu ihren gelungensten Versen. Die genialen Impressionen der westfälischen Landschaft fehlten damals noch ganz, und die Balladen wie die vom »Grafen von Thal« deuteten erst dezent die künftige Meisterschaft auf diesem Gebiet an. Sie befand sich, wie Kenner bald herausspürten, erst auf dem Weg zum Parnaß. Den Gipfel ihrer Meisterschaft hatte sie jedenfalls noch nicht erreicht.

Die Kritiker hüllten sich nicht anders als die peinlich betretene Verwandtschaft in Schweigen. Natürlich legte sich vor allem Levin Schücking gehörig ins Zeug und brachte wenigstens im »Telegraph« eine schmeichelhafte Kritik unter. Henriette von Hohenhausen setzte sich im »Mindener Wochenblatt« für die Buchdebütantin ein. Diese war von diesen Gefälligkeitsrezensionen nicht sonderlich entzückt. Beide Rezensionen hatten für sie kein Gewicht, da die »eine von einem Frauenzimmer, die andere von einem Bekannten« war.

Schlüter und Junkmann hatten der Droste bei der Auswahl der Arbeiten assistiert, und sicherlich hatte vor allem Schlüter daneben gegriffen, als er dem Gedichtband seinen Intentionen entsprechend einen vorwiegend religiösen Charakter verlieh. Er traf damit so ganz und gar nicht den damaligen Publikumsgeschmack. Zudem hatte er nur jene geistlichen Lieder gelten lassen, aus denen man nicht so unbedingt Annettes Glaubenszweifel und Bedrängnisse herauslesen konnte. Diese Art von übertriebener Diskretion war in diesem Falle deplaziert und zahlte sich keineswegs aus.

Selbst den wenigen positiven Rezensionen mochte Annette nicht so recht trauen. »Es nützt nichts, über sein Verdienst erhoben zu werden«, argwöhnte sie. »Es reizt andere nur zum Widerspruche, und es kommt gewöhnlich ein Eimer kaltes Wasser hintennach.« Immerhin gab es dann doch noch einige versierte Literaturkenner, die das besondere Talent der Dichterin aus diesem etwas verunglückten Band herauswitterten. Zu ihnen gehörten neben Levin Schücking auch Ferdinand Freiligrath und Jakob Grimm. Daß sie bei ihrem ersten Versuch, literarisch in die Öffentlichkeit hineinzuwirken, auf allgemeines Unverständnis oder sogar auf Ablehnung stieß, schien sie aber kaum noch zu tangieren. Inzwischen war sie von ihrem exzeptionellen Rang als Lyrikerin bereits fest überzeugt. Natürlich war man bei der Auswahl der einzelnen Stücke nicht gerade einfühlsam zu Werke gegangen. Manches mochte sogar noch Spuren eines tastenden Dilettantismus verraten. Und doch spürte man hier und da schon die Klaue des Löwen. Allerdings war Annette sich selbst nicht des Neuen, was sie da zustande gebracht hatte, so recht bewußt.

Und doch: Sie fiel in vielem bereits aus jeder literarischen Konvention heraus und schien schon eine neue Ära vorzubereiten. Aber wer von ihren Zeitgenossen verfügte schon über ein sicheres Organ für solche Zwischentöne? Selbst von den Experten hatte sie da nichts zu erwarten.

Während ihre Münsteraner Freunde sie beschworen, auf dem Weg, den sie so erfolgreich betreten hatte, zu verharren, stieß sie bei ihren Bökendorfer Verwandten auf Granit. Sie erlebte bei ihren Onkeln, Tanten, Vettern und Basen nichts als eisige Ablehnung. Wieder wie damals während ihrer »Jugendkatastrophe« mußte sie sich von ihrer Verwandtschaft verhöhnen lassen, und natürlich bedauerte sie es schon zuweilen, überhaupt an die Öffentlichkeit getreten zu sein. Auch Therese von Droste fühlte sich darin bestätigt, daß sie zuerst vor einer Veröffentlichung gewarnt hatte. An dieser Auffassung konnten auch die positiven Kritiken nichts ändern. Nun hatte auch sie unter den heimlichen Sticheleien der Familie, deren geistige Kapazität diesen anspruchsvollen Gedichten nicht gewachsen war, schwer zu leiden. Man hatte von Annette humoristische Skizzen aus dem Westfälischen oder bestenfalls Erzählungen oder Novellen im Stil der abflauenden Nachromantik erwartet.

»Jeder Narr maßt sich eine Stimme an über das, was ich zunächst schreiben soll, und zwar mit einer Heftigkeit, daß ich denke, sie prügeln mich, wenn ich es anders mache, oder nehmen es wenigstens als persönliche Beleidigung auf«, umschrieb Annette die peinliche Situation, in die sie geraten war.

Endlich, im Januar 1839, machte sie ihrer Schwester Jenny gegenüber ihrem beladenen Herzen Luft. »Mit meinem Buch ging es mir zuerst ganz schlecht«, klagt sie ihr Leid. »Ich war in Bökendorf mit Sophie und Fritz allein, als es herauskam, hörte nichts darüber und wollte absichtlich mich auch nicht erkundigen. Da kommt mit einem Male ein ganzer Brast Exemplare von der Fürstenberg an alles, was in Hinnenburg lebt.

Ferdinand Galen gibt die erste Stimme, erklärt alles für reinen Plunder, für unverständlich, konfus und begreift nicht, wie eine scheinbar vernünftige Person solches Zeug habe schreiben können. Nun tun alle die Mäuler auf und begreifen alle miteinander nicht, wie ich mich habe so blamieren können.

Sophie, die, wie Du weißt, nur zu viel Wert auf der Leute Urteil legt und einen mitunter gern etwas demütigt, war unfreundlich genug, mir alles haarklein wiederzuerzählen, und war in der ersten Zeit ganz wunderlich gegen mich, als ob sie sich meiner schämte. Mir war schlecht zumute, denn obgleich ich nichts auf der Hinnenburger Urteil gab und auf Ferdinands noch weniger, (der erst einige Tage zuvor von Goethe gesagt hatte, er sei ein Dummkopf und in *einer* Zeile von Schillers 'Freude, schöner Götterfunken' mehr enthalten sei als in allem, was Goethe geschrieben, vorzüglich sein Lied vom Fischer sei, der Gipfel des Erbärmlichen, was denn der Inhalt sei? – ein gemeiner barfüßiger Kerl, der auf die langweiligste Weise so lange ins Wasser gucke, bis er hereinplumpste etc.), obschon nun, wie gesagt, das Urteil eines solchen Kritikers mich wenig rühren konnte, so mußte ich doch zwischen diesen Leuten leben, die mich bald auf feine, bald auf plumpe Weise verhöhnten und aufziehn wollten.

Sophie war auch in den Schwanz gekniffen und legte gar keinen Wert darauf, daß nach und nach andere Nachrichten aus Münster kamen, sondern sagte jedesmal: Es ist ein Glück für Dich, daß Du diesen Leuten besseres Urteil zutraust als allen Hinnenburgern und Ferdinand Galen. Onkel Fritz war der einzige, den dies gar nicht rührte, und dem das Buch auf seine eigene Hand gefiel, doch wünschte ich mich tausendmal von dort weg.

Hier angekommen, fand ich das Blatt gewendet. Die Gedichte wurden hier zwar nur wenig gelesen, da die meisten sich scheuten, an so endlose Zahl Verse zu gehen. Aber die es gelesen hatten, erhoben es, ich muß selbst nach meiner Überzeugung sagen, weit über den Wert. Es waren bereits, als ich ankam, drei Rezensionen heraus. Eine zwar von einem Freunde, Lutterbeck, die andern aber von Gutzkow im ›Telegraphen‹ und von einem Ungenannten im ›Sonntagsblatte‹, und alle drei bliesen so enorm, daß mir ängstlich darüber wurde...

Jetzt schreibt mir Adele Schopenhauer, der ich ein Exemplar geschickt, daß es in Jena großen Beifall finde; sie müsse ihr Exemplar immer ausleihen, und der Buchhändler Friedrich Frommann, bei dem schon viel Nachfrage deshalb gewesen, habe es bei Hüffer bestellt. Gegenwärtig schrieben Wolff und Kühne jeder eine Rezension darüber, mit der ich würde zufrieden sein können, da sie wüßte, daß beide sehr dafür eingenommen wären, obgleich ich keine so allgemeine Lobhudelei erwarten dürfte wie im ›Telegraphen‹, sondern Lob und Tadel und völlige Anerkennung, was mir gewiß auch das Liebste sein würde. Was will ich mehr? Es ist fast zuviel für den Anfang, und ich fürchte, das schlimme Ende kommt noch.

In Kassel haben es Hassenpflug, Malchen Hassenpflug und Jakob Grimm gelesen. Ersterem hat es gar nicht, Malchen nur teilweise und Grimm sehr gefallen. Malchen schrieb mir seine eigenen Worte, die Gedichte seien sehr gewandt in der Sprache, voll feiner Züge und von Anfang bis zum Ende durchaus originell.

Lege es mir nicht für Eitelkeit aus, daß ich Dir das alles so wiederschreibe. Wen sollte es denn interessieren und freuen, wenn es Dich nicht freut? Ich habe doch noch Verdruß und Verlegenheit genug, denn jetzt, wo das Ding einen guten Fortgang hat, interessieren sich alle dafür, auch die Bökendorfer.«

Die Versepen

Von den drei Versepen, die Annette in ihre Gedichtausgabe mit übernommen hatte, war »Die Schlacht im Loener Bruch« sicher die am meisten ausgereifte und eindrucksvollste Arbeit gewesen. Dieses Opus stellte eine dichterische Huldigung an ihre westfälische Heimat dar. Als eine solche wurde sie dann auch von Lesern und Kritik verstanden.

Das »Hospiz auf dem großen Sankt Bernhard« war dagegen eher ein verständliches Zugeständnis an ein Modegenre, an dem sich damals alle Welt versuchte. Nachdem einige dieser heute kaum noch lesbaren Epen sich die Gunst des Publikums im Vormärz errungen hatten, setzte auch Annette von Droste ihren schriftstellerischen Elan an die Herstellung eines solchen Epos. Von 1828 bis zum Frühjahr 1834 verwandte sie ihre geistige Kraft auf ein eigentlich tollkühnes Unternehmen: die Beschwörung der winterlichen Alpenwelt, die sie nie kennengelernt hatte.

Es handelt sich um die Geschichte das alten Hirten Benoit aus dem Dorf St. Pierre im Unterwallis, der mit seinem Enkel Henry über den St. Bernhard in das Dorf Remy zu seiner dort verheirateten Tochter unterwegs ist und von einem Schneesturm überrascht wird. Beide suchen in der Nähe des St. Bernhard – Hospizes vor der Eiseskälte in einem Leichenhaus Zuflucht, werden aber vor dem grausigen Anblick, der sich ihnen dort darbietet, wieder vertrieben. Die Beschreibung des Leichenhauses bietet der Droste eine ihr sicher willkommene Gelegenheit, sich ganz in ihrem eigentlichen Element, dem Grausigen, zu bewegen und dabei eindrucksvolle Impressionen wie die folgende zustande zu bringen:

»Doch rechts und links und gegenüber
Wohin der scheue Blick sich richtet,
Wenn flieht ein Mondenstrahl vorüber,
Der die zerrißnen Wolken lichtet,
Der bleichen Schläfer Reihn er streift,
Die rings in Nischen aufgeschichtet:
Ein Antlitz halb dir zugewandt,
Hier braunes Haar, und dort gebleicht,
Aus jedem Winkel wie versteckt
Sich eines Fußes Spitze streckt,
Und dort sich wächsern eine Hand
Wie abgetrennt vom Körper zeigt.«

Über sich selbst hinaus wächst die sich noch zu ihrem eigenen Ich vortastende Dichterin immer da, wo sie extreme Naturgewalten und diffizilere Seelenzustände darzustellen sich vornimmt. Ansonsten bleibt vieles in diesem Epos noch in einer Banalität stecken, die man ihr zu Recht vorwurfsvoll angekreidet hat.

Die tragische Geschichte endet damit, daß der Großvater entkräftet in den Schnee sinkt und einschläft, während der Enkel durch die Klugheit des Bernhardinerhundes Barry gerettet wird. Dieser spürt das Kind auf und gibt solange Zeichen, bis die Mönche es vor dem sicheren Tode retten können. Von einem dritten Gesang mit glücklichem Ausgang, bei dem auch der Großvater dem Leben wiedergeschenkt wird, hat sich die Droste bald wieder distanziert. Jedenfalls hat sie diese Version zu ihren Lebzeiten nicht der Öffentlichkeit übergeben. Immerhin hat diese sich auf fast ein Jahrzehnt erstreckende Arbeit sie um ein gutes Stück ihrer Bestimmung näher geführt. Nach Abschluß des Werkes wuchs sie kontinuierlich in eine produktivere Phase hinein. Erst von nun an hat sie ganz zu sich selbst gefunden.

In dem folgenden Versepos »Des Arztes Vermächtnis« bewegt sich die Droste bereits entschieden selbstsicherer auf eigenem Boden. Sie hat sich, wie man bald herausspürt, von den sie beherrschenden Vorbildern freigemacht und sich mit sichtlichem Erfolg auch thematisch auf die ihr eigentlich zugemessene Domäne vorgestastet. Diesmal hat sie ein »düsteres Lied« geschaffen, das, wie sie in ihrer an Sibylle Mertens gerichteten Widmung versichert, »schauernd sich dem kranken Haupt entwand«.

Sie hat sich inzwischen von so erhabenen Vorbildern wie Byron, Scott und auch Freiligrath abgenabelt. In der neuen Traumwelt, in der sie sich auffallend souverän bewegt, scheinen Leben und Traum wie in einem Reich des Dämmerlichts zusammenzufließen. Nun fallen ihr Imaginationen zu, die sie mit ihren spezifisch realistischen Sprachmitteln zu verwirklichen versucht.

Als Annette 1834 eine Abschrift dieser neuen Verserzählung an Sibylle Mertens schickt und diese sie an Professor d'Alton mit der Bitte um Kritik weiterreicht, konstatiert dieser einige erhebliche Fortschritte gegenüber dem »Hospiz auf dem großen Sankt Bernhard«. Der Professor stellt jedoch resümierend fest: »Es ist eine Folge höchst malerischer und interessanter Szenen, weniger aber ein befriedigendes, wohltuendes Ganzes«.

Auch Adele Schopenhauer befaßt sich als die scharfsinnige Kritikerin, die sie nun einmal ist, mit dieser ersten Fassung des »Arztes« und trifft sicher ins Schwarze, wenn sie zu bedenken gibt: »Das Motiv hat etwas Ähnliches, die Behandlung ist verschieden. Wunderschön sind ihre Sonnenbilder – ich würde es nie erraten, daß sie einer weiblichen Feder ihre Entstehung verdanken. Dagegen tadle ich einiges an der Haushaltung des Gedichtes, an der Verteilung von Licht und Schatten – von Ruhepunkten und bewegten Momenten. Sie haben Naturschilderungen, die so zart und wahr, so neu sind, daß sie entzücken. Dagegen haben Sie mitunter niederländisch treu wiedergegeben, was Sie sahen – Sie lassen den Adler mit den Flügeln ›klatschen‹. Vergebung! Das ist unedel – und war zu meiden...

Gern gestehe ich Ihnen reine Bewunderung Ihres Talentes zu. Nehmen Sie jeden Tadel wie einen Wunsch, etwas Schönes schön geschmückt zu sehen. Der Traum im Walde scheint mir durch Länge die Kraft des Eindrucks zu schwächen, auch kann der Kranke nicht solange erzählen, so wünschte ich da flüchtigere Andeutungen, daß der Phantasie zu arbeiten bliebe. Tief ergreifend ist die Todesszene. Ich möchte sie nicht geschrieben haben, um alle der Gedanken und Gefühle, aller der Geistesfoltern wegen, die sie voraussetzt, aber ich stehe dennoch tief ergriffen und bewundernd vor Ihnen. Ob nun solch ein Eindruck, wie dies hinterläßt, obschon der strengen Realität entnommen, das ist, was ein Dichter in seinem Leser zurückzulassen wünscht, ja meine teure Nette, das weiß ich nicht. Ein beklemmend Gefühl der harten Lebensbedingungen und Rätsel entzieht die Seele der Wirkung der Poesie; man denkt: das Leben, und vergißt das Gedicht. Und nun im Ganzen Glück auf, liebe Nette: Ihr Genius entfaltet seinen Flug in einem Augenblicke, wo sonst jedes Weib eine schmerzliche Leere empfindet. Glück auf! Sie haben in sich ein beneidenswertes Glück, das eines in sich schaffenden Talentes, und es wird Sie über manche Qual hinwegtragen, denn es hebt Sie aus sich selbst hinaus.«

Zu diesem neuen Opus, das Annette monatelang in schöpferische Spannung versetzt hielt, wurde sie mit einiger Gewißheit durch eine Dichtung Schellings angeregt, die dieser im Jahre 1802 unter dem Pseudonym Bonaventura in Tiecks »Museenalmanach« unter dem Titel »Die letzten Worte des Pfarrers zu Drottning auf Seeland« veröffentlicht hatte.

Auch bei Schelling handelte es sich um das psychologisch so brisante Thema der Mitwisserschaft an einem Kapitalverbrechen, das in dem passiv Beteiligten einen irreparablen seelischen Schock auslöst, der sich schließlich zur Geisteskrankheit auswächst. Annette verfügt sehr wohl über die Fähigkeit, auch die Dämmergründe der menschlichen Seele voll auszuleuchten. Daher liefert sie in diesem Epos nicht mehr oder weniger als den Bericht eines alten Arztes an seinen Sohn über die Ursache seiner geistigen Verfinsterung. Es ist sogar anzunehmen, daß sie damit an sich selbst einen Akt seelischer Selbstheilung vollzogen hat, indem sie alte Traumata, die nicht verjähren wollen, Stück um Stück abbaute.

Der Arzt berichtet in seinem »Vermächtnis« von einer makabren Nacht, die über sein weiteres Leben entscheidet. Als er in einer abgelegenen Gegend der böhmischen Wälder zu botanischen Studien weilt, wird er eines Nachts durch zwei Bewaffnete in eine Räuberhöhle gezwungen, wo er einem Schwerverwundeten Hilfe leisten soll.

Neben dem Sterbenden findet er eine Frau, der er bereits vor einigen Jahren beim Karneval in der Wiener Gesellschaft begegnet war. Nach dem Tode des Verwundeten beraten die Räuber über das weitere Schicksal des jungen Arztes. Nur unter der Zusicherung, kein einziges Wort über sein nächtliches Abenteuer verlauten zu lassen, erhält er seine Freiheit wieder. Doch auf dem Heimweg wird er Zeuge eines erschütternden Vorfalls: die Frau, die er am Lager des Sterbenden antraf, wird von den Räubern erbarmungslos in einen Felsengrund geschleudert. Die makabren Eindrücke dieser Nacht kann der Arzt nicht mehr abschütteln; in Gedanken an sie lebt er von nun an in einem Schwebezustand zwischen Wahn und Wirklichkeit dahin.

In ihrem ersten Entwurf hatte die Droste Theodora, die ermordete junge Frau, ins Zentrum des dramatischen Geschehens gerückt. Sie läßt sie als treulose Braut agieren, die sich für ihren Verführer entscheidet und arg dafür büßen muß. Hier nun hat sie offenbar das Problem ihrer eigenen »Jugendkatastrophe«, ihre Position zwischen Straube und August von Arnswaldt, thematisiert. Im weiteren Verlauf der Arbeit aber umkreiste ihr Denken dann das Thema einer phantastisch übersteigerten Schuld und der damit verbundenen neurotischen Reaktion. Immer mehr rückte der Arzt ins Zentrum des Geschehens. Vielleicht hat die Arbeit an diesem Sujet nicht eben wenig zur Bewältigung ihres eigenen Jugendschicksals beigetragen.

Das Geistliche Jahr

Während unter Annettes Bökendorfer Verwandtschaft zumindest Einigkeit darüber bestand, daß sie besonders mit Humor gesegnet war und dementsprechend aus dieser seltenen Göttergabe gefälligst literarisch Kapital zu schlagen habe, indem sie ihren potentiellen Lesern ein gehobenes Amüsement verschaffte, drängte ihr Freund Schlüter sie immer mehr in eine dichterische Domäne, von der es für sie noch keineswegs feststand, sie könnte sich auf diesem längst abgeernteten Feld noch einige Meriten erwerben. Sie selbst sah sich vielmehr zwischen Tagträumen und Nachtgesichten hin- und hergerissen. Von einer problemlosen Heiterkeit konnte bei ihr im Grunde so wenig die Rede sein wie von durchschlagenden religiösen Impulsen.

Ihre frühen Gedichte des »Geistlichen Jahres« stellten ja

nicht mehr oder weniger als eine dichterische Huldigung an ihre Bökendorfer Großmutter dar, deren unkomplizierter Kinderglaube sie angesichts ihrer eigenen Überbewußtheit auch in Glaubensfragen ehrlich rührte. Natürlich hatte sie damals mit vergleichsweise konventionellen und glatten Versen begonnen, indem sie für jeden christlichen Festtag quer durch den Jahreslauf einiges in Versform zu Papier brachte, von dem sie selbst wußte, daß es keinen Anspruch auf Originalität erheben konnte. Diese Verse waren eher zu Andachtszwecken für einfältige Gemüter geschrieben worden.

Später jedoch, als die ersten Seelenkämpfe nach entsprechenden Formulierungen suchten, reicht die glatte Oberfläche des nur Erbaulichen nicht mehr aus. Nach ihrer im Grunde sicher heilsamen »Jugendkatastrophe« bricht ein neuer Ton durch, den viele als allzu schrill oder sogar als beängstigend ablehnten. Aber eben dadurch gewannen diese religiös getönten Verse entschieden an Farbe und Kontur. Nun erst begannen die Gedichte des »Geistlichen Jahres« für Welt und Nachwelt diskutabel zu werden. Aus dem gutgemeinten Erbauungsbuch für eine fromme alte Seele war unter der Hand ein Bekenntnisbuch geworden, ein literarischer Niederschlag der inneren Kämpfe, die eine wirkliche Dichterin auf dem Grunde ihrer Seele auszutragen hatte.

Noch im Krisensommer 1820 hatte sie sich der künstlerischen Hilfestellung Straubes bedient, um ihren geistlichen Gedichten einen letzten Glanz zu verleihen. Aber dann bricht die Arbeit daran mit dem Gedicht zum Ostermontag mit einem Schlage ab. Erst 1839 wird die Dichterin als eine Gewandelte den Faden dort wieder aufgreifen, wo sie ihn resigniert hatte fallen lassen. Damals lagen bereits 25 Gedichte vor.

Die Zäsur nach fast zwei Jahrzehnten ist natürlich unverkennbar. In den neuen Gedichten findet die Droste zum ersten Mal zu ihrem Zauberwort. Alle epigonalen Töne sind mit einem Male wie weggewischt. Hier brechen Empfindungen aus einem völlig gewandelten Menschen heraus, der sich neuer sprachlicher Mittel bedienen muß, um das auszusprechen, was ihn im Innersten bewegt. Annette ahnt sicher noch nicht, daß sie sich damit auf einen Kampf auf Leben und Tod eingelassen hat, dessen Ausgang für sie noch ungewiß ist. Nur soviel scheint ihr sicher zu sein: Sie wird auf ein neues und diesmal gesteigertes Unverständnis stoßen. In Hinblick auf die Tiefe des Erlebens und die Originalität der sprachlichen Gestaltung ist das »Geistliche Jahr« mit nichts Ähnlichem zu vergleichen. Sie hat eine ganze Epoche deutscher Lyrik vorweggenommen und befindet sich schon auf direktem Wege hin zu den Ausdrucksmöglichkeiten der Trakl oder Rilke. Selbst ihre Freunde, die bisher das Spezifische ihrer dichterischen Aussage bejaht hatten, konnten ihren künstlerischen Intentionen nun nicht mehr folgen.

Die Droste war in die Nähe Kierkegaards geraten, wenn sie etwa in dem Gedicht »Am letzten Tage des Jahres« das Problem ihrer religiösen Existenz so artikuliert:

»Wohl in dem Kreis,
Den dieses Jahres Lauf umzieht,
Mein Leben bricht. Ich wußt' es lang!
Und dennoch hat dies Herz geglüht
In eitler Leidenschaften Drang!
Mir brüht der Schweiß

Der tiefsten Angst
Auf Stirn und Hand. – Wie dämmert feucht
Ein Stern dort durch die Wolken nicht?
Wär es der Liebe Stern vielleicht,
Dir zürnend mit dem trüben Licht,
Daß du so bangst?

Horch, welch Gesumm!
Und wieder, Sterbemelodie!
Die Glocke regt den ehrnen Mund,
O Herr, ich falle auf das Knie:
Sei gnädig meiner letzten Stund!
Das Jahr ist um!«

Inzwischen hatte die Droste Format und Statur einer professionellen Schriftstellerin erreicht. Diese Feststellung schließt allerdings nicht aus, daß sie zuweilen wieder in die Sünden eines von ihr unkontrollierten Dilettantismus zurückfiel und ihr beim Schreiben Bananlitäten unterliefen, die nur für den Kenner entschuldbar sind, der von den Schaffensphasen eines Künstlers und den Sternstunden der Kunst einiges erfahren hat. Sie war, um es mit ihren eigenen Worten zu sagen, dem Leben und seinen »grauenvollen Höhn« begegnet und hatte damit als Mensch und Künstler einen gewaltigen Schritt nach vorn getan.

Kein Zweifel: Als die Droste nach langer schöpferischer Pause ihre Absicht, das Kirchenjahr mit geistlichen Gedichten zu umkränzen, dort wieder aufnahm, wo sie damals vor Jahr und Tag abrupt Abschied davon genommen hatte, war mittlerweile die Dichterin in ihr geboren worden. Nun erst war sie imstande, ihren innersten Empfindungen eine durchaus gültige Form zu verleihen.

Mit ihrem »De profundis« kann sie nunmehr Menschen erreichen und erschüttern, die sich auf die Herausforderung ihrer neuen Sprache einlassen wollen. Natürlich weiß sie, daß sie damit in ihrer Zeit so ziemlich allein steht und daß sie auf ihre Art einen dichterischen Beitrag im Kampf gegen die allgemeine Irreligiosität und die damit verbundene Demoralisation ihrer Zeit leistet. Als geschlagene und gedemütigte Kreatur Gottes, als die sie sich empfindet, ahnt sie, wessen das bereits totgesagte Christentum noch fähig ist, wenn man sich seinen Geheimnissen nähert. Ohne es zu wissen, hatte sie die existentiellen Nöte des metaphysisch entwurzelten modernen Menschen bereits ausgetragen und dementsprechend formuliert. Sie war damit ihrer Zeit weit vorausgeeilt. Diesen literarischen Terraingewinn hatte sie mit wachsender Isolation zu begleichen. Man konnte ihr nur noch zögernd oder überhaupt nicht mehr folgen.

Am Ende waren es siebzig Gedichte, die sich das konservative westfälische Edelfräulein ihrem bewegten Herzen abrang.

Sie wollte damit wenigstens einen dichterischen Abglanz des Göttlichen wieder in einer bereits entmythologisierten Welt, wie sie empfand, aufstrahlen lassen. Im Grunde bedeutet dieses »Geistliche Jahr« sogar einen der letzten kompetenten Beiträge zur christlichen Dichtung in Deutschland. Das meiste, was danach kam, mutet bestenfalls epigonal und museal an. Dabei entsprach es durchaus einer höheren Logik, daß diese schwerblütigen Gedichte erst nach dem Tode der Dichterin herausgegeben wurden. Bekanntlich ließen Christoph Bernhard Schlüter und Wilhelm Junkmann in einem postumen Freundesdienst im Jahre 1851 das »Geistliche Jahr« bei Cotta erscheinen. Es hat dann in der Tat noch lange gedauert, ehe man Geist und Größe dieser eigenwilligen Dichtung zu begreifen begann.

Das Interesse Schlüters an Annettes Arbeit und sein ehrlicher Enthusiasmus gerade für deren geistliche Lyrik hat den Schaffensprozeß der Dichterin nicht unerheblich angeregt. Sie vertraute ganz dem literarischen Wertgefühl des Freundes, der in seinem Geschmack allerdings allzu einseitig auf religiöse Themen fixiert war. Man hat ihm später dann auch vorgeworfen, er habe die Entwicklung der Droste weitgehend blockiert, indem er sie auf die falsche Fährte setzte.

Annette von Droste war, als sie 1839 in einem letzten gewaltigen Anlauf ihren Gedicht-Zyklus »Das geistliche Jahr« zur Vollendung trieb, durchaus bereit, Gerichtstag über ihr gedemütigtes Ich zu halten und sich auf ein Ringen mit dem verborgenen Gott auf Biegen oder Brechen einzulassen. Sie hatte ihren Kinderglauben abgestreift und damit eine schmerzhafte Häutung vollzogen. Nun steht sie nach schweren inneren Kämpfen geläutert und gewandelt und voller Demut und Reue vor ihrem Gotte und fragt sich:

»Ob ich dich liebe, Gott, es ist
Mir unbewußt.
Oft mein' ich, daß nur du es bist,
Was diese Brust

In aller andern Liebe Schein
Und dämmerndem Verlangen
Wie eine Sühnefackel rein
Hält gnadevoll umfangen.

Wenn zu dem Edelsten der Geist
Sich frei erhebt,
Was als Gedanke ihn umkreist
Und dennoch lebt,
Unsichtbar, wesenlos doch nicht,
Fern, dennoch allerwegen,
Wes Spur aus Menschenauge spricht,
Zünd' aus der Träne Segen.

Dann bin ich wohlgetröstet, und
Gebet entsteigt
So zuversichtlich meinem Mund,
Als sei gereicht
In fremder mir und deiner Lieb'
– Wer hat es je ergründet? –
All was des Sehnens würdig blieb!
Und deinen Odem kündet.

Doch fühl' ich dann zu andrer Zeit,
Wie Haar dem Haupt
Der finstren Erde mich geweiht,
Fast nachtberaubt;
Wenn in dem Freunde mich entzückt
Selbst wie ein Reiz: das Fehlen; –
Die Schwächen, an mein Herz gedrückt,
Mir keiner dürfte stehlen.«

Immer wieder überwältigt die Dichterin ihre Einsamkeit in Gott, die sie auch mit ihrem Zauberwort nicht bannen kann. Das Gedicht klingt dann nicht gerade harmonisch in die Worte aus:

»Gleich einer kalten Wolke fährt
Es über mich,
Wie dem Damokles unterm Schwert
Die Wange blich;
Wie einem, der an Ufers Rand
Sich spiegelt, lächelt, trinket,
Wenn sacht entschlüpft der falsche Sand
Und seine Stätte sinket.

O Retter, Retter, der auch für
Die Toren litt,
Erscheine, eh die Welle mir
Zum Haupte glitt!
Greif aus mit deiner starken Hand,
Noch kämpf' ich gen die Wogen;
So manchen hast du ja ans Land
Aus tiefem Schlamm gezogen!

Hab' ich dem Schlamme mich entwirrt
So ganz und recht,
Dann erst zu deinem Bildnis wird
Die Sehnsucht echt;
Dann darf ich lieben stark, gesund,
Ohn' alle Schmach und Hehle,
Aus meines ganzen Herzens Grund
Und meiner ganzen Seele.«

Mit einem völlig neuen, bis dahin ungehörten lyrischen Vokabular geht Annette, wie man sieht, religiöse Themen an, die in ihrer Zeit noch als tabu galten. Man sollte es nicht für möglich halten: Ein Fräulein vom Stande dekuvriert schonungslos ihr bedrängtes Innere. Das Ungewöhnliche dieses Vorgangs hat sie dann auch wohl veranlaßt, diese im tiefsten Sinne existentiellen Gedichte bis zu ihrem Tode unter strengem Verschluß zu halten.

Wahrscheinlich war sich die Droste aber nicht darüber im

klaren, daß in diesen breit dahinfließenden Versen sich bereits die Seele eines modernen Menschen ausgesprochen hat, der zerschlagen und zugleich erhoben in wachsenden Wüsten seinem Gott begegnet. Gegen Ende des für sie so deprimierenden Jahres 1839 konnte sie den zweiten Teil ihres »Geistlichen Jahres« erfolgreich abschließen, ohne sich ihren Freunden mitteilen zu können. Die Arbeit an diesem gewichtigen Zyklus hatte sie augenscheinlich geläutert und gestählt. Nun konnte sie sich wieder profaneren Themen zuwenden, vor allem ihrem Westfalenprojekt, mit dessen Bewältigung sie eine alte Freundespflicht abtrug, aber auch ihren Balladen, die ihren dichterischen Ruf endgültig besiegeln sollten.

Balladenzeit

Von Anfang des Jahres 1840 an kann man die eigentliche Balladenzeit der Hülshoff datieren. Von da ab bis zum August 1841 sind nicht weniger als elf ihrer Balladen entstanden. Vorher waren es nur vier gewesen, darunter der in der Schweiz entstandene »Graf von Thal«, den sie ihrer ersten Gedichtsammlung beigefügt hatte.

Nun waren ihr gleich im ersten Anlauf einige Geniewürfe gelungen, darunter der »Geierpfiff«, ein dramatisches Gedicht, in dem sie alle Register ihrer inzwischen gereiften Sprachkunst ziehen konnte. Als diese Ballade im Musenalmanach für 1841 erschien, machte Sie sogleich gehörig Furore. Freiligrath vor allem spendete der »Geierpfeiferin« neidlos gehörigen Applaus. In der Tat enthielt dieses Gedicht aus dem Räubermilieu so ziemlich alles, was man sich damals von einer echten Ballade wünschte: Spannung, eine ungewöhnliche Lösung des Konflikts und vor allem die Vorsehungsthematik.

Mit dieser Ballade war die Droste mit in die erste Reihe unserer bedeutenden Balladendichter aufgerückt. Sie verfügte, wie man sofort herausspürte, durchaus über eine männlich zupackende Hand, um auch noch so widerspenstigen Stoffen Form und Gestalt zu verleihen. Im Grunde ist sie ja nie eine Dichterin von überwuchernden Empfindungen und Emotionen gewesen. Sie behielt immer Distanz zu sich selbst. Das dramatische Gedicht war daher durchaus ein Genre, in dem sie neben ihren Zeitgenossen mit Glanz und Glorie bestehen konnte. Ihr künstlerisches Organ für das Grausige, Schaurige und Nebulose prädestinierte sie geradezu, auch auf diesem Gebiet zu brillieren.

Auffallend wie so oft bei der Droste, daß man auch diesmal wieder von einer Produktionsballung sprechen kann. In einer einzigen gigantischen Kraftanstrengung liefert sie ganze Gedichtzyklen ab, und man kann dabei nicht einmal sagen, man würde den einzelnen Stücken einen Qualitätsverlust anspüren. Im Gegenteil: Die Dichterin wächst mit der Zeit des Umgangs mit bestimmten Stoffen und Motiven über sich selbst hinaus.

Die »Balladenzeit« begann recht eigentlich damit, daß Schücking sie von Unkel aus, wo er bei Ferdinand Freiligrath zu Besuch weilte, wissen ließ, dieser beabsichtige, sich wieder intensiver mit dem »Malerischen und romantischen Westfalen« zu beschäftigen und hoffe, sie, Annette, würde ihm einige Stoffe für neue Gedichte liefern.

Dieser Hinweis war eigentlich das auslösende Moment für die neue Schaffensperiode. Warum sollte sie nicht selbst die Stoffe, die sie mit sich herumtrug, in Kunstwerke verwandeln? Damals entstanden dann auch sogleich das so persönlich gefärbte »Fräulein von Rodenschild« und »Vorgeschichte«, in denen sich die Dichterin so ganz in ihrem ureigenen Element bewegt. Im Dezember 1840 kann sie dann in Briefen an Schücking den »Schloßelf« und den »Grauen« erwähnen. Dann aber konzentriert sie sich zunehmend auf spezifisch westfälische Stoffe, auf Sagen und Historien ihrer engeren Heimat also. Damit entstehen in kurzen Zeiträumen hintereinander »Die Stiftung Kappenbergs«, »Kurt von Spiegel«, »Das Fegefeuer des westfälischen Adels« und »Der Tod des Erzbischofs Engelbert von Köln«. Im August 1842 schreibt sie dann sozusagen als Auftragsarbeit noch die Ballade »Meister Gerhard von Köln. Ein Notturno« für Schückings Dombauschrift.

Am 3. September 1841 kann Levin seinem Freund Freiligrath mit bemerkenswerter Anteilnahme an Annettes Schaffen die folgende Erfolgsmeldung zugehen lassen: »Du sollst Deine Freude haben, was mir die Droste für schöne Balladen für die letzten Hefte des ›Westfalen‹ gemacht hat (das Heft ist jetzt heraus). Das Paderborner Fegefeuer (Kurt von Spiegel), Friedrich von Isenburg sind überaus schön.«

Annette muß geradezu von einem Schaffensrausch besessen gewesen sein, als sie in ihren Balladen die düsteren Schicksalsmächte wie in einem Zwischenreich, in dem sie zu Hause war, beschwor. Die besten Einfälle waren fast eruptiv aus ihr hervorgebrochen. Levin gegenüber kokettierte sie gern mit der Schnelligkeit, mit der sie ein Gedicht zu Papier brächte, ohne daran noch viel verändern zu müssen.

Der Jüngere fühlte sich daher immer wieder bewogen, Annette mehr Gelassenheit ans Herz zu legen, damit ihre Gedichte auch wirklich ausreifen könnten. »Aber zu einem Ihrer schönen Gedichte kommen Sie doch mit vier bis fünf Stunden nicht aus«, bekommt sie von ihm zu hören. »Deshalb müssen Sie mit mehr Muße die Sache überlegen, wenden, feilen, liebes Mütterchen, und ich bin überzeugt, Sie schaffen in jedem neuen Gedicht eine Art ganz exklusiver Poesie, die Ihnen niemand nachmacht, ein Meisterstück.«

Ihre Gabe der schnellen und genauen Impression kam der Hülshoff auch bei der Konzeption ihrer Balladen ungemein zustatten. Seherhaft beschwörend daher geradezu die Eingangsstrophen ihrer Ballade »Vorgeschichte. Second sight«, in der sie voll aus den Kräften ihres Volkstums, die ihr ungeschmälert zur Verfügung standen, schöpfen konnte. Hier nun hat sie kraftvoll die Tradition der Geister- und Gespensterballade, die Hölty, Bürger und auch Goethe so virtuos beherrschten, in ihre Gegenwart weitergeführt. Nur ein Dichter, der über die halluzinatorische Sinnesschärfe der Droste verfügte, konnte mit realistischen Mitteln die Faszination bewirken, die sie mit ihren Worten fast traumhaft auslöste:

»Kennst du die Blassen im Heideland,
Mit blonden, flächsenen Haaren?
Mit Augen so klar, wie an Weihers Rand
Die Blitze der Welle fahren?
Oh, sprich ein Gebet, inbrünstig, echt,
Für die Seher der Nacht, das gequälte Geschlecht.

So klar die Lüfte, am Äther rein
Träumt nicht die zarteste Flocke,
Der Vollmond lagert den blauen Schein
Auf des schlafenden Freiherrn Locke,
Herniederbohrend in kalter Kraft
Die Vampirzunge, des Strahles Schaft.«

Traum und Wirklichkeit verschwimmen oft in Annettes Balladen ineinander. In ihrer Sprachkraft, der alle Farbtöne zur Verfügung stehen, zaubert sie ein Zwischenreich, das oft unerträgliche Spannungen auslöst. Der Bauer zum Beispiel, der auf den Schloßelf mitten in der Nacht wartet, der immer dann aus dem Schloßweiher taucht, wenn dem Grafen der erste Sohn geboren wird, kann sich selbst bei aller Skepsis der Halluzination nicht entziehen. Noch weniger kann es der Leser, wenn er sich den folgenden Versen gegenüber sieht:

»Da, hui! streift's ihn, federweich,
Da, hui! raschelt's in dem Grün,
Da, hui! zischt es in dem Teich,
Daß bläulich Schilf und Binsen glühn;
Und wie ein knisterndes Geschoß
Fährt an den Grund ein bläulich Feuer
Im Augenblicke, wo vom Schloß
Ein Schrei verzittert überm Weiher.

Der Alte hat sich vorgebeugt,
Ihm ist, als schimmre wie durch Glas
Ein Kindesleib, phosphorisch, feucht
Und dämmernd, wie verlöschend Gas;
Ein Arm zerrinnt, ein Aug' verglimmt –
Lag denn ein Glühwurm in den Binsen?
Ein langes Fadenhaar verschwimmt,
Am Ende scheinen's Wasserlinsen!«

In der Ballade »Kurt von Spiegel« bewegt sich die Hülshoff zweifellos ganz auf der Höhe ihrer Meisterschaft. Der selbstherrliche westfälische Aristokrat, dem durch einen bröckelnden Ziegel, den ein Tüncher hatte fallen lassen, das Wild verschreckt wurde, begeht an einem Unschuldigen eine entsetzliche Bluttat, für die er schwer zu büßen hat. Eigentlich wollte die Dichterin dieser echt westfälischen Historie die Ballade von der Schande eines ihrer Standesgenossen als Beitrag für das »Malerische und romantische Westfalen« wieder zurückziehen. Nur die besondere Qualität dieses Wurfes ließ sie über alle Bedenken hinwegsehen. Die Ballade erschien wie geplant in diesem Sammelband, und die Leser hatten nun Gelegenheit, sich an einer Jagdszene wie dieser zu delektieren.

»Am Wewelsberge schallt Wald-Hurra,
Des Rosses Flanke schäumt über den Bügel.
Es keucht der Hirsch, und dem Edelwild nah,
Ein flüchtiger Dogge, keucht Kurt von Spiegel;
Von Turmes Fahne begierig horcht
Der arme Tüncher, und unbesorgt
Hält in der Hand er den bröckelnden Ziegel.

Da hoch! Halali! das Treiben ist aus,
Des Hirsches einzige Träne vergossen,
Ein Hörnerstoß durch das waldige Haus
Vereint zum Geweide die zott'gen Genossen,
Und bald aus der nickenden Zweige Geleit

Die Treiber so stumm, die Ritter so breit,
Ziehn langsam daher mit den stöhnenden Rossen.

Der Spiegel spornt sein rauchendes Tier.
›Verfluchte Canaille, du hast mich bestohlen!‹
Da sieht er, hoch an des Turmes Zimier,
Den armen Tüncher auf schwankenden Bohlen.
›Ha‹, murrt er ›heute nicht Beute und Schuß,
Nie kam ich zurück noch mit solchem Verdruß.
Ich möchte mir drüben den Spatzen wohl holen!‹

Der Tüncher sieht, wie er blinzelt empor,
Und will nach dem ärmlichen Hütlein greifen,
Da sieht er drunten visieren das Rohr,
Da hört er den Knall und die Kugel noch pfeifen;
Getroffen, getroffen! - er schaukelt, er dreht,
Mit Ziegel und Bohle und Handwerksgerät
Kollert er nieder zum rasigen Streifen.

Verwunderlich immerhin angesichts des herausragenden Ranges des Drosteschen Balladenwerks bleibt die Tatsache, daß Schücking in dem von ihm herausgegebenen »Malerischen und romantischen Westfalen« es nicht für nötig hielt, auf Annettes intensive Mitarbeit hinzuweisen. Erst 1872 wurde in der zweiten Auflage des Westfalenbuches der Name der inzwischen zu hohen Ehren emporgestiegenen Dichterin Westfalens nicht mehr unterschlagen.

Die Judenbuche

Als die Droste im Jahre 1842 der literarischen Öffentlichkeit in Deutschland ihre »Judenbuche« vorlegt, ist sie sich nicht darüber im klaren, damit eine der bedeutendsten deutschen Erzählungen abgeliefert zu haben. Sie hat dieses »Sittengemälde aus dem gebirgichten Westfalen« lediglich als ein Nebenprodukt ihres Westfalenromans konzipiert. Als dann die Erzählung als Fortsetzungsdruck vom 22. April 1842 ab in Cottas »Morgenblatt für gebildete Leser« zu erscheinen begann, hatte man bald begriffen, daß hier der deutschen Literatur eine Erzählerin von hohem Rang zugewachsen war. Von der Exklusivität dieser Meistererzählung gab es überhaupt nichts herunterzuhandeln. Als besondere literarische Sensation wurde sie allerdings nicht vermerkt. Schließlich gab man in diesen noch biedermeierlichen Tagen des Vormärz der Verserzählung den Vorzug vor der ungebunden erzählenden Prosa. Heute gilt die »Judenbuche« als das populärste Werk der Dichterin überhaupt, die noch in Verkennung ihres herausgehobenen Ranges darauf verzichtet hatte, sie in die Sammlung ihrer Arbeiten aus dem Jahre 1844 mit aufzunehmen. Erst Schücking legte sie in den von ihm 1860 herausgegebenen »Letzten Gaben« vor. Sechzehn Jahre später wurde sie dann wegen ihres besonderen Kunstwertes in den volkstümlichen »Deutschen Novellenschatz« aufgenommen. Bis heute liegen etwa 150 Spezialuntersuchungen über diese Erzählung vor, die sich um eine Interpretation der inneren Problematik dieser Kriminalgeschichte bemühen. Dabei ist in jedem Fall anzunehmen, daß die Dichterin ungleich naiver als ihre zahlreichen intellektuellen Interpreten zu Werke gegangen war.

Annette von Droste hatte seit 1837 mehrere Versionen des Stoffes erarbeitet und sich schließlich wie alle großen Künstler in der schwerer Kunst des Weglassens eingeübt. Aus den früheren Vorarbeiten entstand durch einen mühsamen Kristallisationsprozeß die von ihr selbst sanktionierte Fassung, die ihren Namen berühmt machte.

Den Stoff, der sie von Anfang an fasziniert haben muß, hatte sie von einer Reise nach Bökendorf mitgebracht. Ihr literarisch ambitionierter Onkel August von Haxthausen hatte die Geschichte schon 1818 in Straubes Zeitschrift »Die Wünschelrute« veröffentlicht. Es handelt sich ›kurz gesagt, um das erstaunliche Schicksal eines Knechtes aus dem Dorf Ovenhausen, der einen jüdischen Händler, von dem er wegen einer nicht bezahlten Uhr vor Gericht gebracht werden sollte, erschlagen hatte. Der Mörder konnte sich der Polizei entziehen, diente auf holländischen Schiffen und wurde bei Kämpfen gegen Piraten im Mittelmeer als Sklave nach Algier verkauft. Sein Gesuch an den Fürstbischof von Paderborn, ihn auszulösen, war erfolglos geblieben. Den Ausgelösten hätte ohnehin nur das Schwert des Henkers erwartet. Als er dann als alter Mann 1807 dennoch, von Heimweh getrieben, in sein Heimatdorf zurückkehrte, war der von ihm begangene Mord zwar verjährt, aber der Mörder, der so schwer sein Verbrechen gebüßt hatte, konnte das Ausgestoßensein aus der Gemeinschaft des Dorfes nicht ertragen und, wie von allen Furien gehetzt, erhängte er sich an dem Baum, den die Judenschaft nach der Straftat mit einem magischen Blutbann gezeichnet hatte.

Die Droste hatte sich relativ genau an die juristischen Fakten dieses Kriminalfalles gehalten. Indem sie den Lebenslauf ihres negativen Helden nachzeichnete, wollte sie ein Sittengemälde des ihr so vertrauten Paderborner Landes für das Westfalenbuch liefern. Endlich bemühte sich ein Dichter wieder redlich darum, echtes Volksleben nachzuzeichnen, nachdem man lange das Volk in der Dichtung nur auf eine oft unerträgliche Weise stilisiert hatte. Hier wird die westfälische Volksmentalität wohl zum ersten Mal zu einem literarischen Ereignis von höchstem künstlerischen Rang.

Auffallend bleibt allerdings, daß sich die Dichterin weniger um die Darstellung des Kriminalfalles bemüht, sondern mit aller epischen Breite die psychologische Vorgeschichte des Falles auseinanderlegt. Mit penibler Umständlichkeit werden der lasterhafte Vater, die fromme Mutter, der bösartige Onkel und überhaupt die Jugendgeschichte des Judenmörders Friedrich Mergel geschildert. Immer mehr gerät der dämonische Onkel Simon ins Zentrum des Geschehens. Er ist es, der sich an seinem Neffen insofern versündigt, als er ihn in den Kreis der Holz- und Wilddiebe mit einbezieht.

Das erste Verbrechen Mergels, der dem Förster Brandes bewußt einen falschen Weg weist und ihn somit der Verbrecherbande und seinem sicheren Tod ausliefert, wird mit aller romanhaften Breite beschrieben. Die einführenden Genrebilder haben überhaupt den für eine Novelle angemessenen Raum bei weitem überschritten, ehe die Erzählerin den Mörder dann doch noch in den Vordergrund des Geschehens rückt und nun geradezu minuziös seine Schicksalslinien nachzeichnet.

Umwerfend neu an dieser »Judenbuche«, die im Laufe der Jahre in fast allen Weltsprachen übersetzt und in über fünf Millionen Exemplaren verbreitet wurde, ist der ungeschminkte Realismus, mit dem Land und Leute Westfalens vorgeführt werden. Hinter der genau gezeichneten Wirklichkeit schimmert jedoch immer etwas Schicksalhaftes und Unheimliches durch, das Annettes höchst private Domäne war. Eben diese diffusen Zwischentöne machen den unvergänglichen Zauber dieser Novelle aus und wiegen unverkennbare Mängel des Aufbaus und der Gesamtkonstruktion auf.

Unvergeßlich der Tod des Vaters, der sich im Rausch Gesicht und Hände an einem Flaschenhals zerschneidet, unübertrefflich auch die Schilderung jener gespenstischen Nacht, in der Friedrichs Vater tot ins Haus geschafft wird. Die Handlung entwickelt sich gelassen von einem Höhepunkt zum anderen. Gleichwohl führt die Dichterin auch mit nicht alltäglicher Sachkenntnis in das soziale Umfeld des Geschehens ein.

»Unter höchst einfachen und häufig unzulänglichen Gesetzen waren die Begriffe der Einwohner von Recht und Unrecht einigermaßen in Verwirrung geraten, oder vielmehr es hatte sich neben dem gesetzlichen ein zweites Recht gebildet, ein Recht der öffentlichen Meinung, der Gewohnheit und der durch Vernachlässigung entstandenen Verjährung«, belehrt die Hülshoff ihre Leser. »Die Gutsbesitzer, denen die niedrige Gerichtsbarkeit zustand, straften und belohnten nach ihrer in den meisten Fällen redlichen Einsicht; der Untergebene tat, was ihm ausführbar und mit einem etwas weiteren Gewissen verträglich schien, und nur dem Verlierenden fiel es zuweilen ein, in alten staubichten Urkunden nachzuschlagen...

Ein Menschenschlag, unruhiger und unternehmender als seine Nachbarn, ließ in dem kleinen Staate, von dem wir reden, manches weit greller hervortreten als anderswo unter gleichen Umständen. Holz- und Jagdfrevel waren an der Tagesordnung, und bei den häufig vorfallenden Schlägereien hatte sich jeder selbst seines zerschlagenen Kopfes zu trösten. Da jedoch große und ergiebige Waldungen den Hauptreichtum des Landes ausmachten, ward allerdings scharf über die Forsten gewacht, aber weniger auf gesetzlichem Wege als in stets erneuten Versuchen, Gewalt und List mit gleichen Waffen zu überbieten.

Das Dorf B. galt für die hochmütigste, schlaueste und kühnste Gemeinde des ganzen Fürstentums. Seine Lage in stolzer Waldeinsamkeit mochte schon früh den angeborenen Starrsinn der Gemüter nähren, die Nähe des Flusses, der in die See mündete und bedeckte Fahrzeuge trug, groß genug, um Schiffbauholz bequem und sicher außer Land zu führen, trug sehr dazu bei, die natürliche Kühnheit der Holzfrevler zu ermutigen, und der Umstand, daß alles von Förstern wimmelte, konnte hier nur aufregend wirken, da bei den häufig vorkommenden Scharmützeln der Vorteil meist auf seiten der Bauern blieb.«

Ganz im Mittelpunkt des dramatischen Geschehens steht die Szene, in der Friedrich Mergel Beihilfe zur Ermordung des Försters Brandes leistet. Hier erlangt Annettes Sprache eine atmosphärische Verdichtung, die den Leser nicht mehr losläßt:

»Es war im Juni 1756 früh um drei Uhr; der Mond stand klar am Himmel, aber sein Glanz fing an zu ermatten, und im Osten zeigte sich bereits ein schmaler gelber Streifen, der den Horizont besäumte und den Eingang einer engen Talschlucht wie mit einem Goldbande schloß. Friedrich lag im Grase nach seiner gewohnten Weise und schnitzelte an einem Weidenstabe, dessen knotigem Ende er die Gestalt eines ungeschlachten Tieres zu geben versuchte. Er sah übermüdet aus, gähnte, ließ mitunter seinen Kopf an einem verwitterten Stammknorren ruhen und Blicke, dämmeriger als der Horizont, über den mit Gestrüpp und Aufschlag fast verwachsenen Eingang des Grundes streifen. Ein paarmal belebten sich seine Augen und nahmen den ihnen eigentümlichen glasartigen Glanz an, aber gleich nachher schloß er sie wieder halb und gähnte und dehnte sich, wie es nur faulen Hirten erlaubt ist. Sein Hund lag in einiger Entfernung nah bei den Kühen, die unbekümmert um die Forstgesetze ebenso oft den jungen Baumspitzen als dem Grase zusprachen und in die frische Morgenluft schnaubten.

Aus dem Wald drang von Zeit zu Zeit ein dumpfer, krachender Schall; der Ton hielt nur einige Sekunden an, begleitet von einem langen Echo an den Bergwänden, und wiederholte sich alle fünf bis acht Minuten. Friedrich achtete nicht darauf; nur zuweilen, wenn das Getöse ungewöhnlich stark oder anhaltender war, hob er den Kopf und ließ seine Blicke langsam über die verschiedenen Pfade gleiten, die ihren Ausgang im Waldgrunde fanden.

Es fing bereits stark zu dämmern an; die Vögel begannen leise zu zwitschern, und der Tau stieg fühlbar aus dem Grunde. Friedrich war an dem Stamm hinabgeglitten und starrte, die Arme über den Kopf verschlungen, in das leise einschleichende Morgenrot. Plötzlich fuhr er auf: über sein Gesicht fuhr ein Blitz, er horchte einige Sekunden mit vorgebeugtem Oberleib wie ein Jagdhund, dem die Luft Witterung zuträgt. Dann schob er schnell zwei Finger in den Mund und pfiff gellend und anhaltend. – ›Fidel, du verfluchtes Tier!‹ Ein Steinwurf traf die Seite des unbesorgten Hundes, der, vom Schlafe aufgeschreckt, zuerst um sich biß und dann heulend auf drei Beinen dort den Trost suchte, von wo das Übel ausgegangen war.

In demselben Augenblick wurden die Zweige eines nahen Gebüsches zurückgeschoben und ein Mann trat heraus, im grünen Jägerrock, den silbernen Wappenschild am Arm, die gespannte Büchse in der Hand. Er ließ schnell seine Blicke über die Schlucht fahren und sie dann mit besonderer Schärfe auf dem Knaben verweilen, trat dann vor, winkte nach dem Gebüsch, und allmählich wurden sieben bis acht Männer sichtbar, alle in ähnlicher Kleidung, Weidmesser im Gürtel und die gespannten Gewehre in der Hand.«

Auffallenderweise hat die Droste von ihren Prosaarbeiten

lediglich die »Judenbuche« vollenden können. Sicher waren es vor allem ihre körperlichen Malaisen, die sie daran hinderten, in enervierender Kleinarbeit einen großen Wurf zu bewältigen. Aber immerhin: Mit dieser Erzählung hatte sie sich den Status einer arrivierten Schriftstellerin erschrieben.

Hier, das spürte man sogleich heraus, war mehr als eine westfälische Dorfgeschichte im Stil einer biedermeierlichen Idylle entstanden. Man hatte es mit nicht mehr oder weniger als mit einer Schicksalstragödie im bäuerlichen Milieu zu tun, die mit einem stupenden psychologischen Realismus vorgetragen war. Dabei hatte die Dichterin in der Anwendung ihrer Stilmittel durchaus nicht immer eine sichere Hand bewiesen. Sie hatte vielmehr zwischen einer oft ausufernden epischen Breite und einem nur noch andeutenden Sagastil geschwankt.

Nach vielen vergeblichen Anläufen hatte die Droste nun einen geradezu sublimen Grad von Wirklichkeitsnähe erreicht, den die Jungdeutschen für sich reklamierten. Dabei stand dieses Fräulein den Realitäten des Lebens offenbar ungleich näher als die Vertreter der Großstadtliteratur, die damals mit einem Alleinvertretungsanspruch in die Literatur eingetreten waren. Da Annette mit aller Emphase für das »Natürliche« in der Literatur plädierte, waren die »Blasierten« ihre gegebenen Kontrahenten. Wie sie über die Literatur ihrer Zeit dachte, verriet sie in einem im Februar 1838 an Luise von Bornstedt gerichteten Brief, in dem sie auf Heinrich Laube anspielte, den sie für einen Juden hielt.

»Er hat wenigstens alles, was die Schriftsteller dieses Volkes bezeichnet: Geist, Witz, Grimm gegen alle bestehenden Formen, sonderlich die christlichen und bürgerlichen, Haschen nach Effekt, Aufgeblasenheit und eine stentorische Manier, das Wort in der literarischen Welt an sich zu reißen. Einseitigkeit, die aber nicht aus dem Verstande, sondern aus reinem Dünkel hervorgeht – kurz, ist er kein Jude, so verdiente er, einer zu sein. Und geistreich bleibt er jedenfalls, ob Jude oder Christ.«

Im übrigen hatte die Droste etwa in der Gestalt des dämonisierten Onkel Simon bereits den Prototyp des modernen Agnostikers und Materialisten, der nur noch seinem Profit nachjagt, vorweggenommen. Die »Blaukittel«, die Holz- und Wilddiebe, verkörpern hingegen einen Sozialismus, der sich von allen überkommenen Werten abnabelt und, mit dem entsprechenden ideologischen Rüstzeug ausgestattet, seinen Vernichtungskampf gegen die bestehenden Ordnungsmächte, die von den Förstern vertreten werden, aufgenommen hat. Selbst die Wälder müssen dem unerbittlichen Ansturm der entfesselten und emanzipierten Massen weichen. Annette kann in diesen Untergrundgestalten, die zum Letzten entschlossen sind, nur noch den unheimlichen Vortrupp einer neuen Weltgesinnung erblikken, vor der ihr zu grauen beginnt.

Übrigens war es Levin Schücking gewesen, der Annettes Beziehungen zur Redaktion des Cottaschen »Morgenblattes« angebahnt hatte. Dessen Redakteur Hermann Hauff, ein Bruder des »Lichtenstein«-Autors Wilhelm Hauff, hatte das ihm zugeleitete Manuskript zuerst für eine Arbeit Schückings gehalten. Er war es dann auch, der dieser Erzählung ihren endgültigen Titel »Judenbuche« verlieh. Den Untertitel behielt man bei, da der Tatbestand eines »Sittengemäldes aus dem gebirgichten Westfalen« durchaus erfüllt erschien. Die ausführliche Schilderung etwa einer echten Bauernhochzeit sprach dafür.

Die Beziehungen zu dem vielgewandten Schücking, der sie recht eigentlich erst in die literarische Welt einführte, hatte Annette nicht wieder abreißen lassen, seitdem sie ihm im Hause ihrer jugendlichen Freundin Elise Rüdiger begegnet war. Gleichwohl war diese neue Kontaktaufnahme keineswegs so spontan, wie man vielleicht annehmen sollte. Annette begegnete diesem jugendlichen Heißsporn im Gegenteil mit einer gehörigen Portion Skepsis. Seine dandyhaften Allüren entsprachen keineswegs ihren Vorstellungen von einem jungen Mann, der sich dem Geiste verpflichtet fühlte und hochtrabende literarische Ambitionen an den Tag legte.

Aufschlußreich daher auch der Brief, den Annette am 24. Oktober 1837 an ihre Mutter richtet, die sich damals gerade bei Jenny in Eppishausen aufhält.

»Es ist jetzt ein Sohn der Katharina Busch in Münster«, heißt es da noch etwas distanziert. »Er ist in einer üblen Lage. Sein Vater, der immer ein mauvais sujet war und bloß seiner Frau zuliebe noch nicht abgesetzt war, ist es jetzt wirklich und auf dem Punkte, nach Amerika zu gehen. Levin will ihn nicht begleiten, weil er für das, was er gelernt hat, dort kein Brot finden würde. So sitzt er in Münster und wartet auf Gottes Barmherzigkeit und gibt seine letzten Groschen aus. Aber was soll er machen? Er läuft genug um eine Stelle als Hofmeister, ist aber schon zweimal abgefahren, erst beim Erbdrosten und dann bei Westphalens. Er ist betrübt; er soll sehr brav sein und ausgezeichnete Kenntnisse besitzen, aber er sieht aus und hat Manieren wie ein Stutzer.«

Da Schücking nicht eben schweren Herzens auf die geplante juristische Laufbahn verzichtet hatte, setzte er einiges daran, die höchst riskante Existenz eines freien Schriftstellers anzusteuern. Er konnte sich dabei auf seine sicher nicht unerheblichen schriftstellerischen Talente verlassen. Gleichwohl hätte für ihn von allem Anfang an feststehen müssen, daß er als Lyriker oder Romancier kaum erhebliche Lorbeeren ernten würde.

Levin Schücking

Er ragte da kaum über ein erträgliches Mittelmaß hinaus. Seine kritischen Fähigkeiten waren hingegen ungleich mehr entwikkelt.

Annette schätzte die spezifischen Talente Levins sogleich richtig ein. Sie setzte ihn als Autor in Beziehung zu August Wilhelm Schlegel, den sie ja selbst in Bonn kennen gelernt hatte. Es sollte sich dann auch herausstellen, daß Levin wirklich über ein ungemein geschärftes literarisches Wertgefühl verfügte. Im übrigen besaß er darüber hinaus auch die unverkennbaren Talente eines Literaturmanagers, der ein Leben lang damit beschäftigt war, literarische Arrangements zu treffen und auszubauen.

In ihm steckte durchaus ein Mann von Welt, der eigentlich so ganz und gar nicht bloß für eine Schreibtischexistenz geschaffen war. Er überblickte den Literaturbetrieb seiner Zeit wie wenige und pflegte Beziehungen und Verbindungen anzuknüpfen, von denen nicht nur er selbst profitierte. Heute steht fest, daß er Annette von Droste überhaupt erst in die Literaturszene eingeführt hat. Immer und überall konnte diese sich auf Schückings selbstlose Hilfestellung verlassen. Andererseits kann man auch nicht verschweigen, daß sie ihm bei seinen Arbeiten immer sekundierte, wenn sie eine Notwendigkeit dazu einsah. So gab sie ihm Anregungen zu seiner Erzählung »Das Familienschild«, und auch an der Konzeption des »Stiftsfräuleins«, die in die gemeinsam verbrachten Meersburger Wochen fiel, hatte sie bestimmenden Anteil genommen.

Es spricht sehr für die Großherzigkeit Schückings, dem selbst der Einzug in die oberen Ränge der deutschen Literaturgeschichte versagt blieb, daß er die geistige und künstlerische Überlegenheit Annettes immer anerkannt hat. Der Kritiker in ihm ließ nie einen Zweifel am exzeptionellen Rang von Annettes Arbeiten aufkommen. Eben darum fühlte er sich geradezu berufen, ihr Genie, von dem er überzeugt war, entfalten zu helfen und ihr den Weg in die literarische Öffentlichkeit zu bahnen.

»Sie ist eine ganz eigentümliche, in jeder Beziehung originelle und tief gediegene Erscheinung«, glaubte er zu wissen. Und da die Droste Levins Selbstlosigkeit witterte, ließ sie sich von dem um so viele Jahre Jüngeren in manchen Bereichen des Lebens wie von einem Mentor leiten. In der Regel ging sie auf seine immer gutgemeinten Anregungen und Ratschläge ein. Zuweilen forderte sie diese sogar direkt heraus. »Weiß der Henker, was Du für eine imponierende Macht über mich hast«, bekannte sie ihm freimütig.

Levin Schücking zeigte sich neidlos an allem interessiert, was Annette in ihrer Abgeschiedenheit hervorbrachte. Er hat sie, wie bereits erwähnt, indirekt zu ihren westfälischen Balladen inspiriert. Überhaupt betätigte er sich als ständiger Promotor, wenn es sich um die Fertigstellung ihrer Beiträge an dem Westfalen-Projekt handelte, das beiden so dringend am Herzen lag. Auch an der gestrafften Endfassung der »Judenbuche« war Levin nicht ganz unbeteiligt. Wichtig für unsere Literaturgeschichte war aber vor allem, daß es ihm gelang, Annette von der Verserzählung, die ganz gewiß nicht ihre Stärke war, hinweg zum reinen Gedicht überredet zu haben. Ihre Produktionsschwemme auf der Meersburg hatte sie der Nähe des Freundes zu verdanken, der einen ihr bis dahin unbekannten seelischen Elan ausgelöst hatte. Insofern hat die Literatur ihm indirekt ungemein viel zu verdanken.

Daß Annette damals der Ehrgeiz nicht ruhen ließ, in kurzer Zeit eine festgelegte Zahl von Gedichten abzuliefern, gehört mit Sicherheit ins Reich der Droste-Legende. Natürlich war sie sich darüber im klaren, daß man Gedichte nicht herbeikommandieren kann. Sie hatte sich vielmehr mit Levin gemeinsam vorgenommen, in jenem denkwürdigen Winter 1841/42 »etwas Ordentliches« zu leisten. Man maß in einem edlen Wettstreit seine schöpferischen Kräfte miteinander. Das Ergebnis dieses Kräftemessens war dann auch, wenigstens soweit es Annette betraf, erstaunlich.

Ihre gemeinsamen Diskussionen trugen natürlich entschieden zur Klärung noch diffuser ästhetischer Vorstellungen bei. Annette war zeit ihres Lebens stets bereit gewesen, noch etwas hinzuzulernen, falls Gegenargumente sie überzeugten. Selbstkritik gehörte zu ihren hervorstechenden Tugenden. Immer wieder konnte sie daher die Feile ansetzen, wenn sie bei einer Wendung oder Passage zu stutzen begann. Dann nahm sie sich die Zeit, um an jedem Satzgebilde hingebungsvoll zu ziselieren.

Seine kritischen Einwände pflegte Levin in einer Weise vorzubringen, die Annette nie verletzen konnte. Oft versteckte er seine Kritik sogar in geschickte, aber durchaus ernstgemeinte Komplimente. »Trotzdem glaube ich«, gestand er ihr einmal ein, »daß unter unseren Zeitgenossen niemand mehr ist, der eigentlich klassisch schreiben kann, Sie ausgenommen...

Les' ich eins von Freiligrath, vom Dingelstedt, so ist's etwa, als wenn ich etwas läse, was ich mir verwandt, ebenbürtig fühle – es kann mich wohl überraschen, aber nicht mir den Eindruck des Tiefen und Gediegenen, mit wunderbarer Intuition auf einem fremden Felde Gepflückten machen, was Poesien von Shakespeare, W. Scott (Byron nicht, Coleridge zuweilen) und von Ihnen für mich haben. Ich muß dabei bleiben, sie sind klassisch, Ihre Gedichte.«

Immer wieder feuert er sie an, auch noch das Letzte aus sich herauszuholen und keine Arbeit aus ihrer Werkstatt zu entlassen, ohne daß sie nicht unendliche Male durch ihre prüfenden Hände gegangen ist. »Wie wunderschön würde Ihr Arensberger geworden sein, hätten Sie ein paar Tage den Stoff erst in Ihrem Kopf herumgetragen!« gibt er ihr beispielsweise zu bedenken. »Jetzt ist er für die Weiberzeitung ein glänzender Beitrag.«

Solche gutgemeinten kritischen Ratschläge verfehlten ihre Wirkung auf Annette keineswegs. Während Schlüter sie auf eine enge religiöse Thematik festnageln wollte, gab sich Schükking alle Mühe, sie in eine eher umgekehrte Richtung zu lancieren. Die Art von Klassizität, die er vertrat, schloß eine selbstverständliche Originalität mit ein.

Die für ihn alles andere als erhebende Erkenntnis, daß sein eigenes Werk nicht dieser Kategorie von Klassizität zuzuordnen war, trug Levin mit erstaunlicher Fassung. Ihm fehlten nun einmal, wie er sich klaglos eingestand, Originalität und Tiefgang, die er zu Recht bei Annette bewunderte.

»Sie halten sich nicht immer auf der gleichen Höhe«, bemerkte er durchaus kritisch. »Große Wahrheit wird mitunter durch Affektiertes, oft nur durch einzelne Ausdrücke, gestört. Szenen voll der tiefsten Feinheit durch solche, nach denen man wenig Menschenkenntnis voraussetzen sollte... Sie greifen dann gleichsam mit der vollen Hand in die Tinte und setzen dem reizendsten Gedicht einen Flecken auf, der schwerlich für ein Schönheitspflästerchen durchgeht.«

Natürlich fühlte sich auch der Autor Schücking durch Annettes Gegenwart merklich veredelt. Später legte er nicht mehr extrem hohe Ansprüche an seine Arbeiten. Er überließ sich sogar ganz dem Trend der Zeit, und eben dieses Arrangement mit dem Zeitgeschmack und gewissen literarischen Moderichtungen war seiner künstlerischen Entwicklung nicht gerade förderlich.

Als Adele Schopenhauer 1840 im Rüschhaus weilte, hatte sie Gelegenheit, das Verhältnis Annettes zu Levin mit weiblicher Einfühlsamkeit aus der Nähe zu beobachten. Bezeichnenderweise fertigte sie damals eine Zeichnung an, auf der zwei Kinder einen beflügelten, ihnen entschwebenden Stern zu fangen versuchen. Damit wollte diese kluge Beobachterin durch eine treffende Metapher die beiden charakterisieren: »Levin steckt noch in der Eierschale; ich fühle sein Talent, doch kann er nicht heraus. Levin hat keinen Mut, helfen Sie ihm los, Annette.«

Annette konnte diesen heimlichen Prinzen allerdings nicht erlösen. Aber soviel war ihr sicher, daß sich gegen ihren eigentlichen Willen immer mehr weibliche Empfindungen in ihre ursprünglich mütterlichen Gefühle mischten. Es war eben doch mehr als Sympathie, was sie für diesen heranreifenden Mann empfand. So pflegte sie dieses Bündnis, das zunächst auf gleichgerichteten Interessen basierte und in dem sie zunehmend den gestaltenden, den eigentlich männlichen Part übernommen hatte. Da sie von männlicher Zuneigung nicht gerade verwöhnt worden war, tat sich ihr nun der Himmel auf. Vieles in ihr geriet in eine kaum noch zu bändigende Bewegung. Diesem spontanen Jubelausbruch aus einem übervollen Herzen verdankt die deutsche Literatur einige ihrer anrührendsten Liebesgedichte wie dieses:

»Wie war mein Dasein abgeschlossen,
Als ich im grünumhegten Haus
Durch Lerchenschlag und Fichtensprossen
Noch träumt' in den Azur hinaus.

...
Wohl sah ich freundliche Gestalten
Am Horizont vorüberfliehn;
Ich konnte heiße Hände halten
Und heiße Lippen an mich ziehn.

...
Ich fühlte ihres Hauches Fächeln
Und war doch keine Blume süß;
Ich sah der Liebe Engel lächeln
Und hatte doch kein Paradies.

...
Dem Wald ließ ich ein Lied erschallen,
Wie nie vor einem Menschenohr,
Und meine Träne ließ ich fallen,
Die heiße, in den Blumenflor.

...
Wie ist das anders nun geworden,
Seit ich ins Auge Dir geblickt!
Wie ist nun jeder Welle Borden
Ein Menschenbildnis eingedrückt!

Wie fühl' ich allen warmen Händen
Nun ihre leisen Pulse nach,
Und jedem Blick sein scheues Wenden
Und jeder schweren Brust ein Ach!

Und alle Pfade möcht' ich fragen:
Wo zieht ihr hin? Wo ist das Haus,

In dem lebend'ge Herzen schlagen,
Lebend'ger Odem schwillt hinaus?

Entzünden möcht' ich alle Kerzen
Und rufen jedem müden Sein;
Auf ist mein Paradies im Herzen,
Zieht alle, alle nun hinein!«

Annette war durch ihre Begegnung mit Levin Schücking zu einem neuen Leben erwacht, von dem sie bis dahin nicht einmal zu träumen gewagt hätte. Irgendeine bis dahin unbekannte Quelle war in ihr aufgebrochen. Verständlich daher, daß sie in eine neue Produktivitätsphase hineinwuchs. Aber auch Levin entdeckte sich neu. »Wissen Sie, was mir jetzt Freude macht?« fragte er die Freundin im Dezember 1840. »Daß ich nicht größer und massiger bin, was mich früher ärgerte... Wenn ich größer wäre, glaub ich, könnte ich nicht so gut Ihr Junge sein... Es ist wunderbar mit unserer Ähnlichkeit! Ich will's Ihnen erklären: es ist erstens die westfälische, zweitens vielleicht auch etwas von Dichternatur in mir, drittens aber den lebhaften Wunsch meiner Mutter, eine Tochter zu haben, und dabei hat sie wahrscheinlich an Sie gedacht und sich ein Mädchen wie Nette Hülshoff ausgemalt. Das allein erklärt die Sache und zudem etwas Weibliches, Geduldiges, Anschmiegsames in meiner Natur, was mich unter meinen Freunden immer die philisterhaften Charaktere und Gesinnungsfesten hat aussuchen lassen, die gewöhnlich sehr beschränkt, aber durch markiertes, festes Wesen sich auszeichneten. Mit Junkmann zum Beispiel komme ich gar nicht aus, der ist mir viel zu weiblich, nicht Mann genug. Sie dagegen haben einen männlich klaren, ordnenden Verstand bekommen, einen Geist, der mit dem weiblichen Interesse für das Einzelne den männlichen Aufschwung zum Ganzen verbindet.«

In der Tat: eine betont weibliche Komponente seines Wesens erleichtert es Schücking ungemein, sich weitgehend den Denkgewohnheiten Annettes anzupassen. Ihr zuliebe distanziert er sich sogar eine Zeitlang von jenen liberalistischen Tendenzen, gegen die er keineswegs immun war.

»Ich schicke Ihnen einen Brief von Gutzkow mit«, schreibt er ihr einmal. »Seinen ›Telegraph‹ habe ich aber keine Lust zu nehmen. Ich bin zu aristokratisch dazu, mich in die sanskülottische Demagogie des Journalismus zu begeben... Der ›Telegraph‹ ist ein Organ von allerhand ultraliberalen Ansichten, die ich nicht als Redakteur gutheißen und in die Welt senden mag... Kurz, ich bin zu gut zum Journalismus.«

Schücking schließt seinen Brief mit einem Hauch von Zärtlichkeit, die an der Echtheit ihrer gegenseitigen Zuneigung keinen Zweifel mehr läßt: »Bin müde, Mütterchen, erzählen Sie mir etwas; ich will die Augen zumachen und hören, wie Sie sprechen, oder von Ihnen träumen. Gestern Nacht träumte ich von Ihnen. Sie saßen und schrieben hinter zwei Wachskerzen wie eine weiße Frau. Mütterchen, lieb Mütterchen, ich habe gewiß im Schlafe Sie gesehen und bin magnetisch bei Ihnen gewesen, während Sie an mich geschrieben haben. Bekomme ich das morgen? Segen über Sie, mein armes geplagtes Mütterchen.«

Kein Zweifel: Annette hatte in Schücking endlich einen Partner gefunden, mit dem sie sich geistig austauschen konnte und der zudem den Altersunterschied mühelos überspielte. Die gemeinsame Arbeit am »Malerischen und romantischen Westfalen« rückte sie immer enger zusammen. Eine verläßlichere Mitarbeiterin hätte sich Schücking jedenfalls nicht wünschen können. Sie lieferte nicht nur praktikable Anregungen und hieb- und stichfestes Material, sie half darüber hinaus auch bei Korrekturarbeiten. Daß ihr Name im Impressum nicht auftauchte, spricht für den Amateurstatus der Dichterin, die alle anderen Mitarbeiter durchaus »in die Tasche steckte«, wie Levin nicht verheimlichen konnte. Als Dichterin von Balladen hielt er sie sogar für unübertrefflich.

»Vor Ihren Balladen habe ich so viel Respekt«, gestand er ihr freimütig. »Denken Sie, auf Ihre Verheißung von mehreren noch hab' ich, um mehr Raum dafür zu haben, auf der Stelle ein eigenes langes Gedicht mit großartig kräftigen Zügen im Manuskript durchgestrichen. Mehr kann ein Poet des 19ten Jahrhunderts doch nicht tun, und ich weiß auch nicht, ob ich dies über mich vermocht hätte, wenn der Tieck oder der Lenau sich erboten hätten, den Raum zu füllen.

Sehen Sie, Mütterchen, das kommt daher: ich habe Sie zwar so lieb, daß ich leichter als andere Menschen geneigt bin, Ihre Gedichte schlecht zu finden – gerade weil ich meine, was Sie machten, müßte immer gleich ein Wunder an Fürtrefflichkeit sein. Bei allen Dichtern unserer Zeit fühle ich ein Dilettantenhaftes, hier und da Mattes, Freiligrath und Lenau nicht ausgenommen...

Was ich aber sagen wollte, Mütterchen, so was Schönes wie die ›Vorgeschichte‹, das in seiner Art ebenso vollendet ist wie ein Werk von Shakespeare, macht sich nicht ohne Mühe. Shakespeare hat unendlich ausgearbeitet und gefeilt. Wenn Sie mir auch einwerfen, aber ich habe die ›Vorgeschichte‹ in zwei Stunden gemacht, so täuschen Sie sich selbst.

Der Zeitraum mag nur zwei Stunden gewesen sein, aber in dieser kurzen Zeit sind Sie so intensiv lebendig gewesen, daß Ihr Leben in diesen zwei Stunden so gut wie ein Leben von acht Tagen in weniger angeregter Stimmung war... Deshalb müssen Sie mit mehr Muße die Sache überlegen, wenden, feilen, liebes Mütterchen, und ich bin überzeugt, Sie schaffen in jedem neuen Gedicht eine Art von exklusiver Poesie, die Ihnen niemand nachmacht, ein Meisterstück.«

Adele Schopenhauer

Vom 18. März bis zum 6. Juni 1840 stattete Adele Schopenhauer einen Besuch im weltentlegenen Rüschhaus ab. Diese Wochen und Monate waren, aufs ganze gesehen, eine besonders unbeschwerte Zeit in Annettes Leben. Die Tochter einer bestimmenden und dominierenden Mutter, in deren

Halbschatten sie stand, und Schwester eines genialen Bruders, die in ihrer Kindheit einmal Goethes erklärter Liebling gewesen war, steckte voller geistreicher Ideen, die sie ungemein liebenswert machten. In ihrer Bescheidenheit ist sie ein idealer Gast. Sie versteht ihre Häßlichkeit mit einem erstaunlichen Charme des Herzens zu überspielen. Als Ausgleich dafür, daß die Natur sie so sträflich vernachlässigt hat, ist sie mit vielen Talenten gesegnet, die sie im Laufe ihres Lebens gar nicht alle voll ausspielen kann. So ist sie eine ausgezeichnete Zeichnerin. Von ihrer Feder stammt übrigens eines der charakteristischsten Porträts Annettes, wie sie am Ende ihres schwarzen Wachstuchsofas im Türkensitz hockt und sprühend konversiert. Ihr schriftstellerisches Talent hat Adele Schopenhauer vor allem in ihrem »Tagebuch einer Einsamen« noch nach dem Tode ihrer schriftstellernden Mutter beweisen können.

Die Droste hätte sich in diesen Wochen keine bessere und geduldigere Gesprächspartnerin als eben Adele Schopenhauer denken können. Diese stellt sich als ein wahres Genie der Freundschaft heraus. Darüber hinaus stellt sie für Annette die direkte Verbindung zur Weimarer Klassik her. Von klein auf ist sie die Busenfreundin von Ottilie von Pogwisch gewesen, die dann Goethes Schwiegertochter wurde und ihm im Alter den Haushalt führte. Diesmal kam sie aus Jena, und dorthin entschwand sie auch wieder, die Freundin in einer eher euphorischen Stimmung zurücklassend.

Adele war knapp ein halbes Jahr jünger als Annette und starb nur wenige Wochen nach ihr. Ohne Zweifel gehörte sie zu den ganz wenigen, die schon zu Lebzeiten Annettes deren besonderen literarischen Rang erkannt hatten.

»Es gehört eine Konstellation der äußeren Umstände dazu, die schwierig ist, um einen Dichter zu bilden in unserer industriellen, luxuriösen, unreinen, politisch, sittlich, religiös halbverderbten, halb unentwickelten Zeit, die halbgeboren schon der Verwesung angehört«, urteilte Adele überlegen. »Es gehört eine unendlich reine Natur, eine herrliche Konstitution

Annette auf ihrem Sofa.
Zeichnung von Adele Schopenhauer

der Seele und des Körpers dazu, um ein Dichter zu bleiben nach dem ersten Auftreten. Sie sind gar nicht in der Welt, erst eben in Ihrer Provinz, fast sagte ich, in Ihrer Familie, aufgetreten, und wie reift alles an dem kaum geborenen, wie ein Schmetterling noch mit feuchtem unversuchten Flügel sich still entfaltenden Talent!«

Die Tage im Münsterland rechnete die etwas vom Leben vernachlässigte Adele Schopenhauer zu den Höhepunkten ihres Lebens. »Ich denke mit großer Liebe an Rüschhaus, an seine Räume, und wie sehr an seine Waldgegend und seine tausend Insekten, Vögel, Katzen und Hunde und Hühner! An seine sonderbaren Menschen, Maria und die Amme und so fort.«

Das Verhältnis Annettes zu Schücking hatte sie aus nächster Nähe Gelegenheit, mit aller Dezenz einer Dame von Welt zu beobachten. Schücking selbst beschreibt ihre skurrile Erscheinung mit der entwaffnenden Bemerkung, »die Grazien seien in empörender Weise von ihrer Wiege ferngeblieben«. Und weiter: »Die große knochige Gestalt trug einen Kopf von ungewöhnlicher Häßlichkeit; er war rund wie ein Apfel; er wäre vom Typus der Tataren gewesen, wenn er in seiner eigensinnigen Originalität nicht jedem Typus gespottet hätte. Aber ein paar ernste, treue Frauenaugen leuchteten aus diesem Kopf, und niemand konnte sie kennen lernen, ohne sich bald von ihr angezogen zu fühlen, von einem Charakter von seltener anspruchsvoller Tüchtigkeit.«

Annette ließ ihre Freundin nur ungern wieder ziehen. Sie fühlte sich von ihr offenbar mehr als von allen anderen weiblichen Wesen ihrer Umgebung verstanden. Sie hatte zeit ihres Lebens ein besonderes Faible für originellere Naturen wie etwa auch für Heinrich Straube, der selbst von seinen intimen Freunden nie ganz ernstgenommen wurde, obwohl viele ihn damals für ein Genie hielten, das er nun ganz gewiß nicht war. Solche Freundschaften schufen der Dichterin eine Gegenwelt zur Geborgenheit der eigenen Familie, aus der auszubrechen, sie nie die entscheidende Kraft aufgebracht hat.

Adele Schopenhauer war auf weite Strecken hin so etwas wie das literarische Gewissen der Droste. Mit feinem kritischen Gespür fahndete sie nach Stilbrüchen im Werk der Freundin. Immer wieder auch versuchte sie, Verleger und Rezensenten für sie zu mobilisieren. Sie war in der Tat ein Muster an Selbstlosigkeit und Einsatzfreude.

»Ich könnte Sie um ihr gewaltiges Talent beneiden, wenn ich

mir irgendein Talent wünschte«, schrieb sie der Freundin. »Und doch, Nette, so innig ich Ihre Gedichte bewundere, so naturkräftig und treu Sie schildern – fast erinnern Sie mich darin an die Naubert –, so himmlisch Ihre Naturbilder, so kühn und groß Ihre Bewegungen in diesem Ideen- und Bildermeere sind, so habe ich doch nicht eine Minute daran gedacht, daß ich so die Feder führen möchte.«

Meersburger Ernte

Es war eine abgemachte Sache, daß Jenny von Laßberg im Sommer 1841 die weite Reise vom Bodensee ins heimische Münsterland antreten sollte, um der westfälischen Verwandtschaft ihre Zwillinge vorzuführen und im heimatlich vertrauten Rüschhaus Erinnerungen auszutauschen. Im Herbst, so hatte man disponiert, sollte sie dann mit Mutter und Schwester wieder die Rückreise antreten.

Fieberhaft wurden die Vorbereitungen für diesen Besuch auf Rüschhaus getroffen. Vor allen nahm Therese von Droste ihre Großmutterpflichten brennend ernst. Sie möchte ihren nun sechsjährigen Enkelinnen um jeden Preis ein wenig Abwechselung verschaffen.

»Mama läuft zu ihrem Vergnügen zweimal an einem Tage nach Nienberge«, verrät Annette der Schwester. »Die Hülshoffer Kinder fand sie nicht ganz so liebenswürdig und schön wie früher. Du hast Sie mit Deinen Kindern verwöhnt, an die sie Tag und Nacht denkt und sich allerlei Pläsiers für sie aussinnt. Du kannst nicht glauben, wie sie alles darauf berechnet. Eine unserer Kühe wollte gerade kalben, da sagte sie, sie wolle das Junge aufziehen, wenn es auch ein Ochse wäre, damit die Kinder doch ein Kälbchen fänden. Das ist für sie, die das unnütz fressende Vieh so haßt, sehr viel.

Ich wollte doch auch das meinige tun und habe ein klein dreifarbig Kätzchen gekauft, da wir selber keine Jungen hatten. Wer uns aber alle übertrifft, das ist meine Alte, die platterdings keinen anderen Gedanken mehr hat; sie macht eine Matte nach der anderen, auch ganz kleine runde mit Henkelchen, ›up de Kinner ehre Nachtpöttkes‹. Gott gebe, daß sich das Wetter nur einigermaßen macht.«

Schon ist das Programm der Besuchstournee bis in alle Details festgelegt, da stellt sich bei der Ankunft der Meersburger heraus, daß beide Kinder an Keuchhusten erkrankt sind. Hildegard und Hildegund, die beiden Vorzeigeobjekte, müssen dementsprechend in Rüschhaus das Zimmer hüten.

Annette benutzt die klösterliche Abgeschiedenheit im Familienkreis und die ersehnte Zweisamkeit mit ihrer Schwester dazu, den Boden dafür zu bereiten, Laßberg für die Anstellung Schückings als Bibliothekar auf der Meersburg zu erwärmen. Dort sind nämlich die unübersehbaren Sammlungen an mittelalterlicher deutscher Literatur zu ordnen.

Levin verfügte über ausreichende Kenntnisse des Mittelhochdeutschen, um sich für eine solche Arbeit prädestiniert zu fühlen. Man engagiert ihn also für den Winter. Damit hat sich Annettes Schlachtplan realisiert, Levin während ihres Aufenthaltes in Meersburg nicht entbehren zu müssen, sondern ihn vielmehr in allernächster Nähe in ständigem Kontakt um sich zu wissen. Sie ahnte noch nicht, daß sie mit diesem Schachzug bereits die schöpferische Periode ihres Lebens, der unsere Literaturgeschichte Gedichte von bisher unerreichter Sprachkraft verdankt, heraufbeschworen hat.

Ende September brach Jenny mit den Kindern und Annette nach Meersburg auf. Therese mußte entgegen der Planung daheim bleiben: sie hatte wegen der Erkrankung ihrer Enkel in Hülshoff Großmutterpflichten zu erfüllen. Man fährt mit der Pferdepost, dem Schiff und schießlich mit der neuen Bahn in den Süden zurück. Wieder ist diese endlose Reise, die sich über Tage hinzieht, für Annette eine wahre körperliche Tortur. Aber der Gedanke an die kommende Gemeinsamkeit mit Levin läßt sie all diese Malaisen ertragen. In Meersburg bezieht sie ein Turmzimmer mit Blick auf den Bodensee und die

Schweizer Berge. Noch ahnt sie nicht, daß die kommenden Wochen und Monate in ihr recht eigentlich die geniale Dichterin wecken werden, als die sie in die Literaturgeschichte eingehen sollte. In einer Lebensphase, in der sie schon nicht mehr an einen künstlerischen Durchbruch glauben mochte, überfiel sie im täglichen Umgang mit Levin ein wahrer Schaffensrausch.

An einem Herbstabend des Jahres 1841 hatte Schücking endlich mit der Post das weltentlegene Meersburg erreicht. Er hatte Grund, von der letzten Etappe seiner mühevollen Reise entzückt zu sein. In seinem »Lebensbericht« hatte er später über seinen Einzug auf der Meersburg folgendes zu berichten:

»Im nächtlichen Dunkel schritt ich über die Holzbrücke, welche über den tiefen, in Felsen gehauenen Burggraben des alten Schlosses an das Burgtor führte. Unten in der Tiefe rauschte eine Mühle, glänzten die Lichter des am Seeufer liegenden Teiles des Städtchens und darüber weithin leuchtete im Sternenlicht wie matter Strahl die Fläche des Bodensees.

Ein alter Burgwart öffnete das Eingangspförtchen; ein Laternenlicht fiel in dem langen niedrigen Torgewölbe, das ich betrat, auf eine Tafel mit einem großen Bild über einer ausgestreckten Hand und der Unterschrift ›Burgfrieden‹...

In den Hof herab fiel ein Lichtschein der erhellten Wohngemächer im ersten Stock. Im Innern führte eine Holztreppe zu ihnen empor, und ich stand bald vor dem alten Freiherrn, dem letzten zum Ritter geschlagenen Mann im römischen Reiche und berühmt als ›Meister Sepp von Eppishusen‹ bei allen schwäbischen Geschichtsfreunden und bei allen Germanisten in deutschen Landen. Eine hohe, trotz seiner Jahre sich straff aufrechthaltenden Gestalt mit einem schönen, ausdrucksvollen Kopf, mit edlen, aber mehr strengen und verschlossenen als offenen Zügen, mit weißem Haar unter einem roten Käppchen und in einem grünen Schnürrock erhob er sich von einer Tric-Trac-Tafel, an der er mit einem Bekannten aus dem Städtchen spielte, und bewillkommnete mich freundlich, mit der aristokratischen Hand seinen dünnen weißen Knebelbart zupfend.

Die Meersburg

Wie ganz zu seiner Burgfrau geschaffen, stand sein Gemahl neben dem alten siebzigjährigen Ritter – ebenfalls eine hohe schlanke Gestalt mit schwanenhaft vorgebeugtem Hals und feinen edlen Zügen, nicht im mindesten der Schwester Annette ähnlich. Niemand in der Welt hätte sie für desselben Blutes Kinder gehalten. Die letztere kam, schwer atmend wie immer, wenn es für sie Treppen zu ersteigen galt, aus ihren Gemächern herüber. Dann tauchten noch zwei kleine Mädel von fünf oder sechs Jahren auf, des alten Herrn Zwillingstöchterchen, und darauf beschränkte sich der Kreis der Insassen der weiten alten Schloßburg.«

Annette war, wie Schücking weiter schildert, in einem runden Turmgemach rechts vom Eingang der Burg untergebracht, wo sie »faul wie ein invalider Mops«, wie sie selbst ironisch zu sagen pflegte, ihre meisten Stunden zubrachte. Hier konnte sie ungestört von der Umwelt ihren Gedanken nachhängen und versuchen, den geplanten Roman »Bei uns zu Lande auf dem Lande« endlich abzuschließen. Leider blieb es bei diesem lobenswerten Vorsatz.

Wie Levin bemerkte, hatte sich Annettes Gesundheit im erträglicheren südlichen Klima merklich gebessert. Sie hielt ihre alte Gewohnheit bei, täglich ihren Spaziergang zu machen. Der Strand des Bodensees lockte natürlich ungemein zu solchen Unternehmungen. Unterwegs pflegte sie Schneckengehäuse und Muscheln, die von den Wellen ans Ufer gespült worden waren, zu sammeln. Nur von den Besuchern des Hausherrn nahm sie kaum Notiz. Immerhin konnte sie in ihrem Turmzimmer letzte Hand an die »Judenbuche« legen, die dann bald schon durch Levins Vermittlung im Cottaschen »Morgenblatt« erschien und einiges Aufsehen erregte.

Schücking hat sich noch in seinen Lebenserinnerungen gern an die gemeinsamen Spaziergänge am Strand des Bodensees entsonnen. Auch im Winter gehörten sie zu den täglichen Ritualen.

»Wie aus den heimatlichen Kämpen Steine, wurden dann hier am Strand die Früchte des schwäbischen Meeres aufgehoben – Muscheln, Schnecken, Tange – und mit dem großen schildplattgefaßten Augenglas gemustert, um endlich demselben Schicksal wie die Steine zu verfallen«, erinnert er sich.

»Geplaudert wurde im langsamen Weiterschreiten von Menschen, von Büchern und von denen, die sie schrieben; aber der liebe Gott hatte uns beide nicht mit den Scheuklappen für alles und jedes, was nicht zum Fache gehört, auf die Welt kommen lassen, mit jenen Scheuklappen für alles, was rechts und links von ihrem Wege liegt, die aus so manchen berühmten Leuten so herzbrechend langweilige Gesellen machten, weil nichts sie interessiert als ihr Ich und *ihr* Schaffen in Gegenwart, Vergangenheit und Zukunft.«

Zwischendurch kommentierte Annette gewisse Vorgänge im Bekanntenkreis ungemein gescheit. Es gelangen ihr psychologische Analysen, »welche ihren merkwürdigen Scharfblick für die Seelen der Menschen bewiesen«.

Schücking gibt daher einige ihrer Bonmots zum besten: »Wenn Ihnen ein Ehegatte viel von seinem Glück spricht, so können Sie darauf schwören, daß beide leben wie Hund und Katze.« Oder: »Schlimm sind die guten Menschen, die bereitwillig ein Unrecht eingestehen und sich bessern wollen. Nur auf die Reue hartnäckiger Sünder ist Verlaß.« – »Wenn zwei sich lieben, glaubt immer der eine des anderen Liebe sei noch viel größer als die seine.« – »Ein Aristokrat ist auch der ärmste Bauer. Etwas, davon ist er überzeugt, versteht er besser wie alle anderen: dem Saatkorn den richtigen Wurf zu geben oder einem lahmen Pferd zu helfen – in dem Ding ist er der Oberste.«

Das waren so Bemerkungen«, fährt Levin fort, »die, humoristisch gewendet, sich in ihr Plaudern flochten. Ich kam zuweilen, im Angesicht der riesigen Alpenbühne, auf meine Sehnsucht nach dem sonnigen Jenseits Italien zu reden. Annette aber teilte diese Schwärmerei nicht im mindesten. Sie glaubt, man werde von da grausam enttäuscht zurückkommen. Die Art von Idealität, welche am Großen, Prächtigen, Glanzumflossenen, von aller Welt Gepriesenen und Verherrlichten sich nährt, war nicht die ihre, und weil sie durch keinen Namen sich imponieren ließ, so auch nicht durch den Klang des Wortes Italien.

Den Rückweg am Seeufer nahmen wir zumeist über die Höhe, durch einen Weinberg mit einem Winzerhäuschen darin, an dem gerastet wurde und wo der ›geschäftige Pygmäe‹, ein beredsames Männlein mit einem Zöpfchen, der mit seiner ebenso alten Baucis da hauste, uns Trauben brachte. Annette hat in ihrem Gedicht ›Die Schenke am See‹ dem Ort ein Erinnerungsblatt hinterlassen.

Wenn wir, wie so oft, hart am Rande der Wellen entlangschritten, darauf erpicht, ihnen Muscheln und hübsche Schnekkengebilde zu entraffen, kamen diese Wellen, die bis an unsere Füße spülten, und sprudelten in die tiefen Fußstapfen hinein, welche der schmale kleine Schuh des westfälischen Edelfräuleins in dem weichen Sand zurückließ. Das konnte für sie nichts

Symbolisches haben, denn die Wellen der Zeit können ›die Spur von ihren Erdentagen‹ nicht fortspülen und auslöschen, aber die steilen und harten Alpenwände, welche jenseits der weiten Wasserfläche im Süd und Ost sich auftürmten, hatten nur zu viel Symbolisches für den Pfad durchs Leben, den ich von dieser Hauptetappe weiter wandern wollte!«

Natürlich hatte man in ästhetischen Fragen oft höchst divergierende Meinungen und geriet sich bei schriftstellerischen Fachsimpeleien gehörig in die Haare.

»Das Fräulein hörte mir dann meist mit einem skeptischen Lächeln um ihren Mund zu«, berichtete Levin. »Auch eines Morgens in der Bibliothek, wo sie meinen Arbeiten zuschaute. Hoffärtig hatte sie mehrmals den Kopf in den Nacken geworfen wie ein mutiges Pferdchen, und was aus ihren Augen mich anblickte, sah weit mehr wie gutmütiger Spott über die ästhetische Doktrin, die ich entwickelte, aus, denn als ein Einverständnis damit.«

Sowohl Annette als auch Levin verwendeten einige Mühe darauf, ihr inniges Verhältnis vor der Umwelt zu verbergen. Um jeden Preis wollten sie jeden gesellschaftlichen Klatsch vermeiden. Schücking war im Südwestturm des Schlosses untergebracht, während Annette im entgegengesetzten Turm ein bescheidenes Domizil mit Bett, Schrank, Tisch und Ofen bezogen hatte. Morgens war Levin in der Regel damit beschäftigt, Codices zu ordnen und zu katalogisieren. Annette blieb in dieser Zeit in ihrem Zimmer und schrieb in einer geradezu hektischen Aufbruchsstimmung ihre Gedichte. Was sie in dieser Zeit zu Papier brachte, gehört zu dem Erlesensten, was sie sich jemals hatte einfallen lassen. In diesen Wochen erwachte in diesem Fräulein vom Stande, das sich in die Literatur verirrt hatte, das Genie. Nun, endlich, stieß sie in die letzten dichterischen Dimensionen vor.

Levin entging dieser vehemente Reifungsprozeß keineswegs. Die Nähe eines jungen Mannes, für den sie inzwischen weit mehr als nur mütterliche Empfindungen hegte, hatte sie in eine geradezu explosive schöpferische Lage versetzt, in der sich ihre »wilde Seele« ungehemmt von allen Standeskonventionen aussprechen konnte. Sie versicherte ihm in ihrem Überschwang, sie werde in den nächsten Wochen einen ansehnlichen Band lyrischer Gedichte zustande bringen. Als Levin ihr widersprach, bestieg sie schweigend ihren Turm und konnte ihm am Abend bereits die ersten Proben ihrer zurückgewonnenen Kreativität vorlegen. »So entstand in weniger Monate Verlauf in jenem Winter von 1841 bis 1842 die weitaus größte Zahl der lyrischen Poesien, welche den Band ›Gedichte‹ füllen«, kann Levin Schücking später bemerken.

Hatte man in der Droste bisher im besten Falle eine talentierte Lyrikerin wie andere mehr gesehen, auf die sich zu achten lohnte, so begann man nun umzulernen und zu begreifen, daß hier der deutschen Literatur eine Ernte zugewachsen war, die man nur mit hohen und höchsten Maßstäben werten konnte.

Diese überraschende und ganz atypische Entwicklung vom bloßen Talent, wie es allzu viele in diesem Lande gab, zum Genie ließ sich mit rein rationalen Kategorien keineswegs so ohne weiteres erklären. Mit einem Schlage gewissermaßen hatte sich ein Fräulein vom Stande aus der hintersten deutschen Provinz, wie von einem Dämonium getrieben, an die Spitze unserer deutschen Lyrikerinnen gesetzt. Diese ehrenvolle Position hat sie bis heute nicht zu räumen brauchen. Mit einem Male verfügte sie über eine Sprachgewalt, die ihre Zeitgenossen förmlich überrumpelte und deren einmalige Aussagekraft man erst so recht nach ihrem Tode langsam zu begreifen begann.

Jeden Tag fallen Annette Gedichte, die sie lange in sich getragen haben muß, wie reife Früchte zu. Es hat den Anschein, als brauchte sie nur aufzulesen, was so lange in ihr der Vollendung entgegengereift war.

»Jeden Abend um acht« berichtet sie der Mutter im fernen Westfalen, »wenn wir schon alle im Speisezimmer sind, Laßberg aber noch seine Partie erst ausspielt, lese ich Jenny und Schücking vor, was ich den Tag geschrieben. Sie sind beide sehr zufrieden damit, aber leider von so verschiedenem Geschmacke, daß der eine sich immer über das am meisten freut, was dem anderen am wenigsten gelungen scheint, so daß sie mich ganz konfus machen können und ich am Ende doch meinen eigenen Geschmack als letzte Instanz entscheiden lassen muß.«

Über Schücking selbst unterrichtete sie die Mutter nur beiläufig, um keinen Verdacht zu erregen, so: »Mit Schücking geht es sehr gut hier; er hält sich sehr still, hat gar keine Bekanntschaft in der Stadt und kommt den ganzen Tag nicht von seinen Büchern fort... Laßberg scheint ihn lieb zu haben, scheint aber auf seine Gedichte und seine sonstigen belletristischen Arbeiten keinen großen Wert zu legen. Kurz, ich muß es noch für mein Glück rechnen, daß er hierher gekommen ist, obwohl ich selbst sehr wenig von ihm habe... Ich habe die Sache nicht gemacht, habe auch nichts daran ändern können, würde es auch auf keinen Fall getan haben, sondern wäre selbst zuhause geblieben.«

In der Zeit vom Oktober 1841 bis zum April 1842, als Schükking nach fünf Monaten die Meersburg wieder verließ, entstanden vierundfünfzig Gedichte. Bis zum Ende des Jahres 1842 waren es dann fast siebzig, die Annette vorweisen konnte. Einige davon waren auch noch nach ihrer Rückkehr ins Rüschhaus geschrieben worden.

Erstaunlich vor allem, daß sie ausgerechnet am Bodensee ihre stärksten westfälischen Impressionen zu Papier brachte, ihren Zyklus »Heidebilder«, in denen wie nie zuvor die Seele ihrer heimatlichen Landschaft aufklang. Mit breiten, kräftigen Pinselstrichen erzielt sie Stimmungen, die nur noch eine Parallele in der Landschaftsmalerei der frühen Impressionisten findet. Wie aus alten Erinnerungen an archaische Zeiten holt sie ihre Bilder aus den Tiefen ihrer Seele herauf und verleiht damit der stummen, unerlösten Stimme Westfalens eine adäquate Ausdrucksmöglichkeit. Symptomatisch dafür ihr Gedicht »Das Hirtenfeuer«:

»Dunkel, Dunkel im Moor,
Über der Heide Nacht,

Nur das rieselnde Rohr
Neben der Mühle wacht,
Und an des Rades Speichen
Schwellende Tropfen schleichen.

Unke kauert im Sumpf,
Igel im Grase duckt,
In dem modernden Stumpf
Schlafend die Kröte zuckt,
Und am sandigen Hange
Rollt sich fester die Schlange.

Was glimmt dort hinterm Ginster
Und bildet lichte Scheiben?
Nun wirft es Funkenflinster,
Die löschend niederstäuben;
Nun wieder alles dunkel –
Ich hör' des Stahles Picken,
Ein Knistern, ein Gefunkel,
Und auf die Flammen zücken.

Und Hirtenbuben hocken
Im Kreis umher, sie strecken
Die Hände, Torfes Brocken
Seh' ich die Lohe lecken;
Da bricht ein starker Knabe
Aus des Gestrüppes Windel
Und schleifet nach im Trabe
Ein wüst Wachholderbündel.

Er läßt's am Feuer kippen –
Hei, wie die Buben johlen,
Und mit den Fingern schnippen
Die Funken-Girandolen!
Wie ihre Zipfelmützen
Am Ohre lustig flattern,

Und wie die Nadeln spritzen,
Und wie die Äste knattern!

Die Flamme sinkt, sie hocken
Aufs neu umher im Kreise,
Und wieder fliegen Brocken,
Und wieder schwelt es leise;
Glührote Lichter streichen
An Haarbusch und Gesichte
Und schier Dämonen gleichen
Die kleinen Heidewichte.

Der da, der Unbeschuhte,
Was streckt er in das Dunkel
Den Arm wie eine Rute,
Im Kreise welch Gemunkel?
Sie spähn wie junge Geier
Von ihrer Ginsterschütte:
Ha, noch ein Hirtenfeuer,
Recht an des Dammes Mitte!

Man sieht es eben steigen
Und seine Schimmer breiten,
Den wirren Funkenreigen
Übern Wacholder gleiten;
Die Buben flüstern leise,
Sie räuspern ihre Kehlen,
Und alte Heideweise
Verzittert durch die Schmelen.

›Helo, heloe!
Heloe, loe!
Komm du auf unsre Heide,
Wo ich mein Schäflein weide,
Komm, o komm in unsern Bruch,
Da gibt's der Blümelein genug –
Helo, heloe!‹

Die Knaben schweigen, lauschen nach dem Tann.
Und leise durch den Ginster zieht's heran:

›Helo, heloe!
Ich sitze auf dem Walle,
Meine Schäflein schlafen alle,
Komm, o komm in unsern Kamp,
Da wächst das Gras wie Bram so lang! –
Helo, heloe!
Heloe,loe!‹«

Annettes Meersburger Naturgedichte stellen einsame Höhepunkte der deutschen Landschaftslyrik dar. Die Sprache der Dichterin hat inzwischen eine solche Elastizität und Differenziertheit erreicht, daß auch noch die ausgefallensten Zwischentöne getroffen werden. Aufhorchen läßt vor allem die Bilderwelt, in die sie ihre Leser entführt. Eine archaische Welt tut sich gewissermaßen auf, in der Hünensteine, Heidefeuer, aber auch allerlei ausgefallenes Getier und eine verzauberte Flora die bestimmende Rolle spielen.

Auch wenn der Droste immer wieder dilettantische Floskeln unterlaufen, so scheinen sie doch viel eher noch den persönlichen Reiz ihrer Kunstgebilde zu erhöhen. In ihnen komprimiert sich noch einmal die ganze innere Glut einer alternden Frau, in der die Leidenschaftlichkeit einer »wilden Seele« noch keineswegs erloschen ist. Sie versucht, ihr spätes Glück um jeden Preis zu halten, ehe der Abend des Lebens über sie hereinbricht. Man spürt aus ihren Worten die Hingabe, mit der sie noch die letzte Wärme des Herbstes zu genießen versucht, ehe sie wieder ihrer großen Einsamkeit ausgeliefert ist. Sie scheut sich ihrer starken Empfindungen für Levin keineswegs. Wenigstens von ihr aus muß es jene verhaltene Leidenschaft gewesen sein, die sie in ihrer »Brennenden Liebe« zum Klingen gebracht hat.

»Und willst Du wissen, warum
So sinnend ich manche Zeit,
Mitunter so töricht und dumm,
So unverzeihlich zerstreut,
Willst wissen auch ohne Gnade,
Was denn so Liebes enthält,
Die heimlich verschlossene Lade,
An die ich mich öfters gestellt?

Zwei Augen hab' ich gesehn,
Wie der Strahl im Gewässer sich bricht,
Und wo zwei Augen nur stehn,
Da denke ich an ihr Licht.
Ja, als du neulich entwandtest
Die Blume vom blühenden Rain,
Und ›Oculus Christi‹ sie nanntest,
Da fielen die Augen mir ein.

Auch gibt's einer Stimme Ton,
Tief, zitternd, wie Hornes Hall,
Die tut's mir völlig zum Hohn,
Sie folget mir überall.
Als jüngst im flimmernden Saale
Mich quälte der Geigen Gegell,
Da hört' ich mit einem Male
Die Stimme im Violoncell.

Auch weiß ich eine Gestalt,
So leicht und kräftig zugleich,
Die schreitet vor mir im Wald
Und gleitet über den Teich;
Ja, als ich eben im Sinnen
Sah über des Mondes Aug'
Einen Wolkenstreifen zerrinnen,
Das war ihre Form, wie ein Rauch.

Und höre, höre zuletzt,
Dort liegt, da drinnen im Schrein,
Ein Tuch mit Blute genetzt,
Das legte ich heimlich hinein,
Er ritzte sie nur an der Schneide,
Als Beeren vom Strauch er mir hieb,
Nun hab' ich sie alle beide,
Sein Blut und meine brennende Lieb'«

Laßberg gehörte zu denen, die Annettes Schaffen mit der Skepsis eines Wissenschaftlers betrachteten, denen es verwehrt ist, über ihre minuziös abgestecken Grenzen hinwegzublicken. So sehr der alte Freiherr Annette schätzte und sich von ihrer Liebenswürdigkeit und ihrem Humor angesprochen fühlte, so ordnete er dennoch ihre Gedichte unter die Rubrik des literarischen Dilettantismus ein. Die Sprache, deren sie sich zu bedienen pflegte, war in keinem Fall die seine. Sie strotzte, wie er meinte, nur so von Provinzialismen und sogar Fremdwörtern, die er als der Purist, der in ihm steckte, um keinen Preis durchgehen lassen mochte. Annette ließ sich allerdings durch seine Kritik keineswegs in ihrer Sicherheit beirren. Sie wußte nur: sie hatte eine Sendung zu erfüllen, zu der sie berufen war. Ihr Gedicht »Mein Beruf« ist daher auch ihre Rechtfertigung vor Gott und den Menschen.

«Was meinem Kreise mich enttrieb,
Der Kammer friedlichem Gelasse?
Das fragt ihr mich, als sei, ein Dieb
Ich eingebrochen am Parnasse.
So hört denn, hört, weil ihr gefragt:
Bei der Geburt bin ich geladen,
Mein Recht, so weit der Himmel tagt,
Und meine Macht von Gottes Gnaden.

Jetzt, wo hervor der tote Schein
Sich drängt am modervollen Stumpfe,

Wo sich der schönste Blumenrain
Wiegt über dem erstorbnen Sumpfe,
Der Geist, ein blutlos Meteor,
Entflammt und lischt im Moorgeschwele,
Jetzt ruft die Stunde: Tritt hervor,
Mann oder Weib, lebend'ge Seele!«

Annettes Selbstgefühl als Dichterin ist in diesen gemeinsamen Meersburger Tagen ungemein gestiegen. Sie weiß, daß sie ihre Zuhörer nicht wenig düpiert, wenn sie ihnen abends am Kamin ihre kühnen Verse vorliest, die keiner sogleich versteht. Sie hat sich als Dichterin längst über alle Konventionen erhoben und ist nur noch von ihrer Sendung erfüllt. Eine ungewöhnliche Sicherheit spricht daher aus Worten wie diesen:

»So rief die Zeit, so ward mein Amt
Von Gottes Gnaden mir gegeben,
So mein Beruf mir angestammt,
Im frischen Mut, im warmen Leben;
Ich frage nicht, ob ihr mich nennt
Nicht frönen mag ich kurzem Ruhme,
Doch wißt, wo die Sahara brennt,
Im Wüstensand, steht eine Blume.

Farblos und Duftes bar, nichts weiß
Sie, als den frommen Tau zu hüten
Und dem Verschmachtenden ihn leis
In ihrem Kelche anzubieten.
Vorüber schlüpft die Schlange scheu,
Und Pfeile ihre Blicke regnen,
Vorüber rauscht der stolze Leu,
Allein der Pilger wird sie segnen.«

Annette fühlt sich auch dann nicht in ihrer neu gewonnenen Selbstsicherheit erschüttert, wenn berühmte Gelehrte auf der Meersburg auftauchen, um Laßberg ihre Reverenz zu machen und in den von ihm zusammengetragenen Handschriften zu stöbern, die Levin mit einigem Geschick zu ordnen versuchte.

Die Sympathie des alten Freiherrn hat er sich durch seinen Eifer und seine Akribie längst erworben. Überhaupt ist er ein umgängiger junger Mann, dem man seine literarischen Marotten schon verzeihen kann. Daß er die Schwägerin geradezu abgöttisch zu verehren scheint, ist zwar schwer zu begreifen, aber man kann großzügig darüber hinwegsehen. Schließlich hat auch er, Laßberg, in jungen Jahren einmal eine Fürstin, die bedeutend älter als er war, heiß und innig geliebt. Daß dieser junge Jurist mit schriftstellerischen Ambitionen Annettes Verse so überaus hoch einschätzte, darüber konnte man zur Not ebenfalls hinwegsehen. Wahrscheinlich hatte nun einmal jede Jugend ihre ausgefallene Meinung über Poesie, die das Leben schon berichtigen würde.

Schücking erstarrte keineswegs in Ehrfurcht, wenn ein Gelehrter von Rang und Namen auf der alten Dagobertsburg auftauchte, um mit dem Hausherrn zu fachsimpeln. Lediglich Ludwig Uhland machte in dieser Hinsicht eine rühmliche Ausnahme. Immerhin war er damals ein großer und gefeierter Dichter, den viele über Schiller stellten. Nun durfte der junge Schriftsteller mit einem so viel älteren und berühmten Kollegen mit einer gewissen Zuständigkeit über literarische Fragen sprechen. Man war gerührt über die Bescheidenheit dieses wackeren Schwaben, dessen Gedichte und Balladen jedes Schulkind in Deutschland aufsagen konnte und dessen dichterische Phase längst hinter ihm lag. Annette pflegte, wie Levin sicher zutreffend beobachtete, diesen Gesprächen »mit einem spöttischen Lächeln um ihren kleinen, anmutigen Mund« zuzuhören. Sie hätte wohl selbst nicht zu träumen gewagt, daß sie einmal in der Bewertung der Nachwelt als Dichterin weit vor Uhland rangieren würde. Zweifellos war sie ihm an dichterischer Originalität und an originärer Sprachkraft um einiges überlegen. Keiner konnte in diesen Wochen auf der Meersburg ahnen, daß im Gemäuer dieser Burg Deutschlands größte Dichterin ihre Flügel zu rühren begann.

»Unter den letzten angenehmen Bekanntschaften zeichnet sich Uhland aus, der mehrere Tage hier war und, was mich sehr freute, von Schücking bereits wußte, zu ihm in die Bibliothek ging und ihn als Bruder in Apollo begrüßte«, schrieb sie am 29. Oktober 1841 an Elise Rüdiger ins heimische Münster. »Schücking ist so rayonnant darüber, daß er gleich ein Gedicht auf Uhland gemacht hat.«

Über Uhland selbst weiß sie zu berichten, daß »dessen Äußeres keineswegs vorteilhaft ist und der doch gefällt, wiederum durch große Bescheidenheit, Einfachheit und einen überwiegenden Zug von Güte. Sonst ist er häßlich, seine Gestalt stämmig, fast gemein, feuerrotes Gesicht, und dazu stammelt er, was ihn so verlegen macht, daß er zuweilen aus Angst von einem Fuße auf den anderen springt, aber plötzlich fährt ein geistiges Blitzen über sein Gesicht und ein unbeschreiblicher Zug von Milde und Teilnahme, daß man ihm gern die Hand drücken möchte, wenn man nicht dächte, es bringt ihn in die größte Verlegenheit.

Er und Laßberg haben sich sehr lieb, und beide sprangen auf die komischste Weise im Zimmer umher, als sie sich begrüßten. Dann ging es bald an gelehrte Gespräche, in die Bibliothek etc., und wir Frauenzimmer kamen gar nicht in Betracht, hatten aber doch mitunter das Zuhören.«

Der denkwürdige Winter 1841/42 vergeht Annette wie im Traum. In ihrem Schaffensrausch schreibt sie ihre Verse wie in Trance. Gleichwohl werden die Spaziergänge ununterbrochen fortgesetzt. Zuweilen weht ein scharfer Wind gnadenlos vom See herüber; dann legt Levin den Arm um Annettes Schulter und sagt im zärtlichsten Plattdeutsch: »To, to to, Möderken; ajas nich still stohn, dat is niks, un de Mund tohollen, süs verfrürt die dat Hert in nen Live!«

»Wir haben jetzt seit drei Wochen feste Schneebahn hier, liebste Mama«, berichtete Annette Ende Januar an ihre Mutter. »Die weiße Decke, die nicht wanken und weichen will, erinnert mich doch an die Schweiz, obwohl es nicht sehr kalt dabei ist. Mit meiner Gesundheit geht es immer noch sehr gut;

wenn ich bedenke, wie es in den beiden letzten Wintern war, so kann ich mein jetziges Befinden nicht genug rühmen.

Meine Spaziergänge habe ich bis vor acht Tagen regelmäßig fortgesetzt; seitdem es aber so glatt geworden, daß ich in einem Tage sieben- bis achtmal gefallen bin; nun habe ich mir die Terrasse vom Fasser reinfegen lassen und spaziere dort täglich einige Stunden.

Wir leben hier so still fort und sind jeder in seiner Art sehr fleißig. Laßberg schreibt seine Manuskripte ab und bringt wirklich dicke Bücher zustande. Jenny plagt sich mit ihren Blumen und mit den Kindern, denen sie Lesen und Schreiben beibringt; ich habe schon einen ganzen Wust geschrieben. August wird sich aber ärgern, wenn er hört, daß es meistens Gedichte sind, von denen ich gegen Ostern wohl einen neuen dicken Band fertig haben werde, während das ›Westfalen‹ nur langsam voranrückt.

Die Kinder haben mir die schönsten Grüße gegeben an Dich, meine Alte, alle Hülshoffer, besonders Friedrich, und lassen fragen, ob die Köchin noch immer so böse Dinge sagt, daß sie den Hühnern den Hals abschneiden will.

Weihnachten war große Freude hier. Die Kinder wurden so übermäßig beschenkt, daß es mich fast gereute, ihnen auch ein paar sehr hübsche Kleidchen von rotem Kattun gekauft zu haben, die sich ganz im Schwarm verlieren. Ein Ehepaar Burckhardt, Millionäre aus Basel, die Laßberg diesen Sommer in Überlingen kennen lernte, schickten für Laßberg eine prächtige Kappe von schwarzem Samt, schwer mit Gold gestickt, für Jenny Pantoffeln mit Gold gestickt, für die Kinder ebenfalls Pantoffeln, auf rotem und blauem Samt mit Silber, ferner für jeden einen Atlasbeutel voll der allerschönsten und teuersten Bonbons und endlich noch zwei Goldmünzen und einen Sedevakanztaler von Zürich, auch für die Kinder.«

Einen bezeichnenden Einblick in den Meersburger Alltag der Hülshoff vermittelt der Brief an die Mutter vom 29. April 1842: »Ich bin den ganzen Tag vom Physikus Scheppe und seiner Frau in Beschlag genommen worden. Scheppe und ich sind dicke Freunde und haben uns wertvolle Geschenke an Versteinerungen und Schneckenhäusern gemacht, denn er kriecht ebenso wie ich am See und in den Weinbergen umher und ist lange vor mir gekrochen, so daß die Meersburger an diese neue Art von Vierfüßlern gewöhnt sind, was mir jetzt zustatten kommt, denn es fällt keinem ein, etwas Besonderes dabei zu finden. Die Höflichsten bleiben sogar stehen und geben mir die Stellen an, wo seltene Sorten zu finden sind und wo der Physikus auch gesucht hätte.

Wir waren gestern recht munter zusammen, und es wurden so viele Gespenstergeschichten erzählt, daß wir vor Grausen kaum nach Hause kommen konnten. Der Physikus war ungläubig, Kessels hingegen gaben die prächtigsten Beiträge, meistens aus eigener Erfahrung, daß einem die Haare zu Berge standen; sie haben unter anderem ein berüchtigtes Spukhaus bewohnt und sind so geplagt worden, daß sie nach drei Monaten ausziehen mußten.

Ich gehe zuweilen zu den guten Klosterfrauen, deren freundliche und verständige Unterhaltung mich sehr anspricht, sonst zu niemandem, denn ich muß jede Minute zu Rate halten, wenn ich diesen Winter was Ordentliches zustande bringen will.

Mit Schücking geht es sehr gut. Laßberg scheint ihn lieb zu haben und unterhält sich bei Tische fast ausschließlich mit ihm, scheint aber auf seine belletristischen Arbeiten keinen großen Wert zu legen. Jenny hat ihn auch gern, weil er fleißig ist und gar keine Last im Hause macht.

Heute war ein gelehrter Herr aus Koburg hier, ein Herr Frommann, wie mich dünkt, eine gute, harmlose, gelehrte Seele. Wir haben uns mit den Nibelungen zu Tische gesetzt und sind damit aufgestanden.«

Den Ausbruch ihrer »dichterischen Raserei«, weiß das ans Schwäbische Meer verschlagene Edelfräulein aus dem Westfälischen, hat sie allein dem Freund zu verdanken, dem sie sich täglich mehr verbunden fühlt. Alle Unterschiede des Geschlechts sind zwischen ihnen wie weggewischt. Wie Kastor und Pollux sind sie, nur durch eine ihnen selbst unheimliche magnetische Anziehungskraft verbunden. Was sie ihm nicht unmittelbar bekennen möchte, artikuliert sie in ihrem an Levin gerichteten dichterischen Wort:

»Kein Wort, und wär' es scharf wie Stahles Klinge,
Soll trennen, was in tausend Fäden eins,
So mächtig kein Gedanke, daß er dringe
Vergällend in den Becher reinen Weins;
Das Leben ist so kurz, das Glück so selten,
So großes Kleinod, einmal sein statt gelten!

Hat das Geschick uns, wie in frevlem Witze,
Auf feindlich starre Pole gleich erhöht,
So wisse, dort, dort auf der Scheidung Spitze
Herrscht, König über alle, der Magnet,
Nicht fragt er, ob ihn Fels und Strom gefährde,
Ein Strahl, fährt mitten er durchs Herz der Erde.

Blick' in mein Auge – ist es nicht das deine,
Ist nicht mein Zürnen selber deinem gleich?
Du lächelst – und dein Lächeln ist das meine,
An gleicher Lust und gleichem Sinnen reich;
Worüber alle Lippen freundlich scherzen,
Wir fühlen heil'ger es im eignen Herzen.

Pollux und Kastor – wechselnd Glühn und Bleichen,
Des einen Licht geraubt dem andern nur,
Und doch der allerfrömmste Treue Zeichen. –
So reiche mir die Hand, mein Dioskur!
Und mag erneuern sich die holde Mythe,
Wo überm Helm die Zwillingsflamme glühte.«

Nach solchen Eruptionen ihres aufgewühlten Gemütes verbirgt sich Deutschlands bedeutendste Dichterin, diese Sibylle und Prophetin, wieder in das Gewand eines anspruchslosen Fräuleins vom Stande, die von ihrer Umgebung geachtet, von ihren Nichten aber geliebt wird. Sie ist vor allem darauf bedacht, mit ihrer ungewöhnlichen Begabung nach besten Kräften zu wuchern. Von dem Opfer, das ihr menschlicher und künstlerischer Einsatz ihr abfordert, ahnt kaum jemand etwas.

Furchtbar nagt die Gewißheit an ihr, daß ihre Liebe zu Levin, die wie ein Fegefeuer in ihrer Brust tobt, von allem Anfang an zur Hoffnungslosigkeit verurteilt ist. Immer wieder muß sie sich ihrer Verzweiflung Luft machen. Immer wieder auch sucht sie die ungebändigte Natur auf, um vergessen zu können, daß sie als Frau zur Passivität bestimmt ist. Schon sieht sie sich auf hohem Balkon am Turm dem Sturm wie einem elementaren, schonungslos zupackenden Geliebten ausgeliefert.

»Ich steh' auf hohem Balkone am Turm,
Umstrichen vom schreienden Stare,
Und lass' gleich einer Mänade den Sturm
Mir wühlen im flatternden Haare;
O wilder Geselle, o toller Fant,
Ich möchte dich kräftig umschlingen,
Und, Sehne an Sehne, zwei Schritte vom Rand,
Auf Tod und Leben dann ringen!

Und drunten seh' ich am Strand, so frisch
Wie spielende Doggen, die Wellen
Sich tummeln rings mit Geklaff und Gezisch,
Und glänzende Flocken schnellen.
Oh, springen möcht' ich hinein alsbald,
Recht wie die tobende Meute,
Und jagen durch den korallenen Wald
Das Walroß, die lustige Beute!

Und drüben seh' ich ein Wimpel wehn
So keck wie eine Standarte,
Seh' auf und nieder den Kiel sich drehn
Von meiner luftigen Warte;

Oh, sitzen möcht' ich im kämpfenden Schiff,
Das Steuerruder ergreifen
Und zischend über das brandende Riff
Wie eine Seemöwe streifen.

Wär' ich ein Jäger auf freier Flur,
Ein Stück nur von einem Soldaten,
Wär' ich ein Mann doch mindestens nur,
So würde der Himmel mir raten;
Nun muß ich sitzen so fein und klar,
Gleich einem artigen Kinde,
Und darf nur heimlich lösen mein Haar
Und lassen es flattern im Winde!«

Annette sitzt in ihrem tausendjährigen Turm und sinnt ihrem davonfliehenden Leben nach. Sie wirft ihre winzigen Hieroglyphen aufs Papier, als wollte sie dem Augenblick Ewigkeit verleihen, und weiß doch, die unerbittliche Zukunft anvisierend, daß auch ihre Liebe vergänglich ist:

Und all mein Hoffen, meiner Seele Brand
Und meiner Liebessonne dämmernd Scheinen,
Was noch entschwinden wird und was entschwand,
Das muß ich alles dann in dir beweinen.«

Sehnsucht

Am 2. April 1842 war Levins Meersburger Zeit abgelaufen. Schweren Herzens verließ er die Burg und trat die Stelle eines Hofmeisters und Erziehers bei den beiden Söhnen des Fürsten Wrede in Ellingen an. Damit endete auch die produktivste Epoche im Leben der Annette von Droste-Hülshoff. In diesen fünf Monaten war mit einem Male all das eruptiv aus ihr hervorgebrochen, was sich über Jahre hin an dichterischen Gesichten in ihr angestaut hatte. Nach diesem schmerzlichen Abschied fand sie erst Gelegenheit, ihre Gefühle, die sie kaum noch kontrollieren konnte, zu überprüfen.

Nun da ihr der Freund so weit entrückt ist, überfällt sie die Einsamkeit mit neuer Wucht. Aber nun weiß sie, daß sie zu dieser Einsamkeit verurteilt ist, um, allein mit ihrem Zauberwort, das Höchste und Äußerste aus sich herauszuholen.

Niemand aus ihrer Umgebung darf erfahren, was alles mit diesem abrupten Abschied in ihr zerbrochen ist. Gewiß, sie hat das unerwartete Glück einer großen Liebe erleben dürfen. Nun spürt sie mehr und mehr, wie ihre Kräfte nachlassen und ihr Leben dem Ende zueilt. Immerhin ist ihr die seltene Gnade zuteil geworden, das Leid dieser Einsamkeit, in ihrem Gedicht zu überwinden. Sie kann es sich nicht länger verheimlichen, daß Levin als der eigentliche »Befreier ihrer Lieder« in Erscheinung getreten ist. Er hat Saiten in ihrem Innern angerührt, die bis dahin noch nie zum Klingen gekommen waren. Immer fand sie ihn bereit, sie auf das Gedicht als ihrer eigentlichen literarischen Domäne hinzuweisen, aber immer auch stand er ihr zur Verfügung, um ihre vulkanische Natur, die einem veritablen Schaffensrausch verfallen war, ein wenig zu bändigen. Ihre Stimme, meinte sie, sei zwar schwach, aber schwach wie ein fernes Gewitter, dessen verhaltene Kraft man fühle, tief, zitternd, wie eine sterbende Löwin. Aber diese versagende Stimme hatte noch einmal das Unsagbare im Gedicht aufleuchten lassen.

Nach diesem lähmenden Abschied findet Annette kaum wieder ganz zu sich selbst zurück. Ihr seelisches Gleichgewicht scheint in einer beängstigenden Weise gestört zu sein. Jedenfalls haben Schwester und Schwager allen Grund, sich ernsthaft besorgt um sie zu zeigen. Aber die Trostworte, die sie sich abringen, zielen offenbar nur ins Leere. Zwar umgeben sie Annette mit einer nobel verhaltenen Fürsorge. Aber sie nimmt kaum Notiz davon. Ein Trost nur, daß sie sich mit Levin vor seiner Abreise verabredet hatte, sie wollten sich nach zwei Jahren irgendwo wiedersehen und in der Zwischenzeit die Gefühle, die sie füreinander empfanden, genauestens abwägen. Aber zwei Jahre waren, wenn sie es recht bedachte, eine ganze Unendlichkeit, zumal für eine Frau, die den Zenit ihres Lebens eigentlich schon überschritten hatte und die realistisch genug war, um sich über den eigentlich natürlichen Fortgang der Dinge keine Illusionen zu machen.

Annette hatte sich verstört und zerknirscht in ihr Turmzimmer zurückgezogen, unfähig, eine neue Arbeit zu beginnen. Tagelang unternahm sie nicht das Geringste, um diese entsetzliche Leere, die sie nach der Trennung zu spüren bekommen hatte, mit neuen Inhalten zu füllen. Sie war in ihrer unbegreiflichen Lethargie und Seelenstarre nicht einmal mehr imstande, ein paar Zeilen an den entschwundenen Freund zu schreiben oder ihm auch nur ein liebevolles Lebenszeichen zukommen zu lassen. Im Gegenteil wartete sie Tag um Tag auf einen Bericht über seine Reise zum Fürsten Wrede und zu dessen Söhnen, die sich zur Zeit am Mondsee im Salzburgischen aufhielten. Nun erst begann sie, ganz ihrer Einsamkeit ausgeliefert, zu ahnen, welcher Art die Gefühle waren, die sie für Levin empfunden hatte, und wie hoffnungslos nun die Sehnsucht von ihr Besitz ergriffen hatte.

Aber dann, endlich, erreicht doch ein Brief Levins die Meersburg und setzt das Herz der Dichterin von neuem in Flammen. Und doch bleibt ein Rest von Enttäuschung in ihr zurück. Levin scheint in seinem Brief in seiner Befangenheit den alten und vertraulichen Ton so vieler glücklicher Wochen nicht mehr zu treffen. Die Entfernung von der Frau, die ihm zugleich Mutter und Geliebte gewesen war, scheint ihn verwandelt zu haben. Eine ganze fremde Welt hat sich offenbar zwischen sie gedrängt. Hatte der Abschied von ihr nur das Ende einer Episode bedeutet? Was sie selbst betraf, so war eine ganze Welt in ihr zusammengebrochen, wenn sie diesen bösen Gedanken auch keinen Raum in ihrem Herzen einräumen mochte. Schießlich sprach für ihn das Recht der Jugend, die sie für sich nie wieder würde zurückgewinnen können.

Levin zeigt sich in seinen brieflichen Mitteilungen ganz dem

Zauber der Fremde hingegeben. Er hatte am Mondsee die Erziehung der beiden jungen Prinzen Wrede übernommen, und er hatte schließlich bereits Wien aufgesucht und dort die Bekanntschaft des von ihm so vergötterten Lenau gemacht. Die Wiener Poetengilde hatte seinen Versen durchaus positive Zensuren erteilt und schätzte ihn ganz allgemein als einen Autor, vor dem noch eine große Zukunft lag. Je mehr er sein natürliches Selbstgefühl kultivierte, um so weniger schweiften seine Gedanken zum fernen Bodensee hinüber, wo eine schnell alternde Frau sich nach ihm verzehrte.

Was Levin in seinen Briefen zu bekennen hatte, bewegte sich mit einem Male so ganz im Rahmen des Konventionellen. Annette bemerkt, daß er sogar den oberen Rand des Briefbogens abgeschnitten hat; wahrscheinlich, so mutmaßt sie, hat er gefürchtet, sie in der Anrede allzu vertraulich angesprochen zu haben.

In einem zweiten Brief vom 13. Mai schlägt er dann schon vertrautere Töne an. »Es sind jetzt sechs Wochen«, heißt es da, »daß ich von Meersburg fort bin – mir scheinen es sechs Monate – und bis auf diese Stunde habe ich noch keine Zeile von Ihnen. Mein einziger Trost ist, daß Sie das schöne Wetter benutzt haben zu Ihrer intendierten Mailänder Reise – oder hat man Ihren Brief auf der Post verloren? Oder sind Sie krank? Bitte, wenn Sie können, nur ein paar winzige Zeilen, daß ich nicht länger unruhig zu sein brauche! Ich hoffe, Ihr Brief ist verlorengegangen; ich hoffe es, so traurig es auch wäre, wenn mir auch nur eine Zeile von Ihnen verloren ginge, was Sie mit so viel Mühe zustande bringen müssen, deshalb bitte ich um ein paar kurze Zeilen, um eine Seite höchstens, daß es Ihnen wohl geht.«

Levins Versicherung, er verspüre so etwas wie Heimweh nach der Meersburg und ihren Menschen, klingt durchaus echt und überzeugend, wenn auch seine Beschwörungen, sie solle ihm unverzüglich schreiben, etwas exaltiert anmuten.

»Mir geht der Mut zum Schreiben aus im Gedanken an Ihr beunruhigend langes Schweigen«, versichert er ihr noch einmal, um sie dann anzuflehen: »Oh, bitte, bitte, gnädiges Fräulein, reißen Sie mich heraus! Bitte schreiben Sie mir doch, daß Sie auf der Meersburg gesund sind. Ich möchte verzweifeln, wenn ich denke, wie weit es doch hinaus ist, bis mir der Bote, der zweimal von hier nach Salzburg geht, eine Antwort auf diesen Brief mitbringen kann.«

»Wie geht es Ihrer Arbeit, was macht das Morgenblatt?« will der stets Interessierte weiter wissen. »Hat es Ihre Novelle schon? Gott segne Sie, liebes, gnädiges Fräulein, mit seinem besten Schutz und aller Liebe, die Sie verdienen. Könnten die tausend herzlichen Grüße, die ich Ihnen zurufe, so warm an Ihr Ohr klingen, wie sie mir aus dem Herzen kommen.«

Inzwischen aber hatte sich auch die ungeduldige Annette zu einem Brief an Levin aufgeschwungen, dem man in seiner überstürzten Diktion anmerkt, daß er von der Sehnsucht diktiert ist.

»In den ersten acht Tagen«, bekennt sie offenherzig, »war ich todbetrübt und hätte keine Zeile schreiben können, wenn es um den Hals gegangen wäre. Ich lag wie ein Igel auf meinem Kanapee und fürchtete mich vor den alten Wegen am See wie vor dem Tode; dann kam Luise, die mich fast keine Minute allein ließ und mich binnen der ganzen Woche durch ihre werte Begleitung über die schwersten Momente wegspazierte. Jetzt aber kam eine andere Not: Dein Brief von Ellingen hätte längst dasein können. Jeden Morgen habe ich dem Postboten an der Treppe aufgelauert, und Jenny und Laßberg waren fast ebenso bekümmert wie ich.

Letzterer war schon entschlossen, dem Fürsten zu schreiben, ob denn bewußter Jüngling angekommen sei oder ob man seine betrübten Reste in einem See, Hohlwege oder sonstigem Mordloche aufzusuchen habe... Meines Bleibens wird hier nur noch kurze Zeit sein. Mama schreibt, daß sie sich sehr nach mir sehne und einsam fühle. Ob ich mich freue nach Hause zu kommen? Nein, Levin, nein – was mir diese Umgebung noch vor sechs Wochen so traurig machte, macht sie mir jetzt so lieb, daß ich mich nur mit schwerem Herzen trennen kann. Ich gehe jeden Tag den Weg nach Haltenau, setze mich auf die erste Treppe, wo ich Dich immer zu erwarten pflegte, und sehe nach

Vogels Garten hinüber. Kommt dann jemand, so kann ich mir bei meiner Blindheit lange einbilden, Du wärest es, und Du glaubst nicht, wie viel mir das ist.

Auch Dein Zimmer habe ich hier, wo ich mich stundenlang in Deinen Sessel setzen kann, ohne daß mich jemand stört – und den Weg zum Turm, den ich so oft abends gegangen bin –, und mein eigenes Zimmer mit dem Kanapee und Stuhl am Ofen – ach, Gott, überall! – kurz, es wird mir sehr schwer, von hier zu gehen, obendrein noch zweihundert Stunden weiter, als wir jetzt schon getrennt sind. Solltest Du es wohl recht wissen, wie lieb ich Dich habe? Ich glaube kaum.

Levin, wenn Du kannst, wenn Du immer kannst, bleib bei Deinem Plane, in zwei Jahren nach Münster zu kommen; meine Gesundheit ist jetzt nicht übel, ich werde dann wohl noch am Leben sein, Hörst Du? Denke, daß ich alle Tage zähle. Es ist schlimm, daß ich nicht hier bleiben kann, aber ich will auch nicht in Rüschhaus bleiben, sondern nach Hülshoff und mir täglich Bewegung machen, dann, denke ich, wird es schon gehen.

Wenigstens *einmal* wirst Du mir doch noch hierher schreiben? Es muß aber wieder auf dem alten Fuß sein. Laßberg bekommt alle Briefe zuerst in die Hände und ist viel zu begierig nach Nachrichten von Dir, als daß ich ihn mit trockenem Munde könnte abziehen lassen. Aber verkürze den offiziellen Bericht und lasse dieses dem privaten zugute kommen.

Ich gehe jetzt täglich ins Museum, setze mich auf Deinen Stuhl am Fenster und sehe, was das Morgenblatt bringt. Vorgefunden: erstens Dein Gedicht auf die Meersburg, was mir aber schon eine schöne Verlegenheit zugezogen hat, da die Idee, den guten Laßberg nebst Uhland auszumerzen, von mir approbiert worden ist. Und jetzt fiel es mir wie ein Stein aufs Herz: Gott, das sieht ja ganz aus, als ob Levin sich seiner (Laßbergs) schäme; und nun gerade im Morgenblatt, das Laßberg gleich vor Augen kommt!

Es währte auch nicht lange, so waren die Puppen am Tanz. Von allen Seiten wurde dem alten Herrn die schmeichelhafte Nachricht von Levin Schückings schönem Gedicht auf die alte

Dagobertsburg zugetragen. Jeder wollte ihn zuerst darüber komplimentieren, und ich wußte mir nicht anders zu helfen, als indem ich gestand, es gelesen und von der Redaktion auf eine Weise verkürzt gefunden zu haben, daß alle Strophen, die sich nicht auf das Historische bezogen, ausgelassen worden.

Der arme Laßberg, der so kindisch froh war, sich vor aller Welt besungen zu sehen, war fast dem Weinen nah, als er dies hörte, und sagte mit der kläglichsten Stimme von der Welt: Wenn auf diese Art Uhland und ich auch ausgemerzt sein sollten, so sollte mich das sehr freuen, denn ich mag nicht, daß man von mir spricht...

Ferner fand ich im Morgenblatt mein Gedicht an Junkmann, und dann füttert es sein Publikum so unbarmherzig mit meiner Erzählung, von Hauff »Die Judenbuche« getauft, – daß alle Dichter, die sich gedruckt sehen möchten, mich verwünschen müssen. Ich finde, daß sich meine gedruckte Prosa recht gut macht, besser und origineller als die Poesie, aber anders, wie ich mir gedacht...

Weiß der Henker, was Du für eine inspirierende Macht über mich hast. Seit ich bei diesem Briefe sitze, brennt's mich ordentlich in den Fingern, über die mir zugewiesenen Stoffe wie eine hungrige Löwin herzufallen, und dann meine ich, müßte es nur so in einem Strome fortgehen: Gedichte, Lyrisches, Balladen, Drama, was weiß ich alles! Wärst Du noch hier, mein Buch wäre längst fertig, denn jedes Wort von Dir ist mir wie ein Spornstich.«

Am anderen Morgen setzt Annette ihren Brief fort:

»Guten Morgen, Levin! Ich habe schon zwei Stunden wachend gelegen und in einem fort an Dich gedacht. Ach, ich denke immer an Dich, immer. Doch punktum davon, ich darf Dich und mich nicht weich stimmen und muß mir auch selbst Courage machen und fühle wohl, daß ich mit dem ewigen Tränenweiden-Säuseln sowohl meine Bestimmung verfehlen als auch Deine Teilnahme verlieren würde; denn Du bist ein hochmütiges Tier und hast einen doch nur lieb, wenn man Tüchtiges ist und leistet.

Schreib mir nur oft, mein Talent steigt und stirbt mit Deiner Liebe; was ich werde, werde ich durch Dich und um Deinetwillen, sonst wäre es mir viel bequemer, mir innerlich allein etwas vorzudichten. Sobald ich diesen Brief geschlossen, geht's con furore ans Werk. Ich bin wieder in der fruchtbarsten Stimmung, wo die Gedanken und Bilder mir ordentlich gegen den Hirnschädel pochen und mit Gewalt ans Licht wollen, und denke, Dir die Beiträge bald schicken zu können.

Mich dünkt, könnte ich Dich alle Tage nur zwei Minuten sehen, – o Gott, nur einen Augenblick! – dann würde ich jetzt singen, daß die Lachse aus dem Bodensee sprängen und die Möwen sich mir auf die Schultern setzten. Wir haben doch ein Götterleben hier geführt trotz Deiner periodischen Brummigkeit, mein Schulte, mein kleines Pferdchen, – was hängen alles für Erinnerungen, die nie verlöschen können, an diesen Titeln! Schreibe mir, daß Du mich lieb hast, ich habe es so lange nicht mehr gehört und bin so hungrig darauf, Du dummes, nichtswürdiges kleines Pferd!«

Annette berichtet auch von einer Fahrt, die sie nach Langenargen unternommen hat, wobei sie sich den Freund so sehr an ihre Seite gewünscht hätte. »Lieber Himmel, warum habe ich einen so schönen Tag ohne Dich genießen müssen!« beklagt sie sich. »Ich habe immer, immer an Dich gedacht, und je schöner es war, je betrübter wurde ich, daß Du nicht neben mir standest und ich Deine gute Hand fassen konnte und zeigen Dir – hierhin – dorthin. Levin, Levin, Du bist ein Schlingel und hast mir meine Seele gestohlen; Gott gebe, daß Du sie gut bewahrst!

Aber Du hast mich auch lieb und denkst an mich an Deiner Donau – suchst Muscheln, die wahrscheinlich nicht da sind, und hast schon Pflanzenabdrücke und zwei Steine für mich zusammengehütet ...

Du altes Herz, Deine Müschelchen, die Du mir hier gesucht und in dem Schwefelholzkästchen gegeben hast, kann ich kaum ohne Tränen ansehn, und sie sind mir alle lieber wie alle die seltenen Seemuscheln in meinem Glasschranke zu Rüschhaus.

Adieu Levin, behalte Dein Mütterchen lieb, stelle Dir oft vor, daß ich bei Dir wäre und Du mir alles erzähltest und vertrautest, wie da wir zusammen waren. Bitte, denk das oft, so wird in Deinem Herzen nie eine Falte gegen mich kommen. Ich will Dir auch immer alles sagen. Adieu, lieb Herz!«

Seit den Tagen des Abschieds von Levin lebt Annette am Bodensee eigentlich nur noch in Erinnerungen. Überhaupt kann sie im deutschen Süden nicht so recht Wurzeln schlagen. Am Bodensee hat sie sich immer wie eine Fremde gefühlt, wie aus einer anderen Welt hierher verschlagen. Sie sehnt sich nach ihrer heimatlichen Heide zurück, die gleich hinter Rüschhaus beginnt und in der nachts die Gespenster umhergehen, die nun einmal zu ihrem Leben gehören.

Immerhin: einige Tage ungetrübten Glücks hat ihr das Schicksal gegönnt. Sie war in einem Alter, als sie schon glaubte, mit dem Leben abgeschlossen zu haben, in eine Schwärmerei geraten, über die sie die Kontrolle zu verlieren drohte. Die Leidenschaftlichkeit ihrer wilden Seele hatte sich eben doch stärker als ihre alles ausgleichende Vernunft herausgestellt. Sie hatte sogar ihr gesamtes Wesen umgestülpt und durcheinandergebracht. Diese menschlich so anrührende Begegnung mit einem so viel jüngeren Mann, den sie zweifellos liebte, hatte sie auf eine kaum faßbare Weise zu immer neuen schöpferischen Taten beflügelt. Nun scheint dieser Schaffensrausch im Abflauen begriffen zu sein, und sie muß alle ihre seelischen Reserven aufbieten, um nicht in Resignation und in einen Zustand von dauernder Erschöpfung zu fallen, aus dem sie nie wieder zu neuen Höhenflügen des Geistes ansetzen kann.

Und während in Cottas »Morgenblatt«, das vom Bildungsbürgertum gelesen wird, die »Judenbuche« in Fortsetzungen erscheint und ihr Ruhm in jähem Aufstieg begriffen ist, bereitet sich Annette zur Heimreise in die westfälische Heimat vor. Sie muß die Erinnerungen an die Wochen ihres ungeteilten Glücks nun endlich abschütteln, um ihren projektierten Gedichtband abzuschließen. Auch Therese von Droste besteht auf die Heimkehr dieser Tochter, deren Schicksal ihr doch sehr am Herzen liegt.

Inzwischen erreichen diese im stillen Meersburg bereits die Briefe zahlreicher Bewunderer, die offenbar von ihren vorabgedruckten Gedichten merklich fasziniert sind. Man hat sich ganz allgemein davon überzeugt, daß hier keine literarische Dilettantin am Werke ist, niemand jedenfalls, den nichts als der pure Ehrgeiz zum Verfertigen von Versen und Erzählungen getrieben hatte. Hier spricht jemand, hat man mittlerweile herausgefunden, der das dichterische Wort auf eine durchaus originelle Weise wie nur wenige zu handhaben versteht. Nun melden sich bereits Verleger bei ihr, die begierig auf den Abschluß ihres großen Westfalenromans »Bei uns zu Lande« warten und ihr fürstliche Honorare dafür anbieten.

Am 25. Mai geht noch einmal ein Lebenszeichen zu Levin hinüber: »Also krank bist Du gewesen, mein armes gutes Herz, und so verlassen und gelangweilt dazu! Es ist jetzt vorüber, aber ich werde die Angst, daß Du wieder krank werden könntest, nicht los, besonders wenn ich noch zweihundert Stunden weiter fort bin. Gott, was ist das Getrenntsein doch für eine harte Sache! Wäre ich dagewesen, niemand hätte mich von Deinem Bette fortgebracht, und Dir wäre auch wohler gewesen, wenn Du Dein Mütterchen gesehen hättest. Oh, ich kann Kranke pflegen und bin dann gar nicht hilflos, sondern, ich darf es wohl sagen, recht entschlossen und andauernd, wie überhaupt in allen Fällen, wo es not tut. Du hast mich nur nicht in einem solchen gesehn. Und Deine schöne Wiener Reise ist Dir mit der Gelegenheit auch so lumpig verhunzt worden! Jenny und Laßberg, bei denen Du Dich durch Deinen schönen langen Brief wieder ganz weiß gewaschen hast, sind auch ganz betrübt darüber und trösten sich nur damit, daß Du die Tour wohl bald mal wieder unter besseren Umständen machen würdest. Beide haben Dich herzlich lieb, und Laßberg ergreift jede Gelegenheit, von Dir zu sprechen, wäre es auch nur, um mich auf eine harmlose Weise ein wenig mit meinem »Seelenfreund« zu nekken.

Von meiner Abreise habe ich weiter nichts gehört, da die Wintgens gegenwärtig in Frankreich sind, zweifle aber nicht, daß sie bei ihrer großen Pünktlichkeit am festgesetzten Tage – dem 15. Juni – wirklich wie Steine vom Himmel fallen und mich mit sich fortkollern werden. Dann bin ich wieder in Rüschhaus, und für die jetzigen Erinnerungen treten die alten ein, wo Du mein Schulte warst. Denkst Du noch an mein Kanapee mit den Harfen, meine Bank unter den Eichen, von denen ich so schwer Abschied genommen habe, als ob es mich geahndet hätte, daß ich Dir dort wieder mit meinem Fernrohr auflauern würde, wenn Du durch den Schlagbaum trabest, Deinen Rock auf dem Stocke? Das Vergehen und nie so Wiederkommen ist etwas Schreckliches! Wenn Du wieder nach Rüschhaus kommst, bin ich ein altes Madämchen, und auch Dir sind derweil hundert Dinge durch den Kopf gegangen, und meine dicke Milch und zusammengespartes Obst werden Dir nicht halb so gut mehr schmecken.

Den 26ten (Fronleichnamstag). Ich schreibe Dir unter Kanonendonner, unter Pauken – und Trompetenschall. Die Bürgermiliz hat sich vor der Pfarrkirche aufgepflanzt und läßt ihr Geschütz, wirklich ordentliche Kanonen, seit vier Uhr morgens sechs Messen lang, so unbarmherzig zu Gottes Gnaden knallen, daß fast in jedem Hause ein Kind schreit, und wir auf dieser Seite haben alle Fenster aufsperren müssen, damit sie nicht springen. In den Schwaben ist doch mehr Lust und Leben wie in unseren guten Pumpernickeln! Stiele hat sich in eine Uniform gezwängt, die aus allen Nähten bersten möchte, und malträtiert die große Trommel mordsmäßig. Als ich aus der Kirche kam, salutierte er höchst militärisch und sagte dabei höchst bürgerlich: Guten Morgen, gnädiges Fräulein!

Soeben ist die Prozession vorübergegangen, meine gute Jenny mitten drin, zwischen lauter alten Frauen, unter denen sie, mit ihren zwei schneeweißen Kinderchen an der Hand, ordentlich wie ein frommes anmutiges Madönnchen aussah; sie kann mich oft recht rühren, besonders wenn ich denke, wie bald sie Witwe sein wird. Stell Dir vor, Laßberg macht sich bedeutend jünger, als er ist. Sein Bruder Alexander, der zwei Jahre jünger war und schon vor zwei Jahren starb, hat, wie auf dem Totenzettel stand, das Alter von 72 Jahren erreicht. Also muß Laßberg nahe an achtzig sein. Ich kann ihn, seit ich dieses weiß, nie ohne Sorge ansehn, und seine Eigenheiten scheinen mir verzeihlicher sowie seine innere Frische viel bewundernswerter als zuvor, und ich fühle, daß ich von einem so steinalten Manne viel zuviel verlangt habe.

Im Museum war ich seit Tagen nicht; bis dahin war meine ›Judenbuche‹ beendigt, von der ich nur das im vorigen Brief Gesagte wiederholen kann, nämlich: daß ich den Effekt fand, wo ich ihn nicht suchte, und umgekehrt, das Ganze aber sich gut macht.

Die ›Merkur‹ ist seit einigen Tagen ausgeblieben. Was mag das bedeuten? Nach den vielen Bränden überall wird man ordentlich apprehensiv. Bisher stand, außer dem Hamburger Unglück, was alle Blätter anfüllt, nichts darin als Heringe und Bücklinge und diverse Schuster und Schneider, die die Welt durch ihr Abscheiden betrübt oder mit Nachkommenschaft erfreut hatten.

Den 27ten. Soeben komme ich vom Museum, voll Jubel über Dein ›Westfalen‹. Du bist ein Baasjunge! Meine Mütze kann ich nicht in die Luft werfen wie Freiligrath, weil ich keine trage, aber ich möchte Dich zu Brei zusammendrücken, wenn ich Dich nur hätte! Du Schlingel, warum bist Du nicht bei mir?«

Annettes Abreise von Meersburg verzögert sich bis zum 28. Juli. Wintgens, denen sie sich für die Rückreise anvertraut hatte, zögerten den Termin immer wieder hinaus. Mit jedem Tag steigert sich die Spannung; denn Annette weiß sehr wohl, welche hohen Anforderungen diese Reise wieder einmal an ihre gebrechliche Physis stellen wird. Immerhin hat sie eine endlose Fahrt vom äußersten Süden Deutschlands in den hohen Norden vor sich und überschlägt, wie viele Wochen noch vergehen werden, ehe sie ihr heimisches Rüschhaus wiedersehen kann.

Als sie dann endlich in den letzten Augusttagen in Rüschhaus eintrifft, hat sie die Grenze ihrer Belastbarkeit längst überschritten. Sie ist zu Tode erschöpft, obwohl sie in Bonn bei Pauline von Droste noch Zwischenstation gemacht hatte. Auch hat sie wieder Kontakte mit ihrer Freundin Sibylle Mertens-Schaaffhausen in Plittersdorf aufgenommen und bei dieser Gelegenheit deren Münzsammlung und 1200 geschnittene Steine bewundert, übrigens die umfangreichste Privatsammlung dieser Art in ganz Deutschland.

In Bonn ist es ihr sogar gelungen, eine Audienz bei dem berühmten Germanisten Karl Simrock zu erreichen, der das Nibelungenlied, Walter von der Vogelweide und Wolfram von Eschenbach ediert hatte. Sie schildert den Gelehrten als einen langen, zugleich lebhaft und düster aussehenden Mann von einigen Dreißigern, zu dem sie sogleich einen spontanen Zugang fand. Er bot sich sogar an, sie mit dem Dampfboot bis nach Düsseldorf zu begleiten. Die Weiterreise erfolgte in der Tat mit einem Rheindampfer bis Wesel. Von da aus benutzte die Droste die Schnellpost bis nach Münster.

»In Rüschhaus kam ich recht mal apropos«, berichtet sie der Schwester ein wenig enttäuscht. »Die Leute sahen mich fast scheel an, da sie zu meiner Ankunft hatten recht putzen und fegen wollen. Nur meine Alte weinte vor Freude und konnte nicht genug fragen nach ›Frölen Jenne und Herrn von Latzberg und de Kinnerken‹. Es war ihr eine große Freude, daß die Kinder auf ihren Matten saßen und auch ihre Häfele damit zudeckten. Sie sieht sehr gut aus, befindet sich auch auffallend gut, bis auf den Schwindel, der noch mehr zugenommen hat, so daß ich ihr jetzt abends ins Bett helfe, damit sie nicht mit Tisch und Lampe hineinfällt und alles in Brand steckt.«

Briefe von Levin, denen sie entgegengefiebert hatte, fand sie in Rüschhaus nicht vor. Ihre Enttäuschung darüber, daß er ihre Freundschaft nicht besser zu pflegen verstand, war maßlos. Jedenfalls fiel es ihr schwer, ihren Kummer vor ihrer Umgebung zu verbergen. Es wurde September, ehe sie das erste Lebenszeichen von ihm endlich in Händen hielt. Freude allerdings hatte sie nicht daran. Es handelte sich nämlich um einen im Grunde recht oberflächlichen Brief, der ihre Herzensbeziehungen betont überging und nur literarische Fragen tangierte. Dieses Schreiben, meinte Annette, schien von einem rechten Philister zu stammen, den man »als Kalkulator bei einem Eisenbahnbureau anstellen sollte«.

Dagegen hatte Annette einige Rezensionen vorgefunden, die ihren vagen Eindruck von ihrem literarischen Durchbruch zu bestätigen schienen. »Ich habe wieder einige sehr gute Rezensionen bekommen über die einzelnen Sachen, die eine in der ›Revue‹, wo meine ›Judenbuche‹ sehr herausgestrichen und dem Besten, was je in der Art geschrieben, an die Seite gesetzt wird, eine zweite in der Rezension des ›Musenalmanachs‹, wo Gutzkow meinen ›Geierpfiff‹ sehr heraushebt und mich ein ganz außerordentliches episches Talent nennt, und noch eine dritte. Qu'en dites-vous? Ich komme wirklich auf, woran ich eigentlich schon ganz verzweifelte. Meine neuen Gedichte sind bald fertig.«

Am 11. September schreibt sie dann mit aller Ausführlichkeit an Schücking einen Brief, aus dem alle Mütterlichkeit einer immer besorgten älteren Freundin hindurchklingt.

»Endlich ein Brief von dem kleinen Pferde«, präludiert sie unbekümmert. »Wissen Sie, Levin, daß ich ganz zürnig war? Obwohl ich es generöserweise (vielleicht auch aus Hochmut) in meiner königlichen Brust verschlossen hielt und tat, als könnte ich noch gar keinen Brief erwarten. Wer hätte denken sollen, daß der Klüngelpeter von Laßwitz seine breve erst nach Wochen vom Stapel lassen sollte!

Mein Junge darf sich also nicht wundern, daß ich mich wunderte, etwas ängstigte und ziemlichermaßen erzürnte, denn eine innere Stimme sagte mir, daß er gesund wie ein Fisch und rund wie eine Kugel sei, bloß grenzenlos faul. Ich gäbe viel darum, liebes Herz, wenn Sie gerade diesmal so recht offen und ausführlich geschrieben hätten, ganz wie zu Ihrem Mütterchen; denn ich sitze hier seit sechs Wochen mutterseelenallein, und weder Hahn noch Huhn kräht nach den Briefen, die ich bekomme. Und mich verlangte nach einem recht langen, warmen, lieben Brief.

Dieser Brief darf das Leben nicht behalten, deshalb laß ich mich auch so ruhig gehen mit dem lieben alten Du, dem es mir recht schwer fällt, fortan zu entsagen. Richte Deine Briefe von jetzt an doch so ein, daß ich sie, wenigstens zuweilen, Elisen zeigen kann. Mein liebes, liebstes Herz! Ich denke in meiner Einsamkeit alle Tage wohl zehnmal an Dich und wette, Du Schlingel denkst alle zehn Tage kaum einmal an mich. Darum mag ich es Dir auch gar nicht sagen, wie lieb ich Dich habe.

Ich bin zwar eine unvergleichliche Person, und Rüschhaus ist ein höchst grandioses Schloß, aber die zuletzt aus dem Nile gestiegenen Kühe Pharaos fraßen auch die alten auf, so hundsmager und schäbicht sie selbst waren und so schön fett und gleißend die anderen. Wo sind denn diejenigen glänzenden poetischen, gediegenen und mit Gesichtsschmerzen geborenen jüngsten Kinder meiner Laune, die ich Dir in meinem letzten Briefe von Meersburg gesendet?

Mich dünkt, es kamen noch eine Masse schöner Gebräuche darin vor, die es nicht verdienten, so ganz für die Hunde zu gehn. Wirklich, konntest Du nicht wenigstens einiges umarbeiten? Sage es mir nur frei heraus! Du weißt, ich hülle mich dann in meine Größe und tröste mich mit Deinem schlechten Geschmacke.«

Am folgenden Tag setzt Annette diesen Brief mit der Versicherung fort, in ihr wäre trotz des Hundewetters eitel Sonnenschein, »weil ich bei Dir bin und Dein gutes Affengesicht mir so recht vor Augen tritt. Dein Porträt ist mir doch jetzt von großem Werte, und ich gäbe es um vieles nicht hin, obwohl Du mich anstierst wie ein grimmiger Leu, daß ich immer sagen möchte: friß mich nicht, kleines Pferd.

Um jetzt einmal auf mich selbst zu kommen: es geht mir denn so leidlich, von meinen Gesichtsschmerzen bin ich gottlob geheilt durch eine wahrhaft und wunderbar wirkende Salbe, die mir ein altes Laienschwesterchen in Meersburg gegeben. Aber übrigens ist mir doch zuweilen hundeschlecht, und ich kann mich des Klimas doch ganz und gar nicht gewöhnen, obwohl ich alle Tage renne wie ein Postbote, immer den Weg durch die Heide entlang bis zu dem Schlagbaum, wo ich Dich zuerst konnte kommen sehen – ich denke doch auch jedesmal daran – was zusammen anderthalb Stunden macht, siebenmal auf und nieder nämlich, dennoch ist mir häufig übel, schwindlig, ohrensausig, und auch zuweilen beklemmt; doch ist's schon besser geworden, und ich habe für den Anfang gar nichts anderes erwartet...

Es ist doch ein lieber, heimlicher Ort, das Rüschhaus! Zwar klein kam es mir nach dem großen Meersburger Schloß vor, klein wie ein Mauseloch, aber doch sehr lieb. Ich hatte es so kurz nach Dir verlassen, daß mir war, als wärst Du gestern erst fortgegangen und alles, Bücher, Papiere, noch von Deiner Hand hingelegt, was auch mit einigem sein mochte; denn mein Zimmer ist seitdem unbewohnt geblieben und war noch nie so aufgeräumt. Mein Alleinsein – Mama ist noch immer in Abbenburg – nährt die Täuschung fortwährend.

Neulich war mir so ungewohnt wohl zumute. Ich wußte selbst nicht, warum. Endlich merkte ich, daß es Dienstag war und ich Dich erwartete. Lieber Gott, wo sind die Zeiten hin! Ich konnte es denn doch nicht lassen, mit meinem Fernrohr zu meiner Bank zu wandern, und das Herz klopfte mir ordentlich, als ich etwas durch den Schlagbaum kommen sah; es war ein sehr schäbiger Bauer mit einem noch schäbigeren Hunde.«

Entfremdung

Inzwischen ist, wie sich herausstellt, Schücking in seiner neuen Stellung als Hauslehrer beim Fürsten Wrede in arge Kalamitäten geraten. Während die Fürstin im Sterben liegt, lebt der Fürst ungeniert mit seiner Mätresse am Mondsee. Levin versucht redlich, seine Zöglinge, deren Sympathie er auf Anhieb erworben hat, von diesen häuslichen Miseren abzulenken. Glücklich aber ist er nicht bei dem Gedanken, die nächsten

Jahre im Dienste eines Fürsten zu stehen, den er menschlich nicht respektieren kann.

Ein Glück, daß ihm in dieser prekären Situation Cotta eine Stelle in der Redaktion der Augsburger »Allgemeinen Zeitung« anbietet. Nun, endlich, steht er in einem Beruf, von dem er weiß, daß er dafür prädestiniert ist, auf eigenen Füßen. Er kann es selbst nicht verhindern, daß im Zuge der sich überstürzenden Ereignisse seine Beziehungen zu Annette im fernen Münsterland sich abzukühlen beginnen. Er konnte der nun einsetzenden Ernüchterung kaum entgegensteuern und begann zu begreifen, daß seine Schwärmerei für Annette nur eine Episode in seinem Leben gewesen war, die er allerdings nicht vermissen wollte. Auf die Dauer konnte und mochte er sich nicht an eine um siebzehn Jahre ältere Frau binden, auch wenn er ahnte, daß sie ein Genie war.

Es bedurfte nur einiger flüchtiger Hinweise Freiligraths auf eine junge Autorin, die zu dessen Freundeskreis gehörte, um Schückings volle Aufmerksamkeit zu erregen. Es handelt sich um die junge Luise von Gall, die Tochter eines hessischen Generals, von der schon Novellen und Geschichten veröffentlicht waren, die auch Levin nicht entgangen waren. Freund Freiligrath schildert diese hoffnungsvolle Literatin als groß, schön, liebenswert, geistreich und elegant. Ende August 1842 widersteht Levin nicht der Versuchung, Freiligrath zu bitten, einen Briefwechsel zwischen Luise von Gall und ihm zu vermitteln.

»Ich möchte mir eine Braut anschnallen, die ich nie gesehn, um meine Einsamkeit mit Phantasmagorien anzufüllen und eine Basis zu haben, auf die ich die Kartenhäuser meiner Hoffnungen für die Zukunft bauen könnte. Liebster Freund, fädle mir die Sache ein«, schrieb er in einem oberflächlich burschikosen Ton, und er vergaß nicht hinzuzusetzen: »Sag's nur der Droste nicht, wenn sie Dich in St. Goar besucht; sie würde mich sonst fenstern für solchen Leichtsinn.«

Am 27. September bereits läßt er die ihm völlig fremde junge Dame wissen, daß er von der Lektüre ihrer Erzählungen tief beeindruckt wäre. »Aus dem wenigen, was ich von Ihnen las und erfuhr«, versichert er ihr, »schaut mich ein feines, zartes Seelengesicht an, aus dessen einem Auge der Gedanke späht, während aus dem träumerisch geschlossenen anderen die Liebe suchende Blicke in die Welt sendet... Die ganze Physiognomie, wie ich sie mir ausmale, spricht von einem inneren Reichtum, der in nichts einem männlichen Geiste nachgibt, während innige Tiefe und das unangetastet bewahrte Frauliche sich über den Mann stellt. Bin ich nicht glücklich, so eine Quelle mein nennen zu können?

Sie sind eine Schriftstellerin und doch auch eine poetische Frau, eine seltene Vereinigung! Gemüt, Sehnsucht, Tiefe, originelle Kraft, ein Air der haute volée, gleißende Locken...«

Im Grunde klang diese etwas penetrante Lobeshymne so ganz nach einem Psychogramm Annettes. Aber hier hatte Levin sich ein Ideal seiner künftigen Frau erschaffen, von dem er von nun an schwärmen und träumen konnte. Der Wirklichkeit entsprach dieses Traumbild natürlich keineswegs.

Und während Levin bereits neue Liebesbande knüpft, rettet Annette den Traum ihrer großen Liebe in den nächsten Winter hinein, der diesmal besonders früh und unerbittlich über sie hereinbricht. Sie kann nicht einmal ahnen, daß ihre liebevollen Briefe sein inneres Ohr längst nicht mehr erreichen. Halb unbewußt löst er sich von der um so viele Jahre älteren Freundin, um das Recht seiner Jugend voll auszuleben. Er hat bereits ein neues Kapitel im Buch seines Lebens begonnen, in dem er der Droste die Rolle einer mütterlichen Freundin zugewiesen hat.

»Im Garten, – die letzten Rosen, die mich immer rühren, wenn ich denke, wie ich Sie Ihnen schon vor zwei Jahren im Abschied gab, als Sie Ihr Schultenamt niederlegten und ich nach Hülshoff zog«, träumt sie noch so vor sich hin. »Lieber Levin, unser Zusammenleben in Rüschhaus war die poetischste und das in Meersburg gewiß die heimischste und herzlichste Zeit unseres beiderseitigen Lebens, und die Welt kommt mir seitdem gewaltig nüchtern vor... Säß mein liebstes Kind mir noch gegenüber, ich würde wieder zwei Gedichte täglich machen, jetzt lasse ich es langsamer angehn... mein Stübchen ist jetzt so traulich, so ganz für Sie geordnet, das flackernde Feuer im Ofen, auf dem Tisch am Fenster ein Teller voll Vergißmeinnicht, auf dem Tisch vor mir einer mit den besten Pflaumen, die ich je gegessen; es kommt mir fast unnatürlich vor, daß sie nicht für Sie dastehn...

Adieu, mein lieber Levin«, schließt Annette diesen so anrührend menschlichen Brief in völliger Ahnungslosigkeit der Dinge, die der Geliebte in die Wege geleitet hat. »Ich freue mich schon auf den fünften, wo ich Ihre gute Pfote wiedersehen werde; bis dahin habe ich schon fleißig gearbeitet und denke in meinem nächsten Brief resolut zu prahlen. Ich habe nur keine rechte Freude an der einsamen Begeisterung. Es rollte doch anders, wie wir jeden Abend voreinander triumphierten! Tempora mutantur et nos mutamur in illis! Das letzte kann ich indessen von mir nur äußerlich zugeben. Nicht wahr, Levin? Gott segne Sie mit seinem besten Segen. Adieu, adieu!«

Nur ein halbes Jahr nach der Trennung von Annette beginnt Levin seine folgenreiche Romanze mit Luise von Gall. Er macht damit rigoros von dem natürlichen Recht der Jugend Gebrauch und empfindet dabei keine Gewissensskrupel. Annette gibt sich derweil immer noch der trügerischen Hoffnung hin, es habe sich zwischen ihnen nichts geändert. Immer noch erwartet sie sehnsuchtsvoll seine Briefe, die immer unpersönlicher ausfallen, und immer wieder läßt sie liebevoll mütterliche Briefe zu ihm hinübergehen. Aber auf die Dauer kann Levin ihr die aufgenommene Beziehung mit seiner Schriftsteller-Kollegin nicht verheimlichen; doch läßt er es zunächst bei allgemeinen Andeutungen bewenden. Völlig unbefangen reagiert die Droste darauf am 27. Dezember 1842: »Von der Gall habe ich noch nichts gelesen. Schreibt sie gut? Auch hübsche Briefe? Und ist's dieselbe Dame, von der Freiligrath mal schrieb? Schreiben Sie mir doch etwas Genaueres über sie; wie sind Sie mit ihr bekannt geworden?«

Natürlich läßt sich die wachsende Entfremdung nicht verheimlichen. Levin entgleitet ihr immer mehr, aber das gebrechliche ältere Fräulein in Westfalen entwickelt ungeahnte seelische Energien, als es sich darum handelt, das Objekt ihrer heimlichen Leidenschaft nicht kampflos preiszugeben. Sie erschrickt bei dem Gedanken, welche Lücke der Rückzug Levins in ihrem Leben zurücklassen wird. In ihrer Vorstellungswelt geistert die Rivalin als eine mondäne junge Frau, die zweitrangige Novellen schreibt. Als Vergleich fällt ihr nur die intrigante Luise von Bornstedt ein, die in den Münsteraner Schriftstellerkreisen nicht den allerbesten Ruf genießt.

»Bei der Bornstedt fällt mir das ›Morgenblatt‹ und die Gall ein«, schreibt sie schon Ende des Jahres 1842 an ihre Freundin Rüdiger. »Jene Ähnlichkeit muß wohl wirklich da sein, denn sie hat mir unter dem Lesen immer deutlicher vor Augen geschwebt. Klüger ist die Gall, auch feiner, aber ihre Erzählung rollt doch auch zumeist um Herren, die sich ihr zu Gefallen fast auf den Kopf stellen. Auch in der ›Maske‹ (Novelle der Gall) ist die Seelenverwandtschaft (mit der Bornstedt) nicht zu verkennen, dieselbe Freude an Salongeschichten und kleinen Schlauheiten. Ist sie (die Gall) einigermaßen hübsch und angenehm, so könnte sie Levin sehr gefährlich werden. Ob es zu wünschen wäre?«

Anfang des neuen Jahres teilt Levin ihr lakonisch mit, er gedächte die Gall, die er nie gesehen hat, zu heiraten. Diese Nachricht löst einen verheerenden Schock in der Droste aus. Für ihre Umgebung unbegreiflich schwebt sie einige Wochen zwischen Leben und Tod. Sie braucht diese Zeit, um ihre aufgebrachten Empfindungen zu klären. Erst am 15. Februar ist sie schließlich fähig, dem Freund ein paar klärende Worte zu schreiben. Sie ringt sich dazu durch, möglichst unbefangen von der Gall zu sprechen. »Ob sie zu meiner Schwiegertochter paßt?« fragt sie ihn mit einem leisen Unterton von Ironie. »Das könnte ganz wohl sein, schön und geistreich scheint sie wenigstens unwidersprechlich, und ich wäre sehr begierig, sie zu sehen; wo steckt sie denn jetzt? Nach Darmstadt denkt sie schwerlich so bald zurückzukommen, da sie ihren Flügel verkauft hat. Es ist mir äußerst erfreulich, Levin, daß Sie in Ihrer jetzigen Verlassenheit einen geistigen Anhalt und Trost in ihr gefunden haben, und wenn es Gottes Wille ist, kann Sie Ihnen allerdings dereinst vielleicht noch viel mehr werden.

Dennoch muß ich Dich bitten, liebstes Kind, sei vorsichtig in der Feder und hüte Dich vor jedem Wort, was Dich binden könnte. Die Liebe wird weder durch Schönheit noch Talente noch selbst Achtbarkeit bedingt, sondern liegt einzig in den eigenen Augen und eigenem Herzen, und wo diese nicht das Gewisse, Unbeschreibliche finden, was sie gerade anspricht, da hilft alle Engelhaftigkeit nichts.

Was meinst Du, wenn Freiligrath Dir seine Franziska oder seine Frau hätte zufreien wollen? Von der letzteren wenigstens ist er gewiß noch mehr begeistert gewesen wie von der Gall, und sie hat ebenfalls für bildschön passiert, ist geistreich, talentvoll, gut und schreibt gewiß vortreffliche Briefe.

Oder gar die Bornstedt, von der Du selbst mir gesagt, sie würde ihm besser gefallen wie eine von uns andern und er sich wahrscheinlich rasend in sie verlieben? Ich sage dies nicht zum Nachteil der Gall, von der ich mir das beste und liebenswürdigste Bild mache, sondern nur um Dich vor blinden Schritten zu warnen; denn sie kann vollkommen schön, überhaupt tadellos liebenswürdig sein und doch irgendeinen kleinen Haken haben.

Einen Zug um den Mund, Blick, Ton der Stimme, der es Dir gänzlich unmöglich macht, sie zu heiraten; dergleichen kommt ja alle Tage vor. Übrigens ist mir Dein Verhältnis zu ihr sehr lieb, da sie schlimmstenfalls doch immer eine wertvolle Freundin bleiben muß. Aber mehr laß sie Dir um Gottes willen vorläufig äußerlich nicht werden. Was sie Dir vielleicht jetzt schon innerlich ist, darüber habe ich weder ein Recht noch Du selbst Macht; denn Du bist am wenigsten der Mann, der sich, einmal verwickelt, zu einer Ehe gegen seinen Geschmack resignieren und leidlich glücklich darin leben könnte. Doch wünsche ich mir nichts Besseres und Lieberes, als daß die Gall wirklich, nach Freiligraths Ausdruck, eine rechte ›Kasawaike‹ sein möge.«

Levin Schücking wird diese gutgemeinten Ratschläge der

Droste sicher nur mit gemischten Gefühlen aufgenommen haben. Er versuchte auch, sein Verhältnis zu Annette Luise gegenüber als eine der üblichen Literatenfreundschaften hinzustellen.

»Die Droste war eine Freundin meiner Mutter, und ich habe eine Mutter an ihr wiedergefunden«, versucht er, seine Beziehungen herunterzuspielen. »Es gibt kein innigeres und wohltuenderes Verhältnis wie das zwischen ihr und mir, wie es kein angenehmeres Leben für mich gegeben, wenn ich bei ihr auf ihrem einsamen Waldschlößchen mich habe verwöhnen lassen wie ein echtes Muttersöhnchen, das sich die Weinsaucen, die Apfelpfannkuchen, selbst am großen Küchenfeuer zusammenkochte und sich währenddessen die Fülle der schönsten Gespenstergeschichten erzählen ließ.

Sie brauchen deshalb nicht eifersüchtig zu werden, meine teure Braut, wenn ich Ihnen dessen auch wert erscheinen sollte. Die Droste wird stark in den Vierzigern sein und sieht noch älter aus, weil sie kränklich ist. Da kann man jemanden wohl sehr lieb haben, aber eifersüchtig braucht man doch nicht darauf zu sein.

Die Droste hat eine ganz frappante Ähnlichkeit mit mir, äußerlich und innerlich, nur hat sie unendlich mehr originelle Poesie als ich in sich. Sie ist eine ganz eigentümliche, in jeder Beziehung originelle und tief gediegene Erscheinung. Nur hat eine ganz verkehrte, ganz aristokratische Erziehung alle ihre Talente an der Entwicklung gehindert.«

Levin tut alles, um den Abnabelungsprozeß von Annette zu beschleunigen, ohne auch nur zu ahnen, wie maßlos diese darunter bis ans Ende ihres Leben zu leiden haben wird. Schon am 26. Januar schreibt er an Luise von Gall: »Du besitzest, was in mir von Liebe ist; es hat sich wie ein Strom auf Dich geworfen, und glaube mir, es ist viel darin. Es ist viel Musik und Liebe in mir, ich fühle es fast körperlich in meiner Brust, einem nach außen hin drängenden Drucke gleich ... Ich habe das Beste, das in mir ist, von den Frauen gelernt, oder sie haben es geweckt, genährt. Vor allem meinem guten Mütterchen, der Droste, danke ich viel nach der Hauptsache, die meine Mutter mir angeboren hat, welche mich ihre mißratene Tochter nannte.«

Ein Bild von sich, das Levin an die unbekannte Geliebte sandte, kommentiert er selbst mit den Worten: »Daniel sagt, es sei ähnlich, nur sähe es männlicher aus als ich. Ich glaube, daß das Bild ähnlich ist bis auf den Mund, der, ich darf's wohl *Dir* sagen, viel hübscher sein soll... Es hat keine Familienähnlichkeit mit mir, da mag hauptsächlich der Mangel lebendiger Augen schuld sein, denn ich soll sehr lebendige, stahlblaue, scharfe Augen haben; ich sehe viel freundlicher, gütiger aus wie das Bild da. Nun sag Du, daß ich nicht eitel bin!«

Unter mangelndem Selbstgefühl scheint Levin in der Tat nicht zu leiden. Am 3. Januar hatte er bereits an Luise geschrieben: »Daß ein Fremder mich für einen Prinzen halten könnte, ist freilich möglich. Ich schmeichle mir in meinem Kaiserstolz sogar, unendlich aristokratischer, bedeutender und vornehmer auszusehen als diese ganze Fürstenwirtschaft hier... Phantasie, Gefühl und Wohlwollen sind das, woraus ein Dichter entsteht. Ich habe das seltene, in diesem Grade *sehr* seltene Gemisch von Verstand, Gefühl und Wohlwollen, das bei Dichtern nicht so glücklich ist, obwohl es die Menschen klüger und solider macht... Wissen Sie was, Luise, wir sind beide eitel. Aber wir können nichts dafür. Also geben wir uns die Hand.«

Levins Selbstgefühl ist nicht ganz unbegründet. Er kann sich in der Tat bereits zu den arrivierten Autoren zählen. In Kollegenkreisen wird sein Name durchaus genannt, und er ist agil genug, jede Chance, die sich ihm bietet, auszunutzen. Nicht umsonst hatte Hermann Hauff, der Redakteur des »Morgenblattes«, ihn und nicht etwa die Droste für den Autor der »Judenbuche« gehalten.

»Lenau besuchte mich«, kann er etwa nicht ohne Stolz an Annette berichten. »Er blieb mehrere Stunden. Seine Freundschaft ist mir außerordentlich erfreulich gewesen, denn er ist der erste eigentlich gedankenunergründliche Mensch, den ich nach Ihnen und Freund Junkmann kennen lernte.«

Während Levin sich auf die erste persönliche Begegnung mit

Luise von Gall vorbereitet, kämpft Annette gegen ihre »inneren Nervenkrämpfe« an. Sie schreibt in diesen Wochen etwa zehn Gedichte, in denen Bitterkeit und Resignation mitschwingen. Sie kann ihren inneren Frieden nicht finden, schwelgt nur noch ganz in ihren Erinnerungen und gedenkt der Toten, die ihr vorangegangen sind. Dieses Rüschhauser Jahr gehört zu ihren grausamsten. Ohne es sich selbst einzugestehen, kämpft sie ihre qualvolle Eifersucht nieder. Sie versucht ihre Empfindungen für Levin in geläuterte Muttergefühle zu sublimieren. Aber sie muß sich dabei eingestehen, daß ihr dieser Verwandlungsprozeß nur schwer gelingen will. Immer wenn in ihren Briefen die Rede auf die Gall kommt, klingen ihre Worte gequält und unecht. Am ehesten sprechen noch ihre Gedichte die ganze Zerrissenheit ihres Wesens aus:

»So sitz' ich Stunden wie gebannt,
Im Gestern halb und halb im Heute,
Mein gutes Fernrohr in der Hand,
Und lass' es streifen durch die Weite.
Am Damme steht ein wilder Strauch,
O, schmählich hat mich der betrogen!
Rührt ihn der Wind, so mein ich auch,
Was Liebes komme hergezogen!

Mit jedem Schritt weiß er zu gehn,
Sich anzuformen alle Züge;
So mag er denn am Hange stehn,
Ein wert Phantom, geliebte Lüge...«

Manchmal bricht auch noch die alte Zärtlichkeit, die sie für Levin empfindet, in ihren Briefen durch. »Lieb Herz«, beteuert sie ihm, »ich bin sehr angegriffen und müde, meine Kräfte sind total zu Ende, und ich habe das Wichtigste kaum noch berührt; es geht mir wie einem, der sein Testament zu lange verschoben hat und sich nun quält, daß er es nicht mehr machen kann. Nur zwei Worte: suchen Sie die Gall persönlich kennenzulernen, ehe Sie sich zu weit mit ihr einlassen; und dann heiraten Sie nicht ohne eine festes, wenn auch bescheidenes Einkommen Ihrerseits.«

Im übrigen kann man Levin nicht nachsagen, er hätte nicht das Äußerste getan, um ein ungetrübtes Vertrauensverhältnis zwischen seiner Braut und Annette herzustellen. Er bittet jene, doch einmal unverblümt an die Dichterin im Münsterlande zu schreiben, und verbindet mit dieser Bitte die Anweisung, ihr wegen ihres dichterischen Talents ihre Anerkennung auszusprechen.

»Sie sitzt jetzt in ihrem kleinen Waldschlößchen, und ich möchte ihr gern eine kleine Freude machen, oder vielmehr eine große, denn ich weiß, daß es ihr eine größere sein würde als eine Menge lobender Kritiken, gegen welche sie fürchterlich hochmütig ist. Sie hat alle drei Hochmute: den aristokratischen, den Damen- und den Dichterhochmut, aber sie ist trotzdem die liebenswürdigste Erscheinung, die man sich denken kann! Sie ist natürlich im höchsten Grade, eine Beobachtungsgabe, die wirklich merkwürdig ist, originell in jeder Beziehung, in der Musik vielleicht noch größer denn als Dichterin.

Sie besitzt ein Herz voll Wohlwollen und Güte und ist doch schlau und klug wie eine Schlange, einem die innersten Gedanken aus dem Herzen lesend. Sie hat die allergrößten Augen, die ein Mensch gehabt, solange die Welt steht, und sieht damit in der Nähe die Infusionstierchen im Wassertropfen, fünf oder sechs Schritte weiter aber fast nichts mehr. Sie kleidet sich wie ein bürgerliches Mädchen in ein schwarzes Merinokleid oder sitzt wie eine Türkin in höchster Saloppheit auf einem ungeheuren schwarzen Kanapee, und doch sieht man auf den ersten Augenblick, daß man eine durch Geist und Geburt hochgestellte Dame vor sich hat.

Ihr Talent steht weit über dem *aller* unserer lebenden Dichter, aber bei ihrer grenzenlosen Gleichgültigkeit gegen das Urteil der Welt, wie sie heutzutage ist, hat sie nie sich die Mühe gegeben, um Ruhm zu ringen. Daß sie jetzt eine bedeutende Sammlung Gedichte zum Druck vorbereitet, daran bin *ich* eigentlich schuld, denn ich habe ihr keine Ruhe gelassen, und als wir uns vorigen Winter zusammen auf der alten Meersburg einquartiert hatten, hat sie täglich ein oder zwei Gedichte liefern müssen.

Ob sie großen Ruhm bekommt, weiß ich aber noch nicht, sie schreibt alle ihre Sachen so leicht hin, als wenn es lauter Impromptus wären, und gibt sich nicht die Mühe, das zu schaffen, was sie schaffen *könnte*... Du kannst ja an irgendeines ihrer Gedichte im ›Morgenblatt‹ anknüpfen, aber ganz sans gêne. Sie ist die Einfachheit selbst. Mich mußt Du aber aus dem Spiele lassen.«

Es fällt Luise offenbar schwer, sich ein paar unverbindliche Worte an die Droste abzuringen. Erst als Levin zum ersten Mal mit ihr im Mai 1943 in Darmstadt zusammentrifft und sie beschließen, ihren Lebensweg gemeinsam zu gehen, räumt Levin ihr einen angemessenen Raum in einem an Annette gerichteten Brief ein, um die Beziehungen der beiden Frauen anzuknüpfen.

»Ich muß Ihnen gestehen, mein liebes Fräulein«, schreibt sie etwas umständlich, »daß mir das Herz gewaltig klopft, indem ich Levin die Feder aus der Hand nehme, um mich Ihnen persönlich vorzustellen. Meine Scheu vor Ihnen ist durch seine Schilderung von Ihnen entstanden. Ich weiß nicht, was ich darum gäbe, wenn ich mir Ihre Teilnahme und Ihren Rat damit erringen könnte. Sie kennen meinen Levin zu gut und sind ihm eine so treu liebende Freundin, daß Sie gewiß die bangen Zweifel beseitigen würden, die mich oft bestürmen, ob ich sein Herz auch für immer zu fesseln vermag.«

Levin nimmt an dieser Stelle seiner Braut die Feder aus der Hand und schreibt weiter: »Mein Hühnchen kann aus Angst nicht weiterschreiben. Ich muß also fortfahren, sie sitzt unterdessen am Flügel und spielt mir etwas vor. Denken Sie sie sich aber nicht als ein schüchternes Backfischchen; sie ist schon siebenundzwanzig Jahre alt. Was für ein Staatsmädel sie aber ist, davon haben Sie aber gar keinen Begriff, aber auch gar keinen Begriff.

Unser erstes Sehen war indessen doch im höchsten Grade peinlich. Für mich, glaube ich, weniger, obwohl ich nicht recht wußte, wo mir der Kopf stand. Nach ein paar Stunden war ich aber rein weg, durchaus verschossen in mein Hühnchen, das nebenbei auch meine Königin ist – und das ist heilsam, denn Sie wissen, ich habe Anlage zum Tyrannen (!); es ist gut, wenn man mir zu imponieren versteht.

Aber im Ernst, meine Luise ist eine ganz außerordentliche Erscheinung. Sie ist etwas größer als ich, stark und doch sehr schlank, höchst lebhaft und überhaupt zum Glänzen geboren. Sie zeichnet sehr hübsch, schreibt, wie Sie bereits gedruckt gelesen haben, und singt – ja außer Ihnen habe ich noch niemand so singen hören, ganz wundervoll, und bei alledem ist sie so gut, so kindlich, so lieb, so mein treues, süßen Lieb, daß ich's gar nicht begreife... Glauben Sie nicht, ich sei exaltiert. Sie wissen, das kann ich eigentlich gar nicht werden. Ich weiß mit dem kältesten kritischen Bewußtsein, daß niemand wie Luise zu mir paßt, da diese Mischung von äußerem Glanz der Erscheinung und tiefem dichterischen Gefühl, vereint mit vernünftigem ruhigen Wesen, was mir die Hauptsache ist, immerdar mein Ideal sein wird... Luises ganzer Charakter ist in großen, noblen, einfachen Zügen gezeichnet; sie mehr Statue als Ölbild, mehr klassisch als romantisch.«

Annette hatte Levin vor seinem Rendezvous in Frankfurt noch einmal mit ihren Beschwörungen auf der Seele gelegen. Natürlich ohne Erfolg, wie zu erwarten war.

»Dein Mütterchen hat carte blanche, zu sagen, was es will, nicht wahr?« dringt sie in ihn ein. »So bitte ich Dich, wie ich bitten kann, zu sagen, auch die Gall genau zu ergründen, ehe Dein Wort und Urteil unwiederbringlich gefangen sind; es geht hier ums ganze Leben. Ich bin voll der besten Hoffnungen und so herzensfroh, daß Deine Neigung sich so ehrenvoll fixiert hat, und doch ist mir jetzt, wo die Entscheidung bevorsteht, so ängstlich und ernst zumute, als sollte ich selbst heiraten.

Sollte die Gall – ich hoffe es nicht, aber möglich wär's, und Deine eigenen Beschreibungen widersprechen dem wenigstens nicht – zu jenen Menschen gehören, denen das Bedürfnis ständiger Aufregung – ob sentimental oder leidenschaftlich, kommt zu einem aus – angeboren ist, so bedenk Dich zehnmal, eh' Du Dich bindest. Du bist ein Westfale, deshalb ein geborener Philister, und das Bedürfnis nach heiterer Ruhe ist bei Dir auf die Dauer das Allerhervorstechendste. Du bist zart von Nerven, deshalb auch kurzen Aufregungen sehr zugänglich, aber bald überreizt; eine derartige Frau würde Dich im ersten Vierteljahre vielleicht bis zur Vergötterung exaltieren, im zweiten und dritten bedeutend ermüden, und endlich würdest Du lieber in die erste beste Pfahlbürgerkneipe gehn, um nur mal eine ruhige Stunde zu erleben.

Auch die Anforderungen an die Welt sind bei Deiner vorläufig bescheidenen Lage sehr zu prüfen; sie scheint mir glänzend erzogen und an einen bewundernden Kreis gewöhnt; dergleichen entwöhnt sich nicht leicht. Ihre Unlust an Hofbällen und der großen Welt will nichts beweisen; sehr lebhafte und dabei, wie Du selbst sagst, etwas eitle Personen, die an einen engeren Zirkel, wo sie die erste Rolle spielen, gewöhnt sind, fühlen sich nie wohl, wo sie sich schmählich genieren und mit so vielen pari gehn müssen. Aber diese täglichen kleinen Zirkel im eigenen Hause sind gerade das Geldfressende, und ich weiß kaum, was kläglicher ist: in Schulden geraten oder jeden Mittag Wassersuppe essen, um abends die Leute mit Zuckerbrezeln bewirten zu können.

Mein gutes Herz, Du darfst mir nichts übelnehmen und begreifst die Angst Deines Mütterchens, wo ihr einziges liebes Kind auf dem Punkte steht, über seine ganze Zukunft zu entscheiden. Beobachte die Gall zwischen Menschen, und wie sie Dir da zuerst erscheint, ehe sie sich noch ausschließlich mit Dir beschäftigt; nachher ist's zu spät. Völlig Verliebte oder gar Verlobte sind immer einsamer Natur und möchten nur in einer Hütte unter vier Augen leben. Aber das hält nicht an, und die alte angeborne Natur kommt über kurz oder lang immer wieder durch.

Es sind noch zwei Umstände, die ich jetzt, wo Dein Geschick

an einem Haare schwebt, nicht übergehen darf, magst Du meine Liebe darin nun erkennen oder verkennen. Die Gall ist protestantisch; das macht zwar mir wenigstens für meine Person nichts aus; aber sie könnte fordern, daß ihre Kinder in gleicher Religion erzogen würden. Wär's möglich, Levin, daß Du in einem Augenblicke der Leidenschaft oder des Leichtsinns darauf eingingst?

Ich weiß, Du bist kein orthodoxer Katholik, hast es aber doch oft gegen mich und andere ausgesprochen, daß Du Deine angeborene Glaubensform bei weitem für die bessere und der Moralität zuträglicher hältst. Darum bitte ich Dich, wie ich bitten kann, Levin, gib kein öffentliches Zeichen einer Schwäche, die Dich in Deinen eigenen oder anderer Augen herabsetzen müßte. Bedenk, was Du alles für den Besitz eines Herzens aufgäbest; alle Deine hiesigen Lieben, die Du tödlich betrüben und den freien Äußerungen ihrer Zuneigung fast unübersteigliche Hindernisse in den Weg wälzen würdest.

Mein liebes, liebes Kind, Du weißt, daß dieses keine Drohung sein soll, nur ein Auffrischen des Dir Wohlbekannten, ein Erinnern an Verhältnisse, die Du vielleicht halb vergessen hast, deren Resultate aber wenigstens Einer fast das Herz brechen würden. Deshalb bitte ich, wie nur eine Mutter bitten kann, verlobe Dich, wann Du willst, heute – morgen – aber heirate nicht ohne recht festen Grund unter den Füßen, nicht auf einige hundert Gulden, die bei sparsamer Wirtschaft ebenfalls für zweie ausreichen. Gott kann Dir elf Kinder geben wie meinem Bruder, und es ist nichts schrecklicher, wie Frau und Kinder darben zu sehn.«

Der Gedanke, Levin an eine andere Frau zu verlieren, scheint der Droste unerträglich zu sein. Daher unternimmt sie immer neue Versuche, ihn durch ihre Warnungen und Beschwörungen vor dem letzten Schritt in eine Ehe zu bewahren, deren Risiken sie ihm in immer neuen Variationen vor Augen führt. Sie bäumt sich mit der letzten Kraft ihrer verwundbaren Seele dagegen auf, wieder in eine lähmende Einsamkeit zurückzusinken und auf jeden geistigen Austausch verzichten zu müssen. Im Hause ihres Schwagers Laßberg waren ihr zwar viele bedeutende Geister begegnet; Uhland, Schwab, Hermann Reuchlin, Justinus Kerner und der bekannte katholische Theologe Ignaz Heinrich Karl von Wessenberg hatten sich darunter befunden. Aber sie war offenbar aus einem anderen Holz als diese Männer geschnitzt. In ihrer Gegenwart kokettierte sie gern mit ihrer Unbildung. Recht eigentlich fühlte sie sich jedoch als Künstlerin diesen »Nibelungenreutern« hoch überlegen. Der einzige, der ihr Genie gewittert haben mochte, war Hermann Reuchlin, ein Nachfahre des großen Humanisten, der sich als Historiker einen Namen gemacht hatte.

Zeit ihres Lebens hatte sie nur Umgang mit Möchtegerndichtern in Münster gepflegt, ohne daß sie ihnen gegenüber ihre Überlegenheit herausgekehrt hätte. Entscheidende Impulse hatte sie eigentlich nur von Levin Schücking empfangen. Seine spezifisch kritische Begabung hatte sie sich sehr wohl zunutze gemacht. Verständlich, daß sie den Gegenstand ihrer Liebe nicht kampflos preisgeben wollte.

Auf die Nachricht von seiner in Frankfurt vollzogenen Verlobung schreibt sie ihm am 24. Juni: »Sie sind also Bräutigam und zwar einer ganz gewiß höchst liebenswürdigen Braut, die nach Ihrer Beschreibung wirklich gerade das zu besitzen scheint, was zu Ihrem inneren Glück und äußerem Wohle not tut und wonach mein Auge lange ängstlich für Sie umhergesucht hat.

Nun, Gott segne Sie und gebe Ihnen alles Glück, was Ihr Herz so reichlich verdient; wenn meine Wünsche für Sie nur erfüllt werden, dann will ich auch nicht denken, daß Sie meinen warmen, angstvollen Rat, wie gewöhnlich, mit aller Hochachtung beiseite geschoben und dem Schicksal den Handschuh geradezu ins Gesicht geworfen haben.

Jetzt bittet Dich Dein Mütterchen aber noch einmal, und es ist die *letzte* Bitte, von deren Erfüllung noch vieles abhängen kann: heirate nicht so leichtsinnig, wie Du Dich verlobt hast. Hat der Himmel es gnädig mit Dir gemacht, statt Deiner geprüft und gewählt und Dir in Luisen ein Kleinod gegeben, was Du wohl ahnen, aber durchaus noch nicht als echt erkennen konntest, so fordere ihn nicht zum zweiten Male heraus durch den Bau Deiner Häuslichkeit auf dem armseligen lockeren Treibsand bloß literarischer Erfolge.

Ach, Levin, mir sinkt unter dem Schreiben aller Mut, wenn ich selbst fühle, wie schwach meine Stimme unter dem Jubel des Glücks und der Leidenschaft an Dein Herz rühren wird... Ich bitte Dich mit gefalteten Händen: suche festen Grund, ehe Du Dein Haus baust. Vergegenwärtige nur einmal recht lebhaft Deine frühere Lage, und doch hattest Du da für keine Familie zu sorgen.

Ich mag nicht mehr darüber sagen; mein letzter Brief enthält alles, was sich darüber sagen läßt, und diesen hast Du wahrscheinlich schon verworfen oder mindestens vergessen, und so wird es diesem auch ergehen.«

Natürlich schlägt Levin auch diese Warnungen in den Wind. Im Oktober 1843 heiratet er Luise von Gall, nachdem er den Sommer mit Ferdinand Freiligrath und Emanuel Geibel in St. Goar verbracht hatte. Der Plan, sich um eine Professur in Gießen zu bewerben, hatte sich zerschlagen. Nach seiner Eheschließung trat Schücking seine Stelle bei der Augsburger »Allgemeinen Zeitung« an.

Im Herbst, so war es abgemacht, sollte Annette wieder an den Bodensee reisen, diesmal in Begleitung von Elise Rüdiger. Obwohl sie die notwendigen Verwandtenbesuche absolvieren muß, verkriecht sie sich immer wieder wie ein waidwundes Tier in ihre Rüschhauser Verlorenheit.

»Ich werde täglich mehr zur Fledermaus«, bekennt sie am 5. Juli in einem Brief an ihre Freundin Sibylla Mertens. »Zwischen Licht und Dämmerung, das ist meine rechte Zeit, und übrigens – allein oder zu zweien, was darüber ist, das ist vom Übel, und ich möchte immer wie ein travestierter Hamlet sagen: Träumen, träumen, vielleicht auch schlafen. Seit zwei Tagen bin ich ganz allein in Abbenburg, Mama ist in Wehrden, und übermorgen muß ich auch hin. Hier laß ich einen Seufzer fahren, und, wenn Du kannst, noch einen, sagt Abraham a Santa Clara.«

Sibylle Mertens-Schaaffhausen hatte übrigens die Freundin im Frühjahr 1843 in einem plötzlichen Entschluß aufgesucht. Jene hatte ihr wegen einiger Münzen, die sie ihr übersandt hatte und deren Echtheit umstritten war, einen »allerimpertinentesten« Brief geschrieben, der Annette so zusetzte, daß sie Fieber »wie ein Pferd« bekam. Auf diese Nachricht hin war die temperamentvolle Rheinländerin sogleich ins Münsterland aufgebrochen. Annette berichtete dem Freund über diesen seltsamen Besuch dieser exzentrischen Frau am 24. April 1843: »Am fünften Tag war sie in Rüschhaus. In Tränen zerfließend, mit Geschenken bepackt, hatte sie sich gleich nach Empfang meines Briefes aufs Dampfboot gesetzt, Tag und Nacht durchgefahren, noch keine Stunde geschlafen. Bei Nölken hatte sie Quartier bestellt und fuhr von dort jeden Tag zu mir heraus mit dem besten Willen, wenn auch nicht sonderlichem Geschick, mich zu pflegen. Sie ist eine sonderbare Frau; es sind grandiose Elemente in ihr, aber wunderlich durcheinander gewürfelt und mit Widersprechendem versetzt.«

Immerhin kann Annette am 24. Mai der Freundin mit Genugtuung die Rettung ihrer Freundschaft bestätigen. »Liebe Billa«, schreibt sie ihr, »wie froh ich bin, daß jetzt alles zwischen uns wieder rein und fest ist. Ich habe Deine Liebe so schwer und bitter verloren gegeben; soll ich mich denn jetzt nicht freuen? Indessen ist uns doch eine schöne unwiederbringliche Zeit darüber verloren gegangen, und dergleichen darf nicht wieder vorkommen. Es kommt auch nicht; diese Überzeugung trage ich in mir, und Du gewiß auch. Wenn nur die schwarzen Südländerinnen meine blonde Figur nicht allzu sehr verschatten!

Wahrlich, Billa, unser Verständigen miteinander, das Wiedereintreten des alten innerlich belebenden Verhältnisses hat mir so wohl getan, daß ich ihm allein die bessere Wendung meiner Krankheit zu verdanken glaube. Vorher ließ ich mich sinken, jetzt kämpfe ich gegen den Strom und werde seiner, wenn auch langsam, doch sichtlich, Meister. Ich bin zwar heitern, leicht befriedigten Gemüts, aber doch zu einer gewissen Apathie geneigt, die mich dann auch körperlich erschlafft, und Du hast mir die liebste und heilsamste aller Aufregungen gegeben, die auch nachhaltig wirkt und in diesem Grade nur von Dir ausgehen konnte. Alte Billa, freut's Dich auch, daß Du mich wieder gesund gemacht?«

Dieser Brief erreicht die Freundin bereits in Italien, wohin sie zusammen mit Adele Schopenhauer gereist war.

Literarische Erfolge

In Rüschhaus war wieder die gewohnte Ruhe eingezogen. Annette ist in diesem Sommer eifrig mit der Zusammenstellung und Überarbeitung ihrer Gedichte für den geplanten neuen Gedichtband beschäftigt. Überhaupt entwickelt sie eine fast hektische Arbeitsbesessenheit.

»Wir bekommen hier eine Menge Journale: Modezeitung und Morgenblatt, den Telegraphen, Vaterland, Ausland, Königsberger Literaturblätter«, schreibt sie an Elise Rüdiger. »Wenn ich sehe, wie so alles durcheinanderkrabbelt, um berühmt zu werden, dann kommt mich ein leiser Kitzel an, meine Finger auch zu bewegen. Aber wenn ich dann wieder sehe, wie einer kaum den Kopf über dem Wasser hat, daß schon ein anderer hinter ihm einen Zoll höher aufduckt und ihn niederdrückt, wie Heine schon ganz verschollen, Freiligrath und Gutzkow veraltet sind, kurz die Zelebritäten einander auffressen und neu generieren wie Blattläuse, dann scheint mir's besser, die Beine auf dem Sofa zu strecken und mit halbgeschlossenen Augen von Ewigkeiten zu träumen.

Mir kommt ein staatlicher Bürger würdiger vor als ein verjagter und mit Kot beworfener König, und ich finde nichts kläglicher als einen cidevant berühmten Poeten, dem jetzt jeder räudige Kläffer nach den Waden fährt!

Ach, Elise, alles ist eitel! Was hilft's, daß die Buchhändler meinen, auch mich für kurze Zeit dem Publikum als Zugpflaster auflegen zu können, um mich nachher wie eine verbrauchte spanische Fliege beiseitezuwerfen!

Das ›Abendblatt‹ hat mir Anträge gemacht, recht vorteilhafte, das gewöhnliche Honorar sei zwei, höchstens drei Louisdor per Bogen, ich könne aber darüber hinauffordern, so hoch ich wolle. Ich habe bis jetzt weder Zeit noch Lust gehabt, den Brief zu beantworten; vor zwanzig Jahren würde er mir den Kopf verrückt haben, jetzt sehe ich schon en perspective den Augenblick, wo man sich meine Beiträge verbitten oder auf den geringsten Preis herabdrücken würde. So steht mein Entschluß fester denn je, nie auf den Effekt zu arbeiten, keiner beliebten Manier, keinem anderen Führer als der ewig wahren Natur durch die Windungen des Menschenherzens zu folgen und unsere blasierte Zeit und ihre Zustände gänzlich mit dem Rücken anzusehen.

Ich mag und will jetzt nicht berühmt werden, aber nach hundert Jahren möchte ich gelesen werden, und vielleicht gelingt's mir, da es im Grunde so leicht ist wie Kolumbus' Kunststück mit dem Ei und nur das entschlossene Opfer der Gegenwart verlangt.«

Als Annette mit der Mutter Mitte Juni für einige Wochen nach Abbenburg aufbricht, befindet sie sich schon wieder in einer beklagenswerten Verfassung:

»Jetzt hat sich mir der Krankheitsstoff wieder auf den Kopf geworfen, der mir den ganzen Tag summt und siedet wie eine Teemaschine. Ohr-, Zahn- und Gesichtsschmerz. Ich möchte mich zuweilen wie jener Halbgeköpfte (im Kindermärchen von Grimm) bei den Haaren nehmen und mein weises Haupt in den Fischteich unter meinem Fenster werfen, wo es ihm wenigstens kühl werden würde ... Ich bin die arme Seele im Fegefeuer, die aus ihrem Fensterloche alle Welt in Abrahams Schoß sieht und dabei nur einen ›Tropfen für ihre glühende Wange‹ denkt.«

Den Frühling ihres Mißbehagens hatte die Dichterin in ihrer Rüschhauser Eremitage vorwiegend mit den Vorbereitungsarbeiten für die geplante neue Gedichtsammlung verbracht. Levin Schücking hatte seine Beziehungen spielen lassen und den

Cotta-Verlag für das Projekt interessieren können. Da viele der Gedichte bereits durch die verschiedenen Vorabdrucke einige Aufmerksamkeit erregt hatten, reduzierte sich das verlegerische Risiko für Cotta beträchtlich.

Annette benutzte jede freie Stunde, in der sie sich in der rechten Arbeitslaune befand, um ihre redaktionellen Arbeiten voranzutreiben. Es versteht sich, daß sie von den besonderen Qualitäten vor allem ihrer neuen Meersburger Gedichte überzeugt war. Sie konnte also durchaus auf eine späte Anerkennung ihrer sich über so viele Jahre hinziehenden Arbeiten rechnen. Allerdings gab es noch einiges Geröll aus dem Weg zum Parnaß für sie wegzuräumen.

Am 24. Mai 1844 schüttete sie Sibylle Mertens ihr Herz aus: »Mir ist seit zwei Monaten nicht für eines Hellers Wert passiert. Ich habe nicht acquiriert, habe nur die ordinärsten Leute unter den ordinärsten Umständen gesehn..., kurz, ich habe wie die Seelen in der Vorhölle weder Lust gehabt noch auch sonderliches Leid, außer meinen Krämpfen und ein paar Eseln von Abschreibern, denen ich habe mein Geld umsonst geben und die Abschriften in den Ofen stecken müssen. Jetzt steht meine Hoffnung auf ein ziemlich gebildetes Fräulein, dem ich allenfalls Intelligenz genug zutraue, nicht statt der ›Rüden‹ die ›Räder‹ bellen und Tränen statt »in die Wimper‹ in ›den Winter‹ steigen zu lassen... Niemand kann meine Pfote lesen, ich muß alles diktieren.«

Selbst Schücking beteiligte sich nach wie vor an diesen Editionsarbeiten. Trotz der merklichen Abkühlung in ihrem Verhältnis war Annette doch daran gelegen, ihn über verschiedene Lesarten entscheiden zu lassen. Aber sie bestand darauf, daß er keine selbstherrlichen Veränderungen an einzelnen Gedichten vornehmen sollte. Sie vergißt über dieser Arbeit, die sie in eine geradezu euphorische Stimmung versetzt, sogar ihre körperlichen Malaisen. Das Gefühl, sich nun ganz auf der Höhe ihrer künstlerischen Möglichkeiten zu bewegen, tröstet sie über ihr immer noch als trist empfundenes Schicksal hinweg.

Während ihres sommerlichen Aufenthaltes bei den Haxthausenschen Verwandten in Abbenburg scheint die Dichterin sogar wieder merklich aufzuleben, weil sie ein wenig von sich abgelenkt ist. Sogar ihr alter trockener Humor erwacht wieder. So schreibt sie am 15. Juli an Sibylle: »Alte Billa, weißt Du, wie lange wir uns schon lieb haben? Im Herbste werden es achtzehn Jahre, und ich darf schon eine ehrwürdige Anciennität in Anspruch nehmen ... In sieben Jahren können wir unsere silberne Hochzeit feiern. Also, mein kleiner schwarzer Araber, wir wollen die sieben Jahre richtig ableben und – wenn's gelingt – noch fünfundzwanzig dazu bis zur goldenen Hochzeit, um alles nachzuholen, was wir in den achtzehn Jahren mitunter haben abhanden kommen lassen, allen Mitschmerz, alle Mitfreude, nicht wahr, mein gutes Herz?«

Am 27. Dezember 1842 hatte die Hülshoff ihrem Freund Schücking noch melden können: »Ich habe soeben ein großes Gedicht beendet von ungefähr 600 bis 700 Versen, ›Der Spiritus familiaris des Roßtäuschers‹, sieben Abteilungen, eine Grimmsche Sage zum Grunde; sie gefällt mir sehr.«

Sie hatte vom Oktober ab daran gearbeitet, als sie glaubte, in eine neue Phase von Produktivität eingetreten zu sein. Jedenfalls hatte sie damals Levin wissen lassen: »Bis vor kurzem habe ich wenig daran getan, aber seit es draußen kalt und kotig geworden ist, habe ich mich in meine Winterpoesie gehüllt; es ist doch sonderbar, daß zum Dichten eigentlich schlechtes Wetter gehört, ein neuer Beweis, daß nur die Sehnsucht poetisch ist und nicht der Besitz. Säß mein liebstes Kind mir noch gegenüber, ich würde wieder zwei Gedichte täglich machen; jetzt lasse ich es langsamer angehn, aber es gibt doch was, und ich bin neugierig auf Ihr Urteil über das Spätere.

In der Tat war Annette diesmal durch die Lektüre der Grimmschen Sage zu ihrer umfangreichsten Ballade, die sie als ein Gegenstück zur »Judenbuche« verstanden wissen wollte, inspiriert worden. Sie hat dann sogar den genauen Wortlaut ihrem Opus vorangestellt.

»Er wird gemeiniglich in einem wohlverschlossenen Gläslein aufbewahrt, sieht aus wie nicht recht wie eine Spinne, nicht recht wie ein Skorpion, bewegt sich aber ohne Unterlaß«, heißt es da von diesem geisterhaften Wesen. »Wer diesen kauft, bei dem bleibt er, er mag das Fläschlein hinlegen, wohin er will, immer kehrt er von selbst zu ihm zurück. Er bringt großes Glück, läßt verborgene Schätze sehn, macht bei Freunden beliebt, bei Feinden gefürchtet, im Kriege fest wie Stahl und Eisen, also daß sein Besitzer immer den Sieg hat, auch behütet er vor Haft und Gefängnis. Wer ihn aber behält, bis er stirbt, der muß mit ihm in die Hölle, darum sucht ihn der Besitzer wieder loszuwerden.«

Es handelt sich demnach bei Annettes Poem um das Thema des Teufelspaktes wie im Faust. Wie Faust zur Hölle muß, so geriet auch der Roßtäuscher, nachdem er sich des Spiritus familiaris entledigt hatte, in die größte Not »und ward ganz arm, so daß er in Verzweiflung seine Frau mit einem Messer tötete, dann sich selber eine Kugel durch den Kopf schoß«.

Die Droste hatte recht eigentlich ein durch und durch romantisches Motiv aufgegriffen. Fouqué hatte 1810 die Erzählung »Das Galgenmännlein« erscheinen lassen, und unübersehbare Parallelen ergeben sich auch mit Chamissos »Peter Schlemihl«. Überhaupt waren Alraun-Geschichten damals noch en vogue. Annette unterscheidet sich von ihren Vorgängern dadurch, daß sie nicht dem alttestamentarischen Rachegedanken, sondern der rettenden Gnade das letzte Wort erteilt.

Trotz ihrer seelischen Torturen muß sich die Dichterin bei der Konzeption dieser Arbeit ganz auf der Höhe ihrer Möglichkeiten befunden haben. Es ist nicht auszuschließen, daß sie in der Verzweiflung des Roßtäuschers, der ganz von Gott verlassen ist, ein eigenes Seelengemälde ihrer Verworfenheit und ihres Erlösungsbedürfnisses abgeliefert hat. Die ganze Seelenpein des modernen Menschen, der hoffnungslos den Dämonen verfallen ist, seit er seinen Gott verloren hat, ist in dieser Dichtung bereits thematisiert. Kein Zweifel: In dieser umfangreichsten ihrer Balladen hat die Droste in geradezu sibyllinischer Vorschau das Bild des neuen Menschen gezeichnet, der auf dem besten Wege ist, dem materiellen Besitz alles, sogar seine eigene Seele zu opfern. Verstanden wurde sie mit dieser weit vorausgreifenden Thematik von ihren Zeitgenossen natürlich nicht. Man huldigte einem oberflächlichen Fortschrittsoptimismus und hielt Propheten und Zeitkritiker für völlig unerwünschte Personen.

Das »Fürstenhäuschen«

Im September 1843 war Annette, wie verabredet, gemeinsam mit Elise Rüdiger wieder an den Bodensee gefahren, um dort den Winter zu verbringen. Ihre Ärzte hatten ihr dringend diesen Klimawechsel ans Herz gelegt. Elise war nur kurze Zeit in ihrer Nähe geblieben. Als Annette von dem fürstlichen Honorar, das ihr Cotta für ihre Gedichtsammlung vorschoß, sich im November das »Fürstenhäusel« in den Meersburger Weinbergen erstanden hatte, schrieb sie ihr in der besten Laune am 18. November folgenden Brief:

»Jetzt muß ich Ihnen auch sagen, daß ich seit acht Tagen grandiose Grundbesitzerin bin. Ich habe das blanke Fürstenhäuschen, was neben dem Wege zum Frieden liegt – doch dort waren Sie nicht, aber man sieht es gleich am Tore, wenn man zum Figel geht –, nun, das habe ich in einer Steigerung nebst dem dazugehörenden Weinberge erstanden. Und wofür? Für 400 Reichstaler. Dafür habe ich ein kleines, aber massiv aus gehauenen Steinen und geschmackvoll aufgeführtes Haus, was vier Zimmer, eine Küche, großen Keller und Bodenraum enthält, und 5000 Weinstöcke, die in guten Jahren schon über zwanzig Ohm Wein gebracht haben. Es ist unerhört! Aber keiner wollte bieten; dieses unglückliche Jahr bringt nur Verkäufer hervor. Gottlob ist's kein armer Schelm, dem ich es abgekauft, sondern der reiche Großherzog von Baden, dem dies vereinzelte Stückchen Domäne lästig war. Früher gehörte es den Bischöfen von Konstanz, und der letztverstorbene ließ dies artige Gartenhaus bauen, wo er manchen Tag soll gespeist haben.

Das Fürstenhäuschen

Die Aussicht ist fast zu schön, d. h. mir zu belebt, was die Nah-, und zu schrankenlos, was die Fernsicht betrifft. Es ist der höchste Punkt dieser Umgebungen, gleich am Fuße des Hügels zwei sich kreuzende Chausseen, tiefer Stadt und Schloß Meersburg, die hier ganz niedrig zu liegen scheinen; als nächste Punkte darin (etwa tausend Schritt entfernt) und sich wunderschön präsentierend, rechts das alte Schloß, links das Seminar, von dem nachmittags der schöne Chorgesang so deutlich aufsteigt, daß keine Note verlorengeht; tief unten der See mit seiner ganzen Rundsicht, die Insel Mainau, Konstanz, Münsterlingen, das Thurgau, St. Gallen, auf der einen Seite nur durch die Alpen beschränkt (von denen ich hier noch die ganze Tiroler Kette als Zugabe habe), von der andern durch die höchsten Kegel des Hegaus. Es ist eigentlich wunderbar schön, und die Meersburger halten dieses Fürstenhäuschen (auch der Hindelberg genannt) für eine unschätzbare Perle. Mir ist's aber fast zuviel und zauberhaft, und wie ich da droben die ganze Gegend kontrollieren kann, jeden Bürger, der auf die Gasse oder auch nur ans Fenster, jeden Bauern, der in seinen Hofraum tritt, so komme ich mir vor wie der Student von Salamanka, dem der hinkende Teufel die Hausdächer abgehoben hat, und mir ist beinahe sündlich zumute.

Vom Häuschen bis zur Chaussee hinunter führt eine Steintreppe mitten durch die Reben, die ich zum Laubengange machen und auf die Hälfte, mittels zweier Ausbiegungen, mit ein paar niedlich versteckten Ruhbänken versehen will. Unten ist die Treppe schon durch ein hübsches Gatterpförtchen verschlossen. Ich habe nichts zu tun, als die nächsten Rebenreihn aufranken zu lassen und die kleine Rotunde in der Mitte zu besorgen, wozu ich nur drei oder vier Weinstöcke wegzunehmen und die dahinterstehenden zu benutzen habe; in zwei Jahren kann alles dicht und schattig sein. Was sagen Sie dazu?

Die Reben hat der alte Bischof mir aufs beste gewählt, Burgunder, Traminer, Gutedel et cet., und die eine (Sonnen-)Seite des Abhangs bringt solchen Wein, als Laßberg Ihnen vorgesetzt, die andere geringeren. So kann ich also in guten Jahren auf zehn Ohm vortrefflichen und ebensoviel mittelmäßigen Wein rechnen. Grad hinter dem Hause, wo der Schatten desselben den Reben sehr schadet, will ich diese ausroden, den Boden gleichmachen und eine kleine Blumenterrasse, nicht groß genug zum Spazierengehen, aber angenehm fürs Auge, mit lange und reichlich blühenden Blumen, Georginen, Rosen, Levkojen et cet. bepflanzen lassen. Oh, Sie sollten sehn, ich mache ein kleines Paradies aus dem Nestchen! Schade, daß ich meine meiste Lebenszeit 200 Stunden davon zubringen werde! Oder vielmehr gottlob, daß der heimische Boden und ich uns immer einander treu und sicher bleiben und mir doch, falls mir von Zeit zu Zeit die hiesige Luft wieder nötig würde, bei allen denkbaren Wechselfällen ein niedliches Chez moi nicht fehlt.

Nun will ich Ihnen auch das Innere des Hauses beschreiben. Man geht mit einer hübsch geschweiften, etwa acht Stufen hohen Steintreppe in den untern Stock, der nur das Paradezimmer und die Küche enthält. Ersteres ein Gemach von angenehmer Größe, mit einem Erker, in dem das Kanapee mit Tisch und einigen Stühlen hinlänglich Raum haben und das übrige Zimmer unbeengt lassen. Man sitzt dort wie in einem Glaskasten, ein Fenster im Rücken und zwei zu den Seiten, aber Besuchenden wird es himmlisch scheinen, der Aussicht wegen. In dies Zimmer tritt man unmittelbar von der Treppe. Die Küche daneben (wo ich einen zweiten Eingang werde brechen lassen) ist klein, doch nicht bis zur Unbequemlichkeit, und es läßt sich mit wenigen Gulden einrichten, daß das Herdfeuer zugleich den hübschen Kachelofen des Zimmers heizt, was im Winter sehr angenehm und im Sommer durch Öffnung der Fenster nach der jedesmaligen Schattenseite und Ladenschließung der übrigen leicht zu parallelisieren ist, da mein Kochherd doch nicht allzu lange und stark brennen würde und bei winterlichen Besuchen notwendig nachgeheizt werden müßte; doch würde das Zimmer immer trocken und eine gelinde Temperatur darin erhalten werden, die die Besuche gleich hineinzuführen erlaubte.

Aus der Küche führt eine Wendelstiege und Falltür in den oberen Stock, meine eigentliche Dachshöhle (oder Schwalbennest), alles mit Zierlichkeit gemacht, die Stiege hübsch gewunden, die Falltür wie Getäfel geschnitzelt und sich in die Wand fügend, so daß sie bei Tage nicht bemerkt, sondern für eine Verzierung gehalten wird. Nachts, wenn sie geschlossen ist, paßt sie (mit der anderen Seite) sehr genau in den Fußboden und macht die kleine obere Entree zu einem artigen Zimmerchen, wo im Hintergrunde hinter anständigem weißem Vorhange das Kammerjungfernbett verborgen sei und diese auch in Sommertagen ihre Näherei am Fenster beschicken kann. Hieran stößt dann mein eigentliches Quartier, ein heizbares Wohnzimmer, etwa um ein Drittel größer als Ihr Kabinettchen, und ein Schlafzimmerchen, grade groß genug für das Nötige, Bett, Waschtisch, Schrank und noch einigen Raum zu freier Bewegung. Sagen Sie selbst, Elise, was bedarf ich mehr? Auch fällt mir eben ein, daß ich statt des Eisenofens im Wohnzimmer ja einen Kachelofen kann mauern lassen, der das Kammernjungfernzimmer mitheizt, so daß ich diese zu keiner Zeit um mich zu haben brauche.

Der Keller geht unters ganze Haus her und ist sehr gut, sowie der Bodenraum unterm Dache überflüssig geräumig, und es ließ sich dort leicht ein Verschlag herrichten, wo ich, der Sicherheit wegen, meinen Winzer könnte schlafen lassen, einen Mann, der sonst in der Stadt wohnt und außer der Besorgung der Reben für ein Gewisses nicht in meinem Dienste steht, aber dann gerne für eine Kleinigkeit zu Bestellungen und sonstiger Aushilfe bereit sein würde. Einen Brunnen habe ich nicht, aber ein Bleichplätzchen und nicht hundert Schritte vom Hause eine Quelle, die Winter und Sommer fließt. Kurz, ich sage Ihnen, es ist allerliebst. Laßberg sagt: Je mehr man es untersucht, je besser wird es. Dach, Gemäuer, Fußboden, Türen alles im besten Stande, von den Fensterläden nur zwei etwas schadhaft, aber in den Fenstern selbst vieles zu reparieren, und dieses die einzige etwas bedeutende Ausgabe. Lieb Lies, ich habe Sie gewiß ermüdet mit meiner neuen Freude, wo Sie sich doch nicht recht hineindenken können.«

Die Droste, zum erstenmal in ihrem 46jährigen Leben zur Haus- und Grundbesitzerin avanciert, die sogar imstande ist, ihren eigenen Wein zu produzieren, lebt in ihrer Besitzerfreude förmlich auf. In diesen ersten Meersburger Wochen steckt sie voller Pläne. Ihre Unternehmungslust muß sie selbst überrascht haben. Sie schreibt und liest, lädt Freunde ein, besucht Bekannte und macht natürlich ihre gewohnten Wanderungen. Offenbar hat sie sich inzwischen daran gewöhnt, ihren Freund bei dergleichen Unternehmungen nicht mehr an ihrer Seite zu wissen.

In ihrem Brief an Elise berichtet sie unter anderem auch von einem Sturm, in den sie geraten ist:

»Es war in der zweiten Woche nach Ihrer Abreise, ich hatte einen langen Spaziergang weit über Haltenau hinaus gemacht und mich eben zum Rückwege gewendet, als ein wahres Teufelswetter losbrach, ohne Regen, nur Sturm, aber um Berge zu versetzen. Bei jedem Ruck faßte er mein dickes wattiertes Kleid und wollte mich über die Mauer reißen, so daß ich gleich bergan in die Reben flüchten mußte, wo ich mich kümmerlich an den Pfählen fortlavierte bis Haltenau, und dort wie ein verunglückter Luftballon ins Haus mehr plumpste als flatterte, nämlich mit halbem Überstürzen, was sich wahrscheinlich eher mitleidswert als graziös mag ausgenommen haben. Die dicke Rebfrau konnte auch mit ihrem ›B'hütis Gott! b'hütis Gott!‹ gar nicht aufhören und meinte, sie würde jetzt um fünf Gulden nicht über die Mauer nach Meersburg gehen. Was half das alles? Ich mußte doch nach Hause, obwohl das Wüten draußen mit jeder Minute ärger wurde.

So ging ich wieder los und versuchte als letzten Ausweg, mich gleich den Berg hinaufzuarbeiten, wo ich schlimmstenfalls doch nur bis in die nächsten Rebpfähle geschleudert werden konnte – freilich, wenn's mit Vehemenz geschah, immer gefährlich genug, und zudem hätte ich, wie Sie wissen, Klippenwände passieren müssen. Vielleicht war's gut, daß der Versuch mißlang, es war keine Möglichkeit; bei jedem Schritt höher konnte mich der Wind derber packen, ich mußte mehr kriechen als gehn und bei jedem Ruck niederhocken, um nicht weggerissen zu werden, also wieder bergab! Doch blieb ich zwischen den Reben, etwa dreißig Fuß über dem Mauerwege. Es war eine greuliche Arbeit; ich habe über eine Stunde gebraucht; die meiste Zeit saß ich in einem Klümpchen dicht zusammen und wartete auf die Pausen der Stöße, um dann zehn oder zwölf Schritte voranzuarbeiten.

Was wir zusammen erlebt haben, kann Ihnen nicht mal einen schwachen Begriff davon geben; aber der See war unbeschreiblich schön, so durchsichtig und in allen Farben wechselnd, wie ich davon vorher keinen Begriff gehabt. Die Sonne warf durch Wolkenlücken ein prächtiges falsches Licht darauf, und ich wurde fast geblendet durch das Blitzen der Springwellen, die unter mir wie eine endlose Reihe Fontänen aufstiegen, und zwar nicht, wie wir es kennen, nur diesseits der Mauer, sondern wenigstens vierzig Fuß höher, weit über mir und meinen Rebstöcken, niederplatschten, so daß ich nach ein paar Minuten keinen trockenen Faden mehr am Leibe und mein Rock sich in einen gefüllten Schwamm verwandelt hatte, der mich niederzog wie Blei.

Ich kann Ihnen sagen, Elise, daß ich froh war, als ich das Tor über mir und meine bedenkliche Fahrt sich in eine klatrige durch die Unterstadt verwandelt hatte. Noch einmal hatte ich einen schweren Stand, die Stiegen hinauf, wo der Wind wieder alle Macht hatte, und besonders auf der langen, schmalen Brücke über den Mühlrädern, wo ich einmal keinen anderen Rat wußte, als mich platt hinzuwerfen, und doch wohl herabgeweht wäre, wenn nicht der Müller, der auch grad genötigt war, die Brücke zu passieren, mich am Boden festgehalten und dann auch die letzte Stiege hinaufgeleitet hätte. Als ich ins Schloß kam, schnatternd und einen nassen Streifen hinter mir lassend, wie ein geschwemmter Hund, ward ich auch empfangen wie ein armer Hund.

Es mißlang mir, in mein Zimmer zu schlüpfen. Laßberg stand zufällig im oberen Flur und erhob ein solches Geschrei: ›Um Gottes willen! Wo kommen Sie her! Was haben Sie gemacht! Was denken Sie auch!«, daß ich gleich auf eine sehr unerwünschte Weise en famille geriet.

Mama war anfangs wirklich böse, glaubte mir aber doch sogleich, daß ich bei ganz leidlich spazierfähigem Wetter ausgegangen sei. Laßbergen konnte ich mich nicht begreiflich machen, er war tauber als gewöhnlich, und ich habe ihn mitten in seinen Exklamationen über meine Unvernunft müssen stehn lassen, denn mich fror erbärmlich. Jenny sagte nichts, aber sie bestellte sogleich einen heißen Krug und Tee, nahm mich dann beim Arm und brachte mich in meinem Zimmer zu Bette. Meinen dicken Rock habe ich acht Tage lang nicht anziehn können, so lange hat er auf dem Boden trocknen müssen.

Da mir das Abenteuer nicht geschadet hat, ist's mir doch lieb, den See einmal in seiner tollsten Laune gesehn zu haben, um so mehr, da es nur für einmal im Leben ist, denn ein anderes Mal werde ich mich hüten! Ich mag die Lachsforellen und Gangfische viel lieber essen, als von ihnen gegessen zu werden, und es würde mir sogar nur wenig Trost bringen, wenn statt ihrer meine Lieblinge, die Möwen, mich aufpickten.

Am nächsten Tag hörten wir von vielen Unglücken am See, einem untergegangenen Schiffe und einigen einzeln Verunglückten. Und mit dieser Trübsal muß ich für heute schließen.«

Anfang November erreicht Annette die Nachricht von der am 7. Oktober vollzogenen Hochzeit ihres Freundes. »Wie oft sprach ich nicht von Ihnen, es vergeht kein Tag, und wenn ich's nicht noch mehr tue, so ist es nur die Furcht, daß man mir doch nicht glaubt, wenn ich so voll von Ihnen bin«, versichert ihr der junge Ehemann. »Wir ließen uns am 7. Oktober mittags um ein Uhr trauen, in der katholischen Kirche, meine Zeugen waren zwei Vettern Luisens: ein Kammerherr von Gall und ein Hofgerichtsanwalt Sues. Wir sahen übrigens beide sehr nobel aus. Meine Braut sah, kann man sagen, ideal schön aus, im einfachen, nicht décolletierten Kleide von echt ostindischem Musselin und weißem Atlas darunter, den reichen Myrtenkranz à la Ceres.

Nach der Trauung gab der Oberjägermeister ein kleines Diner, und danach reisten wir fort. Die drei nächsten Tage brachten wir bei Justinus Kerner zu, wo auch Geibel war.«

Zu einer Antwort auf diesen Brief, der keineswegs euphorische Empfindungen in ihr auslöste, konnte sich Annette erst nach einem Monat aufraffen. Nachdem sie ihre Gratulation angebracht hatte, schildert sie Levin die Verhältnisse auf der alten Dagobertsburg, auf der sie noch vor einem guten Jahr wie Liebende beisammen waren.

»Ich bin gerne hier«, versichtert sie ihm, »obwohl außer Laßberg und Jenny, der alten Burg und dem See eben alles anders ist wie vor einem Jahre, als läge ein Dezennium dazwischen, lauter neue Domestiken, außer Augusten und dem alten Fasser, der noch immer seinen Kopf aus dem Guckloche unter der blutigen Hand hervorstreckt. Das Liebhabertheater aufgelöst, Mama hier, und im unteren Stock drei Zimmer für sie eingerichtet, die mir wie ein ganz neues Stück Welt vorkommen, Figel fast bankrott, will sein Häuschen verkaufen. Niemand besucht ihn mehr, wir sind nur einmal aus alter Erinnerung hingegangen, fanden niemand dort und konnten kaum etwas erhalten; sein Zöpfchen steht vor Melancholie ganz schief, während seine gezwungenen Späßlein der traurigen Lage einen unheimlichen Eindruck machen und ich nicht wieder habe hingehen mögen.

Ich bin in das neue Turmzimmer logiert, das damals für Sie ausgebaut wurde. Mein früheres Zimmer sowie das Ihrige ist jetzt als Fremdenzimmer immer verschlossen, also für mich so gar nicht mehr da; ebenso die Gewölbe, in denen wir herumkletterten, und Ihr Turmzimmer, in dem Sie den ›Lafleur‹ und das ›Stiftsfräulein‹ schrieben; in beide letztere habe ich bei einer allgemeinen Hausschau mal einen Blick getan, und es war mir wie ›eine Geschichte vergangener Zeiten‹. Das sind doch viele Veränderungen für ein kurzes Jahr!

Denn gerade ein Jahr nach meiner Abreise bin ich wieder hier eingezogen. Freilich ist auch manches geblieben; vor allem himmelte mich das Speisezimmer an, alles als wär's gestern: das kleine Klavier mit denselben Notenblättern, die ein Jahr Rast gehalten, Laßbergs Noli-me-tangere-Winkel, die alte Uhr auf dem Schreibtische, die immer zwölf schlägt. Dort ist die

Zeit genauso unbegreiflich stillgestanden, wie sie anderwärts unbegreiflich gerannt ist.

Herr Hufschmidt kommt noch jeden Abend im selben braunen Rocke, spielt langen Puff und bittet uns, nicht zu früh aufzustehn. Und jeden Nachmittag geh ich meine alten Wege am Seeufer, zwar mutterseelenallein, aber doch vergnügt, weil mich nichts stört, nicht einmal ein neuer Rebfahl. Ungestörtheit habe ich überhaupt hier, soviel mein Herz verlangt; ich bin in meinem Turm wie begraben und komme nur hervor, wenn ich nach dem Läuten des Dampfbootes alte Freunde habe den Steig herauftraben gesehen, was aber selten vorkommt.

Was ich in meiner Einsamkeit treibe? Ich lese, beende die Abschrift meiner Gedichte und sehe mir in der Dämmerung über den See das Abendrot an, was eigens mir zuliebe in diesem Jahre unvergleichlich schön glüht; ich wollte, Sie könnten das mit ansehn; auch der See und die Alpen waren im September und Oktober fast täglich mit Tinten überhaucht, von denen ich früher keine Vorstellung gehabt. Alle Zacken der Alpenreihe rot wie glühendes Eisen und scheinbar durchsichtig, andere Male der See vollkommen smaragdgrün, auf jeder Welle einen goldenen Saum. Ach, es ist doch eine schöne, schöne Gegend! Sie sehn, die Natur tut alles, mir an Poesie von außen zu ersetzen, was mir in den Mauern fehlt; denn in dieser Beziehung stehe ich hier allein, wie Sie am besten wissen.

Nun noch ein Wort zu meinen Gedichten! Die Abschrift ist fast fertig, aber Sie, mein armes Kind, sollen sich damit nicht plagen. Sie haben jetzt eine immer wachsende Haushaltung in Aussicht, müssen zu diesem Zweck Ihre eigenen und Ihrer lieben Frau Schriften zu poussieren suchen, ohne sich Ihrem Verleger durch Protektionfremder, deren Erfolg noch sehr zweifelhaft ist, unangenehm zu machen.«

Im übrigen hat sich Annette, ganz ihrer Arbeit am neuen Gedichtband hingegeben, in ihre eigene Welt zurückgezogen. Wie ihr Alltag in der uralten Dagobertsburg ablief, beschrieb sie am 2. Januar 1844 Elise Rüdiger mit einigen aufschlußreichen Details.

»Wir leben hier so ruhig voran, ohne sonderliche Abwechselung. Ich sitze wie eine Maus im Loche in meinem Turm und knuspere eine Nuß nach der anderen aus Laßbergs Bibliothek, zuweilen mit recht saurer Schale, und auch der Kern erinnert mich oft an unserer lieben Vorfahren rohe Eicheln. Aber was tut man nicht der Ehre wegen! Droben geht's derweil bunt zu, die gelehrten Besuche treten sich fast einander die Schuhe aus, wovon ich mir nachher bei Tische erzählen lasse und bis jetzt noch keinen Namen gehört habe, der es mir leid machte, daß ich nicht zur Hand war. Lauter Professoren X, Y und Z. Mir fehlt hier gar nichts wie Sie, aber Sie fehlen mir arg, und ich kann kaum ein Dampfboot aus meinem Fenster heranbrausen sehn, ohne in Gedanken zu meiner Lorgnette zu greifen, ob Sie vielleicht auf dem Verdecke stehn... Mein liebes Rebhäuschen habe ich lange nicht besucht, es ist jetzt zu kalt und öde dort in den leeren Mauern, und ich habe noch keine rechte Freude daran, bis der Kauf von der Regierung bestätigt ist.«

Die Bestätigung erfolgte dann im März 1844. Damals wurde ihr der Besitz von »140 Ruthen Reben in Hindlesperg und 249 Ruthen Reben all dafür und um die Kaufsumme von 700 fl. – sage siebenhundert Gulden« zugesprochen. Von nun an konnte sie das Häuschen ganz nach ihrem Geschmack für ihre Zwecke herrichten. Sie hatte einem Maler den Anstrich überlassen. Allerdings war die Ausmalung des Pavillons für ihren Geschmack allzu grell ausgefallen. Aber sie beließ es dabei, um den Handwerker nicht zu kränken.

Im Januar 1844 war es dann endlich soweit, daß sie ihr Manuskript an den Verlag Cotta abliefern konnte. »Ew. Hochwohlg. haben uns früher zuweilen mit Beiträgen beehrt, für welche wir Ihnen zum größten Dank verpflichtet sind«, hatte der Verlagsleiter ihr geschrieben. »Die Erzählung ›Die Judenbuche‹ hat in ihrer Eigentümlichkeit auf die besten unserer Leser den größten Eindruck gemacht, und die Gedichte ›Der Knabe im Moor‹, ›Die Taxuswand‹, ›Am Turme‹ usw. werden von den Kennern und Freunden der Poesie sehr hochgestellt. Aber seit längerer Zeit haben wir uns keiner Mitteilung von Ihrer Hand mehr zu erfreuen. Der Umstand, daß die früheren Beiträge, soviel wir uns erinnern, sämtlich in die Zeit des Aufenthaltes des H. Levin Schücking auf Schloß Meersburg fallen und uns durch denselben zugekommen sind, läßt uns vermuten, daß wir Ihre Mitwirkung nur der Fürsprache dieses Freundes zu verdanken hatten. Wir erinnern uns wenigstens keiner Handlung, nicht mal einer Unterlassungssünde, die Sie hätte veranlassen können, unsern Blättern eine Teilnahme zu entziehen, die wir seit einiger Zeit so sehr vermissen.

Wir haben nun H. L. Schücking dringend gebeten, seinen Einfluß auch in der Entfernung zu unseren Gunsten geltend zu machen. Wir haben aber auch nicht unterlassen wollen, Ew. Hochgb. selbst das ›Morgenblatt‹ in freundliche Erinnerung zu bringen.«

Annette bekam für ihren Gedichtband von Cotta das beachtliche Honorar von 500 preußischen Talern, während Lenau nur 207 Taler und Uhland 266 Taler für ihre Gedichtbände erhalten hatten. Darüber hinaus hatte der Verleger persönlich der Dichterin eine Prachtausgabe des in seinem Verlage erschienenen Faksimiledruckes des Nibelungenliedes dediziert. Schon Schückings wegen, auf dessen sanguinisches und sprunghaftes Naturell auf die Dauer kein rechter Verlaß war, entschloß sie sich zur weiteren Mitarbeit am »Morgenblatt«.

Der zweite Gedichtband

Als die Sammlung ihrer Gedichte dann zur Herbstmesse erscheint, kann Annette die Komplimente von Literaturkennern von nah und fern nur so einsammeln. Unter den prominenten Kritikern befand sich bezeichnenderweise auch Adalbert Stifter, der eine gewisse Wesensverwandtschaft mit der Droste gewittert haben muß. Selbst Joseph von Eichendorff, der am Ende seines Lebens mit den neuen Literaturströmungen auf Kriegsfuß lebte, fühlte sich von diesen kraftvollen Gedichten ungemein angesprochen. Hier war einer durchaus originären Lyrikerin ein Durchbruch geradezu mit der Vehemenz einer Naturgewalt gelungen.

Natürlich war auch Ferdinand Freiligrath mit seinem emphathischen Applaus zur Stelle. Christian von Zedlitz, der sich ein Jahr zuvor mit seinem ominös-romantischen Versepos »Waldfräulein« einen Bestsellererfolg erschrieben hatte, bemerkte sicher zutreffend in der Augsburger »Allgemeinen Zeitung«: »Überall tritt uns ein selbständiger, schaffender Geist entgegen, nirgends der Widerklang lange vorher gekannter Weisen.«

Dieser längst verschollene Poet faßte in seiner Kritik vom 26. November 1844 den bestechenden Eindruck aller Literaturkenner in deutschen Landen so zusammen: »Wenn wir die reichliche Sammlung dieser Poesien durchgehen, ist es zuerst die Eigentümlichkeit und Ursprünglichkeit ihres Talents, die wir darin anerkennen müssen... Alles, was die Dichterin gibt, ist selbst erschaut, selbst empfunden, mit dem eigensten Lebensodem durchweht und mit einer Freiheit und Rückhaltlosigkeit hinausgesungen, die, völlig unbekümmert um den Erfolg, nur einer glühenden, tiefinneren Notwendigkeit folgt. Dabei ist dieser Poesie gerade die seltene Wechselwirkung sonst meist getrennter Elemente zugute gekommen, die sich hier auf sehr anziehende Weise unterstützen und ergänzen. Diese Gedichte sind vollkommen weiblich in ihrem Kern, in ihrem Wesen, und doch dabei mit der männlichen Kraft des Ausdrucks gepaart. Auch ist dabei nirgend eine Koketterie der Empfindung; alles ist innerlich gesund.«

Natürlich wurden die Gedichte der Hülshoff von vielen auch als zu spröde und dunkel empfunden. Sie hatten alle Mühe, sich in die Ohren der damaligen Leser, die einer einsäuselnden Butzenscheibenlyrik verfallen waren, einzuschmeicheln. Daran hat sich im Grunde bis heute nur wenig geändert. Trotzdem dachte die Dichterin keinen Augenblick daran, Konzessionen an den Lesergeschmack zu machen. Im Grunde konnte sie ja immer nur ihre ureigene Melodie intonieren. An diese naheliegende Einsicht hielt sie sich bis zuletzt. Sie war sich selbst darüber im klaren, daß sie ganz im Gegensatz zu den zeitgenössischen biedermeierlichen Lyrikern auch höchst ausgefallene Farben auf ihrer sprachlichen Palette hatte, mit denen sie für die damaligen Verhältnisse bis dahin unbekannte Effekte erzielen konnte. Sie riß damit nicht nur ein literarisch versiertes Publikum zu höchster Bewunderung hin, sie nahm auch bereits Wirkungen des literarischen Impressionismus voraus.

Vor allem ihre Landschafts- und Naturimpressionen profitierten ungemein von ihrem neuartigen, eigentlich gewagten Sprachgestus. Erstaunlicherweise hat sich davon bis heute nichts abgenutzt: sie sind noch immer von der gleichen unwiderstehlichen Präsenz wie am ersten Tag. Es muß den Zeitgenossen förmlich den Atem verschlagen haben, wie hier eine bis dahin völlig unbekannte Dichterin jede Naturstimmung adäquat mit Worten einzufangen verstand und auch die Zwischentöne mit einer divinatorischen Einfühlsamkeit zu treffen pflegte. Diese seltene Gabe, Stimmungen zu erzeugen, bezog sie aus einer schöpferischen Dimension, die anderen verschlossen blieb und die eigentlich erst das Genie prägt. Dabei rührte es sie nur wenig, wenn ihr Vokabular sich aus antiquierten Wendungen, westfälischen Provinzialismen und sogar aus Fremdwörtern zusammensetzte. Die überlegene und stilsichere Art, mit der sie ihre künstlerischen Mittel einsetzte, verlieht ihren Gedichten ihr unverwechselbares und unnachahmbares Timbre, das man bewunderte oder eben ablehnte.

Annette hat sich daher auch immer geweigert, auf den Rat anderer hin ihre Gedichte von vermeintlichen »Sprachschlakken« zu reinigen. Auf Umarbeitungen und »Verbesserungen« ließ sie sich in der Regel nicht ein. Gottlob hat der Verlag Cotta der naheliegenden Versuchung widerstanden, vermeintliche Korrekturen an den oft schwer verständlichen Texten vorzunehmen. Man respektierte das Genie in dieser Dichterin, von der man immer mehr zu begreifen begann, daß sie in Deutschland nicht ihresgleichen hatte. Immer mehr Kenner der deutschen Lyrik begannen einzusehen, daß die Droste auch in der Weltliteratur ihres Jahrhunderts eine einzigartige, von niemandem sonst erreichte Stellung bezogen hatte. Fern von allen Literaturschablonen hatte sie eine sinnenhafte Erlebniskraft entwickelt, mit der sie der Natur ihre Geheimnisse entlocken konnte. Ihre schöpferische Dämonie ließ sie die archaischen und mythischen Urkräfte ihrer Heimat, aber auch die Eruptionen der eigenen »wilden« Seele aufspüren und sie dichterisch gestalten.

Dieses Edelfräulein aus dem bisher literarisch noch unerschlossenen Westfalen, die sich kühn über alle literarischen Konventionen hinwegsetzte, schien mehr in der Zukunft als in ihrer eigenen Zeit beheimatet zu sein. Die Größe ihrer Dichtung, die alle biedermeierliche Enge sprengte und ein existentielles Lebensgefühl artikulierte, konnten daher auch nur die wenigsten begreifen. Man muß sich auch heute noch in ihre hinreißende Sprachmelodie hineinhören, um das Schöpfungsgeheimnis dieser Frau zu enträtseln. Dann aber wird man ihr unter den Lyrikerinnen der Weltliteratur einschränkungslos die Krone reichen.

Endlich hatte die Droste nun ihren unverkennbar eigenen Stil gefunden, der so ganz ihrer dunkel getönten Natur entsprach. So etwas hatte es zumindest seit den Tagen des Barock in der deutschen Lyrik nicht mehr gegeben. Parodisten hatten es unter diesen Umständen relativ leicht, diesen höchst persönlichen Stil zu karikieren. Ludwig Eichrodt, der aus dem literarischen Umfeld Victor von Scheffels stammte, ließ sich dann auch zu einigen »Dröstlichen Hülsenblüten« hinreißen, von denen man auf jeden Fall feststellen kann, daß sie das Wesen der Drosteschen Sprache intuitiv erfaßt haben:

»Und Käuzchenschrei ruschelt mit Geierpfiff
Wirr durch der Halle wimmerfahlen Brodem-
Verfallene Gemäuer, eingestürztes Schiff,
Glockengebraus, Gespensterschwadenodem...

Und Mitternacht! Dann plötzlich Lichtgefunkel,
Da wälzt sich aus des Dienstags Trümmerdunkel
Der frühlichtflimmernde Mittwoch empor
Und säuselt Schauerwollust in das trunkne Ohr.«

Mehr als alle semantischen Analysen entschleiert die folgende Strophe das Geheimnis der sicherlich nicht zur Manier erstarrten Drosteschen Wortneubildungen:

»Des Kummers feuchte Moderkatakombe
Stürzt donnernd ein, und nur die müß'ge Rompe
Der glitzerhaften Qualerinnerung
Schlirrt noch einmal – und du bliebst jung!«

Es kann nicht überraschen, daß noch viele Jahre vergehen mußten, ehe sich unter zünftigen Literarhistorikern die Übereinstimmung darüber durchzusetzen begann, daß die Drosteschen Verse einen einsamen Rang innerhalb der deutschen Lyrik einnahmen und daß sich keine der bisherigen Dichterinnen, die sich der deutschen Sprache bedienten, mit dieser Westfälin messen konnte. Man mußte schon bis ins griechische Altertum zurückblenden, um in der Sappho einen annähernd adäquaten Fall von dichterischer Genialität bei einer Frau zu finden. Man begann aber auch zu begreifen, daß sich diese Dichterin ihren Rang mit dem existentiellen Einsatz ihres einsamen Lebens erkauft hatte. Spätestens seit ihrer »Jugendkatastrophe« hatte sie eingesehen, daß sie für eine normale Existenz als Frau nicht prädestiniert war. Die Natur führte offenbar Höheres mit ihr im Sinn.

In ihrem inhaltsschweren Gedicht »Mein Beruf«, das ihrer letzten Meersburger Zeit entstammt, hat sie Gerichtstag über ihr eigenes Ich gehalten und sich die Frage nach den Gründen ihres Lebens in einer auf die Dauer zermürbenden Isolation gestellt. Ihre Antwort fällt eindeutig und unbarmherzig aus: Sie hatte Verzicht auf eine bürgerliche Existenz leisten müssen. Hatte sich dieser hohe Einsatz ihres Lebens aber wirklich gelohnt?

Anette von Droste mußte das 45. Lebensjahr erreichen, ehe

sie als Dichterin aus dem Dunkel ihrer Anonymität heraustreten konnte. Im Verlauf einer kurzen, aber intensiven Schaffensphase hatte sie Ungewöhnliches zustande gebracht. Nur ein paar Jahre vor ihrem Tode streifte sie doch noch ein Hauch des dichterischen Ruhmes, den sie sich ersehnt haben mochte, um wenigstens ihren nächsten Angehörigen zu beweisen, daß der Einsatz ihres Lebens nicht einer verlorenen Sache gegolten hatte.

Mit diesem 575 Seiten umfassenden Band war sie in den Rang einer deutschen Sappho emporgestiegen. Es stand fest, daß sich zumindest unter den lebenden Dichterinnen niemand mit ihr messen konnte. Man war sich wenigstens darüber einig, daß hier ein geradezu männlich zupackender und gestalterischer Geist am Werke gewesen war. Aber nun war es bereits zu spät, um diesen Ruhm noch auszukosten. Ihre Kräfte ließen unübersehbar nach.

Selbst ihre Angehörigen begannen mit einem Male aufzuhorchen. Nach so viel Zustimmung von allen Seiten konnten sie diese neue Publikation nicht einfach mehr verlegen oder ärgerlich wegstecken. Nun nahm man in der literarischen Welt fast überschwenglich Notiz von ihr. Verleger meldeten sich bei ihr, um die Rechte für weitere Arbeiten zu erwerben. Aber sie gehörte nicht zu denen, die sich einbildeten, ihre Kunst kommandieren zu können. Sie hatte in ihren schöpferischen Stunden immer wie unter einem höheren Zwang gestanden. Nun hatte sie wenigstens noch die Genugtuung, daß ihr Einsatz nicht vergeblich gewesen war. Sie war sogar davon überzeugt, daß ihre Gedichte erst in hundert Jahren oder noch später voll zum Klingen kommen könnten.

Wiedersehen mit Levin

Für das Frühjahr 1844 stand der Besuch Levins in der Meersburg ins Haus. Er war auf jeden Fall bereit, sein Wort zu halten und das gemeinsame Treffen nach Ablauf der zwei verabredeten Jahre stattfinden zu lassen. Natürlich brannte er auch darauf, seine junge und elegante Frau seinem »Mütterchen« vorzuführen und womöglich so etwas wie einen Freundschaftsbund zwischen den beiden Frauen, die seinem Herzen am nächsten standen, zu stiften.

Annette sah dieser angesagten Begegnung mit keineswegs ungetrübten Empfindungen entgegen. Schon am 1. April schüttete sie ihrer Freundin Elise, die ebenfalls ihren Besuch angesagt hatte, ihr Herz aus: »Schücking und Frau kommen zu uns, und zwar auf drei Wochen. Sie kennen Laßberg und seine Abneigung gegen Unruhe und Getriebe zu gut, als daß ich weitläufiger zu erörtern brauchte, wie fatal und jedem einzelnen beengend das Zusammentreffen beider Besuche sein würde. Ich schrieb deshalb sogleich an Schücking. Ich drang auf Antwort mit umgehender Post, um auch Ihnen Zeit zu lassen, Ihre Einrichtungen zu treffen, zeigte zugleich Unruhe wegen meines Geschäfts mit Cotta, da die Ostermesse herannahe und weder Annoncen noch Probegedichte erschienen. Trotz all dieser Reizmittel keine Antwort!

Nach zehn Tagen schrieb ich wieder, viel dringender: alles stumm! Nach zehn Tagen nochmals, und jetzt wirklich höchst beängstigend, da ich mir Schücking völlig mit Cotta zerfallen, vielleicht gar nicht mehr in Augsburg, sondern in irgendeinem dunklen Winkel am Hungertuche nagend und zu stolz, mir dies zu schreiben, dachte.

Jetzt kam wirklich Antwort mit umgehender Post: Schücking und Frau sind verreist gewesen, nach München, waren erst vor einigen Stunden zurückgekehrt und hatten mein Regiment Briefe nebeneinander aufmarschiert gefunden. Er schreibt allerlei, über seinen Besuch diese Worte: Wir werden pünklich am 1. Mai in Meersburg eintreffen und ebenso pünktlich am 23. abreisen, und zwar nach Venedig, um dort Seebäder zu gebrauchen. Ihre Damen müßten also vorher oder nachher kommen. Dann geht er weitläufig auf die Freude des Wiedersehens und andere Dinge über, ohne jenen Punkt weiter zu berühren.«

Im weiteren Verlauf ihres Schreibens läßt die Droste ihrer Animosität gegenüber Luise die Zügel schießen und schreibt: »Ich habe seit drei Monaten viele Briefe von Schücking erhalten – oder von seiner Frau, wenn Sie wollen; aber sie schreibt immer die Hälfte davon und diktiert noch einen Teil des übrigen, wo es immer um die dritte Zeile heißt, meine Frau sagt oder meine Luise will, daß ich Ihnen schreibe et cet. Es ist auch offenbar, daß sie alle an ihn gerichteten Briefe liest, wahrscheinlich sogar auf seinen Wunsch in seiner Abwesenheit erbricht. So richte ich denn die meinigen für beide ein, rede sogar abwechselnd beide an, um ihr nicht extra schreiben zu müssen.

Indessen traue ich ihr nicht recht; ihre Worte gegen mich sind lauter Liebe, sogar Demut, aber dennoch fühle ich etwas Gezwungenes und versteckt Pikiertes zuweilen heraus, namentlich wenn ich etwas von Schücking nicht übermäßig gelobt habe. Neulich z. B. schrieb Schücking mir, er werde sich fortan aufs Drama verlegen und habe ein Trauerspiel ›Günther von Schwarzburg‹ unter der Feder. Ich riet ihm davon ab, da ich nach den früheren Proben sein Talent fürs Drama weit weniger ausgemacht halte als zur Poesie und erzählendem Stile.

Darauf schreibt sie ziemlich spitzig: ›Günter‹ ist fertig und trotz Ihrer traurigen Prophezeiungen doch ein gutes Stück. Und ein anderes Mal, was mich wirklich arg enttäuscht hat, zuerst eine ganze Seite voll Weihrauchqualm: sie sei ganz berauscht von Entzücken! So habe noch niemand geschrieben! Ich sei bestimmt, der Stolz meines ganzen Geschlechts zu werden et cet. – und nun auf der anderen Seite, von Levins Hand, eine Menge Stellen meiner Gedichte, die ihm schon früher bekannt und sehr lieb waren und die er nun mit einer Ängstlichkeit verändert wünscht, daß man sieht, wie sie ihm jemand fatal und lächerlich gemacht hat, und dann als Nachsatz: »Mein Luischen kommt eben herein und will sich wohl totlachen, daß ich Sie noch erst um Erlaubnis frage; sie meint, alles das, was ich abgeändert wünsche, seien ja lauter Unmöglichkeiten! und ich hätte zu Ihrem eigenen Besten frisch darauflos korrigieren sollen, ohne sie lange zu fragen; sie wolle mir nur noch eine Menge anderer Unmöglickeiten zeigen et cet.!

Was sagen Sie dazu? Ist das nicht echt Bornstedtisch? Ich habe hierauf nichts geantwortet, fürchte aber, das Stückchen lange nicht zu vergessen, nicht der Beleidigung halber, sondern weil ich besorge, einen tiefen unglücklichen Blick in ihren Charakter getan zu haben. Mich hat sie indessen nicht bei ihm zugrunde richten können.«

Statt, wie versprochen, am 1. Mai traf Schücking mit seiner Frau erst am 6. Mai in Meersburg ein. Levin hatte ihr einen Tag vor dem verabredeten Ankunftstermin die Nachricht zukommen lassen, daß er am 29. April umzuziehen gedächte und hinzugesetzt: »Das dauert immer einige Tage, bis wir so weit in Ordnung sind, daß wir reisen können. Natürlich dränge ich alles, was ich kann, aber eher ließ es sich nicht tun.«

Annette hatte voll nervöser Erwartung das junge Paar, das von Lindau mit dem Dampfboot herübergekommen war, am Steg in Meersburg empfangen. Levin hatte ihr sogar wie ehedem seinen Arm angeboten, um sie mühelos den steilen Schloßberg hinaufzuführen. Luise, in einem schottischen karierten Kleid der neuesten Mode entsprechend gekleidet, folgte ihnen einige Schritte zurück, indem sie die berühmte und verehrte Dichterin vorsichtig musterte.

Die alte Unbefangenheit mit Levin wollte sich jedoch bei Annette nicht mehr einstellen. Irgendwie war die Faszination, die sie immer wieder von neuem entflammt hatte, wie abgerissen, seitdem Luise in sein Leben getreten war. Je mehr man die Vertraulichkeit suchte, um so distanzierter trat man sich gegenüber. Natürlich sieht Annette Levins Frau mit betont kritischen Blicken. Sie findet Luise zwar sehr schön und talentiert, wie sie später ihrer Tante Sophie von Haxthausen mitteilen wird, aber sie vergißt nicht, spitzig hinzuzufügen, die junge Frau besäße durchaus die Gnade von Gott, »dies zu wissen, weshalb sie mir doch nicht recht zu Gemüte wollte«. Mit diesem Urteil scheint sie allerdings ins Schwarze getroffen zu haben. Jedenfalls stand sie damit nicht allein. Auch Emanuel Geibel hatte sich in einem ähnlichen Sinne über Levins Frau ausgelassen, als er mit dem jungen Ehepaar am 23. Oktober 1843 im Hause Justinus Kerners zusammengetroffen war.

»Wie ich sie so beieinander sah«, bemerkt er in einem an Freiligrath gerichteten Brief, »konnte ich mich allerlei seltsamer Gedanken nicht erwehren; sie nannten sich immer noch ›Sie‹. Gallina war unterhaltend, aber kühl, auch gegen Levin – wenigstens in unserer Gegenwart. Von dem träumenden, hoffenden, süßverschämten Insichgekehrtsein einer jungen Frau auch nicht die Spur. Könntest du sie dir als *Mutter* denken? Levin aber ist blind oder will nicht sehen. Oder sollte ihn die Sinnlichkeit so befangen, daß er etwas anderes noch nicht vermißte? Der Himmel führe alles zum besten; ich kann mich geirrt haben, aber ich fürchte viel. Und das tut mir doppelt leid, weil auch hier in Weinsberg Levin mir an Herz und Geist nur lieber wurde.«

Aus der Sicht Schückings stellte sich dieser Bodenseeaufenthalt rückblickend so dar: »Im Mai 1844 machte ich mit meiner jungen Lebensgefährtin eine Reise an den Bodensee, um jene Annetten von Droste zu bringen. Ich fand diese leider sehr verändert. Ihre Gesundheit war – vielleicht hatte ich es früher bei stetem Zusammenleben nicht so wahrgenommen – doch ein gewaltig schwächliches und gebrechliches Ding; sie erfüllte mich mit tiefer Sorge.

Auch machte mir ihr jetziger Aufenthalt einen melancholischeren Eindruck. Sie wohnte nicht mehr in ihrem alten, doch ziemlich komfortabel eingerichteten Quartier, sondern nach ihrem Wunsch hatte man ihr ein Turmgemach in einem anderen Gebäudeteil, zu dem es nicht so viele Treppen zu ersteigen gab und wo sie in noch größerer Ungestörtheit weilen konnte, neu eingerichtet, und die Kahlheit, die weißen Kalkwände dieses noch nicht fertiggewordenen Raumes hatten etwas kerkerhaft Bedrückendes. Doch hatte sie alle ihre kleinen Schätze jetzt da beieinander und war mit dem Tausche sehr zufrieden. Konnte sie jetzt doch leichter hinaus zu ihrem geliebten kleinen Besitztum, das sie unterdes erworben und das sie mit großem Stolze uns zeigte; es war ein kleiner, oberhalb Meersburg liegender

Weinberg mit einem bewohnten Pavillon darin, der das ›Fürstenhäuschen‹ hieß.

Die Zeit des Zusammenseins, welche uns vergönnt war, verflog rasch – nach drei Wochen mußten wir scheiden, und der biedere alte Ritter, der nun schon fünfundsiebzig Jahre zählte, aber immer noch so geistesfrisch und frohen Mutes ›auf der aeltesten Burg Teutschlandes' saß, kredenzte uns in seinem trefflichen Meersburger 1834er den Abschiedstrunk. Dann entführte der Dampfer uns wieder über den See, den Türmen von Konstanz zu, und Annette schrieb ihr schönes Gedicht ›Lebt wohl, es kann nicht anders sein‹.«

»Lebt wohl, es kann nicht anders sein!
Spannt flatternd eure Segel aus.
Laßt mich in meinem Schloß allein,
Im öden geisterhaften Haus.

Lebt wohl, und nehmt mein Herz mit euch
Und meinen letzten Sonnenstrahl;
Er scheide, scheide nur sogleich,
Denn scheiden muß er doch einmal.

Laßt mich an meines Sees Bord,
Mich schaukelnd mit der Wellen Strich,
Allein mit meinem Zauberwort,
Dem Apengeist und meinem Ich.

Verlassen, aber einsam nicht,
Erschüttert, aber nicht zerdrückt,
Solange noch das heil'ge Licht
Auf mich mit Liebesaugen blickt.

Solange mir der frische Wald
Aus jedem Blatt Gesänge rauscht,
Auf jeder Klippe, jedem Spalt
Befreundet mir der Elfe lauscht.

Solange noch der Arm sich frei
Und waltend mir zum Äther streckt
Und jedes wilden Geiers Schrei
In mir die wilde Muse weckt.«

Annette hatte Levin dieses Gedicht zukommen lassen. Im übrigen aber legte sie Wert darauf, es seines persönlichen Inhalts wegen nicht an die Öffentlichkeit gelangen zu lassen. Sie hatte Schücking sogar durch Jenny ausdrücklich bitten lassen, dieses Gedicht auf keinen Fall zu veröffentlichen. Aber das Unvermeidliche war bereits geschehen: am 28. August 1844 hatte dieser diese Abschiedsverse bereits im »Morgenblatt« abdrucken lassen.

In der Tat: Annette empfand sich im »öden geisterhaften Haus« nur noch ganz auf sich selbst zurückgewiesen. Das Schicksal hatte keine Gnade mit ihr gekannt, seitdem es sie mit der Göttergabe ihres Zauberwortes ausgestattet hatte. Daß sie diese oft so deprimierende Einsamkeit nur mit ihrer »wilden Muse« zu teilen hatte, geschah zunächst eher widerstrebend, bis sie sich in letzter Resignation auch diesem Geschick ergab. Nun erst, hat man den Eindruck, ist sie ganz zu ihrem Selbst vorgedrungen. Um so mehr hatte sie die Wildheit ihres Wesens niederzukämpfen, um nicht einem maßlosen Groll gegen Levin freien Lauf zu lassen. Immerhin hätte auch sie begütigend von sich behaupten können, daß ihr ein Gott zu sagen gab, was sie zutiefst erlitt.

Ihre Produktivität war in der Tat nicht abgerissen. Seelisch konnte sie sich von nun an sogar an den Erfolgen regenerieren, die ihr noch so gänzlich unterwartet zugefallen waren. Sie war an jenem Ziel angelangt, auf das sie ein Leben lang zugeschritten war. Das war unter oft demütigenden und niederdrückenden Umständen geschehen. Nun begann sie zu begreifen, daß der Weg zum Parnaß nicht mit Rosen geschmückt ist. Sooft sie sich in ihr entlegenes Turmzimmer zurückzog, das sie oft als »kosmische Zelle« empfunden hatte, war eine ganze Welt bei ihr zu Hause. Sie konnte sich als ungekrönte Königin in einem

Reich empfinden, dem sie durch ihre Phantasie Farbe und Kontur verlieh.

Gegen ihre körperlichen Miseren kämpfte sie mit letzter Verbissenheit an. Sie verstand sie in den wenigen Wochen und Monaten, die ihr nun noch blieben, sehr wohl zu beherrschen. Immer wieder mobilisierte sie ihre letzten Reserven für die Aufgabe, die ihr in diesem Leben aufgetragen worden war. Das westfälische Edelfräulein, das man immer für weltfremd, kauzig und ein wenig verschroben gehalten hatte, gehörte nun zur literarischen Elite dieses Landes. Nannte man die besten Namen im zeitgenössischen deutschen Dichterwald, konnte man den ihren nicht übergehen. Nach Cottas »Morgenblatt« bemühte sich auch die renommierte »Kölnische Zeitung« um Arbeiten von ihr. Man hatte ganz allgemein begriffen, daß in dieser Westfälin den Deutschen eine Dichterin von archaischer Größe geschenkt worden war. Ganz im Sinne von Goethes Dämoniebegriff hatte sich hier eine genuin dichterische Natur auf eine unüberhörbar gültige Weise artikuliert.

Nach dem Abschied am Landesteg in Meersburg ist Annette ihrem jungen Freund nie wieder begegnet, wenn auch der briefliche Austausch vorerst nicht abriß. Die dreieinhalb Wochen, die Schückings in Meersburg verbrachten, hatte keinerlei Annäherung gebracht. Das war auch nicht zu erwarten gewesen. Wahrscheinlich fühlten Levin und vor allem Luise sich durch Annettes geistige und menschliche Überlegenheit doch irgendwie an den Rand gedrückt. Noch einmal muß sie, nachdem sie die beiden über den Bodensee sich entschwinden sah, Klarheit in ihrem aufgewühlten Herzen schaffen und ihre unausgelebten Gefühle vor sich ausbreiten:

»Zum zweiten Male will ein Wort
Sich zwischen unsre Herzen drängen,
Den felsbewachten Erzeshort
Will eines Knaben Mine sprengen.
Sieh mir ins Auge, wende nicht
Das deine nach des Fensters Borden,

Ist denn so fremd dir mein Gesicht,
Denn meine Sprache dir geworden?

Sieh freundlich mir ins Auge, schuf
Natur es gleich im Eigensinne
Nach harter Form, muß ihrem Ruf
Antworten ich mit scharfer Stimme.
Der Vogel singt, wie sie gebeut,
Libelle zieht die farb'gen Ringe,
Und keine Seele hat bis heut
Sie noch gezürnt zum Schmetterlinge.

Still ließ an meiner Jahre Rand
Die Parze ihre Spindel schlüpfen,
Zu strecken meint' ich nur die Hand,
Um alte Fäden anzuknüpfen,
Da fand den deinen ich so reich,
Fand ihn so vielbewegt verschlungen,
Darf es dich wundern, wenn nicht gleich
So Ungewohntes mir gelungen?

Daß manches schroff in mir und steil,
Wer könnte, ach, wie ich es wissen!
Es ward, zu meiner Seele Heil,
Mein zweites zarteres Gewissen,
Es hat den Übermut gedämpft,
Der mich Giganten gleich bezwungen,
Hat glühend, wie die Reue kämpft,
Mit dem Dämone oft gerungen.

Doch du, das tief versenkte Blut
In meinem Herzen, durftest denken,
So wolle ich mein eignes Gut,
So meine eigne Krone kränken?
O sorglos floß mein Wort und bunt
Im Glauben, daß es dich ergötze,

Daß nicht geschaffen dieser Mund
Zu einem Hauch, der dich verletze.

Sieh her, nicht eine Hand dir nur,
Ich reiche beide dir entgegen,
Zum Leiter auf verlorne Spur,
Zu Liebespenden und zum Segen,
Nur ehre ihn, der angefacht
Das Lebenslicht an meiner Wiege,
Nimm mich, wie Gott mich hat gemacht,
Und leih mir keine fremden Züge!«

Zur Einsamkeit verurteilt

Annette hat den Kampf um den geliebten Mann verloren. Sie wird in Zukunft ihre seelischen Kräfte nun ganz in ihrer Dichtung sublimieren. Immerhin hat sie in diesem Ringen ihre Menschlichkeit und ihren Stolz bewahrt und kann sich nun als eminent schöpferischer Mensch neuen Plänen zuwenden.

Als Reaktion auf seinen Meersburger Besuch kann es sich Levin nicht verkneifen, Annette neben ein paar Geschenken auch eine schlechte Kritik über ihre inzwischen in verschiedenen Zeitungen publizierten Gedichte zu senden. Annette gibt sich sicher zu Recht betont pikiert und zeigt sich auch nicht mehr bereit, einen moderaten Ton auf gewisse Provokationen Schückings anzuschlagen. Am 20. Juli erhält das Ehepaar daher einen Brief, in dem es heißt:

»Aber Levin ist keineswegs ein guter Junge, sondern ein kleines Pferd; was braucht er mir die schlechte Rezension jenes Schnorr unter die Nase zu reiben, mir, die ich nicht mal gute mit Anstand verschnupfe? Und wenn er sie nun mal zu einem Versuch heilsamer Besserung verwenden wollte, warum hat er dies nicht schon hier getan, wo er nur die gute Seite herauskehrte? Da hätte ich doch noch gegen ihn losprusten können, statt daß ich es jetzt gegen die vier Wände habe tun müssen. Ist das nicht perfide, mir anfangs die Sache als eine Ehre vorzustellen und mir hintennach zu melden, daß es eigentlich eine Blamage ist? Babah! Ich wollte übrigens, ich käme erst wieder recht ans Schreiben; ich habe seit einigen Tagen enorme Lust dazu.«

Annette hat sich vorgenommen, ihr Schicksal klaglos zu ertragen und nicht noch anderen damit das Herz zu beschweren. »Lieber Levin« meint sie daher mit einem verhaltenen Trotz in ihrem Brief, »lieber Levin, ich besuche jetzt unsere alten Plätze am See sehr selten oder vielmehr gar nicht. Die alten Erinnerungen sind notwendig durch neue verdrängt. Solche Plätze sind eben nur, was man selbst hineinlegt.«

Aber alles gute Zureden kann sie nicht davor bewahren, daß sie unversehens in höchste melancholische Zustände gerät und vor sich hingrübelt. Vor allem in ihren langen Nächten kann sie sich nicht verhehlen, daß die Uhr ihres Lebens in jähem Ablauf begriffen ist. Sie fühlt ihre Kräfte dahinschwinden und richtet keine hochgeschwellten Erwartungen mehr an dieses Leben, dem sie entwachsen ist. Was ihr bleibt, ist ihr eigenes Ich und natürlich die Natur, die sich ihr wie am ersten Tag darbietet und doch immer wieder neue Offenbarungen anzubieten hat. Ein »Mondesaufgang« bedeutet für sie bereits eine Sensation, nachdem ihre »wilde Seele« nach moderateren Tönen verlangt.

»An des Balkones Gitter lehnte ich
Und wartete, du mildes Licht, auf dich!
Hoch über mir, gleich trübem Eiskristalle,
Zerschmolzen schwamm des Firmamentes Halle;
Der See verschimmerte mit leisem Dehnen
Zerfloßne Perlen oder Wolkentränen?
Es rieselte, es dämmerte um mich,
Ich wartete, du mildes Licht, auf dich!

Hoch stand ich, neben mir der Linden Kamm,
Tief unter mir Gezweige, Ast und Stamm;
Im Laube summte der Phalänen Reigen,

Die Feuerfliege sah ich glimmend steigen,
Und Blüten taumelten wie halb entschlafen;
Mir war, als treibe hier ein Herz zum Hafen,
Ein Herz, das übervoll von Glück und Leid
Und Bildern seliger Vergangenheit.

Das Dunkel stieg, die Schatten drangen ein –
Wo weilst du, weilst du denn, mein milder Schein? –
Sie drangen ein, wie sündige Gedanken,
Des Firmamentes Woge schien zu schwanken,
Verzittert war der Feuerfliege Funken,
Längst die Phaläne an den Grund gesunken,
Nur Bergeshäupter standen hart und nah,
Ein düstrer Richterkreis, im Düster da.

Und Zweige zischelten an meinem Fuß,
Wie Warnungsflüstern oder Todesgruß;
Ein Summen stieg im weiten Wassertale,
Wie Volksgemurmel vor dem Tribunale;
Mir war, als müßte etwas Rechnung geben,
Als stehe zagend ein verlornes Leben,
Als stehe ein verkümmert Herz allein,
Einsam mit seiner Schuld und seiner Pein.

Da – auf die Wellen sank ein Silberflor,
Und langsam stiegst du, frommes Licht, empor;
Der Alpen finstre Stirnen strichst du leise,
Und aus den Richtern wurden sanfte Greise;
Der Wellen Zucken ward ein lächelnd Winken,
An jedem Zweige sah ich Tropfen blinken,
Und jeder Tropfen schien ein Kämmerlein,
Drin flimmerte der Heimatlampe Schein.

O Mond, du bist mir wie ein später Freund,
Der seine Jugend dem Verarmten eint,
Um seine sterbenden Erinnerungen

Des Lebens zarten Widerschein geschlungen,
Bist keine Sonne, sie entzückt und blendet,
In Feuerströmen lebt, im Blute endet –
Bist, was dem kranken Sänger sein Gedicht,
Ein fremdes, aber oh! ein mildes Licht.«

Durch dieses so ganz und gar ungewöhnliche Gedicht, das Levin Schücking dann aus dem dichterischen Nachlaß der Freundin im Jahre 1860 in den von ihm herausgegebenen »Letzten Gaben« einer immer noch faszinierten Öffentlichkeit in Deutschland vorlegte, klingt noch etwas von dem verklärten nostalgischen Empfinden einer ganzen Romantikergeneration unwiderstehlich auf. Diese Impressionen von einem Mondaufgang, der immer wieder Dichter inspiriert hat, scheint vor allem den Angstvisionen der Dichterin seine Existenz zu verdanken. Hier hält sie noch einmal Gerichtstag über ihr verlorenes und wiedergefundes Ich. Wie in so vielen Gedichten ihrer letzten schöpferischen Phase, die sie noch ganz auf der Höhe ihrer Schaffenskraft zeigen, lösen sich die Gegensätze, gegen die sie sich ein Leben lang aufgebäumt hat, in einem milden Licht auf.

Inzwischen läßt sie dem furiosen Impetus ihrer ungebändigten Natur nicht mehr wie noch vor Jahren in ihrem Gedicht »Am Turme« ungehindert freien Lauf. Damals hatte sie sich noch in die Rolle eines Mannes hineingewünscht, der mit den Stürmen des Lebens auf Tod und Leben ringt.

Nun hatte sich die Droste, ganz allein mit ihrem Zauberwort, in ihren Turm zurückgezogen, wo sie sich vor der Welt verschanzen konnte. Hier schirmte sie ihre Empfindsamkeit ab, während sie ihre Blicke bis zum Horizont schweifen ließ. Neue Welten taten sich vor ihr auf, die sie sich noch erobern konnte.

Gleichwohl ließ sie trotz schwindender Kräfte ihre Korrespondenz mit alten Freunden, die ihr ans Herz gewachsen waren und die ihr etwas bedeuteten, keinen Augenblick abreißen. Sie brauchte diesen ununterbrochenen Dialog mit Gleichgestimmten. Sie war die unbestechliche Beobachterin des Lebens geblieben, das sich rings um sie herum abspielte, und sie hatte sich auch ihren alten Humor bewahrt, den alle an ihr so zu schätzen wußten. Natürlich sieht sie nun alles aus der verklärenden Distanz der Lebensweisen.

Über ihren Schwager zum Exempel mokiert sie sich so: »Der Laßberg ist ein leichtsinniger Patron, meint, das Leben sei ihm eingerostet, und pflanzt Obstkerne, um nach dreißig Jahren satt Kirschen essen zu können. Er spricht wohl mal vom Nichtwiedersehen, aber es ist ihm kein Ernst, oder wenigstens nur momentan, und dann geht's wieder mit allen Segeln in die Unendlichkeit – als wäre er der ewige Jude.«

Auch über die »Nibelungenreuter«, die mit all ihrer Buchgelehrsamkeit auf der Meersburg erscheinen, um von Laßbergs Schätzen zu nutznießen, läßt sie sich nach wie vor wohlwollend schmunzelnd aus. Immer wieder findet sie neue witzige Wendungen, um deren nach ihrer Meinung sterilen Gelehrtendünkel zu karikieren.

»Vor einigen Tagen war Professor Oken hier – originell und unübel wie Jakob Grimm«, erzählt sie zum Beispiel. »Der arme Schelm war zu Fuß von Zürich nach Ulm getrabt, um Spuren einer Römerstraße zu verfolgen, immer im vollen Platzregen, und hat fast nirgends anderes als Kot und nasses Gesträuch gefunden, was seinem armen Körper so rheumatisch gemacht wie einen Barometer. Er trocknete und wärmte sich hier ein bißchen aus und trabte dann trübselig wieder nach Zürich zu.

Sonst habe ich hier noch viele berühmte Leute gesehen, lauter Nibelungenreiter, die viel zu gelehrt sprachen, als das ich sie verstanden hätte. Einer derselben, Professor Ettmüller, ebenfalls aus Zürich, hat mir gestern eine uralte Melodie des Nibelungenliedes geschickt und ein Manuskript spanischer Romanzen ohne Melodien aus dem 15. Jahrhundert, wovon ich fast kein Wort verstehe und Laßberg, glaube ich, noch weniger, obgleich er sich's nicht dünken läßt und mit der Brille auf der Nase sehr ernsthaft darüber sitzt.

Meine Hauptliebschaft hier ist ein allerliebstes altes Jüngferchen aus Konstanz, das Latein spricht wie Wasser, aber vor

Blödigkeit fast ihr Schürzchen zerreißt, wenn man sie anredet. Man kann sie nicht ohne Rührung ansehen; sie hat ein Gesichtchen, worin die Güte förmlich festgetrocknet ist.

Meine zweite Liebe, aber unerwidert, ist der Provisor in der Apotheke meinem Turm gegenüber, auch ein kleines grauköpfiges Wurzelmännchen, das aus bloßer Treue schon der vierten Generation derselben Familie dient; jetzt einen schlimmen Herrn hat, der die Armen drückt, und nun aus seinem dünnen Provisorbeutel den Leuten das Geld zusteckt, womit sie seinen Herrn bezahlen.

Ich habe ihm lange nachgestellt und ihn oft in meinen Turm zur Münzenschau geladen, aber der ägyptische Joseph will nicht daran, und ich muß mich begnügen, ihn aus der Ferne zu betrachten, wenn er seines Herrn krummbeinige, eheleibliche Kretins an der Mauer spazieren trägt. Du siehst, es gibt hier mitunter nette Leute; wenn die Schwaben gut sind, so sind sie gleich recht gut, sonst durchgängig etwas dickhäutig, und das Sprichwort ›Ehrlich wie ein Schwab‹ ist nicht umsonst da.

Es wohnen hier noch viele ehemalige Beamte der letzten Bischöfe von Konstanz, und ich habe mich bei diesen Leuten aus der guten alten Schule, die so ehrerbietig und doch würdig ihre Stelle auszufüllen wissen, recht erholt von der geistreichen Taktlosigkeit unseres modernen Bürgerstandes. Dazu die himmlische Gegend, die gesunde Luft, das romantische alte Schloß und Musik an allen Ecken von Männerstimmen täglich im Seminar, wunderschön! Kurz, Meersburg hat wirklich etwas Zauberhaftes, du mußt notwendig kommen und sehen, ehe es zu spät wird.«

Auch Luise Schücking kann sie nur Positives von Meersburg berichten. Der Ort entwickelt damals gerade Ambitionen, auch ein Zentrum des Fremdenverkehrs zu werden. Man hat sogar ein richtiges Theaterchen errichtet, und zwar ein sehr gutes, wie sie auf Grund eigener Erfahrungen betont.

Die Aufführungen finden im Tanzsaal des Hotels »Zum wilden Mann« statt, wo die Schauspieler nur zwei Fuß über dem Boden agieren »und oft mit den Federbüschen die Decke fegen; aber die zwölf Mann starke Truppe ist wirklich gut, und im Lustspiel sogar vorzüglich. Der Direktor, Herr Wutschbauer, ein Schauspieler von Ruf, früher verhätscheltes Mitglied eines bedeutenden Theaters – ich meine in Dresden –, dem's aber wie der Geiß zu wohl im Stalle geworden ist und der jetzt mit seiner Familie und einigen andern gleich freiheitsdürstenden Freunden zur Abwechslung mal eine Art Vagabundenleben versucht...

So habe ich seltsamerweise Gelegenheit, wöchentlich dreimal für vierundzwanzig Kreuzer einen Komiker zu sehn, bei dessen Auftreten noch vor drei Jahren in Dresden die Preise erhöht wurden. Dergleichen romantische Wunderlichkeiten können nur in Meersburg passieren; sie gehören zum wunderlichen Schlosse mit dem wunderlichen alten Gerümpel darin, zu Laßberg, den Alpen und zu dem Herrn Figel der NB. auch wieder aufblüht, d. h. seine Schulden bezahlt und wieder con amore mit seinen Zöpfchen wedelt.«

»Ich habe zwei neue Bekanntschaften gemacht, die mir zusagen«, heißt es dann weiter in diesem Zustandsbericht aus Meersburg. »Nur liegt leider ein Stückchen Weges zwischen uns, was mich doch für die meiste Zeit auf meine gewohnte Einsamkeit beschränkt. Die eine, Fürstin Solm, anderhalb Stunden von hier, kommt jeden Sonntag, ist eine sehr gute und durchaus fein gebildete Frau von sechsunddreißig Jahren – eine geborene Hohenlohe –, malt sehr hübsch, ist passioniert für Musik und möchte mich, da sie furchtsam im Fahren ist, viel lieber auf einige Zeit herüberlocken, als jeden Sonntag unter Stöhnen und Zittern den Berg hinanzufahren; ich habe aber keine Zeit und weiß wohl, was es mit den schönen Redensarten ›ganz ungeniert, ganz für sich, soviel man will, sein‹ auf sich hat. Man kommt doch zu nichts; sonst habe ich sie sehr gern und freue mich schon am Samstag auf ihren Besuch.«

Eine besonders herzliche Freundschaft aber verbindet sie mit der jungen Engländerin Philippa Pearsall, Tochter eines englischen Baronets, der sich im Kanton St. Gallen angekauft hatte, »ein höchst geniales, liebenswürdiges Mädchen von zwanzig Jahren, in der eine tüchtige Malerin und Gesangskomponistin steckt. Sie entwirft ganz reizende Skizzen, sowohl im Genre als nach der heiligen Geschichte, ist von ihrem Vater, einem originellen Musikenthusiasten, in alle Geheimnisse des Kontrapunktes eingeweiht und singt ihre einfachen, aber rührenden Kompositionen mit einer wunderbar tiefen, erschütternden Stimme. Hübsch ist sie nicht, aber sehr angenehm, bescheiden und geistreich und so frisch in all ihren Gefühlen, daß es einem wohltut, nur ihr Gesicht zu sehn, wenn sie etwas interessiert. Vater und Tochter waren auf vierzehn Tage hier, und es wird wohl lange anstehn, bis sie wiederkommen. Vielleicht gar nicht vor unserer Abreise, obwohl Philippa Himmel und Hölle in Bewegung setzen will, denn sie scheint mir ebenso attachiert, als ich es ihr in der kurzen Zeit wirklich geworden bin. Warum haben die Leute nur nicht das neue Schloß gekauft, wie sie anfangs willens waren! Aber Sir Pearsall wollte ein Landgut, und so wohnen sie jetzt in einer alten beturmten Ritterburg – Wartensee – sehr romantisch, wie ich höre, aber ohne alle Mittel zu Philippas Talentausbildung.«

Mit Sicherheit hat die ebenso liebenswürdige wie talentierte Engländerin ein wenig Glanz und Wärme in Annettes Einsamkeit gebracht. Sie war ganz allgemein die anregendste Gesprächspartnerin, die sie sich nur hätte denken können. Annette bedauert es daher ungemein, daß sie sich von ihrer jugendlichen Freundin nicht mehr verabschieden kann, als sie im August 1844 wieder nach Rüschhaus aufbricht.

»Sie denken nicht, wie es mich betrübt, daß ich nicht mehr zu Ihnen kommen kann«, beteuert sie aus ehrlichem Herzen. »Meine liebe Mama hat uns alle betrogen. Wir glaubten nämlich alle, unsere Rückreise würde sich wohl bis zum Spätherbst verziehen, und wir redeten absichtlich nicht davon, um die Sache desto sicherer einschlafen zu lassen, und nun heißt's mit einem Male: einpacken:

Es tut mir recht von Herzen weh, Ihretwegen, meine Philippa, denn ich fürchte immer, Sie verlassen Wartensee, und ich werde im nächsten Jahre nur leere Wände finden. Werden Sie meiner auch immer gedenken, Philippa! Ich weiß, daß ich Sie nie vergessen werde. Ihre Liebe ist mir ein frischer wohltätiger Strahl in meinem abnehmenden Leben. Bewahren Sie mir dieselbe so getreulich, wie ich Ihnen die meinige bewahren werde.

Hätten sich nur nicht so viele Bekannte für diese wenigen Tage zu Abschiedsbesuchen ansagen lassen, so käme ich doch noch im Fluge zu Ihnen; nun aber darf ich nicht von der Stelle und muß mich zu begnügen versuchen, ob ich wenigstens Wartensee von meinem Rebhäuschen sehen kann. Ich habe dies für möglich gehalten, aber da Sie mein kleines Dach von dort aus gefunden haben, so wird mir ja wohl Ihr großer Turm nicht entgehen.

Liebes Herz, es ist mir recht trübe zumute, während ich Ihnen schreibe; der Abschied von Ihnen wird mir recht, recht schwer. Was haben Sie mir für Freude gemacht mit Ihrem Briefe! Wie ist Ihnen alles so seltsam gelungen, Handzeichnungen, Gedichte und Kompositionen! Ach, Sie wissen selbst noch nicht, welche Grundlage zukünftigen friedlichen Glückes Sie an Ihren Talenten besitzen und wie sie Ihnen Ihre späteren Jahre erheitern werden. Sie sind so reichlich versehen! Musik, Poesie, Malerei, zu allen dreien haben Sie entschiedenes und fast gleich großes Talent. Vernachlässigen Sie, ich bitte, keines derselben.

Musik ist für ein fröhliches Gemüt und macht Traurige nur noch trauriger –,dann tritt die Poesie an ihre Stelle und weiß zu erheben und zu trösten. Malerei ist wohl zu allen Zeiten und in jeder Stimmung erheiternd, wenigstens zerstreuend.

Zürnen Sie nicht, liebe Philippa, daß ich in den dogmatischen Ton verfalle; ich habe Sie so lieb, da möchte ich an Ihrem Glücke nachschieben, so gut ich es vermöchte. Es ist spät Mitternacht. Ich habe Ihnen über Tag nicht schreiben können. Gute Nacht, Philippa, gute Nacht, mein teures Kind. Und zur guten Nacht noch ein paar Zeilen, die mir heute früh in den Sinn kamen:

So muß ich in die Ferne rufen
Mein Lebewohl an diesem Tag?
Was uns die Stunden gütig schufen,
Zerrinnt es wie der Wellenschlag?
Bleibt mir, für ewig kurze Stunden,
Nur noch der Trost, vom Felsgestein
Zu spähn, ob ich dein Dach gefunden,
Am grauen Turm, dein Fensterlein?

Ich kann und mag es nimmer denken,
Dies sei vielleicht zum letztenmal.
Bleibst du, wenn meine Schritte lenken
Sich wieder in mein heimisch Tal?
Schon mögen Berg und fremde Fluren
Uns trennen, nord- und südenwärts,
Glaub mir, ich folge deinen Spuren
Und bringe dir mein treues Herz.«

Der Eindruck, den diese junge Engländerin auf Annette gemacht hatte, muß tief und unauslöschlich gewesen sein. Im Mai 1844 hatte sie dieser Freundin, die bald ganz ihrem Blickfeld entrückte, da ihr Vater nach Italien übersiedelte, wo sie bald einen Engländer heiratete, der sie wieder nach England zurückführte, ein anrührendes Gedenkgedicht geschrieben, in dem sich ihr erstaunlicherweise bereits Todesahnungen aufdrängen:

»Im Osten quillt das junge Licht,
Sein goldner Duft spielt auf den Wellen,
Und wie ein zartes Traumgesicht
Seh' ich ein fernes Segel schwellen;
O könnte ich der Möwe gleich
Umkreisen es im lust'gen Ringen,
O wäre mein der Lüfte Reich,
Mein junge, lebensfrische Schwingen!

Um dich, Philippa, spielt das Licht,
Dich hat der Morgenhauch umgeben,
Du bist ein liebes Traumgesicht
Am Horizont in meinem Leben;
Seh' deine Flagge ich so fern
Und träumerisch von Duft umflossen,
Vergessen möcht' ich dann so gern,
Daß sich mein Horizont geschlossen;

Vergessen, daß mein Abend kam,
Mein Licht verzittert Funk' an Funken,
Daß Zeit mir längst die Flagge nahm
Und meine Segel längst gesunken;
Doch können sie nicht jugendlich
Und frisch sich neben deinen breiten,
Philippa, lieben kann ich dich
Und segnend deine Fahrt begleiten.«

Zu Gast in Rüschhaus

Mit einer gewaltigen Kraftanstrengung hatte die Droste ihre endlose Rückreise in die westfälische Heimat überstanden. Am 28. September hat sie mit Müh und Not ihr heimisches Rüschhaus wieder erreicht. Wieder empfindet sie es fast schmerzlich, wie sehr sie zu dieser Erde gehört, aus der sie seit eh und je ihre besten schöpferischen Kräfte gezogen hat und immer noch zieht. Liebe alte Erinnerungen stellen sich wieder ein. Ansonsten aber braucht sie eine nicht eben unbeträchtliche Zeit, um sich von den Malaisen dieser mörderischen Reise wieder zu erholen.

Der Ruhm, der ihr nun zugefallen ist, kann ihr, wie sie bald feststellt, kaum neue menschliche Impulse verleihen. Wie gern hätte sie ihn doch mit Levin geteilt, der ihr nun viel weiter entrückt ist, als sie selbst vermutet hatte. Es bleibt ihr noch ihre jugendliche Freundin Elise, der sie hin und wieder ihr Herz ausschütten kann. Aber bis in die luftleere Eisregion ihres Schöpfertums, das sie sich ganz allein mit ihrem Zauberwort erobert hat, kann diese ihr nicht folgen. Schlüter ist nun gänzlich erblindet und kann ohnehin nicht aus den Schranken seines provinziellen Katholizismus ausbrechen. Was ihr an ihm so imponiert, ist nach wie vor seine makellose Menschlichkeit und sein ehrliches Interesse, mit dem er auch weiterhin ihre dichterische Entwicklung verfolgt, die er offensichtlich nicht in jeder Hinsicht gutheißen kann.

Und die Familie? Die Mutter kann den Stolz auf ihre berühmte Tochter nicht verhehlen. Aber für die meisten ist sie eben doch gewaltig aus der Art geschlagen. Nur für die Neffen und Nichten ist sie nach wie vor das immer liebenswerte, wenn auch etwas zerbrechliche Tante Nettchen, das hin und wieder zu ihren skurrilen Späßen aufgelegt ist. Ganz allgemein bewundert man natürlich ihre unerwarteten literarischen Erfolge, welche sie mit ihren schwer zugänglichen Versen erreicht hat, die den meisten soviel Schwierigkeiten bei der Lektüre bereiten, daß man sie kopfschüttelnd aus den Händen legt. Aber immerhin haben diese Arbeiten ihr ein Vermögen eingetragen. Sie ist nun wie ein Mann pekuniär völlig unabhängig. Und daß sie in Meersburg sogar ein statiöses Sommerhaus und einen veritablen Weinberg erworben hat, versetzt die meisten in Erstaunen. Daß Ruhm und Besitz einer auf die Dauer unerträglichen Einsamkeit abgerungen waren, begriff kaum einer von ihren offenen oder heimlichen Bewunderern.

Zwar hatte sich Deutschlands bedeutendste Dichterin inzwischen längst vom sogenannten literarischen Leben distanziert. In aller Ruhe ihres Gemütes verfolgte sie trotzdem stirnrunzelnd, wie die Literaturkritik in diesem Lande dieses dichtende Fräulein aus dem stockkonservativen Münsterland kaum in eine der gültigen konventionellen Kategorien unterbringen kann. Diese Frau hatte nämlich Töne angeschlagen, wie sie bisher in der deutschen Lyrik noch nie vernommen worden waren und die, wenn nicht alles täuscht, kühn in die Zukunft wiesen. Annette hatte sich längst vom Urteil der Umwelt unabhängig gemacht. Was ihre Dichtung und deren Resonanz anbelangte, so besaß sie ein durchaus sicheres und unbestechliches Gespür. Im Laufe der Jahre hatte sie ihr literarisches Wertgefühl schärfen können, und auch vor unerbittlicher Selbstkritik hatte sie sich zeit ihres Lebens nie gedrückt.

Auch ihre Zeit betrachtete Annette zunehmend wie unter einer kritischen Sonde. Sie war längst über sie hinausgewachsen, wie sie nun zu begreifen begann. Das Mittelmaß begann ebenso sehr von der Kunst Besitz zu ergreifen wie ein ihr unerträglicher Manierismus. Sie sah die Formen, die sie noch geprägt und gestaltet hatten, hoffnungslos um sich herum zerbrechen, ohne daß sich neue Anfänge abzuzeichnen begannen. Eben das veranlaßte sie, sich leidenschaftlich mit ihrer Zeit auseinanderzusetzen und vor den Exzessen des Intellekts zu warnen, weil sie sich davon nichts Gutes versprechen konnte.

Mit einem sensibel reagierenden Empfangsorgan für die Eruptionen der Zeit ausgestattet, hatte sich die Hülshoff als ein in einem betont zeitlosen Sinne politisch denkender Mensch in das Geschehen des von Spannungen geladenen Vormärz eingemischt. Die abgeklärte Welt des Biedermeier konnte dieser »wilden« Seele keine geistige Heimat sein.

Als Zeitkritikerin entwickelt Annette eine zunächst überraschende Modernität. Sie ist demnach also alles andere als eine Epigonin, die sich in »Zeitbildern«, die damals en vogue waren, zu Wort meldet, um Schlimmes und Schlimmstes verhindern zu helfen. Dabei findet sie auf Anhieb ihre eigene Sprache, wenn sich auch nicht leugnen läßt, daß demokratische Sänger des Fortschritts wie Herwegh oder Freiligrath sie angeregt hatten. Ihr ging es um alles andere, als sich zum Sprachrohr irgendeines Modernismus mißbrauchen zu lassen. Was sie bewegte, zur Feder zu greifen und den Leuten ihre Meinung unter die Nase zu halten, war die Sache der Menschlichkeit, die sie immer und jetzt besonders bedroht sah. Hier nun allerdings fühlte sie sich durchaus berufen, Partei zu ergreifen.

In der gutgemeinten Absicht, die Welt, in der sie großgeworden war, die sie liebte und die sie nun gefährdet sah, da blasierte Intellektuelle auf dem besten Wege waren, sie aus den Fugen zu heben, regenerieren zu helfen, schrieb sie sich ihr Gedicht »An die Weltverbesserer« von der Seele:

»Pochest du an – poch nicht zu laut,
Eh' du geprüft des Nachhalls Dauer.
Drückst du die Hand – drück nicht zu traut,
Eh' du gefragt des Herzens Schauer.
Wirfst du den Stein – bedenke wohl,
Wie weit ihn deine Hand wird treiben.
Oft schreckt ein Echo dumpf und hohl,
Reicht goldne Hand dir den Obol,
Oft trifft ein Wurf des Nachbars Scheiben.

Höhlen gibt es am Meeresstrand,
Gewalt'ge Stalaktitendome,
Wo bläulich zuckt der Fackeln Brand
Und Kähne gleiten wie Phantome.
Das Ruder schläft, der Schiffer legt
Die Hand dir angstvoll auf die Lippe,
Ein Räuspern nur, ein Fuß geregt,
Und donnernd überm Haupte schlägt
Zusammen dir die Riesenklippe.

Und Hände gibt's im Orient,
Wie Schwäne weiß, mit blauen Malen,
In denen zwiefach Feuer brennt,
Als gelt' es Liebesglut zu zahlen;
Ein leichter Tau hat sie genäßt,
Ein leises Zittern sie umflogen,
Sie fassen krampfhaft, drücken fest –
Hinweg, hinweg! du hast die Pest
In deine Poren eingesogen!

Auch hat ein Dämon einst gesandt
Den gift'gen Pfeil zum Himmelsbogen;
Dort rührt ihn eines Gottes Hand,
Nun starrt er in den Ätherwogen.
Und läßt der Zauber nach, dann wird
Er niederprallen mit Geschmetter,
Daß das Gebirg' in Scherben klirrt,
Und durch der Erde Adern irrt
Fortan das Gift der Höllengötter.

Drum poche sacht, du weißt es nicht,
Was dir mag überm Haupte schwanken;
Drum drücke sacht, der Augen Licht
Wohl siehst du, doch nicht der Gedanken.
Wirf nicht den Stein zu jener Höh',
Wo dir gestaltlos Form und Wege,
Und schnelltest du ihn einmal je,
So fall auf deine Knie und fleh,
Daß ihn ein Gott berühren möge.«

Auf Levins maßgeblichen Rat hin hatte Annette, ganz dem Geschmack dieser literarischen Epoche entsprechend, ihre Cotta'sche Ausgabe mit einer Reihe von Zeitgedichten beginnen lassen. Man spekulierte mit dieser Anordnung auf eine leichtere Verkäuflichkeit. Aber auch ohne dieses verständliche Kalkül war Annette durchaus existentiell am Zeitgeschehen interessiert. Sie hatte sogar mit ihrem Gedicht »Die Stadt und der Dom« aktiv in die Kontroversen um die Vollendung des Kölner Domes eingegriffen. Sie vertrat in diesem »Dombau-Schwall« die durchaus hinhörenswerte Meinung, man sollte sich nur ja nicht in einer nationalen Euphorie verrennen, sondern lieber an einen unsichtbaren Dom andächtig knieender Beter denken, dessen Errichtung angesichts der allgemeinen Verfallssymptome und der Orientierungslosigkeit säkularisierter Menschen ungleich notwendiger wäre. Sicher konnte sie aus ihrem Herzen keine Mördergrube machen, und so bekannte sie, in den Kölner Dom-Türmen nichts als »Babels Zinnen« erblicken zu können. Man verstand sie damals natürlich nicht, aber wahrscheinlich gehörte die Hülshoff zu den ersten in diesem Lande, die den verhängnisvollen Drang der Deutschen zur Veräußerlichung, der dann im neuen Reiche beängstigende Dimensionen annehmen sollte, durchschaute.

Natürlich will das resolute westfälische Edelfräulein auf ihre eigene Fasson eine Attacke gegen den alles nivellierenden Zeitgeist reiten, der ihr schon lange suspekt erscheinen mochte. Sie will mit einer fast männlichen Entschlossenheit den Mächten der puren Unnatur und der Zersetzung kontern. Jedenfalls sieht sie sich in ihrem einsamen Kampf für das gute Alte, dem ihr Herz gehört, keineswegs zum Schweigen verurteilt. Irgendwie muß sie dann doch den Nerv der Zeit getroffen haben. Jedenfalls wurde ihr Gedicht an die »Weltverbesserer«, nachdem es zuerst im »Morgenblatt« gedruckt war, von vielen anderen Zeitungen im deutschen Sprachgebiet übernommen.

Bei ihrer Rückkehr nach Rüschhaus im September 1844 bleiben Annette noch dreieinhalb Jahre zu leben. Sie gibt sich über ihre Lebensdauer keiner schönen Täuschung mehr hin, sie sieht ihre Kräfte unaufhaltsam dahinschwinden und stemmt sich nicht mehr gewaltsam gegen diesen Abgesang ihres Lebens an. Seitdem sie ein ungewöhnliches Lebenswerk unter Dach und Fach gebracht hat, sieht sie dem Tod gelassener entgegen. Ganz in diesem Grundgefühl eines nahenden Endes schreibt die Scheidende ihr Gedicht »Die tote Lerche«.

»Ich stand an deines Landes Grenzen,
An deinem grünen Saatenwald,
Und auf des ersten Strahles Glänzen
Ist dein Gesang herabgewallt.
Der Sonne schwirrtest du entgegen,
Wie eine Mücke nach dem Licht;
Dein Lied war wie ein Blütenregen,
Dein Flügelschlag wie ein Gedicht.

Da war es mir, als müsse ringen
Ich selber nach dem jungen Tag,
Als horch' ich meinem eignen Singen
Und meinem eignen Flügelschlag;
Die Sonne sprühte glühe Funken,
In Flammen brannte mein Gesicht;
Ich selber taumelte wie trunken,
Wie eine Mücke nach dem Licht.

Da plötzlich sank und sank es nieder,
Gleich toter Kohle in die Saat,
Noch zucken sah ich kleine Glieder
Und bin erschrocken dann genaht;
Dein letztes Lied, es war verklungen;
Du lagst, ein armer kalter Rest,
Am Strahl verflattert und versungen
Bei deinem halbgebauten Nest.

Ich möchte Tränen um dich weinen,
Wie sie das Weh vom Herzen drängt,
Denn auch mein Leben wird verscheinen,
Ich fühl's, versungen und versengt;
Denn du, mein Leib, ihr armen Reste!
Dann nur ein Grab auf grüner Flur
Und nah nur, nah bei meinem Neste,
In meiner stillen Heimat nur.«

Zweifellos war Annette von Droste durch ihre schicksalhafte Begegnung mit Levin Schücking zu ihrer eigentlich genialen Lebensleistung gelangt. Seine spontane Zuneigung hatte nicht nur ihrem Werk, sondern auch ihrer Person gegolten. Bis dahin war sie von Zärtlichkeit nicht verwöhnt worden. Und doch ist sicher: Levin war sich über Sinn und Wert seiner Beziehung zu der ihm nicht nur an Jahren, sondern auch an Begabung hoch überlegenen Frau kaum im klaren gewesen.

»In einem Gedicht, das er ihr widmete, »Nachts im Dom«,

erscheint sie ihm sogar wie eine Heilige, die sich segnend über seinem Leben erhebt. Auch nach dem für alle so unbefriedigenden Besuch des Ehepaares Schücking in Meersburg hatte sich Annette ehrlich bemüht, die Verbindung nicht abreißen zu lassen und in ihren Briefen einen freundschaftlich-warmen Ton beizubehalten. Mit ihrer nicht gerade sehr dankbaren Rolle als »Mütterchen«, die ihr aufgedrängt worden war, hatte sie sich wohl oder übel abfinden müssen. Aber trotz allem konnte sie auf die Dauer die natürliche Entfremdung kaum noch aufhalten.

Diese vollzieht sich nun in den Monaten, die ihr von diesem Leben noch bleiben, mit einer schmerzlichen Folgerichtigkeit. Immer weniger will sich die alte ungezwungene Vertraulichkeit einstellen. Der Schatten Luises steht unübersehbar zwischen ihnen. Kommt noch hinzu, daß Levin als Journalist sich immer mehr auf die Seite des Liberalismus schlägt, der damals in der geistigen Provinz dieses Landes den Ton angibt.

Aus eben diesem Grund hat sie sich zunehmend auch von ihrem alten Freund Wilhelm Junkmann distanzieren müssen, dessen politisches Engagement ihr immer suspekter erscheint, da er sich ganz auf die Seite der offenen oder verkappten Revoluzzer geschlagen hat. »Junkmann soll in Bonn sehr vergnügt sein«, heißt es in einem Brief an Elise Rüdiger vom 30. Januar 1846, in dem sie allerlei Dampf abläßt. »Er hat mir kürzlich geschrieben, und ich zögere mit der Antwort, um es weniger auffällig zu machen, wenn ich auf keinen seiner Briefpunkte eingehe. Ich fürchte, er kommt oder ist bereits in schlechten Händen, ich meine denen von Demagogen. Der neue Redakteur der ›Kölner Zeitung‹ Brüggemann (ein berüchtigter Demagog, unter dem das Blatt bereits eine sehr böse Richtung soll genommen haben) ist sein intimster Freund, und in seinem Briefe steht: ›Schaffen Sie sich das Vorurteil aus dem Kopfe, als hätte ich politische Vorurteile. Ja, politische Einsicht habe ich und politischen Spott, mehr als man in Westfalen vertragen kann und die sogenannte katholische Partei. Aber was kann man dafür, wenn man klüger ist als andere? Ich habe das durch

Leiden, durch Studien, durch ausgebreitete Bekanntschaft mit allen Parteien mir erworben.‹

Erkennen Sie unsern frommen Junkmann darin wieder? Nehmen Sie dazu, daß ich ihm, seit er fort ist, nicht geschrieben, folglich zu dieser Verwahrung nicht die mindeste Veranlassung gegeben habe. Ich fürchte, das böse Gewissen spricht aus ihm, und er weiß sich bereits als den Verfasser des einen oder anderen anrüchigen Aufsatzes... Sein Hauptumgang ist (außer Simrocks) im Kinkelschen Hause. (Für einen Stockkatholiken doch nicht gerade passend). Sein Briefstil ist ziemlich burschikos und impertinent. Das alte Vertrauen ist dahin. Wer hätte es noch vor einem Jahr gedacht!« Die Entfremdung zu Levin Schücking vollzieht sich demgegenüber eher schleichend. Aber als 1846 dessen erster Gedichtband vorliegt, bietet er Annette ausreichend Anlaß zur Kritik. Elise Rüdiger gegenüber läßt sie ihrem Zorn hemmungslos freien Lauf.

»Schückingen muß ich jetzt schreiben«, heißt es da vielsagend. »Ich bin ihm zwei Briefe Antwort schuldig. Der letzte hat mich auch nicht eben erfreut, so freundlich er war. Fürs erste schickte er mir seine Gedichte, worin er als entschiedener Demagog auftritt. Völkerfreiheit! Preßfreiheit! Alles bis zum Ekel gehörten Themas der neueren Schreier. Vorn eine Abteilung ›Liebesgedichte‹, eingeleitet durch eins an Luise, worin er ihr als der echten königlichen Isolde, vor deren Schein alles erbleicht, diesen Ausschnitt gleichsam widmet, und dann pélemêle, was er je an Damen geschrieben. Jedes Gedicht bringt ein paar Groschen mehr. Ich suchte aus Neugierde nach einem an die Bornstedt, konnte es aber nicht erraten. Dagegen sind einige mir bekannte ausgelassen. Ich habe meiner Mutter die Gedichte nicht zu lesen gegeben, sie würden sie zu sehr gegen ihn einnehmen.

Nachdem Schücking mir die bevorstehende zweite Niederkunft seiner Luise annonciert, sucht er mich zu bereden, mein Vermögen zum mit ihm gemeinschaftlichen Ankaufe eines kleines Gutes am Rhein zu verwenden und dort mit ihnen zu leben.

Mama wurde ganz blaß und sagte sehr scharf: ›Glaub mir, das ist ihm ganz und gar kein Spaß.‹ Und bald nachher: ›Wenn er es nicht ausgedacht hat, dann hat's Luise ausgedacht, und er ist doch darauf eingegangen. Was sollten sie mit einem Gut anfangen, das sie nachher wieder verkaufen müßten? Aber du bist ja sein Mütterchen und Patin zu seinem Kinde!‹ Großer Gott!, wär's möglich, daß dieser Mensch, dem ich so viel Gutes getan habe, schon auf meinen Tod spekulierte, weil er denkt, ich mache es nicht lange mehr! Darüber könnte ich doch weinen!«

Während Annette fortwährend gegen ihre schwache Konstitution anzukämpfen hat, um wenigstens für ihre eigentliche Mission körperlich gerüstet zu sein, siecht ihre »Alte« in Rüschhaus hoffnungslos dahin. Den ganzen Winter über ist die Droste wieder einmal in einem verzehrenden Einsatz, um ihrer Amme, der sie ein Leben lang eine unwahrscheinliche Anhänglichkeit bewahrt hat, weil ihr von dieser alten Frau jene herzche Wärme entgegenströmte, die sie bei den anderen Menschen ihrer Umgebung so sehr vermißte, ihr schweres Ende zu erleichtern. Sie versieht Nachtwachen an ihrem Bett, und da das Haus nachts nicht geheizt ist, besorgt man sich zu Recht um Annettes Gesundheit. Im Laufe der Wochen wird sie immer hinfälliger. Schließlich verfügt die Mutter kategorisch, daß sie wenigstens für einige Zeit nach Hülshoff übersiedelt, um neue Kräfte zu schöpfen.

Im Februar stirbt dann Annettes Amme Marie Kathrin Plettendorf. Von Kopfschmerzen und Schwindel geplagt, muß sich die Dichterin, auf ihren Bruder gestützt, zur Beerdigung schleppen. In der Stille des Schlosses Hülshof erholt sie sich dann vergleichsweise schnell, obwohl inzwischen die zwölf Kinder des Bruders das Haus bevölkern.

Am 5. April ist Annette sogar wieder so weit, um Levin für seine Anteilnahme zu danken: »Sie denken wohl nicht, mein guter Levin, daß Ihr Brief erst gestern in meine Hände gekommen ist. Der Dräxler – Manfred hat ihn erst am 24sten vorigen Monats abgeschickt, und hier hat er auch einige Tage brachgelegen, weil ich gesundheits- oder vielmehr krankheitshalber bis gestern in Hülshoff war. Ich habe eine lange, recht schwere Zeit verlebt, krank, sehr betrübt und gänzlich unfähig zum Schreiben.

Nun sagen Sie mir doch auch, wie es dem Cotta mit dem Verkaufe meiner Gedichte geht! Hier in Münster werden sie, gegen meine Erwartungen sehr stark gelesen, ob gekauft, ist eine andere Frage, und ich weiß darüber nichts zu sagen. Es ist leider münsterische Manier, sogar bei den reichsten Leuten, sich auf das Leihen zu verlassen und, selbst wenn sie sehr begierig auf ein Buch sind, ganz naiv zu sagen: Ich habe mich schon jahrelang um das Buch bemüht und kann es noch immer nicht bekommen, während es in allen Läden am Fenster steht. Auch jetzt haben mir ein paar sehr vornehme und reiche Damen geklagt, daß ihre Exemplare von all den Ausleihen schon ganz zerlumpt wären, und meinten, mir noch ein Kompliment damit zu machen, während mir doch Cottas wegen ein Stich durchs Herz ging.

Hier im ›Merkur‹ erschien mit einem Male auch eine Rezension meiner Gedichte, so ungemein parteiisch, daß ich mich schämte und meinte, nur Schlüterchen könne so blind sein; sie war aber von einem Schlesier, einem gewissen Kynast, der seit vier Wochen als Assessor nach Münster gekommen und gleich für mich ins Geschirr gegangen war. Ich habe ihn nachher einmal gesehn und gesprochen, einen seltsamen, heftigen Menschen, der vor Aufgeregtheit zitterte wie Espenlaub.

Lieber Levin, hier in Rüschhaus kommt es mir jetzt ganz öde vor; ich kann mich noch nicht daran gewöhnen, daß meine Alte fort ist. Ich wohne nun oben im Hause auf dem kleinen Zimmer, vis-a-vis von Ihrem Quartier dort; in meinem Zimmer unten ist die gute Alte auf dem schwarzen Kanapee gestorben, und ihre Leiche hat da gestanden; so ist es jetzt gescheuert und verschlossen, und ich soll fürs erste nicht wieder hinein. Ich wollte, ich wäre vier Wochen weiter; jetzt liegt es mir noch sehr im Sinne.

Von Adele weiß ich nur, daß sie in Rom bei der Mertens ist.

Auch die Mertens hat ihre Haushaltung auseinandergehn lassen und ihr Haus zum Verkauf ausgesetzt, ebenso ihr Gut Plittersdorf, ihr früheres Bijou und Herzblatt, wo ich sie so manchen Tag habe selbst im Garten arbeiten sehn; wahrscheinlich denkt sie, ganz in Italien zu bleiben.

Auf Ihre Gedichte bin ich äußerst begierig, ich kenne eigentlich erst höchstens ein Dutzend derselben. Und wie heißt denn der dicke Roman? Wie weit sind Sie? Wessen Inhalts? Wer verlegt ihn? Sie müssen nicht so kurzab sein; schickt sich das für einen kleinen Jungen seinem Mütterchen gegenüber? Aber jetzt denkt der kleine Junge an nichts als an den allerkleinsten Jungen! Adieu, lieb Kind, tausend Liebes an Luise! Ihr treues Mütterchen.«

In das Jahr 1845 fällt auch ihr Briefwechsel mit dem Fürstbischof von Münster, Melchior von Diepenbrock, der bereits als junger Geistlicher im Hause ihrer Eltern verkehrt hatte und offenbar vom dichterischen Ingenium dieser münsterländischen Dichterin überzeugt ist. Der geistliche Herr hatte ihr eine Reihe spanischer Gedichte zukommen lassen, die sie zu ihrem weit ausholenden erzählenden Gedicht »Volksglauben in den Pyrenäen«, inspiriert hatten. Als er sie schließlich um ein noch unveröffentliches Gedicht bittet, erhält er folgenden Vers aus ihrer Hand:

»Du, der ein Blatt von dieser schwachen Hand
Gewünscht, – von dieser, die nur guten Willen
Zu opfern hat in des Altares Brand,
Nur zitternd ihre Stelle weiß zu füllen:
Bete für sie, mein Bruder, daß, wenn naht
Die letzte ihr, die dunkelste der Stunden,
Kein Unkraut zeuge gegen ihre Saat –
Daß rein sie werde, wenn auch schwach, befunden.«

Auch Levin läßt sie weiterhin gänzlich unbefangen an ihrem Schaffensprozeß teilnehmen. Für ihn schreibt sie einige ihrer neueren Gedichte ab wie »Carpe diem«, »Das erste Gedicht«,

»Unter der Linde« und »Auch ein Beruf«, über die er sich dann auszuschweigen pflegt. Natürlich ist es nun nicht mehr der gleiche schöpferische Elan, dieses unwiderstehliche Furioso, das hier am tätigen Werke ist. Aber ihre unerschöpfliche Produktionslust ist unverkennbar wie auch ihr feiner Humor, der immer wieder zwischen den Zeilen aufblitzt.

Nach wie vor nimmt die Welt Anteil an ihr und ihrem Schaffen, und als sie im Sommer 1845 eine Zuschrift von Clara Schumann erhält, weiß sie zunächst wenig damit anzufangen. Ratsuchend wendet sie sich daher am 5. Juli an den Bruder:

»Ich habe wieder einen wunderlichen Brief bekommen, von einer jetzt sehr berühmten Klavierspielerin (sie unterschreibt sich ›Kammervirtuosin S. Majestät des Kaisers von Österreich‹) Klara Wieck, die an einen Komponisten Robert Schumann verheiratet ist, der seit kurzem durch eine Oper »Das Paradies und die Peri‹ Aufsehen gemacht hat. Sie schreibt etwas ängstlich und sehr komplimentös; ihr Mann wünsche eine neue Oper zu komponieren, sei aber mit den vorhandenen Texten und Schriftstellern nicht zufrieden und habe oft geäußert, wie glücklich es ihn machen würde, von mir eine Dichtung zu diesem Zwecke erhalten zu können, wie er aber nicht den Mut habe, mich darum zu bitten, daß ich es ihr, als seiner Frau, verzeihen werde, wenn sie unter der Hand wage, was er nicht wagen möge, da es ihr eine gar zu große Freude wäre, wenn sie ihn mit einer Zusage überraschen könnte et cet. Der Brief war von Dresden datiert. Ich kann mich nicht dazu entschließen; das Operntextschreiben ist etwas gar zu Klägliches und Handwerksmäßiges, obwohl es viel einbringen kann, denn bei Opern teilen Dichter und Komponist sich in die Tantieme.«

Annette hat den gewünschten Operntext natürlich nicht verfertigt. Sie hätte sich schon körperlich nicht mehr dazu in der Lage gefühlt. Auch hat sie nie in ihr Bewußtsein aufgenommen, mit wem sie es bei den beiden Schumanns eigentlich zu tun hatte.

Im Sommer 1845 verschlägt es sie wieder einmal zu einem ihrer obligatorischen Verwandtenbesuche nach Abbendorf.

Das Schicksal, das ihr offenbar ohnehin nicht besonders gewogen ist, will es, daß ihr Onkel Fritz schwer erkrankt und sie sich wieder einmal bis zur Selbstaufopferung einer Krankenpflege widmet. Verständlich, daß sie sich mit aller Macht nach ihrem heimischen Rüschhaus zurücksehnt. Vielleicht wollte sie hier noch einmal einen neuen Anfang als Schriftstellerin riskieren und Hand an ihren Westfalenroman legen, der als ein ewiger Torso schwer auf ihrer Seele liegt.

»Mein Zimer ist eine wahre Arche Noah von angefangenen Arbeiten, Handarbeiten – Schreibereien – dicke Liederpakete, die ich vierstimmig aussetzen – Journale und Bücher, die ich zur Belehrung oder Benutzung durchlesen soll. Aber man kommt hier zu gar nichts«, beschwert sie sich am 5. Juli von Abbenburg aus. »Nicht, daß es mir gerade an Zeit fehlte. Manchen Tag nehmen zwar die zuströmenden Besuche unserer zahllosen Verwandten hin, aber an den übrigen habe ich täglich mehrere Stunden, ja oft ganze Nachmittage oder Morgen frei. Das hilft mir aber alles nichts, ich muß völlige Ruhe und Sammlung haben, und die wird mir nie. Mein Amt ist zu unbestimmt, völlig ohne Regel. Bald werde ich oft, bald selten, bald nur auf Minuten, bald auf Stunden verlangt; zuweilen sitze ich ganze Morgen auf dem Sprunge, stecke bei jedem Geräusch den Kopf zur Tür hinaus (NB. der Onkel haßt das Warten; sowie er ruft, muß man auch schon die Treppe hinunterkommen). Der erwartete Ruf bleibt aber aus, und die schöne edle Zeit, in der ich wenigstens mehrere Seiten hätte schreiben können, geht durch meine Schuld verloren. Das ist ein Altjungfernfehler und nebenbei ein echtes Rüschhauser Produkt, ich bin zu ruhig gewöhnt.

Denke ich an alle die Hausfrauen, die zwischen Kindern und Schlüsselgeklapper in hundert Absätzen fortschreiben, als wäre ihnen nie der Faden gebrochen, so möchte ich mich freilich ohrfeigen, aber es würde doch schwerlich helfen. Handarbeiten und flüchtiges Lesen mit halbem Verstehen bleibt doch das einzige, was ich zwischen Horchen und Warten einschieben kann. Aus diesem Grunde sehne ich mich herzlich nach Hause. Solange Mama nicht hier war, fühlte ich mich höchst nötig und nützlich, und kein Zeitverlust schien mir ein solcher, jetzt aber, wo ich nur ein Zwischenläufer und faute de mieux bin, lachen mir meine stillen Beschäftigungen in Rüschhaus wie ebenso viele verlorene Paradiese, obwohl es sonst hier ganz reizend ist, still und wohnlich, und der gute Onkel sich in Liebe und Sorge für uns erschöpft. Aber die Geistesdürre macht mich ganz konfus, oder vielmehr das Zuströmen ungeborener Ideen, die mir im Kopfe summen wie Bienenschwärme, denen man den Korb verklebt hat. Ich weiß nicht, ist's Wahrheit oder Einbildung – bloßer Geist des Widerspruchs? Aber ich meine mich ganz besonders zum Produzieren aufgelegt und träume à la Tantalus von dicken Bänden voll Erzählungen, Gedichten et cet., die mir alle wie Wasser aus der Feder fließen würden.«

Deutschlands größte Dichterin sieht sich jämmerlich um ihre kostbare Zeit betrogen, die sie mit Krankenpflege, die jeder andere genausogut erledigen könnte, und Verwandtenbesuchen verschwenden muß. Bestenfalls nimmt sie sich abends im Bett, wenn sie bereits todmüde ist, die Zeit, ein paar Verse, die sie innerlich bedrängen, in ihrer mikroskopisch kleinen Schrift zu Papier zu bringen. Natürlich ist sie sich dabei im klaren, daß diese Verse weit hinter ihrem sonstigen Standard zurückbleiben. Zum Durchfeilen bleibt ihr nicht die Zeit. Sie gibt sie daher auch recht ungern aus ihren Händen.

Völlig erschöpft und innerlich ausgelaugt war Annette endlich nach Rüschhaus zurückgekehrt. Aber ehe sie im kommenden Jahr wieder den großen Aufbruch in den Süden wagen muß, möchte sie die ihr noch verbleibende Zeit ausnutzen, um wenigstens noch einige Arbeiten zu einem befriedigenden Abschluß zu bringen.

Bereits Ende 1844 hatte sie sich noch einmal an eine längere Prosaerzählung gewagt, eine Kriminalgeschichte übrigens, »nach der Erinnerung einer alten Frau mitgeteilt von einem alten Moortopf, der auf seinem Herd sitzt und sich selbst kocht«, wie es höchst launig heißt. Sie hat dieser Erzählung den Arbeitstitel »Joseph« verliehen, obwohl eine Figur dieses Namens in der vorhandenen Abschrift dieses Fragments überhaupt nicht vorkommt. Man spürt, daß nach dem unerwarteten großen Erfolg der »Judenbuche« die Droste offenbar der Ehrgeiz gepackt hat, nunmehr noch ein Gegenstück dazu fertigzustellen. Aber ihre Kraft reichte einfach nicht mehr dazu aus. So bleibt diese Geschichte vom Kassirer Steenwick, der wegen seiner Spielschulden Unterschlagungen begeht, im Spiel verliert und sich schließlich erhängt, ein Torso, der allerdings immer noch ahnen läßt, über welche Qualitäten auch als Erzählerin die Droste verfügte.

Zuweilen gelingen ihr aber auch noch Gedichte, die an ihre bedeutenden Würfe der Meersburger Zeit anknüpfen und durchaus noch die Klaue einer Löwin erraten lassen. Das ist immer dann der Fall, wenn sie ihre eigenen Dichterleiden, aber auch das Glück ihrer Schöpferstunden in ihrem geheimnisvollen Zauberwort einfängt. Dann entstehen Verse von solcher geheimnisvollen mythischen Größe:

»Locke nicht, du Strahl aus der Höh;
Noch lebt des Prometheus Geier.
Stille, still du leuchtender See;
Noch wachen die Ungeheuer
Über deines Hortes kristallnem Schrein.
Senk die Hand, mein fürstlicher Zecher!
Dort unten bleicht das morsche Gebein
Des, der getaucht nach dem Becher.

Und du flatternder Fadenstrauß,
Du der Distel mystische Rose,
Strecke nicht deine Fäden aus,
Mich umschlingend so lind und lose!
Flüstern oft hör ich dein Würmlein klein,
Das dir heilend im Schoß mag weilen,
Ach, muß ich denn die Rose sein,
Die zernagte, um andre zu heilen?«

Es ließ sich schon damals kaum verheimlichen, daß Annettes Kräfte abnahmen. Man behandelte sie mit aller Vorsicht, weil man sich ehrliche Sorge um sie machte. »Man muß ihr mal ganz ihren Willen lassen – die allertiefste Einsamkeit – das ist eine fixe Idee – da läßt sich nichts dagegen machen; sie wird es schon bald müde und wird zu uns kommen«, äußerte sich ihre Mutter vielsagend dem Bruder gegenüber.

Annette las damals viel in ihrer Rüschhauser Eremitage. Viele ihrer Lektürewünsche konnte sie endlich befriedigen. Der getreue Schlüter besorgte ihr einige Neulateiner und die Lusiaden des Camoens. Schließlich strengte sie sogar das Lesen zu sehr an, und man holte sie nach Hülshoff, wo sie von einer Blutruhr auskuriert wurde. Dringend wurde den Verwandten ein Aufenthalt im Süden für die ewige Patientin ans Herz gelegt.

Ungeteilte Freude muß es ihr bereitet haben, als die »Kölnische Zeitung« ihr nach dem Abschluß ihres großen Gedichtbandes entstandenes Poem »Im Grase« neben einigen anderen im Dezember 1844 abdruckte. Dieses späte Gedicht gehört überhaupt zum Größten, was ihr jemals gelungen ist.

»Süße Ruh', süßer Taumel im Gras,
Von des Krautes Arom umhaucht,
Tiefe Flut, tief, tieftrunkne Flut,
Wenn die Wolk' am Azure verraucht,
Wenn aufs müde, schwimmende Haupt
Süßes Lachen gaukelt herab,
Liebe Stimme säuselt und träuft
Wie die Lindenblüt' auf ein Grab.

Wenn im Busen die Toten dann,
Jede Leiche sich streckt und regt,
Leise, leise den Odem zieht,
Die geschloßne Wimper bewegt,
Tote Lieb', tote Lust, tote Zeit,
All die Schätze, im Schutt verwühlt,

Sich berühren mit schüchternem Klang
Gleich den Glöckchen, vom Winde umspielt.

Stunden, flüchtiger ihr als der Kuß
Eines Strahls auf den trauernden See,
Als des ziehenden Vogels Lied,
Das mir niederperlt aus der Höh',
Als des schillernden Käfers Blitz,
Wenn den Sonnenpfad er durcheilt,
Als der heiße Druck einer Hand,
Die zum letzten Male verweilt.

Dennoch, Himmel, immer mir nur
Dieses eine: nur für das Lied
Jedes freien Vogelns im Blau
Eine Seele, die mit ihm zieht,
Nur für jeden kärglichen Strahl
Meinen farbig schillernden Saum,
Jeder warmen Hand meinen Druck,
Und für jedes Glück einen Traum.«

In Gedichten wie diesem hat die Dichterin noch einmal ihre ganze faszinierende Sprachmagie entfalten können. Ihre Bildersprache erreicht in ihrer Dichtigkeit eine geradezu surrealistische Symbolkraft. Eine ganze Reihe ihrer späten Gedichte, die dann erst 1860 in den »Letzten Gaben« erschienen, weist kühn in ein neues Jahrhundert hinüber, das die als konservativ klassifizierte Droste bereits vorwegnimmt. In jedem Fall aber hat kaum ein anderer Lyriker unserer deutschen Literaturgeschichte die Natur so makellos in sich aufgenommen und sie durch ein ureigenes Temperament zurückgespiegelt wie sie. Noch ganz am Ende ihres Passionsweges als Mensch und Dichterin ist ihr die Identifikation ihres eigenen unverwechselbaren Ichs mit der Schöpfung gelungen.

Bruch mit Levin

Am 15. Juni 1845 hatte Levin seinem »Mütterchen« das Erscheinen eines neuen Romans für den kommenden Herbst angekündigt. Er sollte bei Brockhaus erscheinen. »Der Roman, ›Die Ritterbürtigen‹, hat drei Bände, war also ein hübsches Stück Arbeit«, gibt er ihr zu verstehen. »Er spielt in Westfalen. Eine ehrgeizige politische Dame steht im Vordergrunde. Der Roman ist überhaupt halb politischer Roman, halb Intrigenstück. Na, Sie werden sehn!«

Levin Schücking hatte sich in diesem gänzlich arglos angekündigten Roman nicht mehr oder weniger vorgenommen, als den westfälischen Adel gehörig aufs Korn zu nehmen. Unter der Hand war ihm dieser Vorwurf dann eben doch zu einem Pamphlet geraten, das unter den Betroffenen, die sich in diesem literarisch übrigens völlig belanglosen Sittengemälde karikiert sahen, nicht wenig Bestürzung auslöste.

Leider geriet Annette, wie nicht anders zu erwarten, in den sicher nicht gänzlich unbegründeten Verdacht, Levin die unerfreulichen Fakten für diesen Roman vermittelt zu haben. Kein Wunder, daß sie einige Mühe hatte, den Vorwürfen zu kontern. Schlüter schüttete sogar noch Öl ins Feuer, als er Annette diesen »elenden Roman« anzeigte und ihn folgermaßen kommentierte: »Er verletzt darin Pietät und religiöses Gefühl, zeigt sich auch als ein erbärmliches altes Klatschweib, das dem Pöbel des Zeitgeistes die Füße leckt.«
In einem Brief vom 13. April schüttete sie ihrem alten Schlüter nach der Lektüre dieses Buches folgendermaßen ihr Herz aus: »Ich habe Schückings scheußliches Buch gelesen, ich habe es von wahrhaft wohlmeinender Hand erhalten mit dem Zusatze, ich müsse es leider lesen, da ich in dem allgemeinen Verdachte stehe, ihm das Material zu seinen Giftmischereien geliefert zu haben.

Schücking hat an mir gehandelt wie mein grausamster Todfeind und, was unglaublich scheint, ist sich dessen ohne Zweifel gar nicht bewußt. Gottlob darf ich mir keine Indiskretionen vorwerfen, aber mein Adoptivsohn! jahrelanger Hausfreund! O Gott, wer kann sich vor einem Hausdiebe hüten! Er hat mich über so manches, was mir Nahestehende betraf, befragt, über Intentionen, Handlungen, die einen Schatten auf die zu werfen schienen, und meine warme Verteidigung benutzt, um kleine Umstände daraus zu stehlen, die den von nächster Hand Unterrichteten bezeichnen, und sie dann nicht nur alle den Flecken, von denen ich sie mit Recht zu reinigen suchte, sondern auch mit den Zutaten einer des Juif errant würdigen Phantasie an den Pranger gestellt. Dies ist mein direktester Anteil an seiner Schuld, ein indirekterer, aber noch schädlicherer ist, daß ich ihn in mehreren Familien und bei so manchem einzelnen Freunde, den ich für sein Fortkommen zu interessieren wünschte, eingeführt, mich für seinen Charakter verbürgt und ihm dadurch Gelegenheit gegeben habe, sich die pikantesten, für einen Roman brauchbarsten Persönlichkeiten zu merken und zu diesem Zwecke anderwärts die betreffenden Partikularitäten aufzulesen, natürlich je krasser und unwahrscheinlicher, desto mehr Hoffnung auf literarischen Erfolg!

Schlüter! Ich bin wie zerschlagen. O Gott, wie weit kann Schritstellereitelkeit und die Sucht, Effekt in der Welt zu machen, führen! selbst einen sonst gutmütigen Menschen; denn das bleibt Schücking, die Gerechtigkeit nötigt mich, dies selbst in diesem schweren Moment anzuerkennen. In seinem letzten Briefe konnte er mir Geld für einige Gedichte im Feuilleton schicken. Seine Zeilen strahlten vor Freude hierüber, und das war kein Betrug. Er liebt mich, er liebt Sie, er liebt Westfalen überhaupt und hat bei seinem Buche an nichts gedacht, als dem Eugène Sue den Rang abzulaufen; aber er ist verloren, denn er hat die einzige Stütze fahren lassen, an der wir uns von unseren Fehlern und Schwächen aufrichten können.

Man hat ihnen die Wahrheit gesagt, er schlägt vor der Kirche die Zunge aus, und hier findet keine Entschuldigung statt, höchstens eine: ›Herr, vergib ihm, er weiß nicht, was er tut.‹ Lassen Sie uns für ihn beten, Christi Blut ist auch für ihn geflossen, und Gott hat tausend Wege, die Verirrten zu sich zurückzuführen, oft durch Not und Kummer, und *die* sehe ich bei Schückings Lust am Glanze und der Unhaltbarkeit seines Talents in nicht zu weiter Ferne voraus. Ich bin sehr bewegt und mag für jetzt nicht weiterschreiben.«

Natürlich hat Levins völlig unbefangenes Verhalten Annette im tiefsten getroffen und aufgewühlt. Sie muß sich alle Mühe geben, ihre Affekte gegen den Freund nicht in Haß ausufern zu lassen und doch noch zur Misanthropin zu werden. Was sie sich nun vor allem ersehnt, ist eine Einsamkeit, in die keiner mehr eindringen kann. Als ihre Mutter schließlich Anfang Juli 1846 ohne sie nach Meersburg aufbricht, da sie sich eine solche strapaziöse Reise nicht zutraut, gibt es zwar einen herzbewegenden Abschied, aber im Grunde atmet Annette doch ein wenig auf. Nun kann sie sich völlig ungestört der klösterlichen Stille von Rüschhaus hingeben.

»Lieb Herz!« läßt sie am 30. Juli ein Lebenszeichen aus ihrer Abgeschiedenheit an Elise hinausgehen, »Sie können sich die Tiefe meiner Verschollenheit gar nicht denken! Kein Brief (der von Mama der einzige), kein neues Buch, keine Zeitung, kein Besuch, auch keine mündlichen Nachrichten, da ich die Bükkersche nirgends hinschicke; und, was Hülshoff anbelangt, so habe ich Werner noch zuletzt meiner Mutter leise sagen hören: Man muß ihr mal ganz ihren Willen lassen.

Da hat er freilich nebenhergeschossen, meine Einsamkeit ist mir täglich lieber; aber Wort gehalten hat er. Hülshoff ist für mich wie gar nicht vorhanden, und leitete ich mir nicht durch Nebenquellen Nachrichten von seinem und der Seinen Befinden zu, so könnten drei Mirakel geschehen, ohne daß ich es gewahr würde.

Vorgestern schickte ich Hermann mit Mamas Brief hin, schrieb auch einige unbefangene Zeilen dazu, und es hat mich sehr gerührt, wie er ihm durchs Fenster entgegengerufen hat: Hermann hierher! Will meine Schwester kommen? Wann soll ich sie abholen? Es ist ein gutes Blut! Ach, ich werde nicht mehr so lange zögern dürfen! Ich werde in den greulichen Kinderlärm, in den jetzt endlosen Besuchstrain hinein müssen, wenn ich ihn nicht mehr kränken will, als ich vor einem Gewissen verantworten kann! Aber jetzt mag ich nicht.«

Annette fühlt sich in diesem Sommer grenzenlos elend. Sie kann sich immer weniger vorstellen, daß sie noch einmal ihre alten Kräfte zurückgewinnen kann. Ihr Körper ist wie ausgelaugt, und auch ihre sonst stets erregte Seele scheint wie in einen tiefen Schlaf versunken zu sein. Der Zeiger, will ihr scheinen, weist unerbittlich nach unten.

Während die Dienstboten tagsüber auf den Feldern zu tun haben, ist sie mutterseelenallein. Kein Mensch, der einmal nach ihr sieht und mit dem sie ein liebes oder vertrauliches Wort tauschen könnte. Selbst Levin Schücking scheint nunmehr ganz aus ihrem Leben gewichen zu sein. Die Korrespondenz mit ihm ist immer mehr versickert. Nun ist sie ganz zum Stillstand gekommen. Am 6. Februar hatte er eine Antwort auf einen seiner Briefe, der fast ein Vierteljahr zurücklag, angemahnt. Damals konnte er seinem »lieben Mütterchen« die glückliche Geburt eines Töchterchens ankündigen. Auch über den Abschluß eines Lustspiels, das in Köln uraufgeführt werden soll, weiß er zu berichten. Sonst aber ist die Zurückhaltung, die er sich in diesem Brief betont auferlegt hat, nicht mehr zu überhören.

Die Antwort auf diese sanfte Anmahnung sollte dann der letzte Brief bleiben, den Annette an den Freund ihres Lebens richtet. Sie entschuldigt ihr langes Schweigen mit einem »ganzen Heer von Troublen«, die sie in Atem gehalten haben, und ringt sich einige betulich lobende Worte über Levins Gedichtband ab. Sie bescheinigt ihm, es befände sich kein einziges schlechtes oder auch nur mittelmäßiges Gedicht in dieser gut sortierten Auswahl, und verrät ihm, den Band schon dreimal gelesen zu haben. Schließlich hebt sie einzelne Gedichte und Balladen als besonders gelungen hervor. Daß sich aber im Grunde ihre Einschätzung Levins als Lyriker mit der nicht gerade überschwenglichen Meinung der Nachwelt deckt, versteht sich von selbst. In der Tat ist nichts, aber auch gar nichts von seinen Versen erhalten geblieben oder auch nur der Rede wert.

Ansonsten wird auch in diesem letzten Brief wieder eifrig gefachsimpelt. Vor allem aber berichtet sie bewegt vom Tode ihres Onkels Fritz von Haxthausen, den sie während seiner Magenkrebserkrankung so hingebungsvoll bis an die Grenze ihrer eigenen physischen Leistungsfähigkeit gepflegt hatte. Auch kündet sie bereits ihre bevorstehende Reise an den Bodensee mit den Worten an: »Die öftere Wiederkehr ist doch merkwürdig! Bei meinem ersten Aufenthalt dort habe ich wirklich auf keinen dritten zu rechnen gewagt. Sie werden sich erinnern, wie oft ich gesagt, man müsse die Gegend recht genießen, die Wahrscheinlichkeit des Wiedersehens verhalte sich wie eins zu hundert. Das sind ein paar eiserne Naturen, mein Mamachen und Laßberg! Die eine würde, mit ihren dreiundsiebzig Jahren, noch vor keiner Reise nach Amerika erschrecken, und der andere hustet sich zwar jeden Winter halbtot, aber es schadet ihm nichts. Gott erhalte beide noch lange so rüstig! Ich weiß nicht, wie Mama sich darin finden will, wenn endlich das gar zu hohe Alter sie weniger mobil macht. Da kommt Besuch von Hülshoff! Also in schnellster Eile Adieu, lieber Levin; der Brief muß heute fort. Morgen und übermorgen ist keine Gelegenheit. Tausend Liebes an Luisen von Ihrem treuen Mütterchen.«

Immer noch rührt Levin eifrig die Werbetrommel für Annette, von deren dichterischer Größe er nach wie vor überzeugt ist. In dem von Kinkel herausgegebenen Jahrbuch »Vom Rhein« hat er einen beachtenswerten und viel beachteten Aufsatz über die Droste veröffentlicht. Zwischen ähnlichen Charakteristiken von August Wilhelm Schlegel und Karl Simrock befand sich Annette in bester Gesellschaft. Trotzdem reagierte sie auffällig gereizt auf diesen Versuch Levins, ihr einen Freundschaftsdienst zu erweisen. Dieser wird ihr bis zum Tode geistig die Treue halten und zwölf Jahre danach ihren Nachlaß der Öffentlichkeit übergeben. Zwei Jahre darauf verfertigt er die erste kompetente Droste-Biographie, die sehr aus eigenem Erleben schöpft, und schließlich kann er noch 1878 bei Cotta die erste Gesamtausgabe der Droste betreuen.

Im August holte sie der Bruder dann doch nach Hülshoff, wo sie wenigstens unter Menschen war und sich nicht mehr vorzukommen brauchte »wie ein armer Soldat, der auf dem Schlachtfeld verblutet«. Der Arzt ist über ihren körperlichen Verfall tief beunruhigt und rät dringend zu der Reise in den Süden.

Mitte September ist es dann soweit, daß sie nach Meersburg aufbricht. Diesmal ist es ihr Neffe Heinrich, der die Aufgabe eines Reisebegleiters übernommen hat. Man macht, wie üblich, zunächst Station bei Pauline von Droste in Bonn. Von hier aus setzt Annette ihre Reise alleine fort. Sie drängt zu einem schnellen Aufbruch, denn sie fühlt sich todsterbenskrank und hat nur noch den verständlichen Wunsch, wenn der Tod sie ereilt, bei den Ihrigen zu sein.

»In Bonn habe ich niemanden gesehen außer Junkmann«, wird sie am 24. Oktober von Meersburg aus dem Bruder berichten. »Schücking ließ zu meiner großen Freude nichts von sich hören und sehen, obwohl er in Köln war und ein Artikel über meine Ankunft und wahrscheinlich längeren Aufenthalt in Bonn in seiner eigenen Zeitung stand.«

Verbittert setzt sie hinzu: »Obwohl ich voraussetze, daß die Charakteristik vorteilhaft für mich und eine persönliche Vergütung für die ›Ritterbürtigen‹ sein soll, so hat sich doch Schükking als zu taktlos erwiesen, als daß ich nicht immer Verdruß fürchtete, wo er sich irgend um mich bekümmert.«

Levin hat von diesem Groll nichts geahnt und sich bis zuletzt für Annette eingesetzt. Diese gab sich keine Mühe, die abgerissenen Beziehungen wieder anzuknüpfen. Die Indiskretionen der »Ritterbürtigen« hatten das Vertrauensverhältnis irreparabel gestört. Auch über Luise weiß sie noch im Februar 1847 nichts Besseres zu sagen als: »Sie wird schön gefunden und in jedem Betracht bedeutender als er; beliebt scheinen beide nicht; sie gelten für kalt, aufgeblasen, und man zuckt sehr bedenklich die Achseln über ihren gewaltigen Aufwand.«

Nach ihrer Ankunft auf der Meersburg Ende September benötigt Annette einige Zeit, um sich von den Strapazen der Reise zu erholen. Dann erst berichtet sie Elise Rüdiger von ihrer Begegnung mit Wilhelm Junkmann: »Sie haben recht. Er ist der reine Charakter geblieben, aber ich fürchte, er geht bürgerlich zugrunde. Er hat jeden Gedanken an das Doktorexamen und überhaupt eine feste bürgerliche Stellung aufgegeben und exaltiert sich in der Idee, als freier Literat die Hydra des Zeitgeistes zu bekämpfen – freier Literat! Das ist die gerade Straße zum Bettelstab! wenigstens für ihn, dem Fruchtbarkeit und populäre Schreibart so gänzlich fehlen, gewiß!

Ich machte ihm die beweglichsten Vorstellungen, auch von Schlüters Seite, der mich eigens dazu beauftragt, doch zuerst, und zwar gleich, ehe er alles vergessen, sein Examen zu machen, um jedenfalls einen Broterwerb zu haben. Er lachte aber so krampfhaft und wild, daß es mich ordentlich grauste, und rief: ›Hoho! Brotstudium! das sind mir die rechten Philister! Da erkenne ich das echte münstersche Pfahlbürgertum, wo ihr noch alle bis über die Ohren darinsteckt! Ich bin aber seitdem mit vielen anderen Leuten umgegangen und längst weit darüber weg! Im schlimmsten Falle kann ich ja alle Tage Kapuziner werden.‹ Dann zog er einen Fünftalerschein aus der Tasche und sagte: ›Sehn Sie, das ist alles Geld, was ich noch habe, aber das macht mir nichts!‹ Und nun ging das krampfhafte Lachen und Erzählen seines künftigen glorreichen Wirkens, und wie er alles zu Boden donnern wolle, wieder an.

Muß einem da nicht bange werden? Ich fürchte, wir erleben noch traurige Dinge an ihm! Es ist nicht möglich, daß ein Körper dieser ewigen Aufgeregtheit, diesem furchtbaren Andrange von Ehrgeiz und Überspannung auf die Dauer widerstehen kann. Ich bat ihn, zu Kinkel zu gehn, die bewußte Charakteristik im Manuskript zu lesen und, falls sie nicht diskreter sei, als sich überhaupt von der Charakteristik einer noch lebenden Person erwarten läßt, Schücking in meinem Namen um Unterdrückung derselben zu bitten.

Er teilte meine Ansicht von dem Würdigen dieser Schaustellung, ging aber keineswegs zu Kinkel und antwortete mir jedesmal ganz ruhig: ›Ja! Sieh! Da habe ich nicht an gedacht!‹ Bis fast vierzehn Tage darüber verflossen, wo er mir dann ebenso ruhig die Nachricht brachte, er sei um ein geringes zu spät gekommen, die Charakteristik komme eben aus der Presse.

An Entschuldigung dachte er nicht, war aber übrigens mitunter warm und herzlich wie immer und nahm sehr bewegt Abschied von mir, als ich den scheinbar tollen Entschluß ausführte, ganz allein die weite Reise nach Meersburg zu unternehmen. Ich fühlte mich sehr krank, glaubte nicht an Besserung und wollte bei den Meinigen sterben.«

Am Ende war die Reise doch noch besser verlaufen, als Annette es befürchtet hatte. Ein Schiffskondukteur nahm sich des älteren Fräuleins, dem das Leiden im Gesicht geschrieben stand, rührend an. Sie wurde gleich in den Pavillon des Dampfers gebracht, der sie den Rhein hinauf führte. Der gute Mensch von einem Kondukteur machte es ihr sogar auf einem Kanapee bequem.

»Auf der Eisenbahn ging es mir ebenso«, heißt es in ihrem Reisebericht an Elise Rüdiger.« Ich bekam beide Male einen Waggon für mich allein, und fast bei jeder Station erschien ein Gesicht am Wagenschlage, um zu fragen, ob ich etwas bedürfte. Und doch hat dies alles meine Reise nur unbedeutend verteuert. Die Kondukteure nahmen nichts, und meine männlichen Wartefrauen waren am Rheine mit einem Gulden, weiterhin schon mit 30 Kreuzern, überglücklich. Sie sehen, liebe Lies, ich bin wie in einem verschlossenen Kästchen gereist und habe kein fremdes Gesicht gesehn, nicht mal in den Gasthöfen, wo ich mir gleich ein eigenes Zimmer geben ließ, wenn ich auch nur eine Stunde blieb.

So fühlte ich mich in Freiburg so wenig erschöpft, daß statt (wie früher beschlossen) Extrapost zu nehmen, ich mich dem Eilwagen anzuvertrauen beschloß, obwohl er abends abging. Meine Empfehlungen waren zu Ende, aber mein Glück verließ mich auch hier nicht. Ich hatte bis Mitternacht einen Beiwagen ganz für mich allein, dann mußte ich freilich in den allgemeinen Rumpelkasten voll schnarchender Männer und Frauensleute, die brummend und ächzend zusammenrückten, als ich mich einschob. Dann ging das Schnarchen wieder an. Ich allein war wach bei dieser scheußlichen Bergfahrt und merkte allein, wie den Pferden die Knie oft fast einbrachen und der Wagen wirklich schon anfing, rückwärts zu rollen; mein Visavis stieß mich unaufhörlich mit den Knien, und die Köpfe meiner Nachbarn baumelten an mir herum. Doch gottlob nicht lange!

Es war noch stockfinster, als wir mit der Post nach Konstanz zusammentrafen und siehe da! meine ganze Bagage kugelte und kletterte zum Wagen hinaus, und ich war wieder frei! frei! und machte mir ein schönes Lager aus Kissen und Mantel, auf dem ich es sehr leidlich aushalten konnte, bis nach Stockach, wo ich um zehn ankam.«

Der Empfang auf der alten Dagobertsburg war herzlich wie immer. Noch allerdings konnte Annette nicht ahnen, daß sie damit auf der letzten Etappe ihres Lebens angekommen war und sie diesen Ort nicht wieder lebend verlassen würde. Man war bestürzt über ihre jämmerliche Verfassung und behandelte sie wie eine Schwerkranke. Zwei Ärzte, die sogleich hinzugezogen wurden, taten sich schwer, eine plausible Diagnose zu stellen. Trotz der vielen Medizin, die man in sie hineinstopfte, wurde die Patientin immer kränker. Ihre Hypersensibilität nahm zuweilen Formen an, daß ihr jedes gesprochene Wort wie Schmettern einer Fanfare in den Ohren klang.

Man hatte ihr einige Räume im Südturm eingerichtet, die früher der Gefangenwächter Spiegel bewohnt hatte und die daher immer noch die »Spiegelei« genannt wurde. Diese »kosmische Zelle« hoch über dem Schwäbischen Meer sollte dann schließlich auch ihr Sterbezimmer werden.

Annettes beängstigender Zustand verbesserte sich keineswegs. In einer Zeit relativer Schmerzlosigkeit raffte sie sich noch einmal zu einem Brief an Elise auf. »Überhaupt langweile ich mich gar nicht«, heißt es darin. »Meine Phantasie arbeitet nur zu sehr, und ich muß aus allen Kräften dagegen ankämpfen. Jede etwas andere Stelle an der Wand, ja jede Falte im Kissen bildet sich mir gleich zu mitunter recht schönen Gruppen aus, und jedes zufällig gesprochene, etwas ungewöhnliche Wort steht gleich als Titel eines Romans oder einer Novelle vor mir, mit allen Hauptmomenten der Begebenheit. Sie sehn, wie überreizt ich noch bin. Gott! dürfte ich jetzt schreiben (d. h. diktieren), wie leicht würde es mir werden.«

»Ach, Lies, ich war schrecklich elend und wünschte auch gar nicht, wieder besser zu werden«, klagt sie über ihre ersten Meersburger Tage. »Nur tot! tot! Endlich erklärte der Brunnenarzt, mir tauge keine Medizin – ohne Ausnahme, ich sei in allen inneren Teilen völlig gesund, aber meine Nerven in einem Zustand der Überreizung, wie ihm noch nie vorgekommen. Er habe mir Dosen gegeben, wie sie für ein eben geborenes Kind paßten, und ich habe die ihnen entsprechenden Zustände bekommen, als ob er mich mit ganzen Pfunden vergiftet hätte.

Er fügte hinzu: ›Könnte ich an Homöopathie glauben, so wäre dies das einzige, was ich bei Ihnen anwenden möchte, aber so leben Sie wenigstens homöopatisch. Ich sage jetzt aus voller Überzeugung, daß Ihr natürlicher Widerwillen gegen Gewürze, Wein et cet. Ihr größtes Glück gewesen ist, und Ihre Hartnäckigkeit, 17 Jahre lang kein Arznei zu nehmen, das Klügste, was Sie tun konnten. Ich kann Ihnen nichts verordnen als die möglichste geistige und körperliche Ruhe; liegen Sie ganz still! Schlafen? Soviel Sie irgend können. Denken? Womöglich gar nicht oder nur Angenehmes, was Sie nicht aufregt.«

Diese Anweisungen decken sich weitgehend mit der Therapie eines der bekanntesten Schüler Hahnemanns, des Arztes Clemens Marie von Bönnighausen, der bei ihr keine Tuberkulose diagnostizierte und auch keine übersteigerte Schilddrüsentätigkeit feststellen konnte, nur eine Übererregbarkeit des Nervensystems, der die Droste andererseits ihre sicher geniale dichterische Begabung zu verdanken hatte.

»Fräulein Nettchen von Droste«, so lautete der von ihm 1830 abgefaßte Krankheitsbericht »einige 30 Jahre alt und sehr aufgeregten Gemütes, mit ungewöhnlichem Verstande und ausgezeichneten Talenten für Poesie und Musik, litt seit längerer Zeit an Engbrüstigkeit und hatte sich fest in den Kopf gesetzt, daß sie durch die Pflege ihres im letzten Frühjahr verstorbenen Bruders ebenfalls von dieser Krankheit angesteckt sei. Auch ihr Arzt, der ihr mancherlei Arzneien verschrieben, welche aber sämtlich ihre Beschwerden vermehrten, erklärte sie für schwindsüchtig und stellte ihr eine sehr ungünstige Prognose.

Eines Abends, wo ich beim Besuche des Arztes, der übrigens wie alle über die Homöopathie lacht, sagte dieser der Patientin gleichsam scherzweise, sie solle sich einmal in meine homöopathische Kur begeben, weil ich doch so großen Wert auf diese neue Heilmethode lege. Diese ergriff die Äußerung mit gewohnter Lebhaftigkeit und machte mir den Antrag im Ernst, den ich auch zu übernehmen erbot, wenn ihr Hausarzt ein sehr geschulter Mann, auch mein Hausarzt und Freund, dieses gestatten wolle und die Versicherung gäbe, daß eine Verzögerung bei der bisherigen allopathischen Behandlung keine Nachteile herbeiführe. Beides wurde von dem Arzt bewilligt.

Das nun aufgenommene vollständige Krankheitsbild, welches verloren gegangen ist und daher hier nicht mehr verzeichnet werden kann, ergab folgende hervorragende Symptome:

Allgemeine, sehr bedeutende Abmagerung mit Hinschwinden der Kräfte; verdächtige Röte auf den eingefallenen Wangen; beständige Stiche in der linken Seite und fortwährende Brustbeklemmung wie von zusammengeschnürtem Brustkasten, dabei große Niedergeschlagenheit und Hoffnungslosigkeit hinsichtlich der Genesung, fest glaubend, sie sei von ihrem Bruder, den sie in den letzten fünf Wochen seines Lebens Tag und Nacht gepflegt, angesteckt worden.«

Für die Ärzte blieb die Dichterin bis zuletzt ein Rätsel, das sie nicht recht entschlüsseln konnten. Schon bei der Sechsjährigen war ihrer Umgebung eine ungewöhnliche Nervenschwäche aufgefallen. Mehr als einmal hatte ihre Mutter gefürchtet, ihre Tochter könnte eines Tages doch noch »überschnappen«. Immer wieder ist in ihrer Biographie von Kopfschmerzen, Migräne, Schwindel und von einer notorischen Überempfindlichkeit gegen Licht und Geräusche die Rede. Aber auch Ohrensausen, Erbrechen, Kurzatmigkeit, Gesichts-, Zahn- und Ohrenschmerzen, Blutandrang im Kopf gehörten zeitlebens zu den Symptomen ihres Grundleidens, daß ihr das Leben oft so vergällte. Ihre großen gesundheitlichen Krisen traten bezeichnenderweise immer in Zeiten besonderer seelischer Belastungen wie dem Tod des Vaters und des Bruders oder später bei der Trennung von Schücking ein. Ihr Zustand war dann so bedenklich, daß man stets ihr Ende befürchten mußte.

Nach soviel nervlichen Belastungen in ihrem Leben schien ihr Körper, der von einer »wilden Seele« geradezu geschunden worden war, endgültig erschöpft zu sein. Zwar erholt sie sich auf der Meersburg noch einmal durch die hingebungsvolle Pflege der Schwester leidlich. Aber sie selbst macht sich keine Hoffnungen mehr. Den sicheren Tod vor Augen, zählt sie die Tage, die ihr noch zugemessen sind. Doch gab es in den zwanzig Monaten ihres langsamen Sterbens fern von der Heimat immerhin auch Phasen, wo sie sich noch zu Taten des Geistes aufschwingen konnte. Auch blitzt hin und wieder noch der alte unverwüstliche Humor in ihr auf. Zumindest kann sie sich zu einigen Briefen aufraffen.

Einige Male schleppt sich Annette auch noch durch ihre Weinberge zu ihrem Fürstenhäuschen, auf dessen Ausgestaltung sie so viel Liebe verwandt hatte. Ende Juni 1847 hält sie sich sogar zehn Tage bei der Fürstin Salm in Schloß Herschberg auf, auch einige Kirchenbesuche bleiben noch zu registrieren. Am 1. August weilt sie zum letzten Mal in ihrem Rebhäuschen.

Ansonsten fällt ihr das Gehen immer schwerer. Es ist ihr unmöglich, mehr als drei Seiten hintereinander zu lesen oder einige Zeilen zu schreiben. Sie hat sich nun ganz in ihre »Spiegelei« zurückgezogen. Nur ihre letzte Freundin, die Fürstin Salm, sucht sie hin und wieder in ihrem Turmzimmer über aller Welt auf. Durch ihren schlechten Gesundheitszustand veranlaßt, übergibt sie am 21. Juli 1847 ihr Testament dem Bezirksnotar von Meersburg.

Einen Tag zuvor hatte sie ihrer Freundin Elise die folgende Nachricht zukommen lassen: »Mein Gehen ist so gut wie gar nichts mehr. Schreiben bringt mich nach wenigen Zeilen einer Ohnmacht nahe. Lesen darf ich nur mit größter Vorsicht... Ich bin jede Stunde bereit und meinem Schöpfer sehr dankbar, daß er mir durch das beständige Gefühl der Gefahr eine vollkommene Befreundung mit dem Tode gegeben hat.«

Längst dringt durch das feste Gemäuer der Burg kaum ein Geräusch der Welt zu ihr hinüber. Um sie erheben sich groß die Mauern des Schweigens, während das literarische Deutschland dieser einmaligen dichterischen Stimme huldigt. Niemand hat wie sie bisher in unserer Literatur das Kleinleben der Natur in zarten Pastelltönen ebenso wie in einer bisweilen dramatisch bewegten Stimmungsmalerei zu gestalten verstanden. Man gewöhnt sich zunehmend an ihren fast barocken Sprachduktus, der durch die Fülle der inneren Gesichte und einer eminenten Bildkraft oft in seiner Klarheit getrübt erscheint. Nur soviel beginnt man zu begreifen: ihre Ausdrucksfähigkeit erreicht kaum ein Lyriker ihrer Zeit.

Auch wenn die Dichterin in der Droste nun längst zum Schweigen verurteilt schien, holte sie in ihrem Abbenburger Sommer 1846 noch einmal zu einem Gedicht aus, das den hohen literarischen Ansprüchen genügt, die sie sich immer selbst gestellt hat. Sie sehnt sich immer noch wie einst die Autorin ihres Jugendromans »Ledwina« nach einem »schönen Tod in der eigenen Geistesflamme«. Nun hat sie bereits den sicheren Tod vor Augen und entwirft im Vorgefühl des baldigen Endes noch einmal ein anrührendes Porträt ihres eigenen Ichs. Was dann aber zu einer gültigen Darstellung gelangt, trägt die Leidenszüge einer »ächzenden Kreatur«. Hier also blendet sie voll in die Lebenstragik des gezeichneten schöpferischen Ichs hinein. Man kann dieses literarische und menschliche Testament der Droste, in dem sie noch einmal ihrem und allem Leben nachträumt, nicht ohne Bewegung zur Kenntnis nehmen.

»An einem Tag, wo feucht der Wind,
Wo grau verhängt der Sonnenstrahl,
Saß Gottes hartgeprüftes Kind
Betrübt am kleinen Gartensaal.
Ihr war die Brust so matt und enge,
Ihr war das Haupt so dumpf und schwer,
Selbst um den Geist zog das Gedränge
Des Blutes Nebelflore her.

Gefährte Wind und Vogel nur
In selbstgewählter Einsamkeit,
Ein großer Seufzer die Natur,
Und schier zerflossen Raum und Zeit.
Ihr war, als fühle sie die Flut
Der Ewigkeit vorüberrauschen
Und müsse jeden Tropfen Blut
Und jeden Herzschlag doch belauschen.

Sie sann und saß und saß und sann,
Im Gras die heisre Grille sang,
Vom fernen Felde scholl heran
Ein schwach vernommner Sensenklang.
Die scheue Mauerwespe flog
Ihr ängstlich ums Gesicht, bis fest
Zur Seite das Gewand sie zog,
Und frei nun ward des Tierleins Nest.

Und am Gestein ein Käfer lief,
Angstvoll und rasch wie auf der Flucht,
Barg bald ins Moos sein Häuptlein tief,
Bald wieder in der Ritze Bucht.
Ein Hänfling flatterte vorbei,
Nach Futter spähend, das Insekt
Hat zuckend bei des Vogels Schrei
In ihrem Ärmel sich versteckt.

Da ward ihr klar, wie nicht allein
Der Gottesfluch im Menschenbild,
Wie er in schwerer, dumpfer Pein
Im bangen Wurm, im scheuen Wild,
Im durst'gen Halme auf der Flur,
Der mit vergilbten Blättern lechzt,
In aller, aller Kreatur
Gen Himmel um Erlösung ächzt.

Wie mit dem Fluche, den erwarb
Der Erde Fürst im Paradies,
Er sein gesegnet Reich verdarb
Und seine Diener büßen ließ;
Wie durch die reinen Adern trieb
Er Tod und Moder, Pein und Zorn,
Und wie die Schuld allein ihm blieb
Und des Gewissens scharfer Dorn.

Der schläft mit ihm und der erwacht
Mit ihm an jedem jungen Tag,
Ritzt seine Träume in der Nacht
Und blutet über Tage nach.
O schwere Pein, nie unterjocht
Von tollster Lust, von keckstem Stolze,
Wenn leise, leis' es nagt und pocht
Und bohrt in ihm wie Mad' im Holze.

Wer ist so rein, daß nicht bewußt
Ein Bild ihm in der Seele Grund,
Drob er muß schlagen an die Brust
Und fühlen sich verzagt und wund?
So frevelnd wer, daß ihm nicht bleibt
Ein Wort, das er nicht kann vernehmen,
Das ihm das Blut zur Stirne treibt
Im heißen, bangen, tiefen Schämen?

Und dennoch gibt es eine Last,
Die keiner fühlt und jeder trägt,
So dunkel wie die Sünde fast,
Und auch im gleichen Schoß gehegt;
Er trägt sie wie den Druck der Luft,
Vom kranken Leibe nur empfunden,
Bewußtlos, wie den Fels die Kluft,
Wie schwarze Lad' den Todeswunden.

Das ist die Schuld des Mordes an
Der Erde Lieblichkeit und Huld,
An des Getieres dumpfem Bann
Ist es die tiefe, schwere Schuld,
Und an dem Grimm, der es beseelt,
Und an der List, die es befleckt,
Und an dem Schmerze, der es quält,
Und an dem Moder, der es deckt.«

Abschied

Während der körperliche Verfall unaufhaltsam fortschreitet und durch keine ärztliche Kunst mehr aufzuhalten ist, verkriecht sich Annette immer sehnsüchtiger in ihre »selbstgewählte Einsamkeit«. Nur diese kann sie noch vor schmerzlichen Begegnungen mit dieser Welt und ihren Menschen bewahren.

In diesen Tagen des Abschieds ist die »Nachfolge Christi« des Thomas von Kempen Annettes bevorzugte Lektüre. Man wird dieses Buch auch bei ihrem Tode aufgeschlagen auf ihrem Tisch finden. Sonst ist alle Literatur ihr längst weit entrückt. Nur wenn ihre schwindenden Kräfte es zulassen, legt sie noch einmal Hand an den zweiten Teil ihres »Geistlichen Jahres« und feilt ein wenig an den Verszeilen. Sie hatte sich ohnedies die Veröffentlichung dieser Arbeit der Zeit nach ihrem Tode vorbehalten.

Es läßt sich nicht verhindern, daß sie zu guter Letzt noch etwas von den Vorwehen der heraufdrängenden Revolution in ihrer Abgeschiedenheit zu spüren bekommt. Sie fühlt zutiefst mit diesem Volke, das sich so schwer erlösen kann und immer so etwas wie eine Märtyrerrolle zu spielen hat. Eine optimistische Prognose kann sie ihm jedoch nicht stellen. Sie glaubt nicht an den Erfolg von Revolutionen in Deutschland.

Nur das wittert sie mit allen Fasern ihres Wesens: Eine Zeit fiebert sich zu Ende, und sie weiß, daß es die ihre war, in die auch sie tatkräftig hineingewirkt hat. Ihr Dichterwort, spürt sie nun, wird diese Menschheitsepoche überleben. Sonst aber empfindet sie es beinahe schon wie eine Gnade ihres Schicksals, das sie sonst recht übel gebeutelt hat, daß es ihr erspart blieb, in eine neue Epoche hinüberzuwachsen, in der man im Zeichen der Technik Abschied von allem nehmen muß, was ihrem Leben Sinn und Inhalt verliehen hat. Sie sieht Mächte heraufdämmern, gegen die sie ein Leben lang mit dem geistigen Impetus eines Mannes angekämpft hat. Auch in der Dichtung werden von nun ab die »Blasierten« das letzte Wort behalten und das Ende aller echten Kunst einleiten.

Annette sucht sich der Zeit, so gut es geht, zu entziehen. Sie ist nun ganz, wie sie es sich ersehnt hatte, nur noch in der Familie eingebettet.

»Ich habe Gesellschaft genug in meiner Spiegelei«, berichtet sie an Elise Rüdiger. »Laßberg kommt jeden Nachmittag auf eine Stunde, und Mama und Jenny bringen regelmäßig die Abende bei mir zu.

Dann wird aber alles Aufregende im Gespräche vermieden, und ich höre, auf einen großen Lehnsessel an der Schattenseite des Ofens gekauert, ganz behaglich an, was von Tagesbegebenheiten, kleinen Abenteuern auf Spaziergängen et cet. vorgebracht wird.

Meine Spiegelei ist ganz reizend, heizt sich vortrefflich, faßt jeden Sonnenblick auf und ist, durch den Widerschein des Sees, selbst in den trübsten Tagen immer hell. Dazu vor mir auf dem Tische immer ein paar Töpfe voller Blüten aus dem Treibhause. Wenn ich aufstehe, der immer lebendige, oft himmlisch beleuchtete See mit seinen Fahrzeugen und die Alpen.«

Der alte, noch agile Freiherr, der politisch einen entschiedenen Konservatismus vertritt, bringt immer etwas vom Getöse der in diesem Winter in Aufruhr geratenen Welt mit sich, wenn er in die Spiegelei einkehrt. Er weiß zu erzählen, daß in der benachbarten Schweiz, also jenseits des Sees, über den ihre Blicke schweifen, sich im sogenannten Sonderbundkrieg die protestantischen und katholischen Kantone bis aufs Blut bekämpfen. Es geht ihr durch Mark und Bein, wie sie behauptet, »wenn Laßberg erzählt, daß die Männer des Kantons Zug nach Einsiedeln gepilgert sind, die Sakramente empfingen und sich zum Tode einsegnen ließen«.

Ihre Leidenschaft läßt sie entschieden Partei für die Sonderbündler nehmen. Sie bringt sogar noch die Energie auf, den Schweizer Sonderbündler Zeerleder, der einmal Laßbergs Nachbar in Eppishausen gewesen war, in seinem Meersburger Gewahrsam aufzusuchen, und nimmt dabei sogar in Kauf, daß sie sich durch die damit verbundenen Aufregung wieder einen Rückfall in ihrem Befinden einhandelt.

Selbst die friedliche und so weltentlegene Meersburg bleibt nicht von den Stürmen der Revolution verschont. Jennys Tagebuch vermerkt unter dem 10. März 1848 das »Geschrei einiger Radikalen«, die unten im Dorf randalierten.

»Nette ist sehr in Angst« notiert sie weiter, und man erfährt, daß man angesichts der sich zuspitzenden Ereignisse schleunigst Schutzmaßnahmen gegen die Insurgenten trifft. Jeder Bedienstete wird mit einer Waffe ausgerüstet. Die Frauen bringen ihren Schmuck in Sicherheit. Man unterläßt dank Laßbergs Initiative einfach nichts, um für den Ernstfall vorbereitet zu sein. Einzelne Gruppen martialischer Revoluzzer erscheinen dann auch in der Tat am Burgtor und fordern Waffen. Sie werden jedoch energisch vom achtzigjährigen Laßberg, der in diesen kritischen Tagen noch einmal über sich hinauswächst, bald zur Räson gebracht und zur Ordnung gerufen. Nur unten vor dem Rathaus in Meersburg ruft man in einer operettenhaften Demonstration die Republik aus.

Während die Welt da draußen noch einmal für jeden konservativen und welterfahrenen Geist Gelegenheit zu düsteren Reflexionen bot, zog sich das Sterben der großen Dichterin im entlegenen Turmzimmer von Deutschlands ältester Burg noch über ein paar Wochen hin. Sie war zuletzt der Welt so sehr entrückt, als hätte sie bereits von allem, was ihr lieb war und am Herzen lag, klaglos Abschied genommen.

Das hereinbrechende Frühjahr brachte der Dichterin keineswegs den erhofften Auftrieb. Die Nachrichten von den Ereignissen in Europas Hauptstädten trugen keineswegs dazu bei, ihren Lebenswillen zu stärken. Die Hiobsbotschaften überschlugen sich in diesen Tagen förmlich. Die staatliche Ordnung des alten Europa befand sich in einem unkontrollierbaren Auflösungsprozeß. Aus Italien, aus Budapest, Wien, Paris, Brüssel und Berlin hörte man von nichts anderem mehr als von blutigen Bürgerkriegen und von den Exzessen entfesselter Massen, die sich gegen die alten Systeme auflehnten und sich selbst zur Ausübung der Macht berufen fühlten. Selbst im benachbarten Konstanz wurde eine republikanische Statthalterschaft ausgerufen. Ein Grund mehr für Laßberg, Vorsicht walten zu lassen und die für uneinnehmbar gehaltene Meersburg nicht dem Pöbel auszuliefern.

Zuweilen ließ sich Annette im steigenden Frühling aus ihrem hoch über allem menschlichen Treiben gelegenen Refugium zu einer Bank im Schloßgarten führen, den Jenny mit viel Geschick und Sachkenntnis in ein kleines Paradies verwandelt hatte. Von hier aus konnte sie weit über das schwäbische Land hinausblicken. Jenny und die beiden Mädchen, inzwischen elf Jahre alt, ließen sie nun keinen Augenblick mehr aus den Augen.

In diesen Tagen des nahenden Abschieds schrieb Annette ihre letzten Verse, die sie gleichsam als eine Dankabstattung an ihre Schwester und ihre Familie verstanden wissen wollte.

»Geliebte, wenn mein Geist geschieden,
So weint mir keine Träne nach;
Denn, wo ich weile, dort ist Frieden,
Dort leuchtet mir ein ew'ger Tag!

Wo aller Erdengram verschwunden,
Soll euer Bild mir nicht vergehn,
Und Linderung für eure Wunden,
Für euern Schmerz will ich erflehn.

Weht nächtlich seine Seraphsflügel
Der Friede übers Weltenreich,
So denkt nicht mehr an meinen Hügel,
Denn von den Sternen grüß ich euch!«

Am 19. Mai vermerkt Jennys Tagebuch nur lakonisch: »Nette auf dem Hofe. Sie sang ein kleines Duett mit mir, ach, zum letzten Mal!«

Nach jenem strahlenden Frühlingstag waren der Dichterin nur noch fünf Lebenstage beschieden. Als dann am 22. Mai der Bluthusten wieder besonders heftig einsetzte, verlangte Annette nach den Sakramenten. Da der Arzt jedoch befürchtete, die damit verbundenen Aufregungen könnten den Gesamtzustand der Patientin erheblich schwächen, verzichtet man darauf, den Priester zu holen.

Am 24. Mai 1848, dem letzten Lebenstag der Dichterin, hatte Jenny den ganzen Vormittag in Annettes Zimmer verbracht und ihr einige ihrer Malerarbeiten, die sie als talentierte

Das Sterbezimmer

Malerin angefertigt hatte, vorgeführt. Über Mittag blieb dann eine der kleinen Nichten allein mit der Kranken in der Spiegelei zurück. Als dieser gegen zwei Uhr eine leichte Speise gereicht werden sollte, nahm der Bluthusten wieder beängstigende Formen an, und als die Schwester nur wenig später mit dem herbeigerufenen Arzt ins Zimmer stürzte, fanden sie nur noch eine Tote.

Annette von Droste war in der gleichen Einsamkeit, in der sie ihr Leben verbracht hatte, in den Tod gegangen, der sie mit Gewißheit nicht überrascht hatte. Ohne die Gegenwart eines lieben Menschen war sie wortlos und still, wie es ihre Art gewesen war, über die Schwelle geschritten. Für sie, hatte sie immer empfunden, konnte der Tod nur eine neue Geburt zu einem gesteigerten Leben sein. Nun lag sie mit einem leisen Lächeln um den Mund auf ihrem Bett ausgestreckt. Einer ihrer Arme hing über den Bettrand hinaus.

Zwei Tage später wurde die Dichterin Annette von Droste-

Hülshoff an der Mauer des Meersburger Friedhofes beigesetzt. Nur eine kleine Gemeinde von Trauernden war ihrem Sarge gefolgt. Ein paar Meersburger Bürger warfen Frühlingsblumen in ihr offenes Grab.

Wie wenig sie am Bodensee Wurzeln geschlagen hatte und wie wenig die Schwaben dieser Landschaft ein vertrauliches Verhältnis zur Dichterin Westfalens gefunden hatten, beweist der Eintrag ins Meersburger Sterberegister, in das man unter dem Namen »von Troste, gebürtig von Hilzhofen«, ihren Tod eingetragen hatte.

Alle, die ihr im Leben etwas bedeutet hatten, konnten nicht mehr rechtzeitig benachrichtigt werden, um an ihrer Beisetzung teilzunehmen. Sie ahnten nichts von Annettes Tod, der sie von ihrer »wilden Seele« erlöst hatte. Erst Anfang Juni traf die Nachricht in Rüschhaus ein. Am 4. Juni sandte Therese von Droste sogleich den folgenden Brief an ihre Tochter, die den Tod der Schwester nur schwer verwinden konnte:

»Ach, liebste Jenny, wie schwer hat uns die Hand des Herrn getroffen! Ich kann Dir gar nicht sagen, wie tief betrübt ich bin, und wie sehr ich Dich, Du armes Herz, und die lieben Herzenskinder bedaure. Auch der liebe Laßberg, des bin ich gewiß, nimmt den innigsten Anteil an unserem Schmerz. Ich möchte nun am liebsten gleich zu Dir eilen, denn Du und Dein Gram liegen mir beständig im Sinn.

Ich hätte es so gern gesehen, wenn Werner von Bonn aus gleich zu Dir gegangen wäre, aber er meinte, es würde Dir wohl ebenso lieb sein, wenn er mich zu Dir begleitete, und so habe ich mich drein ergeben und hoffe denn, so Mitte des folgenden Monats bei Dir zu sein. Zwar kann ich Dir Deinen großen Verlust nicht ersetzen, und wie traurig wird unser Wiedersehn sein!

Ach, daß ich auch so viele Lieben überleben muß! Der liebe Gott behüte mich für ähnliche Verluste und gebe mir seine Gnade bei dieser schmerzlichen Prüfung! Denn glaube mir, liebstes Herz, dieser Schlag trifft mich sehr, sehr hart.

Laß mich nur recht bald wissen, liebstes Herzenskind, wie es Dir geht; wenn Du es nicht gut kannst, so kann ja Hildegard schreiben. Es ist mir nur darum zu tun, daß ich erfahre, wie es Euch geht.«

Vom Tode der größten deutschen Dichterin erfuhr die deutsche Öffentlichkeit damals so gut wie nichts. Nur einige kurze Zeitungsnotizen wiesen auf ihr Ableben hin. Dabei war sie gegen Ende ihres Lebens doch noch zu hohem literarischen Ansehen gelangt und wenigstens beim Bildungsbürgertum keine Unbekannte mehr gewesen. Dieses »Ende einer Gefangenschaft auf Erden«, der einsame Tod eines Genies am Bodensee, blieb ohne weitere Folgen. Man war zu sehr mit den politischen Querelen beschäftigt, um auch noch dieses Ereignis zur Kenntnis zu nehmen. Die Literaturgeschichte wird erst viel später von dieser Dichterin, die mit einem magischen Sehertum begnadet war, Besitz ergreifen. Sie hinkte in einer kaum zu entschuldigenden Wertblindheit wieder einmal hoffnungslos hinter den Ereignissen her.

Laßberg hatte seine Freunde und Bekannte vom Tod seiner Schwägerin durch eine Traueranzeige unterrichtet, in der er Annette mit den Attributen »liebenswert und an Geist, Kunst und Talent ausgezeichnet« versah. Die Ordnung ihres Nachlasses aber überließ er seiner Frau und seiner Schwiegermutter. Leider vernichteten die beiden Frauen ganze Waschkörbe von Briefen, vor allem jene, die Levin Schücking an Annette gesandt hatte. Man wollte der Nachwelt keinen Anlaß zu falschen Schlußfolgerungen bieten. Schücking selbst aber weigerte sich, die an ihn gerichteten Briefe Annetttes zurückzugeben. Er versprach, um Annettes Mutter zu beruhigen, sie später zu verbrennen. Erfreulicherweise sind sie der Nachwelt überliefert worden.

Schlüter in Münster übernahm sogleich liebevoll die Aufgabe, die verstreuten Gedichte des »Geistlichen Jahres« zu sammeln und gemeinsam mit Wilhelm Junkmann herauszugeben. Im Jahre 1851 erschien dieser Band im Cotta-Verlag. Vor allem die katholische Welt nahm ihn mit betonter Aufmerksamkeit zur Kenntnis. Sonst blieb es verhältnismäßig still um Annettes Werk. Ihre eigentliche Entdeckung erfolgte, wie sie selbst gemutmaßt hatte, erst bedeutend später.

Im Jahre 1860 gab Levin Schücking, wie bereits erwähnt, die Gedichte Annettes aus dem Nachlaß unter dem Titel »Letzte Gaben« heraus. Zwei Jahre später verfertigte er dann sein »Lebensbild« der Droste, die erste Droste – Biographie, die noch auf Grund eigener Erlebnisse mit der Dichterin authentisches Material zusammentrug. Schücking hat bis an sein Ende sich immer der Person und dem Werk der Dichterin verbunden und verpflichtet gefühlt.

Therese von Droste folgte ihrer Tochter im hohen Alter nach fünf Jahren in den Tod. Zwei Jahre darauf verlor Schücking seine Frau. Einen Tag zuvor war auch Laßberg gestorben. Jenny starb 1859 und ließ ihre beiden Töchter zurück. Diese erreichten ein hohes Alter und starben unvermählt.

Erst in einem neuen Jahrhundert begann man ganz allgemein die einsame Größe der Droste zu begreifen und zu bewundern. Zu lange hatte man in ihr nur die berufene Dichterin Westfalens sehen wollen. Und wirklich: kaum ein anderer Dichter war so tief in seiner Heimat verwurzelt wie sie. Zugleich aber hatte sie die Grenzen ihrer Herkunft kühn gesprengt, so daß es heute noch schwerfällt, sie in die üblichen Kategorien des Dichterischen einzuordnen. Man muß schon Goethes Vorstellungen vom Dämonischen bemühen, um ihre Einmaligkeit enträtseln zu können. Nur so begreift man, daß sie ihr Leben lang, »verlassen, aber einsam nicht«, allein mit ihrem Zauberwort ihre »wilde Muse« zu zähmen hatte und schließlich ein Werk hinterließ, daß das Opfer ihres Lebens rechtfertigt.

Zeittafel

1797	10. Januar: Anna Elisabeth, Freiin Droste zu Hülshoff auf Schloß Hülshoff im Münsterland geboren. Vater: Reichsfreiherr Clemens August von Droste. Mutter: Therese von Haxthausen. Geschwister: Maria Anna (Jenny), geb. 1795, Werner, geb. 1798, Ferdinand, geb. 1800
1804	Erste Gedichte
1810	Beginn der Arbeit am »Geistlichen Jahr«
1812	Bekanntschaft mit Professor Anton Matthias Sprickmann
1813	Freundschaft mit Katharina Busch. Dramenfragment »Berta«. Sommeraufenthalt in Bökendorf, Bekanntschaft mit Wilhelm Grimm
1819	Novelle »Ledwina« begonnen. Kuraufenthalt mit der Großmutter in Bad Driburg. Freundschaft mit Heinrich Straube in Bökendorf
1820	Sommeraufenthalt in Bökendorf. Begegnung mit Heinrich Straube und August von Arnswaldt. »Jugendkatastrophe«. Erster Teil des »Geistlichen Jahres«
1825	Herbst: Reise nach Köln, Bonn und Koblenz. Freundschaft mit Sibylle Mertens-Schaffhausen. Bekanntschaft mit Bonner Professoren
1826	April: Rückkehr nach Hülshoff. 25. Juli: Tod des Vaters. Oktober: Übersiedlung auf den Witwensitz Rüschhaus
1827	»Das Hospiz auf dem Großen Sankt Bernhard«. Sommer: Zweite Rheinreise. Freundschaft mit Adele Schopenhauer
1828	Frühjahr: Rückkehr nach Rüschhaus
1829	15. Juni: Tod des Bruders Ferdinand. Schwere Erkrankung. Katharina Schücking zu Besuch auf Rüschhaus. Beginn der Freundschaft mit Christoph Bernhard Schlüter
1830	Mai: Levin Schücking in Rüschhaus
1830/31	Aufenthalt in Bonn
1832	Tod des Vetters Clemens August von Droste in Bonn
1834	Heirat der Schwester Jenny mit Joseph von Laßberg. Versepos »Des Arztes Vermächtnis«
1835/36	Reise mit der Mutter nach Eppishausen im Thurgau
1837	Freundschaft mit Levin Schücking. Mitglied der Schriftstellergesellschaft in Münster. Kölner Kirchenstreit. Unruhen in Münster
1838	Zweiter Teil des »Geistlichen Jahres«. Erste Gedichtausgabe
1840	Adele Schopenhauer in Rüschhaus. Mit Schücking gemeinsame Arbeit am »Malerischen und romantischen Westfalen«

1840/41	Balladenjahr
1841	Ende September: Erster Besuch in Meersburg. Oktober: Levin Schücking als Bibliothekar bei Laßberg. Abschluß der »Judenbuche«
1842	2. April: Abschied von Levin Schücking. April–Mai: »Die Judenbuche« erscheint im Cottaschen »Morgenblatt«. August: Rückreise nach Rüschhaus
1843	Sommeraufenthalt in Abbenburg. Herbst: Zweite Reise nach Meersburg. Freundschaft mit der Fürstin Salm und Philippa Pearsall. November: Erwerb des »Fürstenhäuschens«
1844	Mai: Besuch von Levin und Luise Schücking in Meersburg. Herbst: Zweite Gedichtsammlung bei Cotta. Abdruck von Gedichten in der »Kölnischen Zeitung«
1845	»Bilder aus Westfalen« in den Münchener »Historisch-politischen Blättern«. Februar: Tod der Amme Katharina Plettendorf. Sommer: Pflege des Onkels Fritz von Haxthausen in Abbenburg
1846	Bruch mit Levin Schücking nach Erscheinen des Romans »Die Ritterbürtigen«. Erkrankung. Aufenthalt in Hülshoff. Herbst: Letzte Reise nach Meersburg
1847	21. Juli: Testament
1848	April: Revolutionäre auf der Meersburg. 24. Mai: Annette von Droste stirbt auf der Meersburg. 26. Mai: Beisetzung auf dem Meersburger Friedhof
1851	Schlüter gibt das »Geistliche Jahr« bei Cotta heraus
1860	Levin Schücking veröffentlicht die Gedichte aus dem Nachlaß unter dem Titel »Letzte Gaben«
1878/79	Ausgabe der sämtlichen Werke durch Schücking bei Cotta in Stuttgart

Bibliographie

Werkausgaben

Gesammelte Schriften, Hg. von Levin Schücking. 3 Bde. Stuttgart 1878–1879

Gesammelte Werke. Hg. von Elisabeth Freiin von Droste-Hülshoff. Nach dem handschriftlichen Nachlaß verglichen und ergänzt, mit Biographie, Einl. und Anm. versehen von Wilhelm Keiten. 4 Bde. Münster, Paderborn 1884–1887

Gesammelte Schriften in drei Bänden. Mit Einl. von Levin Schücking. 3 Bde. Stuttgart 1898–1899

Sämtliche Werke in sechs Bänden. Hg. von Eduard Arends. 6 Bde. Leipzig 1905

Gesammelte Werke. Hg. von Hanns Martin Elster. 3 Bde. Weimar 1925

Sämtliche Werke. In Verbindung mit Bertha Badt und Kurt Pinthus hg. von Karl Schulte Kemminghausen. 4 Bde. München 1925–1930

Sämtliche Werke. Mit einem Geleitwort von Wolfgang Kayser. Leipzig 1939

Sämtliche Werke. Hg., in zeitlicher Folge geordnet und mit Nachwort und Erl. versehen von Clemens Heselhaus. München 1952

Sämtliche Werke in 2 Bänden. Hg. von Günther Weydt u. Winfried Woesler. München 1973

Werke und Briefe. Band 1, 2. Leipzig 1976

Werke. Briefwechsel. Hist.-krit. Ausg. von Winfried Woesler. Tübingen 1980ff.

Briefe und Lebenszeugnisse

Briefe der Freiin Annette von Droste-Hülshoff. Hg. von Christoph Bernhard Schlüter. Münster 1877

Die Briefe der Annette von Droste-Hülshoff. Hg. und erl. von Hermann Cardauns. Münster 1909

Dreiundzwanzig neue Droste Briefe. Hg. von Manfred Schneider. Stuttgart 1923

Briefe von Annette von Droste-Hülshoff und Levin Schücking. Hg. von Theophanie Schücking. Leipzig 1893. 3. verm. Aufl. Hg. von Reinhold Conrad Muschler. Leipzig 1928

Schlüter und die Droste. Dokumente einer Freundschaft. Briefe von Christoph Bernhard Schlüter an und über Annette von Droste-Hülshoff, Hg. von Josefine Nettesheim. Münster 1956

Annette von Droste-Hülshoff. Mit biographischem Lebensabriß von Karl Schulte Kemminghausen. 2. neu bearb. Auflage: Annette von Droste-Hülshoff. Leben in Bildern. München 1954

Droste. Bilder aus ihrem Leben. Text von Irmgard E. Walter und Elise Timmermann unter Mitwirkung von Karl Schulte Kemminghausen. München–Berlin 1954

Gesamtdarstellungen

Schücking, Levin: Annette von Droste. Ein Lebensbild. Hannover 1862. Neuausg. mit ausführlichem Nachwort hg. von Levin Ludwig Schücking. Stuttgart 1942

Classen, Johannes: Anna Elisabeth v. Droste-Hülshoff. Ein Denkmal ihres Lebens und Dichtens und eine Auswahl ihrer Dichtungen. Gütersloh 1879. 2. verm. Aufl. u. d. T.: Anna Elisabeth v. Droste-Hülshoff, Leben und ausgewählte Dichtungen. Ein Denkmal von Johannes Classen. Gütersloh 1883

Hüffer, Hermann: Annette von Droste-Hülshoff und ihre Werke. Vornehmlich nach dem literarischen Nachlaß und ungedruckten Briefen der Dichterin. Gotha 1887. – 3. Ausg. Bearb. von Hermann Cardauns. 1911

Kreiten, Wilhelm: Anna Elisabeth Freiin von Droste-Hülshoff. Ein Charakterbild als Einleitung in ihre Werke. Nach gedruckten und ungedruckten Quellen entworfen. Münster, Paderborn 1887. – 2. erg. Aufl. Paderborn 1900

Busse, Carl: Annette von Droste-Hülshoff. Bielefeld, Leipzig 1903. 3. Aufl. 1923

Reuter, Gabriele, Annette von Droste-Hülshoff. Berlin 1905

Pelican, Bertha: Annette Freiin von Droste-Hülshoff. Ein Bild ihres Lebens und Dichtens. Freiburg i. B. 1906

Eggart, Hulda: Annette von Droste-Hülshoff. Ein Dichterleben, Lübeck 1934 (Colemanns kleine Biographen. 43)

Ramsay, Tamara: Annette von Droste-Hülshoff, Stuttgart 1938. (Die Dichter der Deutschen)

Linnhoff, Lieselotte: Annette von Droste-Hülshoff. Ulm 1947

Rink, Will: Annette von Droste-Hülshoff. Ein Leben neben der Zeit. Nürnberg 1948

Mare, Margaret: Annette von Droste-Hülshoff. With translations by Ursula Prideaux. London 1963

Mare, Margaret: Annette von Droste-Hülshoff. London 1965

Nettesheim, Josefine: Die geistige Welt der Dichterin Annette von Droste-Hülshoff. Münster 1967

Berglar, Peter: Annette von Droste-Hülshoff in Selbstzeugnissen und Bilddokumenten. Reinbek bei Hamburg 1967. (Rowohlts Monographien)

Nigg, Walter: Glanz der ewigen Schönheit. Annette von Droste-Hülshoff. Zürich, Stuttgart 1968

Heselhaus, Clemens: Annette von Droste-Hülshoff. Werk und Leben. Düsseldorf 1971

Lavater-Sloman, Mary: Annette von Droste-Hülshoff. Einsamkeit und Leidenschaft. München 1981

Einzeluntersuchungen

König, Robert: Annette von Droste-Hülshoff. Ein Lebens- und Literaturbild. Heidelberg 1882

Jacobi, Leopold: Annette von Droste-Hülshoff. Deutschlands Dichterin. Hamburg 1890

Scholz, Wilhelm von: Annette von Droste-Hülshoff als westfälische Dichterin, Diss. Münster 1897

Heitmann, Felix: Annette von Droste-Hülshoff als Erzählerin. Realismus und Objektivität in der »Judenbuche«. Münster 1914

Pfeiffer, Georg Philipp: Die Lyrik der Annette von Droste-Hülshoff. Diss. Straßburg 1914

Balkenhol, Anna: Das poetische Bild bei Annette von Droste-Hülshoff. Münster 1916

Krass, Martin: Bilder aus Annette von Drostes Leben und Dichtung. München 1915. 2. verm. Aufl. unter dem Titel: Zwölf Bilder... 1918
Oppens, Edith: Die Gesatltung der Landschaft bei Annette von Droste-Hülshoff. Diss. Hamburg 1925
Scheiwiller, Otmar: Annette von Droste-Hülshoff in der Schweiz. Einsiedeln 1926
Kempe, Hans: Beiträge zur Droste-Forschung. Diss. Gießen 1929
Frühbrodt, Gerhard: Der Impressionismus in der Lyrik der Annette von Droste-Hülshoff. Berlin 1930
Gundolf, Friedrich: Annette von Droste-Hülshoff. Berlin 1930. Wiederabdruck in: Gundolf, Romantiker, Berlin 1931
Raab, Karl: Annette von Droste-Hülshoff im Spiegel der zeitgenössischen Kritik. Diss. Münster 1930
Staiger, Emil: Annette von Droste-Hülshoff. Leipzig 1933. 2. Aufl. Frauenfeld 1962
Bäte, Ludwig: Annette am Bodensee. Borna 1936. – Neuaufl. mit dem Untertitel: Versuch einer Deutung. Goslar 1947
Kern, Hans: Annette von Droste-Hülshoff. In: Kern, Vom Genius der Liebe. Frauenschicksale der Romantik. Leipzig 1939
Schulte Kemminghausen, Karl: Hat doch jeder sein eignes Blut. Feierstunde mit Annette von Droste-Hülshoff. Münster 1939
Schneider, Reinhold: »Zur Zeit der Scheide zwischen Tag und Nacht«. Der Lebenskampf der Droste. Würzburg 1940
Heselhaus, Clemens: Annette von Droste-Hülshoff. Die Entdeckung des Seins in der Dichtung des 19. Jahrhunderts. Halle 1943
Heselhaus, Clemens: Annette und Levin. Die Schücking-Gedichte der Droste. Das Bekenntnis einer Dichterliebe. Münster 1948
Hoffmann, Lore: Die Erzählkunst der Droste in der »Judenbuche«. Diss. Münster 1948
Kempter, Reinhard: Annette von Droste-Hülshoff. Lebensweg und Glaubenskampf. Überlingen 1949
Steinbüchel, Theodor: Annette von Droste-Hülshoff nach hundert Jahren. Frankfurt a. M. 1950
Wallenhorst, Josef: Die Augenbeschwerden der Annette von Droste-Hülshoff und ihre Auswirkungen auf Psyche und Schaffen der Dichterin. Diss. Münster 1950
Heselhaus, Clemens: Annette Droste. Das Leben einer Dichterin. Münster 1951 (Rüschhaus Bücher, 1)
Eilers, Edgar: Probleme religiöser Existenz im Geistlichen Jahr. Die Droste und Sören Kierkegaard. Werl 1953
Gössmann, Wilhelm: Das Schuldproblem im Werk Annette von Droste-Hülshoffs. München 1956
Le Fort, Gertrud von: Annette von Droste-Hülshoff. In: Die Großen Deutschen. Bd. 3. Berlin 1956
Dees, Helmut: Annette von Droste-Hülshoffs Dichtung in England und Amerika. Diss. Tübingen 1966
Woesler, Winfried: Probleme der Editionstechnik. Überlegungen anläßl. der neuen kritischen Ausgabe des »Geistlichen Jahres« der Annette von Droste-Hülshoff. Münster 1967
Häntschel, Günter: Tradition und Originalität. Allegorische Darstellung im Werk Annette von Droste-Hülshoffs. Stuttgart–Berlin–Mainz–Köln 1968
Woesler, Winfried: Kleine Beiträge zur Droste-Forschung. Münster 1971

Nettesheim, Josefine: Annette Droste zu Hülshoff. Naturwissensch. Lexikon. Lyrik und Epik. Münster 1973
Schneider, Ronald: Realismus und Restauration. Untersuchungen zur Poetik und epischem Werk Annette von Droste-Hülshoffs. Kronberg 1976
Huge, Walter: Annette von Droste-Hülshoff, Die Judenbuche. Ein Sittengemälde aus dem gebirgigen Westfalen. Diss. Münster 1977
Kortländer, Bernd: Annette von Droste-Hülshoff und die deutsche Literatur. Münster 1979
Woesler, Winfried: Modellfall der Rezeptionsforschung. Droste-Rezeptionen im 19. Jahrhundert. Dokumentation, Analysen, Bibliographie. Erst. i. Zusammenarb. mit Aloys Haverbusch u. Lothar Jordan, Bd. 1–2. Frankfurt a. M. 1980

Personenregister